地平线创始人&CEO **余凯**

360集团创始人、董事长 **周鸿祎**

阿里巴巴集团副总裁、斑马智行联席CEO
张春晖

东软睿驰汽车技术有限公司总经理
曹斌

赵福全研究院·汽车产业战略系列⑧

汽车技术生态创新

赵福全　刘宗巍　马青竹　编著

机械工业出版社

本书是"赵福全研究院·汽车产业战略系列"的第八册，集中展现了2021—2022年"赵福全研究院"的四场高端对话，记载了赵福全院长与余凯、周鸿祎、张春晖、曹斌四位汽车/互联网行业的企业家、技术专家就汽车技术生态创新开展的对话与探讨。

本书从汽车软件创新、汽车操作系统创新、汽车芯片创新和汽车数字安全创新四个方面，对汽车技术生态创新的内涵进行了系统阐述，从战略选择、产品定位、企业管理和文化、人才工程四个方面，对汽车技术生态创新的方法进行了深度剖析。

本书适合汽车行业及相关行业的企业管理人员、研究人员，以及有兴趣深入了解汽车产业发展现状和趋势的人士阅读参考。

图书在版编目（CIP）数据

汽车技术生态创新 / 赵福全，刘宗巍，马青竹编著.—北京：机械工业出版社，2023.2（2023.11重印）
（赵福全研究院 . 汽车产业战略系列）
ISBN 978-7-111-72535-0

Ⅰ.①汽… Ⅱ.①赵… ②刘… ③马… Ⅲ.①汽车工业-研究 Ⅳ.① U46

中国国家版本馆 CIP 数据核字（2023）第 010578 号

机械工业出版社（北京市百万庄大街22号　邮政编码100037）
策划编辑：孟　阳　　　　　　责任编辑：孟　阳
责任校对：史静怡　梁　静　　责任印制：郜　敏
北京富资园科技发展有限公司印刷

2023年11月第1版第2次印刷
169mm×239mm·28.5印张·2插页·396千字
标准书号：ISBN 978-7-111-72535-0
定价：99.00元

电话服务　　　　　　　　　　网络服务
客服电话：010-88361066　　　机　工　官　网：www.cmpbook.com
　　　　　010-88379833　　　机　工　官　博：weibo.com/cmp1952
　　　　　010-68326294　　　金　书　网：www.golden-book.com
封底无防伪标均为盗版　　　　机工教育服务网：www.cmpedu.com

序一 Preface

有一种对话：酒逢知己，不吐不快

付于武
中国汽车工程学会名誉理事长

作为"赵福全研究院"高端对话栏目被采访的嘉宾之一，同时也作为一位汽车行业的老兵，我在过去50余年里一直参与汽车产业的发展，也见证了最近20多年来中国汽车工业的腾飞。我有很多感触想和大家分享。

实际上，中国汽车产业从来没有面临像今天这样的历史机遇。同时，也从来没有面临像今天这样的严峻挑战。机遇来自于我们稳居汽车产销规模世界第一；机遇来自于中国制造业转型升级正在进行时；机遇更来自于当前席卷全球的新一轮科技革命，整个世界汽车产业都在重塑中。作为后来者，中国确实迎来了千载难逢的赶超机会。

但是与此同时，挑战也是空前的。能源、环境、拥堵、安全等四大制约因素日益凸显，对汽车产业的可持续发展构成了现实挑战，尤其对于"跑步"进入汽车社会的中国，更是如此。特别是，尽管中国汽车产业取得了长足的进步，但总体上依然大而不强，汽车强国之路尚待大家共同继续努力。

必须清楚：汽车对于中国，意味着国民经济的支柱与先导、制造强国的载体与抓手，汽车强，则制造业必强；意味着14亿人民的便利出行和社会资源的顺畅流通，是不可或缺的交通手段，也是新一轮城镇化进程的战略支点；意味着民生福祉的提升和稳定内需的基石，享受汽车生活是众多百姓心中的"中国梦"。因此，中国汽车人责无旁贷，必须把握机遇、应对挑战，突破制约因素，做强本土企业，让汽车为国家和人民做出更大的贡献。

正是在这种情况下，行业内外的众多同仁都在思考应该如何加快做强汽车产业和建成健康汽车社会。总结历史，厘清现状，展望未来，寻求突破，可谓正当其时，而且异常紧迫。

然而汽车产业实在太过复杂，牵涉广泛，所以各方的观点往往莫衷一是，甚至大相径庭。整个行业可以说不乏各种交流与讨论，各类论坛、研讨会比比皆是，但是我觉得可能最需要的是一个真正由专家提问、专家解答，在深层次碰撞思想、凝聚共识的平台，采用轻松自由、充分交流、畅所欲言，类似老友聚会的一种形式。

而"赵福全研究院"就找到了这种形式，搭建起了这个平台，应该说这是一种了不起的独创，体现出了该栏目追求高端的自我定位、前瞻思维的战略眼光。而我也有幸受邀参与其中，在交谈中，确实有深刻的问题和专业的互动，让我把自己心中所想有条理地和盘托出，也让我真正感受到了"酒逢知己"、不吐不快的畅怀。我觉得这种机会太难得了，这个平台太重要了！

栏目上线后，我得到了很多领导、专家从不同层面的反馈。与我的感受一样，大家都给予了极高的评价，更有很多人建议将这些讨论进一步系统整理成册，发挥指导行业发展的更大作用。令人欣喜的是，栏目组顺应了大家的需求，在机械工业出版社的大力支持下，开创了网络媒体反向借助书面媒体，进行持久传播和记载历史的新纪元。基于每年精彩的访谈内容，作者进行了认真的书面再整理和系统总结，形成了"赵福全研究院·汽车产业战略系列"丛书，逐年推出，确实难能可贵。

在此，利用这个机会我想对策划、发起和坚持这项事业的所有领导、同事表示由衷的感谢和赞赏。特别要感谢"赵福全研究院"栏目组的全体同志，认真策划选题，积极邀约嘉宾，把各项工作进行得井井有条，让这个构思逐渐细化和完善起来。

同时更为受邀担任主持嘉宾的福全院长点赞！福全是我的老朋友了，也是各位受访嘉宾的老朋友。他是有着特殊代表性的行业翘楚，无论海外还是国内，技术还是管理，产业还是学术，都有独特的经历和深厚的积淀，也是大家公认的汽车界金牌主持人。有他的担纲掌舵和亲力亲为，这一场场极具价值的巅峰对话才得以如此精彩纷呈、振聋发聩。

  还有福全长期栽培的小刘（刘宗巍）博士，他的专业整理和文字功底，让如此思想盛宴清晰顺畅地跃然纸上。

  也对所有参与访谈的嘉宾、出版本书的机械工业出版社，以及关注支持"赵福全研究院"栏目和"赵福全研究院·汽车产业战略系列"丛书的全体同仁们表示感谢，大家辛苦了。

  我相信，这套集聚汽车业界顶级专家心声的系列丛书，将为国家建言献策、给企业指点迷津，其战略价值将历久弥新、不断彰显。我也希望福全院长以及参与这项工作的全体同仁能够百尺竿头更进一步，把"赵福全研究院"这个高端对话栏目持续办下去，并不断总结成书。不仅成为汽车行业深刻思想碰撞的平台、系统战略指导的源泉，也成为中国汽车发展史的宝贵记录，记载中国做强汽车产业的艰辛历程和中国汽车人的拼搏与探索！

  谢谢大家。

序二 Preface

媒体定位与内容价值

刘 爽
凤凰汽车新媒体首席执行官、执行董事
凤凰卫视有限公司运营总裁

高端对话栏目"赵福全研究院"自2014年4月正式推出,此后每年精选一个不同的主题有序展开,持续得到了海内外众多同仁的广泛关注和积极反馈。

通过这个栏目,各位专家以和赵福全院长对谈的形式,把多年沉淀下来的真知灼见倾囊而出。除了在凤凰多媒体全面推送以外,我们还将访谈内容进行深度加工,编撰形成了"赵福全研究院·汽车产业战略系列"丛书,每年向行业奉献这样一册饱含珍贵观点和意见的建言书。

有很多人曾问我,在互联网时代,每天产生的信息数以亿计,辛辛苦苦做一个系列的纸质书籍究竟意义何在?我觉得这是一件非常严肃,而且很有必要的事情,在这件事上我们未曾有一丝的怠慢。

值此全球制造业转型与中国经济调整的关键期,如何加快做强汽车产业和建成健康汽车社会,一直都是备受热议的话题,有过讨论,当然也不乏争执。

作为媒体,凤凰汽车希望搭建一个具有公信力和影响力的平台,汇聚行业观点,进行思想碰撞,"赵福全研究院"正是顺应了这一重要需求,致力于打造汽车界的"老友记",努力为行业最核心的疑问寻找答案。为中国做强实体经济,推动汽车这一支柱性产业的可持续发展,贡献我们的力量。

这是一个信息爆炸同时知识碎片化的时代，虽然我们能更快地接触到最新的信息，但在深度关注某一具体领域时，太多的信息和线索反而带来了麻烦。如何有效串联这些信息，使我们可以在面对这个时代时，更清晰地把握脉络？这个时候，论述严谨、观点翔实，更专注于内容本身的书籍，就成为更好的选择，我想这也是"赵福全研究院·汽车产业战略系列"丛书的最大意义。

在这样一个信息多终端的时代，我们当然希望依靠内容差异性和稀缺性抢占先机，但与此同时，凤凰网作为媒体，始终在思考如何能让受众更专注于好的内容。好内容的意义在于，首先去伪存真，使媒体保持公信力和权威性；其次启人心智，推动社会的发展和产业的进步。我们相信，优质的内容永远是受众最需要的，优质的内容永远是媒体的原点。

最后，在本系列又一本新书问世之际，我要特别感谢清华大学汽车产业与技术战略研究院院长赵福全教授的倾力付出，感谢每位做客"赵福全研究院"栏目的行业领袖和企业精英的全力配合，正是因为各位的共同努力，才有机会将"赵福全研究院·汽车产业战略系列"丛书不断付诸出版。

谢谢大家！

前言 Preface

自2014年推出至今,"赵福全研究院"高端对话栏目已经完成了70场高端对话。在这个车界"老友记"的平台上,我们邀请了多位重量级嘉宾,和我一起碰撞思想、深度交流,为国家、产业和企业建言献策。同时应广大同仁的强烈要求,我们将对话的内容进行精心编撰和深度加工,推出了"赵福全研究院·汽车产业战略系列"丛书。该系列丛书已出版专著七部,包括《洞见汽车强国梦》《探索汽车强国路》《践行汽车强国策》《供应链与汽车强国》《汽车技术创新》《汽车产业创新》《汽车产品创新》,旨在以书面的形式沉淀智者心声、指引产业方向、铭记发展历程,持续得到了业界的广泛关注和高度认可。

今天大家看到的是该系列丛书的第八部专著——《汽车技术生态创新》。汽车技术生态是当前业界最为热门的话题之一。在万物互联的驱动下,汽车产业生态化发展的特征日趋明显。未来汽车产业的核心技术将变得更加多元、更加易变,也更加交织,没有任何一家企业乃至一个行业能够拥有自身发展所需的全部技术资源,因此分工协作、融合创新、共建技术生态就成了所有企业的必然选择。而围绕着汽车技术生态如何创新建设,目前业界还有很多问题有待澄清和明确,很多路径有待探索和尝试,这将直接决定相关企业后续竞争的成败。有鉴于此,我特别选择了"汽车技术生态创新"作为"赵福全研究院"高端对话栏目2021—2022年度的对话主题。

为了充分做好"汽车技术生态创新"这个选题,我们精心策划了4场高端对话。分别邀请了地平线创始人兼CEO余凯博士,360集团创始人周鸿祎,阿里巴巴集团副总裁、斑马智行联席CEO张春晖,东软睿驰汽车技术有限公司总经理曹斌做客"赵福全研究院"高端对话栏目。这些企业领军人和一线操盘手基于多年的思考和实践,毫无保留地分享了各自的真知灼见。

我与各位企业家谈及的话题非常广泛,全面涵盖了汽车技术生态创新的诸多核心问题,包括人类社会全面数字化的发展趋势;数字化对汽车产业的全方位影响;汽车技术生态创新的重要价值及发展方向;汽车技术生态建设的机遇和挑战;定义未来汽车的核心要素;技术生态中的新型整供关系;新时期汽车软件、硬件、芯片以及操作系统等创新的产业分工、发展路径及策略;汽车数字安全体系的内涵认知及构建策略;各类企业参与汽车技术生态创新的战略选择、组织管理、人才培养与文化价值观等。

我们交流的内容如此丰富的根本原因在于,汽车技术生态创新不仅是一项牵涉广泛、高度复杂的系统工程,还代表着一种全新的发展范式,需要不同以往的理念、策略和方法。事实上,构成汽车技术生态的既有传统整车和供应商企业,更有诸多新硬件商、软件商、内容商、服务商等。这些参与者各有技术特色和优势,在共同打造新汽车产品、提供更好服务和体验的过程中缺一不可。而不同类型企业在生态中最佳的竞争合作策略又各不相同,唯有准确自我定位、合理分工协同,才有可能成为汽车技术生态中的重要一环,并基于这个生态创造出更大的价值。

各位企业家一致认为,随着互联网向物联网的演进升级,人类社会将全面数字化,数据成为新的生产要素,有效利用数据的技术则成为新的生产力。在此趋势下,汽车产业正在发生前所未有的全面重构。此前汽车产品的价值主要体现在硬件上,通常只有渐进式的改良;而今后汽车产品的价值将更多来自于软件以及与之密切关联的新硬件,而且会出现颠覆性的创新。因此,汽车及相关企业都需要重新认识汽车产品和技术,并积极探索生态化发展的全新范式。

从产业趋势看,本轮汽车产业重构一定会引发汽车产业和ICT产业的激烈碰撞与深度融合。这两个产业都很庞大,且有着不同的知识体系和运行逻辑,其相互交融必将催生出全新的产品形态、商业模式、协作方式与生态关系。受此影响，汽车产业的价值链、经营链和管理链都将完全不同，技术创新生态将在产业巨变的过程中应运而生。

从发展理念看，一方面，企业要想成为汽车技术生态中不可或缺的参与者，一定要在某个层面、领域或环节做专做精，形成特色优势，这是融入生态、获取其他参与者支持的基础和前提；另一方面，企业又不能追求全面垄断、样样专精，更不能总想着自己多分蛋糕，而是要建立共生共赢的生态思维，通过与合作伙伴有效协作、融合创新，大家一起把蛋糕做大。

从实践方向看，主次分明的传统整供关系将发生重大变化，各类参与者再无绝对的主角、配角之分，甚至上下序供应关系也将变得模糊，形成相互交织的格局。尤其是整车企业与提供重要软件和新硬件的公司，必须结成紧密合作的战略伙伴关系。这就迫切需要政、产、学、研各方共同探索汽车技术生态建设的新理论和新方法，并在实践中不断完善，以真正实现"在协作中竞争，在分享中获利"。

从产业安全看，随着汽车网联化、智能化的不断发展，今后我们必须关注更大规模、更广范围的汽车数字安全问题，包括网络安全、数据安全和信息安全等。未来将是软件定义汽车的时代，而软件必然存在漏洞。同时，实施攻击的黑客也在不断升级，有时甚至带有国家背景。更可怕的是，虚拟空间的攻击将带来现实世界的破坏，这对于具有互联节点、数据载体、智能终端属性的未来汽车而言，无疑是空前严峻的挑战。为此，今后汽车行业必须在数字安全方面形成正确认知，提升防护能力，进行实战演练，建立完备体系。

从关键问题看，其一，在本质上未来定义汽车的将是数据，这将使处理数据的芯片变得越来越重要，但芯片创新不能一味追求高算力，而应以处理数据的实际能力为目标。同时，芯片要和操作系统充分融合，以充分发挥彼此的效能。其二，未来汽车广泛连接的全新属性和中国产业的引领发展，要求汽车操作系统必须具有足够的开放性和拓展性，因此中国自研汽车操作系统既有刚需，更有机会。而操作系统作为共性基础软件，无需也很难由各家车企独自开发，事实上尽可能多的企业使用相同的操作系统,才能凝聚最大共识、形成行业规范。其三,软件在汽车产品上的作用和价值不断提升,汽车企业必须充分认识到软件与硬件的差异,改变既有的产品开发及供应商管理策略,与软件公司合理分工,谋求共建长期持续迭代优化的专业能力。相应的,硬件一要标准化,以支撑软件的灵活调用;二要合理预留,在保持成本竞争力和开发可行性的前提下,尽可能支持产品后续的 OTA 升级。

嘉宾们对汽车技术生态创新的深刻认识、前瞻判断与详细解读,为汽车及相关企业在战略选择、产品定位、技术路径、运营管理、商业模式、企业文化及人才工程等多个维度有效开展技术生态创新实践,提供了重要的参考和宝贵的借鉴。这也让本书具有了促进中国汽车技术生态构建与技术创新能力提升的指导作用和深远意义。

在此我想说明的是,我们对《汽车技术生态创新》一书的编撰做了进一步的完善。在保持丛书由"高端对话"和"论道车界"构成的相同范式下,分别对两个部分的细节进行了优化:一是在"高端对话"部分提炼列出核心观点并加入了小标题,以方便读者把握对话的核心内容,获得更佳的阅读体验。二是在"论道车界"部分插入了精心绘制的相关图表,以清晰直观地展示主要的思想观点和复杂的逻辑关系,帮助读者快速、准确地理解相关内容。这些图表是我们对汽车技术生态创新方法论和实践论要点的系统总结,本身就颇具价值,值得细细品味。

当前,汽车技术生态建设方兴未艾,而其创新发展绝非易事。相较于手机生态,汽车生态要复杂得多,不只有应用生态,还有技术生态和服务生态,并且必须确保车辆在成本受控的同时能够在各种不同环境中安全运行,其涉及的核心技术及资源空前广泛而复杂。需要特别强调的是,这种发展态势在全球范围内都是全新的课题,没有任何历史经验可供参照。对于后发的中国来说,这既是前所未有的挑战,更是前所未有的机遇。显然,中国汽车产业需要加倍努力,不误良机,不负时代。而此时面世的《汽车技术生态创新》一书或可为之提供助力,籍此与诸位读者共勉!

最后,感谢大家一如既往的宝贵支持!后续我们一定继续努力,把

"赵福全研究院·汽车产业战略系列"丛书的编撰工作坚持下去，为中国乃至世界汽车产业的转型升级和创新发展，贡献自己的一份力量。让我们共同创造和见证中国汽车产业的美好未来！

世界汽车工程师学会联合会（FISITA）终身名誉主席
清华大学（车辆学院）汽车产业与技术战略研究院院长、教授
2022 年 11 月 2 日

目录 Contents

序一 有一种对话：酒逢知己，不吐不快 付于武
序二 媒体定位与内容价值 刘 爽
前言

第一部分 高端对话

一、对话余凯——深度解析汽车芯片创新 / 002
智能汽车将是下一个母生态 / 005
搭建生态就是大家共同做大蛋糕 / 009
越是产业变革期，越要坚持有所为有所不为 / 012
智能驾驶和智能交互是产品差异化的重点方向 / 014
好芯片的标准不只是算力，还有软件运行效率 / 020
芯片设计要以终为始，算力应充分利用 / 023
车规级芯片是难度最大的半导体产品 / 025
企业最重要的核心竞争力是文化价值观 / 027
生态型企业的商业模式应是"全维利他" / 031
生态分工将是自然流淌，企业无需刻意为之 / 032
未来产业生态中整供关系将被彻底重塑 / 035
中国本土企业有望成为智能汽车创新的引领者 / 037
新老车企应相互借鉴，软硬融合需摸索前行 / 040
创业者心声：成长比成功更重要 / 044

二、对话周鸿祎——深度解析未来汽车安全的新逻辑 / 048
未来5~10年是产业数字化的重要窗口期 / 051
信息化是战术，数字化是战略 / 055

数字化的本质是用软件重新定义世界的基础 / 056
虚拟空间的攻击都能变成物理世界的破坏 / 058
黑客已经从"小毛贼"变成了国家级的对手 / 061
思考智能网联汽车的网络安全问题必须跳出原有认识 / 064
发展智能网联汽车必须面对五大安全挑战 / 065
未来汽车安全的最大威胁是数字安全 / 069
网络安全的本质是人与人的对抗 / 071
网络安全立法必须平衡好鼓励创新和保障安全 / 074
现阶段方向性的引导政策比具体的固化标准更有意义 / 078
未来整供车企需要共同负责供应链的网络安全 / 079
比购买安全防护产品更重要的是训练安全防护团队 / 081
未来车内网络的安全防护挑战更大 / 084
今后汽车企业必须在数字安全防护方面持续投入 / 085
汽车企业必须建立网络安全防护的基本能力 / 086
数字安全防护最重要的不是硬件、软件，而是服务 / 088
汽车安全体系应从行业层面上升至国家层面 / 090
一次性的安全产品将转变为持续性的安全服务 / 092
中国有望成为全球智能网联汽车产业的引领者 / 093
360选择以投资新车企的方式进军汽车产业新赛道 / 096
数字化将缩小普通车与豪华车的差距 / 098
互联网公司应该与汽车企业深度合作、各展所长 / 100
汽车企业欠缺的是数字化思维和基因 / 101
"科技平权"可以在智能网联汽车上实现 / 104
未来360要成为汽车产业的数字安全供应商 / 108

三、对话张春晖——深度解析汽车操作系统创新 / 112

半个汽车人是最佳状态，汽车企业需要内部变革 / 115
汽车生态构建不能照搬手机，分工协作需要操作系统理念 / 119
中国需要自研汽车操作系统，而且应当站位高远 / 123

汽车操作系统只能在产业实践中打磨和演进 / 128
自研操作系统的完整逻辑：掌控核心技术、形成演进能力、匹配中国场景 / 130
汽车操作系统需要分三步走：一脉相承、逐步演进 / 134
汽车操作系统不会一家独大，不同企业应有合理分工 / 138
架构思维能力最为关键，操作系统要给未来"留白" / 140
汽车应充分借鉴手机经验，基础操作系统越通用越好 / 143
操作系统要和硬件企业深度合作，"芯片+OS"模式是演进方向 / 147
由单一客户到服务行业，汽车操作系统平台化属性彰显 / 151
汽车安全需要体系化思考，操作系统将发挥重要作用 / 153
新汽车未来空间无限，操作系统是坚实地基 / 157

四、对话曹斌——深度解析"软件定义汽车"的底层逻辑 / 162

汽车和IT两大行业的深度融合是必然方向和重大机遇 / 167
"软件定义汽车"旨在强调软件的作用日益提升 / 170
未来汽车创新发展的终极方向是理解人 / 175
实现不同硬件和软件的打通：架构重建，分工重塑 / 180
汽车软件分类：控制软件、信息娱乐软件、自动驾驶软件 / 183
软件开发需要可成长的架构、组织以及系统集成和测试能力 / 185
"软件定义汽车"的核心：以"有所为有所不为"实现差异化 / 190
硬件标准化是产业发展的必然结果 / 194
未来汽车软件人才的需求将发生重大变化 / 197
广义的操作系统：基于行业共识，推动生态搭建 / 200
手机开发者生态像草原，汽车开发者生态像森林 / 202
汽车定制化的前提是确保没有功能安全风险 / 204
汽车定制化：让用户的选择空间更大、操作更简单 / 205
切勿让用户参与汽车产品创新变成鸡肋 / 207
未来车企可以为发烧友留下定制开发的空间 / 211
汽车软件分层：基础层、中间层和上层应用软件 / 212

把硬件充分抽象化是有效实现"软硬平衡"的前提 / 214

通过"软件先行"扫清迭代升级的最大障碍 / 216

软件能否升级不应影响硬件寿命及其正常使用 / 218

可插拔硬件模式挑战巨大,需严格限定替换空间 / 220

车企应建立跨时间、跨车型、独立的核心软件团队 / 223

软件供应商要帮助车企在通用架构的基础上打造差异性 / 226

第二部分 论道车界

一、汽车技术生态创新总论 / 232

01 社会和产业发展趋势 / 232
产业数字化的重要窗口期 / 232

数字化的特征和本质 / 233

数字化的安全风险 / 234

汽车产业与IT产业的碰撞融合 / 236

数字化对汽车产业的全方位影响 / 238

【院长心声】 / 239

02 汽车技术生态创新的重要性 / 242
汽车技术生态创新的重大价值 / 242

未来人类社会最大的母生态 / 243

智能汽车生态的发展前景 / 245

汽车开发者生态的形态 / 246

汽车生态与手机生态的区别 / 247

汽车生态的发展路径预测 / 249

【院长心声】 / 250

03 汽车技术生态创新的机遇和挑战 / 253
汽车产业百年不遇的战略机遇 / 253

中国发展智能汽车的四大优势 /254
传统车企数字化的巨大机遇和挑战 /256
【院长心声】 /257

04 定义未来汽车的核心要素 /261
定义汽车核心要素的争议 /261
"数据定义汽车"与"软件定义汽车" /262
软件在汽车产品中的作用 /263
软硬融合、联合优化的新阶段 /264
【院长心声】 /265

05 技术生态中的供应链和整供关系 /269
未来汽车产业的新型整供关系 /269
汽车企业和互联网公司的协同关系 /270
【院长心声】 /271

二、汽车软件创新 /273

01 "软件定义汽车"的底层逻辑 /273
汽车创新的发展方向 /273
汽车产业发展的必然路径 /274
"软件定义汽车"下车企应具备的新核心能力 /275
打通软硬件的方式 /277
【院长心声】 /279

02 软件的分类分层及开发策略 /281
汽车软件的分类及分工 /281
未来汽车产品的全新开发模式 /281
汽车软件开发所需的架构和组织 /283
车企应具备的软件开发能力 /284
汽车软件的分层及分工方向 /285
【院长心声】 /287

03　硬件的发展趋势　　　　　　　　　　　　　/ 290
　　硬件标准化与软硬件解耦　　　　　　　　　　/ 290
　　实现硬件标准化的路径　　　　　　　　　　　/ 292
　　可插拔硬件模式的挑战　　　　　　　　　　　/ 293
　　未来可插拔硬件的发展空间　　　　　　　　　/ 295
　　【院长心声】　　　　　　　　　　　　　　　/ 296

04　软硬平衡之路　　　　　　　　　　　　　　/ 298
　　实现"软硬平衡"的前提　　　　　　　　　　/ 298
　　"软件先行"的汽车产品开发模式　　　　　　/ 300
　　软件升级与硬件寿命　　　　　　　　　　　　/ 301
　　未来汽车消费的新特点　　　　　　　　　　　/ 303
　　【院长心声】　　　　　　　　　　　　　　　/ 304

05　汽车定制化辨析　　　　　　　　　　　　　/ 305
　　开放式创新的挑战　　　　　　　　　　　　　/ 305
　　汽车定制化的前提条件　　　　　　　　　　　/ 306
　　汽车定制化的实现方式　　　　　　　　　　　/ 307
　　未来开放式创新空间的前景　　　　　　　　　/ 308
　　【院长心声】　　　　　　　　　　　　　　　/ 309

三、汽车操作系统创新　　　　　　　　　　　　　/ 313

01　操作系统的作用与认知　　　　　　　　　　/ 313
　　汽车软件的层级与操作系统的作用　　　　　　/ 313
　　狭义和广义的操作系统　　　　　　　　　　　/ 315
　　广义操作系统与技术创新生态的关系　　　　　/ 315
　　汽车操作系统的打造方式　　　　　　　　　　/ 317
　　【院长心声】　　　　　　　　　　　　　　　/ 319

02　自研操作系统的重要性　　　　　　　　　　/ 319
　　中国自研汽车操作系统的必要性　　　　　　　/ 319

自研汽车操作系统的根本原因　　　　　　　　　/ 321
　　　掌握汽车操作系统的重要性　　　　　　　　　　/ 323
　　　汽车操作系统开发的现状　　　　　　　　　　　/ 323
　　　【院长心声】　　　　　　　　　　　　　　　　/ 324

　03　操作系统的发展路径　　　　　　　　　　　　　/ 329
　　　研发汽车操作系统的三步法　　　　　　　　　　/ 329
　　　开发操作系统的架构思维能力　　　　　　　　　/ 331
　　　基础操作系统通用的重要性　　　　　　　　　　/ 333
　　　汽车操作系统的发展前景　　　　　　　　　　　/ 334
　　　【院长心声】　　　　　　　　　　　　　　　　/ 336

　04　操作系统的关键问题　　　　　　　　　　　　　/ 340
　　　操作系统企业与软硬件企业的深度合作　　　　　/ 340
　　　操作系统在汽车安全方面的重要作用　　　　　　/ 341
　　　【院长心声】　　　　　　　　　　　　　　　　/ 342

四、汽车芯片创新　　　　　　　　　　　　　　　　/ 345

　01　芯片的重要价值　　　　　　　　　　　　　　　/ 345
　　　芯片在智能化产业链中的重要地位　　　　　　　/ 345
　　　芯片对数字科技的基础支撑作用　　　　　　　　/ 345
　　　芯片的产业链及其分工　　　　　　　　　　　　/ 347
　　　【院长心声】　　　　　　　　　　　　　　　　/ 348

　02　芯片的设计目标　　　　　　　　　　　　　　　/ 350
　　　芯片优劣的评价标准　　　　　　　　　　　　　/ 350
　　　芯片设计的核心要点　　　　　　　　　　　　　/ 351
　　　【院长心声】　　　　　　　　　　　　　　　　/ 352

　03　汽车芯片的发展路径　　　　　　　　　　　　　/ 353
　　　开发车规级芯片的难点　　　　　　　　　　　　/ 353

"芯片+操作系统"的演进方向 / 354
本土芯片企业与车企合作的格局 / 356
中外汽车芯片企业的对比 / 356
【院长心声】 / 357

五、汽车数字安全创新 / 360

01 汽车数字安全的重要性与挑战性 / 360
不断升级的网络安全挑战 / 360
数字安全防护的底线思维 / 361
智能汽车数字安全的新视角 / 362
智能汽车数字安全的五大挑战 / 363
未来汽车安全的最大威胁 / 366
保障汽车安全的系统思考 / 367
【院长心声】 / 369

02 数字安全防护的发展方向 / 372
中国在数字安全方面的立法工作 / 372
数字安全立法的平衡性要求 / 373
现阶段方向性引导政策的意义 / 375
汽车安全体系的协同防护模式 / 376
对汽车数字安全的认识误区 / 377
企业数字安全防护的正确认知和顶层设计 / 378
企业数字安全防护能力的评估 / 379
【院长心声】 / 380

03 汽车企业数字安全的提升策略 / 381
车企在数字安全方面持续投入的必要性 / 381
车企构建数字安全防护能力的策略 / 382
开展"数字安全碰撞试验"的方法 / 384
数字安全防护服务的价值 / 386
【院长心声】 / 387

六、技术生态创新方法 / 392

01 战略选择 / 392
搭建产业生态的目的 / 392
产业转型期企业战略聚焦的重要性 / 393
未来整车企业的核心能力 / 394
互联网思维及规律对汽车产业的影响 / 395
未来汽车产品的科技平权 / 397
新老车企的差异与相互借鉴 / 401
【院长心声】 / 402

02 产品定位 / 407
未来构建汽车硬软件的演进方向 / 407
实现汽车产品差异化的重点 / 409
通用性与差异性组件的分工策略 / 410
新汽车的新能力、新属性和新角色 / 412
【院长心声】 / 413

03 管理和文化 / 417
企业最重要的核心竞争力 / 417
打造与时代相符的企业文化 / 418
【院长心声】 / 419

04 人才工程 / 420
未来汽车软件人才的需求变化 / 420
车企开发核心软件的目标与策略 / 422
【院长心声】 / 424

附 录　嘉宾简介

一、主持嘉宾及本书作者　　　　　　　　　　　　　　　　　／ 428

二、**2021—2022 年"赵福全研究院"嘉宾简介**　　　　　　　／ 431

　　01　余　凯　　　　　　　　　　　　　　　　　　　　　／ 431
　　02　周鸿祎　　　　　　　　　　　　　　　　　　　　　／ 433
　　03　张春晖　　　　　　　　　　　　　　　　　　　　　／ 434
　　04　曹　斌　　　　　　　　　　　　　　　　　　　　　／ 435

第一部分 高端对话

一、对话余凯
——深度解析汽车芯片创新

【核心观点】

最大"母生态"：到2030年，智能电动汽车应该是人类科技领域里最大的"母生态"，堪比二十世纪八九十年代的个人计算机（PC）。

新时代的英特尔：在智能汽车时代，一定会诞生这个时代新的英特尔，即规模巨大、实力强劲的汽车芯片公司。

不必焦虑：当产业发生转型时，每个参与者都难免会有一种焦虑感，担心在某个新的关键领域没有及时投入而失去未来发展的机会，我特别能理解这种心态。但我认为大可不必太过焦虑。

核心与护城河：对于终端品牌来讲，核心还是用户、产品、品牌。据我个人观察，从来没有一家企业能够依靠某种新技术形成长期的竞争壁垒，或者说护城河。

四两拨千斤：对于基础性、平台性、共性的技术，整车企业没必要自己做，最好的方案就是利用外部生态获取，以达到"四两拨千斤"的效果。

不产生威胁的垄断：聚焦在某个细分领域里不断做强，而不向其他相关领域扩展业务，这样的企业虽然也可能形成某种垄断，但这种垄断不会让其他企业感到是一种威胁。

标准化与千车千面：智能驾驶最终一定会标准化，成为智能汽车的必备能力。相比之下，智能交互恐怕会千车千面。未来汽车产品的差异化一定体现在软件上，而且主要是靠近应用层的软件。

基础设施：芯片是数字科技的底座。在软件定义汽车的时代，各种各样的软件都需要运行在某种特殊的"基础设施"之上,这个"基础设施"就是芯片。

集大成者:芯片产业是现代科技工业中的集大成者,先进的芯片由几十亿到上百亿个晶体管集成,要比汽车上其他任何一个零部件都复杂得多。

勿炫耀算力:优秀的芯片公司不能只把算力作为设计目标,更不应一味炫耀算力。真正的目标应该是以有限的算力让软件最高效地运行。因为算力更高的芯片带给客户的不只是价值,还有成本。

制造之难:芯片制造变得越来越复杂,制程每提升一代往往就需要投入数百亿美元。世界上很少有公司能够持续进行这样大的投入,所以芯片制造逐渐集中到台积电、三星等少数几家公司。

芯片与国力:一个国家的信息科技实力,不能只看其拥有多少家顶级的互联网公司,更要看其基础层面的核心能力,特别是数字经济的"基础设施"能力。如果地基不牢,上面盖的房子再光鲜亮丽也不稳固。

剑气合一:要始终保持冷静,坚持长期主义。心之所向,剑之所指,心剑一定要合一。如果老想搂草打兔子,这样的企业做不长久,客户也不会陪着你一直玩。

生态型企业:充分借助合作伙伴的力量,实现自身的发展。而且通常自己尽量少做,让整车企业等合作伙伴尽量多做。要学会舍,不"舍"哪有"得"呢?

通过做小来做大:我们的目标从来不是把业务做大,而是把业务做好做精,让产业感受到我们的价值。

网状协同:智能汽车时代,大家共同面对一个不确定性的世界,产业链是网状协同关系,不是线型的交付关系。

全维利他:让很多硬件和软件合作伙伴,基于地平线的芯片来创造自身的价值,大家可以一起把芯片的工具链和相关标准软件都做出来,充分开放给业界使用,而不是提供给客户一个黑盒子。

创新策源地:我们需要定义新的市场需求。自主品牌的创新精神,中国消费者对新科技的拥抱心态,让中国不只是消费大国,更是引领创新的策源地。最终数据一定是区域的，是场景的，是个性化的。中国汽车品牌未来十年确实充满希望。

全员新造车：最终能够生存下来的车企，一定都具备打造未来新型汽车的突出能力。从这个意义上讲，届时所有车企都可以被称为新造车企业了。

关注增量：地平线内部有一句话：把每天的Δ（增量）变成人生的常数。我们追求的是每天都在成长，至于最终能成长到什么程度，无需刻意追求，结果是怎样就是怎样。

赵福全：欢迎大家来到"赵福全研究院"高端对话栏目，我是主持人清华大学汽车产业与技术战略研究院的赵福全。今天我们非常荣幸邀请到地平线创始人兼CEO余凯博士。

余　凯：赵老师好！网友们好！

赵福全：余总，今天是我们这个栏目创办以来的第67场对话，欢迎您的到来。几年前您从职业经理人转型，投身到芯片领域，成为一名创业者。在当前产业遭遇"芯片荒"之际回望，您很早就认识到芯片的重要性，创建了打造汽车芯片的地平线公司，应该说这体现出您前瞻的战略眼光。可能很多网友对整车企业更为关注，而对地平线这样的供应链企业了解不多。借此机会，请余总向网友们简单介绍一下，地平线是一家什么样的公司？企业定位和业务重点是什么？现在有多少员工？发展状况如何？

余　凯：地平线是一家打造汽车智能芯片的科技企业。在汽车科技大转型、大变革的时代，我们认为汽车产业有两大趋势，即电动化和智能化。其中，电动化转型中，产业链上游最重要的是动力电池；而智能化转型中，产业链上游最重要的就是智能芯片。如果说动力电池是未来汽车的心脏，那么智能芯片就是未来汽车的大脑。智能芯片作为未来车载计算中心的核心，其作用相当于计算机的CPU（中央处理器）或者手机的智能芯片。这也是地平线选择智能芯片这个方向进行创新的原因所在。

目前地平线已经成立 6 年了，我们现有员工接近 1300 人，实现了汽车智能芯片的规模化前装量产，已经成为全球范围内能够向整车企业提供量产智能芯片的三家公司之一。其他两家是英伟达和英特尔 Mobileye，地平线是第三家。

智能汽车将是下一个母生态

赵福全："赵福全研究院"高端对话栏目从 2014 年创办以来，每年都会选择一个紧贴行业热点的话题，与嘉宾们进行系统深入的交流和探讨，以识别发展路径、指引前进方向。栏目播出后受到行业内外的广泛关注，受众面和影响力不断扩大，特别是很多企业高层都在收看。同时应大家的要求，我们还将对话内容进行精心梳理和提炼，形成书籍出版，每年一本。今天余总和我的对话就会收录到我们这个系列的第八本书中。

余总，今年我们选择了"汽车技术生态创新"作为对话的主题。应该说大家对于技术创新并不陌生，因为品牌依靠产品及服务支撑，而产品及服务依靠技术支撑，所以大家对技术创新的重要性都有认识。不过说到技术生态创新，可能不少人就不太理解了。

事实上，新一轮科技革命正在驱动各个产业乃至整个社会发生翻天覆地的变化，其中最本质的改变就是万物互联，未来几乎所有人造物都会连接起来，使大量数据得以顺畅流动和有效应用，进而实现全面的智能化。在此前景下，技术生态化的发展趋势愈发明显：一方面，以前的技术主要是"偏硬"的，未来的技术则将包含越来越多"偏软"的内容，并且还需要实现软硬融合；另一方面，各种软硬技术分别掌握在不同的主体手中，任何一家企业都不可能独自掌握所需的全部技术。因此，未来汽车产品只有在多方参与、分工协作的技术生态中才能诞生和成长起来，这就使技术生态创新的重要性日益凸显。

当前关于"软件定义汽车"的讨论很多，那么硬件是否不再重要了呢？我认为，硬件依然重要，但只是必要条件了；而软件在本轮产业重构中变得越来越重要，逐渐成为充分条件。与此同时，伴随着产业重构的进程，还会有一些新的硬件涌现出来，发挥至关重要的核心作用。当然,这些新硬件也会带有很强的软硬融合属性。比如刚才余总也谈到的,电动化方面的动力电池、电机、电控,智能化方面的芯片等,都将成为未来汽车产品中不可或缺的关键技术。其中电控系统与软件密不可分,而芯片则需要通过处理数据来实现功能,因此也要与相关软件高度匹配。从这个意义上讲,汽车智能芯片应该说是技术生态创新的重点领域之一。

余总,您既是企业家,也是芯片技术专家。在您看来,新一轮科技革命究竟会给汽车产业带来什么变化?我想我们可以把这个问题作为起点,后面再针对芯片、数据、软件、生态等问题,逐一深入探讨。

余 凯:今天能够作为"赵福全研究院"高端对话栏目的对话嘉宾,与赵老师共同探讨汽车产业的一些问题,我深感荣幸。刚刚赵老师说,已经在这个栏目上进行了六十多场对话,这真的很不容易。我觉得,这个栏目对于产业发展意义重大,或者说这个栏目本身就是推动和见证时代发展的一件大功业。

下面回答赵老师的问题。我是做技术出身的,以前也写过一些论文。在我看来,新一轮科技革命既带来了汽车产业革命,同时又深受汽车产业革命的影响。因为汽车是改变世界的机器,自一百多年前诞生以来一直都是如此。当时根本没有现代公路和加油站,也没有汽车上众多零部件的供应商体系。但由于有了汽车,人类社会就出现了高速公路,出现了红绿灯交通管理系统,出现了分工空前复杂的汽车产业。在这个意义上,汽车可以说是一个母生态,不仅自身不断成长起来,还拉动了机械、化工、电子、信息、交通、能源等诸多产业的发展。

当前不断进步的动力电池、信息通信等技术正在改变汽车,而当汽车被改变之后,它必将再次改变世界。未来的智能电动汽车将是一个比之前更大的母生态,不仅搭载动力电池、芯片、传感器等新硬件,而且具有极强的软件能力,从而在自动驾驶和人机交互等方面不断前进,并推动其他众多相关产业快速发展。例如我的老本行——人工智能技术,也一定会在汽车母生态上突飞猛进。

总的来说,作为曾经改变世界的机器,汽车正被彻底改变,并将再次改变世界。我判断,到2030年智能电动汽车将会成为人类社会最大的母生态。

母生态这个概念是此前担任百度总裁的陆奇博士最近提出的,我认为这个词恰如其分。所谓母生态,首先是二十世纪八九十年代的PC(个人计算机),那时PC母生态催生了微软、英特尔、IBM等公司,今天它们仍然是世界级的巨无霸科技公司。之后是2000年以后的智能手机,其母生态影响了整个半导体和信息通信产业的发展进程,催生了高通、联发科、苹果、华为等企业,同时像安卓应用生态也是在智能手机母生态上生长出来的。试想如果没有智能手机,今天的社交软件、移动支付以及在线打车、订餐等服务都不可能发展起来,所以母生态不是一般的生态,其影响是多元的、立体的、丰富的。而未来十年,智能汽车将成为新的而且是更大的母生态。对中国来说,抓住智能汽车母生态将是下阶段拉动经济规模和质量再上一个台阶的关键所在。

赵福全:余总讲得很好。我们一直说,新一轮科技革命驱动汽车产业发生全面变革。而您刚刚提出了一个新的视角,那就是为什么科技革命会使汽车发生这么大的改变,是因为汽车本身的重要性。事实上,汽车一直都很重要。过去汽车曾经是改变世界的机器,未来汽车还会是改变世界的机器。

记得五六年前我就曾经讲过:过去一百年,汽车改变了人类;而未来一百年,人类将改变汽车,让汽车更好地服务于人类,进而改变我们的生活。今天这样的前景正逐渐成为现实,新一轮科技革命让汽车如虎添翼,具备了前所未有的能力。同时,巨变中的汽车又反哺科技革命,为众多领域的新兴科技带来巨大的发展机会。在这样一个互动的过程中,将会诞生全新的智能汽车生态。事实上,社会本身也是一个生态的概念,而未来智能汽车生态将会孵化出诸多相关的子生态,进而推动智能社会生态的形成和不断完善。

这就是刚刚余总谈到的母生态的概念。在人与人连接的互联网时代,智能手机成为母生态;而互联网的下半场是物与物连接的物联网,在这个万物互联的时代,智能汽车将成为新的母生态。因为汽车既有移动性,又有连接性,将成为未来重要的科技载体、移动终端、互联节点和数据枢纽。所谓车联网即 V2X，其 X 的范围正在不断扩展，未来汽车可以与人、其他汽车、基础设施以及汽车行驶大环境中的各种人造物相互连接。几年前我们就在讨论基于汽车的 4S 概念，即智能汽车（SV）要和智能交通（ST）、智慧城市（SC）与智慧能源（SE）融合发展，以充分发挥汽车的载体性平台作用。近期很多业外巨头特别是一些智能手机公司，纷纷进入造车行列，正是由于它们认识到了智能汽车母生态在物联网时代的广阔前景。

也就是说，未来汽车将成为一个大生态，可以称之为汽车生态或者出行生态，这个大生态将包含和孕育很多小生态，其中就有各种技术生态，例如芯片的生态。之前您曾在很多场合谈过，芯片并不是简单、封闭的业务，一定要形成一个完整的生态。那么，您如何判断汽车生态的发展前景？同时，未来汽车企业应该如何建设技术生态呢？

余　凯：我认为，可以把未来的汽车理解为"4 个轮子 + 1 个超级计算机"。由此出发，参考 PC 生态和智能手机生态的情况，就能推演出智能汽车生态的发展前景。

地平线从事的是汽车芯片业务，我们就从芯片说起。在 PC 时代和智能手机时代，强大的芯片公司都是与当时最大的终端相伴相生的。试想如果没有 PC，怎么会有英特尔？如果没有智能手机，怎么会有高通、联发科、华为海思？因此，我有一个预判：在智能汽车时代，一定会诞生这个时代新的英特尔，即规模巨大、实力强劲的汽车芯片公司。

芯片是软件的载体，不仅搭载操作系统，还搭载很多应用软件。在这些应用软件的背后，一定会有一个或几个汽车应用平台公司，和这些应用软件提供者共同构成以汽车芯片为载体的应用服务生态。

当然除了芯片以外，智能汽车还会衍生出其他相关的硬件公司。比如在智能手机时代，出现了歌尔声学、瑞声科技、舜宇光学等专门提供手机传感器的公司，它们的股价涨势都非常好。也就是说，智能手机同时带来了新的软件生态和硬件生态。我相信智能汽车也同样会带来新的软件生态和硬件生态。

这些生态向下延展，将进一步拉动众多相关领域的发展，如基础材料、基础工艺等，这些领域也将成为智能汽车技术生态的重要组成部分。实际上，我认为科技产业逐步走向成熟的标志之一就是形成完整的生态，因为形成生态的发展方向代表着一种客观规律，即以更先进的组织形态和商业模式来促进科学技术的广泛应用。

在我看来，产业生态一定是以更加专业化、精细化、网状交织的分工协作为特征的。这其实与生物进化的过程非常相似——从单细胞到多细胞、直至复杂的高级生命体。在生命以单细胞状态存在时，一个细胞就担负起生命的全部功能；之后组成生命的细胞数量越来越多，逐渐形成了高度专业化分工的各种组织，分别负责某方面的功能，比如有专门的视觉系统、听觉系统等等。

赵福全：也就是说，汽车生态建设的参与方会非常多，而且彼此之间必须紧密合作。参考智能手机生态的状况可以更好地理解智能汽车生态的前景：智能手机生态表面上只是由几家手机公司主导的，但实际上背后有众多不同供应商的共同参与，包括硬件商、软件商、内容商、服务商等等。消费者平时可能不大会关注到这些参与者，但恰恰是它们与手机公司一起，共同构建形成了一个强大的手机生态。

搭建生态就是大家共同做大蛋糕

赵福全：现在大家有所担忧：当产业生态发展起来之后，会不会出现某家企业由于占据了很多资源而一家独大的情况？会不会出现强者恒强，最终形成垄断的局面？余总怎么看这个问题？

余　凯：我觉得这要看这家企业是怎样做到强者恒强的。如果企业借助自己某方面的垄断地位，不断向外扩展，像黑洞一样，要把上下游各个环节的资源都吸纳进来，成为自己的一部分，那无疑就是一种不公平的竞争。事实上，采取这种策略的企业虽然可能一时会变得更强大，不过恐怕很难持久，因为它必将分散自己在主业上的投入，并且会走到其他众多企业的对立面。而如果企业专注于自己的主业，不断踏实努力、越做越精，能够为合作伙伴提供有力的支持，那即使形成了垄断，又有什么不好呢？

例如英国有一家公司 ARM，年收入大约几十亿美元，这样的规模在世界级科技企业中并不算大，但全球的芯片产业都离不开它，因为绝大部分低功耗 CPU 芯片都使用这家公司的 IP（知识产权）。ARM 的经营理念就是坚持有所为有所不为，它不制造芯片，更不制造 PC 和手机，只专注于芯片的设计，通过转让 IP 获利。同时，ARM 在使用其 IP 的每一块芯片上收取的费用很低，确保了芯片制造企业都愿意与之合作。我觉得，ARM 就体现了利他共赢的生态思维和有所取舍的战略定力。这类公司往往并不以做大为目标，而是聚焦在某个细分领域里不断做强，虽然也可能会形成某种垄断，但这种垄断不会让其他企业感到是一种威胁，反而让人信服其技术实力，容易被大家接受。

赵福全：产业和技术的生态化，并不意味着最终会有某一家或几家企业垄断整个生态。因为生态是一个大系统，涉及众多不同的层面、领域和环节。企业要想成为生态中不可或缺的参与者，就一定要在某个层面、领域或环节做专做精，但是切不可追求把各个层面、领域和环节都做专做精，这是任何企业都不可能做得到的。事实上，生态的出现就是由于不同层面、领域和环节各有不同的专业能力，远非一家或几家企业就能全部掌握的，所以才需要依托生态实现分工协作、有效融合。当然在生态中，大企业可以尝试成为平台的搭建者和运营者，而小企业必须专注于某方面的细节工作。而企业具体如何选择，既与自身的定位有关，也与自身的规模和资源有关。

也就是说，面向未来的产业和技术生态，所有参与者都有机会，前提是在某一方面做专做精。与此同时，每个参与者都必须在生态中生存和发展，谁都离不开生态。而生态本身一旦形成，就不会受制于单个参与者，缺少了谁都可以运作，因为很快就会有同类企业填补原来的空缺、承担相关的业务。这也是生态的一个重要特点。

余　凯：按我的理解，搭建生态是大家共同把蛋糕做大的游戏，而不是过去那种大家一起分蛋糕的游戏。后者肯定是我多拿一点，你就少拿一点。

赵福全：余总谈到了一个很重要的观点：说到底，追求全面垄断还是一种基于传统思维的分蛋糕理念，这在硬件主导的时期有一定的合理性。但在软件主导的物联网时代，更应建立共生共赢的生态思维，即共同做大蛋糕的新理念。在构建汽车生态的过程中，我认为相关企业都应以此作为核心指导思想。

余总，我们刚才谈到了软件主导，谈到了生态搭建，同时也谈到了硬件依然重要。一方面，如果没有好的传统硬件，如车身、底盘以及制动、转向系统等，是无法做好智能汽车的；另一方面，汽车的电动化、智能化还衍生出了动力电池、芯片等非常关键的新硬件，直接决定着未来汽车产品的核心竞争力。

之前曾听您讲过，在百度工作时主要是做软件、编写代码，后来您觉得这样还不够，应该同时做硬件、开发芯片，因为只写代码不做芯片，无法形成软硬件的最佳匹配。这也是您最终选择出来创业、致力于开发汽车智能芯片的主要原因。当然，在一些传统汽车人的眼中，可能芯片也算是软件的一部分。那么在软件定义汽车的前景下，您对硬件和软件之间的关系是怎样认识的？

余　凯：我先做个类比，即使一个人有非常聪明、善于思考的大脑，如果没有健康的身体，那大脑也很难有效工作，结果肯定会有很多事情都做不了。其实汽车软硬件之间的关系也是如此，两者都很重要，只是有不同的分工而已。

未来汽车的大脑即车载计算中心，包括核心芯片及其搭载的操作系统、基础软件，之所以至关重要，是因为汽车大脑负责分析、处理数据并做出决策。这是把汽车软硬件有效融合起来的关键，也是汽车与驾乘人员进行智能交互的前提，更是车辆获取各种指令的来源，因此汽车大脑处于"牵一发而动全身"的核心位置。

与此同时，在智能汽车的时代，汽车的身体即各种硬件依然重要，这是确保汽车大脑顺畅工作并有效执行其指令的基础，也是汽车实现各种功能和性能的保障。只不过随着软件作用的提升，汽车硬件的重要性相对有所下降。总之我认为，今后汽车软件和硬件都很重要，产业必将进入到基于软硬融合、实施软硬联合优化的新阶段。

赵福全：余总最早是做软件的，后来开始做芯片，进入到硬件领域，也是因为您认识到必须有关键硬件的支撑，软件才能发挥最佳作用。而您特别强调，未来汽车硬件依然重要，只不过汽车产业更需要重视软件。当然也不能指责此前汽车产业不重视软件，因为彼时的汽车就是以机械为主的，是硬件主导的传统制造业；而未来汽车产业将成为软件主导的新兴战略产业，此时的汽车只有硬件作为躯体就不够了，还必须有软件作为灵魂。因为有了软件及其支撑的数据，才能打通离散化的各种硬件，让整个车辆系统性地发挥更大作用。但是切不可因此而忽视硬件的重要性，陷入顾此失彼的误区。正如余总所说的那样，今后汽车产业将进入软硬联合优化的新阶段。

越是产业变革期，越要坚持有所为有所不为

赵福全：那么，在软硬融合形成汽车产品竞争力的前景下，您觉得整车企业的核心能力到底是什么？我们知道，在燃油汽车时代，发动机和自动变速器是车企的核心能力；进入电动汽车时代，动力电池、电机、电控成为了车企新的核心能力；而在智能汽车时代，软件以及与之相关的芯片等新硬件是否将变成车企新的核心能力？如果答案是肯定的，那整车企业有能力做好芯片及各种软件吗？在培育新核心能力的过程中，整车企业究竟应该如何定位呢？

余　凯：当产业发生转型时，每个参与者都难免会有一种焦虑感，担心在某个新的关键领域没有及时投入而失去未来发展的机会，我特别能理解这种心态。不过我想强调的是，企业始终要有所为有所不为，而不能什么都想抓住。未来的关键技术将会更多，企业如果要掌握所有的关键技术，在产品定位和规划时就会失去重点，导致在"九宫格"内分散人才、资金和管理等各种资源。结果肯定是每个细分领域的投入都不充分，难以达到预期目的；而最核心的关键技术反而无法集中力量有效掌握。毕竟任何企业的资源和精力都是有限的，即使是实力强大的巨无霸企业也不例外。这就像每个人的一天都是 24 小时，不可能由于某个人的能力强或者想做的事情多，就能变成 25 小时。

所以，越是在产业转型、技术增多的时候，企业就越需要充分聚焦，一定要有所为有所不为。在此情况下，企业领军人的决策能力将面临巨大考验——只有了解各个领域，才能判断哪个领域是自身最需要掌握的，进而做出合理的决策。

例如苹果公司无疑是当代最成功的企业之一，目前市值全球排名第一。不过从研发投入占销售收入的比例来看，苹果的数据并不是很高，甚至在很多同类企业中算是偏低的。但这并不意味着苹果的研发投入不足，而是因为苹果非常聚焦，在很多技术上都不谋求自行开发掌握，而是直接与该领域最优秀的供应商合作，集成应用相关技术。

举个例子，当年乔布斯在开发音乐播放器 iPod 时，核心思想是"把一千首歌装在口袋里"，因此需要一个体积小、功耗低、存储量大的存储器。对此他不是组织研发，而是满世界寻找，最后发现松下电器有这种技术。而当时松下电器因为看不到这种存储器的应用场景，正考虑关闭该业务。乔布斯立刻飞到日本去洽谈，直接买断了松下这种存储器 5 年的产量。之后，苹果终于成功推出了 iPod。我个人认为，苹果真正核心的能力在于面向用户的产品思维，而不是某些具体技术。这一点非常值得我们深思和借鉴。

同样，对于整车企业来说，未来最核心的应该是面向用户的产品及品牌定义能力，这是战略层面的能力。相比之下，技术只是战术层面的能力。这就像武林高手所用的招式，到底应该是太极拳，还是螳螂拳，取决于对手是谁。企业经营的目标是什么？归根结底是推出产品、塑造品牌，以满足用户需求，其他要素都是为这个核心目标服务的。如果从这个角度出发，一些技术是自研还是采购，企业也就不难做出判断了。在此有一点非常重要，那就是企业家必须保持对新技术的敏感度，随时思考能否以及如何应用到自己的产品上，能够为用户带来什么价值，这样才有可能做到集全世界最先进的技术为我所用。

其实据我个人观察，从来没有一家企业能够依靠某种新技术形成长期的竞争壁垒或者说护城河，因为有价值的新技术无论应用过程多么波折，最终总会实现产业化普及。而且某项技术的最佳应用者往往并不是其发明者,比如坦克是英国人发明的,但德国人却用得更好,成为"闪电战"的核心。当然技术发明者具有先发优势,企业都希望能够凭借先发优势来抢占市场。不过这种先发优势能否得到发挥,还是要看企业的目的是否明确。事实上,企业如果把产品、品牌和用户三者的关系想明白,不是技术的发明者也可以找到技术资源来应用;而如果没有想明白,即使拥有技术先发优势也无法得到体现。

赵福全: 在万物互联的背景下,诸多产业正在进入生态化发展的新阶段,而汽车产业将成为其中的母生态,承载远超传统汽车产业的更多资源和要素,包括不同层面、领域、环节的新技术。而您提出,越是在这样的时候,企业越要有所为有所不为,专注于真正需要自行掌握的重点技术,同时通过与生态中的伙伴合作来获取所需的其他核心技术。

您还谈到,企业应从自身主业和用户思维出发,来判断需要自行掌握的重点技术究竟是什么。具体来说,整车企业先要厘清自身产品的全新定义和品牌的核心内涵,再识别支撑这一目标所需的各项技术,然后在生态中寻找相关优质资源,最后完成好集大成的工作。

其实汽车原本就是参与者众多的大产业,此前整车企业就要从几百家供应商采购上万个零部件来生产汽车,此外还要有经销商来销售、服务商来保养修理汽车。所以在我看来,汽车产业一直就是一个生态化的产业,只不过此前没有提出生态的概念罢了;而在软件主导、数据驱动、跨界融合的新时期,汽车产业生态化发展的特征将更加明显、内涵将更加丰富。

智能驾驶和智能交互是产品差异化的重点方向

赵福全: 还是要请您继续回答之前的问题。刚刚您讲到整车企业应该从用户思维出发,从产品和品牌的角度去确定需要自己掌握的重点技术。不过您还没有回答,在软件定义汽车的情况下,您认为整车企业到底应该以及不应该掌握哪些核心技术?比如说您觉得整车企业会自行制造芯片吗?

余 凯: 大家知道,很多基础技术的专业性非常强,需要长期不断的投入。因此我认为，对于基础性、平台性、共性的技术，整车企业没必要自己做，最好的方案就是利用外部生态获取，以达到"四两拨千斤"的效果。

可以做个类比，今天智能手机销量排名靠前的厂商，包括OPPO、vivo、小米等，它们在基础性的底层技术方面都是选择外购，例如从高通、联发科等供应商处获取芯片。像高通一年的研发费用就是60亿美元，试问有哪个手机厂商能够轻松拿出这么多资金用于芯片研发？这并不是说手机厂商盈利能力或者资金实力不足，否则小米也拿不出1000亿元人民币来造车，只不过手机厂商不可能把钱都投在芯片上。同时，手机行业的单机利润通常并不高，主要靠规模盈利。这其实和汽车产业是非常相似的。

再从企业的核心能力来看，OPPO、vivo、小米、华为等手机厂商的定位都是围绕用户需求来打造差异化。我觉得整车企业也应如此，一定要围绕自身的目标用户群和品牌定位，把资源投入到实现产品差异化的技术上。这应该是新时期整车企业决策技术拓展方向的根本战略。

赵福全：您给出了车企判断核心技术内外分工的基本原则，对此我非常认同。那么，整车企业要如何才能真正打造出差异化的产品呢？我想车企总得有一些与众不同的核心技术才行，否则各家车企都是简单组合供应商的技术，又怎能体现出差异呢？比如A、B和C车企都采购地平线的同一款芯片，最后它们的产品会不会同质化？说到底，产品的差异化还是要靠技术的差异化来实现。所以我才和您反复讨论这个关键问题——在软件定义汽车的情况下，整车企业的核心能力到底应该是什么？过去讲"开起来像宝马，坐起来像奔驰"，指的是宝马在动力性方面，奔驰在舒适性方面，各有自己的鲜明特色。虽然同属豪华品牌，但消费者对它们的认知和感受完全不同。不过这主要还是靠硬件来体现差异的，今后到了软件主导的时候，整车企业如何才能实现产品的差异化呢？

余　凯：在我看来，未来汽车产品的差异化一定是体现在软件上，而且主要是靠近应用层的软件。仍以手机类比，现在几家主要手机厂商在竞争什么？其中之一就是拍照功能。但并不是简单比拼拍照功能的硬件，在硬件方面相似档次的手机产品其实都差不多；更重要的是比拼拍照功能的核心算法，看怎样让用户把照片拍得更漂亮。今后车企也要从用户的需求出发，努力寻找这种差异点。

概括来讲，我认为汽车产品差异化的着力点无外乎两个方面：一个是智能驾驶，另一个是智能交互。在智能汽车发展初期，智能驾驶尚未成熟，还没有有效落地，此时领先的车企有机会在这方面做出差异。不过智能驾驶最终一定会标准化，成为智能汽车的必备能力，到那个时候可能就不再是汽车产品的差异点了。相比之下，智能交互恐怕始终无法形成标准化的统一状态，因为交互本身就包含着个性化的诉求，所谓千人千面、千车千面。毕竟人和人天然就是不同的：比如有的用户希望车里安静些，而有的用户喜欢大音量听音乐；有的用户希望车内光电氛围淡雅些，而有的用户喜欢车里装满大屏，随时都有各种信息闪现。所以，车企在智能交互方面大有可为，必须准确定位目标人群，然后认真思考提供怎样的服务。

总结一下，我认为从汽车差异化的角度看，智能驾驶会在五年后逐渐标准化，之后车企将越来越难以做出不同；而智能交互是差异化的持久战场，始终都是车企的重要机会。

对于智能交互而言，整车企业的着力点应该放在软件，特别是算法上。当然一些相关硬件也很重要，比如传感器、显示设备和处理器等，这些硬件是支撑多种方式的用户输入采集与人工智能运算，以及复杂、实时、高分辨率的图形显示的关键。据说在尚未推出的苹果汽车上，每块玻璃都是一个显示器，都是一个AR（增强现实）设备，从而给智能交互提供更广阔的空间。需要强调的是，人车智能交互不只限于语音交互，还包括眼动追踪、手势识别等一系列不同方式，这些都是车企可以努力实现差异化的战场。

赵福全：在我们碰撞思想的过程中，余总已经触及软件定义汽车时代最核心的问题了。我的理解是，今后车企要满足用户不同的个性化需求，首先要形成数据采集、传输和处理的能力。因为数据是未来最重要的生产资料，而加工和利用这种生产资料的技术则是未来最重要的生产力。正因如此，决定数据运算能力、并与核心算法息息相关的芯片将变得日益重要，而定制芯片与核心算法的最佳匹配，或将成为软件定义汽车时代企业最核心的技术能力之一。

站在更高维度上审视，只有在万物互联的基础上，通过各种数据的采集、传输和利用，才能实现各种人造物的全面智能化，也才能使产业生态中的不同参与方都能在相同的平台上、按相同的标准分工协作。所以，整车企业必须高度重视与数据流闭环相关的软硬件技术，将其作为打造自身产品差异和品牌特色的核心能力来努力掌握。

余　　凯：数据是生产资料，地平线提供处理数据的芯片，因此我们可以说是生产力的供应商，而芯片之上各种应用软件的有效集成则涉及生产关系的重构。

赵福全：确实如此，生产关系必须适应生产力的发展需要。如果说芯片供应商为车企提供了先进的生产力，那么谁能把这种生产力有效发挥出来，就要看谁的生产关系更合适。这里所说的生产关系，既包括车企内部各个部门的协同关系，比如研发、采购、销售及服务等部门如何应用芯片及其搭载的软件，又如何有效凝聚系统合力；也包括车企与生态中合作伙伴的协作关系，比如整车企业与芯片供应商、与应用软件开发者的关系等，都属于新生产关系的范畴。以芯片为例，究竟应该由谁来主导、谁来辅助，应该说目前还是一个仁者见仁智者见智的问题，尚无标准答案。当然，余总肯定认为汽车智能芯片的打造应该由地平线这类专门的供应商来主导。对于这个问题，我们后续还会继续讨论。

接下来，我们进入今天最主要的话题——芯片。可能很多网友对芯片并不是很了解。那么，芯片到底是什么？芯片的产业链是怎样的？芯片的设计和制造，究竟哪一个更重要？请余总先给大家介绍一下芯片产业的基本情况。

余　　凯：芯片是半导体元器件的统称，是一种内含集成电路的硅片。我们都知道硅谷，这是第二次世界大战后全球高科技的策源地，而硅谷之名就源于仙童半导体等公司在此诞生，包括后来的英特尔也出自硅谷。应该说，芯片是数字科技的底座。前面我们谈到了软件定义汽车，而各种各样的软件都需要运行在某种特殊的"基础设施"之上,这个"基础设施"就是芯片。

在过去的半个多世纪里,芯片已经改变了整个世界。大家肯定都听说过摩尔定律。摩尔定律并不是一个科学定律,而是戈登·摩尔(英特尔的创始人之一)对芯片产业发展规律的经验总结。即每过 18 个月,芯片上晶体管的集成密度就会增加一倍,或者单位晶体管的集成成本就会降低一半。这意味着在同等价格下,每过 10 年,芯片的计算能力就会增加 100 倍。例如过去 30 年,同等价格芯片的计算能力已经提升了 100 万倍。这是非常惊人的发展速度。今天我们口袋中智能手机芯片的算力,比 30 年前装满整个房间的计算机的算力还要高。

芯片技术的飞速进步,形成了一种摧枯拉朽的技术力量,也催生了无穷无尽的应用可能。就像 20 年前人们在使用功能手机的时候,根本无法想象今天的智能手机能做如此多的事情。与此类似,我相信未来智能汽车的能力也将远远超出我们今天的想象。

同时,芯片本身是非常先进的技术。比如地平线现在开发的芯片,由几十亿到上百亿个晶体管集成,要比汽车上其他任何一个零部件都复杂得多。一方面,芯片的研发高度复杂、关联广泛,包括前端设计、后端设计、仿真、测试、验证及方案确定等一系列环节,还涉及系统软件、编译器、操作系统等多种要素,需要非常专业的人才,且开发周期很长。

另一方面,芯片制造也非常复杂。最初国际上有很多芯片制造企业,基本上每家芯片设计企业都自己制造芯片。但后来芯片制造变得越来越复杂,制程工艺从 28 纳米到 14 纳米,再到 7 纳米、5 纳米、3 纳米,而制程每提升一代往往就需要投入数百亿美元。世界上很少有公司能够持续进行这样大的投入,所以芯片制造逐渐集中到台积电、三星等少数几家公司。相应的,很多老牌芯片企业都放弃了制造,专注于设计了。

其实芯片制造本身还不是最难的,在芯片制造的上游还涉及很多原材料和核心设备技术,垄断在少数几家企业手中。大家可能都听说过光刻机,目前高端光刻机基本上只有一家荷兰公司可以提供。而在光刻机里还有很多关键零部件,技术含量都非常高。

总之，芯片产业技术先进、工艺复杂，是典型的重资产行业，必须遵循长期主义来有序发展。过去几十年里，中国在很多领域都实现了质的突破，但芯片这件事情却还没有做好，就是因为芯片产业实在太复杂了。

在我看来，芯片或者说半导体产业是现代科技工业中的集大成者，是最复杂、最尖端、最精密的基础性技术，也是人才和资金要求最高的产业之一。由此出发，我觉得评价一个国家的信息科技实力，不能只看其拥有多少家顶级的互联网公司，更要看其基础层面的核心能力，特别是数字经济的"基础设施"能力。如果地基不牢，上面盖的房子再光鲜亮丽也不稳固，一旦遇到暴风雨冲击，房子就会摇晃，甚至坍塌。而这个"基础设施"正是芯片。

在智能汽车产业中，地平线想做的就是夯实基础的工作。要做好这件事情必须坚持长期主义，踏踏实实地持续努力。所以，地平线的企业文化是"成就客户，耐得寂寞"。在芯片产业，耐不得寂寞就没有未来。

赵福全：确实如此，芯片产业的特点决定了，想在这个产业赚一把就撤或者赚快钱，都是行不通的。

近几十年，信息通信技术的突飞猛进使人类社会发生了巨大变化。而信息通信技术的进步在很大程度上源自芯片技术的快速提升，智能手机就是这方面最典型的例子。可以说，芯片在现代社会的作用是不可替代的。

正因如此，余总将芯片视为整个信息社会的"基础设施"。虽然芯片的体积不大，成本也不算高，但其技术含量之高、制造过程之难、相关领域之多都是超乎想象的。事实上，芯片涉及从设计、测试、验证、制造到销售的完整产业链，也涉及原材料、工艺、装备等一系列的高精尖技术，最终还要满足各行各业、千家万户在不同场景下的多元需求，比如消费电子芯片与车规级芯片的应用环境及标准就完全不同。显然，这样复杂的产业绝不是某家企业或者某个行业独自就能做好的。

所以，芯片是涉及产业众多、应用领域广泛、分工高度细化的基础性大产业，也是交叉科学的典型代表之一。正如余总讲到的，芯片产业的上述特点是中国在该领域尚未取得重大突破的根本原因。

好芯片的标准不只是算力，还有软件运行效率

赵福全：作为芯片领域的专家和创业者，您非常清楚，芯片绝非企业今天招来500名博士，明天就能造出产品来。所以，地平线把"成就客户，耐得寂寞"作为自己的企业文化，这本身就反映出您对芯片产业的深刻理解。如果说满足客户需求、成就客户价值是所有企业都应该去做的，那么在芯片领域更重要的是耐得住寂寞。因为没有持续不断的深耕和一点一滴的积累，是不可能造出好芯片来的。

这又带来了一个很重要的问题：余总可以说是科班出身的软件专家，而现在您又出来创业做硬件了。那么在您看来，对于芯片来说，软件和硬件究竟哪个更重要？为什么您一直强调软硬件必须有效匹配？芯片的算力、制程等性能与所用的算法及处理的数据，到底是什么关系？之前听您谈过，算力是评价芯片的一个重要指标，但不是唯一指标。请您谈谈，什么样的芯片才算一款好芯片呢？

余 凯：刚刚赵老师谈到了我之前的背景，我认为自己的第一角色是科学家，因为我长期从事人工智能领域前沿技术的研发，现在所做的工作其实也是在这个大方向上拓展。而科学最强调求真、强调客观，这让我形成了凡事都较真儿的工作习惯。

对于芯片，很多厂商在做宣传时都会讲算力如何高，仿佛这就是芯片唯一重要的指标。实际上，芯片本身只是手段而已，让芯片之上的软件运行得更快才是我们的目的。因此，我认为评价芯片优劣的关键在于，这款芯片上的软件到底运行得有多快。例如，甲芯片的算力数值是N，乙芯片的算力是2N，但是让同一个软件分别在两者上运行，结果却是在算力低的甲芯片上运行得更快，那我们就不能说乙芯片比甲芯片更好。之所以出现这种现象，是因为算力更高的乙芯片并没有被充分利用，其中的很多算力只是在空转而已。

所以，我提出评价芯片应该以终为始，软件在芯片上运行的效率才是评价芯片优劣的核心标准。如果只是就硬件说硬件，并没有触及事情的本质。从这个意义上讲，优秀的芯片公司绝不能只把算力作为设计目标，更不应一味炫耀算力，在打造芯片时追求的目标应该是以有限的算力让软件最高效地运行。

当然，这一点也是我在实际工作中逐渐摸索感悟到的。之前二十多年，我一直从事软件算法的研究，大约在 2012 年我开始意识到硬件芯片的重要性。当时我在百度负责人工智能技术的研发，进行大规模的深度神经网络训练。结果我们发现：同样是处理器，为游戏设计的 GPU（图形处理器）和为通用计算设计的 CPU（中央处理器），表现可谓天差地别。深度神经网络运行在 GPU 上，要比运行在 CPU 上快 40 倍，而两者的算力远没有这么大的差别。也就是说，对于深度神经网络这一软件来说，GPU 是比 CPU 更好的解决方案。这让我意识到，并不是说英特尔 x86 芯片的算力强，运行某种软件就一定高效，软硬件之间的有效匹配至关重要。

事实上，软件与硬件从来没有真正分离过，二者一直都是相互融合发挥作用的。比如在 PC 时代为什么诞生了 WinTel 联盟？很大程度上是为了使 Windows 操作系统与英特尔芯片更好地耦合在一起。在 WinTel 架构下，英特尔芯片无需考虑支持其他多种操作系统，只为支持 Windows 操作系统设计即可；而 Windows 系统也无需考虑往下兼容多种不同的芯片架构，只要兼容 x86 即可。这样软件和硬件才能高度协同，才能更加高效，这是一个客观规律。

我们当时发现 GPU 比 CPU 更适合神经网络，而 GPU 并非专门为神经网络设计，而是为游戏图形运行设计的。这不由得让我们思考，如果为深度神经网络设计专用架构的芯片，专门匹配神经网络的结构和算子，是不是能让神经网络的运行效率进一步提升？答案显然是肯定的。这是促使我 2015 年出来创立地平线公司的一个重要原因，地平线的目标就是为深度神经网络设计专用芯片，也由此成为世界上第一家专注于此的公司。

另外，创立地平线还有一个重要原因，与自动驾驶有关。2013 年我在百度做自动驾驶项目时发现，每次打开行李舱，里面各种工控机、接线非常杂乱，密密麻麻地乱成一团。当时我就想，如果自动驾驶汽车是这个样子，哪个消费者敢买呢？我们应该把这些不同的工控机处理器都集成到一块芯片上，让软件都在这块芯片上高效地运行。而这件事情与开发深度神经网络专用芯片正好可以结合起来，我觉得肯定能促进自动驾驶技术的进步。今天看来，可以说创立地平线源自我们对未来科技发展趋势的正确预判。

赵福全：您在百度工作时有没有提出做芯片的建议？还是您看到了这个机会后，就决心自己创业来做？当然，做芯片投入大、回报慢，对于习惯于短周期运行、快速盈利的互联网公司来说，要下决心进入芯片领域确实不太容易。

余　凯：我当时提出了建议，只不过百度决策层最终没有采纳。那时候消费互联网正蓬勃发展，面对中国庞大的消费人群，互联网公司首要考虑的是如何快速扩张规模、抢占市场份额。而做芯片是很辛苦的事情，不但需要长期持续大量的投入，而且对人才的要求非常高，还需要很长时间才有可能盈利。要知道我们在 2013—2014 年讨论这件事情时，芯片还是冷门，远不像今天有如此高的热度。

据我所知，目前百度已经拆分出了一个做芯片的公司。作为先行者，我对此持开放态度。该做的事情总会有人来做，大家都有尝试的权力，而最终只有经过充分的市场竞争，才能产生更优秀的胜利者，并给产业和客户创造更大的价值。

赵福全：简单梳理一下，一款好芯片应该是什么样的呢？余总认为，不应该简单用芯片的基本参数数据来衡量，而应该看芯片运行软件的最终结果。因为芯片只是各种应用的平台，让不同软件都能八仙过海、各显其能，这才是我们的目的。就像春晚舞台一样，真正关键的是让演员、灯光、音响等有效匹配，而不是舞台有多大面积那么简单。

芯片就是软件的舞台，舞台面积大小、灯光音响设备等都很重要，但只是必要条件，最终演员演出的效果才是充分条件。所以衡量芯片优劣的标准，要看芯片之上的软件能否最大化地发挥作用。两款相同算力的芯片比较，能让软件运行得更高效的芯片才是好芯片。当然，软件运行也必须要有芯片算力提供保障，因此并不是说算力不重要。算力和软件之间有效匹配，让软件更好地发挥作用，这才是最重要的。

芯片设计要以终为始，算力应充分利用

赵福全：这实际上也指出了芯片设计的关键，为了实现算力与软件的有效匹配，芯片基本架构的设计者，不仅要懂得芯片制造的工艺，懂得算力提升的技术，还要懂得软件算法的原理。也就是说，只懂硬件或者只懂软件都不够，必须对这两方面都有很深层次的理解。所以，芯片产业需要的是像余凯博士这样的"双料"人才——懂芯片的科学家与懂算法的数学家的集合体。当然，除了既懂硬件又懂软件之外，芯片企业的领军人还要有战略眼光，能够对产业发展的方向和节奏做出前瞻的判断。

那么通过这段时间的创业实践，您认为怎样才能做好芯片的软硬融合？具体来说，在芯片的设计过程中，硬件和软件应该怎样平衡呢？

余　凯：我认为还是要万宗归一，以终为始。即首先思考芯片最终的应用场景是怎样的，需要解决什么问题，使用什么软件算法，然后分析这些算法需要什么结构和算子，再倒推出最适合的芯片硬件架构，使之能够有效支持相应算法的高效运行，确保没有算力浪费。

赵福全：余总，假如有企业能把芯片算力做到1000TOPS（处理器运算能力单位，1TOPS代表处理器每秒可进行1万亿次操作），而地平线只能把芯片算力做到100TOPS，那恐怕即使算法再好、匹配再佳，软件的运行效率还是会受限于算力不足吧？这就像一天只有24小时，再能干的人，也无法完成自己需要25小时才能做完的工作。当然可能您会说，有100TOPS的算力就足够用了。但是产业需求的增长很快，芯片技术的进步也很快，我想我们总有一天会需要1000TOPS的算力。同时在逻辑上，企业可以因为没有必要而不去做1000TOPS的算力，但是不能因为自己做不出1000TOPS，就转而去研究如何把100TOPS的算力用好。您怎样回答这个问题？

余　凯：这个问题我是这样思考的，一方面，算力更高的芯片带给

客户的不只是价值，还有成本。一般来说，芯片的成本与其面积大致成正比，1000TOPS 芯片的成本就是 100TOPS 芯片的 10 倍。因此，芯片算力并不是越高越好，我们先要从性价比的角度判断客户究竟需要多大算力的芯片。另一方面，做企业必须有效平衡现实主义和理想主义，不能下意识地觉得这两件事一定是矛盾的。在我看来，我们应该用极度现实主义的方法，去努力实现极度理想主义的结果。具体来说，地平线肯定会追求芯片算力的不断提升，但在量产产品上，我们更注重凭借自身在算力与算法匹配方面的优势，为客户节省成本、创造价值。

尤其对于车规级芯片，我觉得必须拉长时间维度来看问题，不能期待着远大理想马上就能实现，并以此来规划产品，那肯定是行不通的。当前 L5 级无人驾驶汽车的量产还遥遥无期，L4 级全自动驾驶汽车量产的时间点也还不能看清楚，如果现在就拿出未来才需要的芯片算力，且不说很难做得到，就是能够做得到，也是一种严重的浪费，反而会因为成本过高而降低产品的竞争力。

赵福全：这说到了问题的关键。对于现阶段的产业发展来说，提供算力达到 1000TOPS 的芯片固然重要，但是提供能够以 100TOPS 算力实现 300TOPS 算力效果的高性价比芯片可能更重要。地平线并不是不看重设计开发 1000TOPS 芯片的能力，但是更追求把 100TOPS 芯片用到极限的能力。同时将这两方面的能力综合起来，根据市场实际需求来打造相应的量产产品，从而既满足眼前需求，又储备未来能力。

对此我深有同感，企业切不可一味给客户画饼。芯片算力 1000TOPS 听起来很好，假如能用 100TOPS 算力芯片的价格买到 1000TOPS 算力的芯片，大家当然求之不得，但这是不现实的。正如刚刚余总所讲，两者的价格要相差 10 倍。退一步说，即便价格相差没有这么多，芯片企业也有能力把算力做到这个程度，但如果客户不能充分利用这种高算力，就仍然是一种浪费。不久前我主持一个论坛，有一位软件企业的老总在发言时就提到，对每一个 TOPS 都要精打细算地使用。我当时就做了点评：这是企业真正核心的技术诀窍。因为每个 TOPS 都是成本与能力的集合，所以一定要把能力用到极致，而尽可能不去增加成本。反之，如果能力始终是在七折使用，这本身就等于增加了不必要的成本。

余　凯：是的，现在行业里有一种倾向就是追求过高的算力，其实是让客户购买自己用不上的TOPS。我一直觉得，企业最基本的价值观应该是真才实料、物有所值，如果非要给用户提供1000TOPS的芯片，而用户使用其中的100TOPS就足够了，那是有违上述价值观的。

车规级芯片是难度最大的半导体产品

赵福全：刚刚我们谈到芯片的产业链很长，包括原材料供应、生产制造、封装测试、软硬件集成以及设计工具、IP授权、生产设备等多个环节。那么，地平线在芯片产业链中的核心定位是什么？你们的业务聚焦在哪里？你们的上下游企业都是谁？

余　凯：地平线的性质与英特尔、高通、英伟达等公司相似，这类企业称为芯片设计公司。我们主要是设计芯片，而不会去制造芯片。打造芯片的过程有点像织毛衣，地平线这样的企业负责设计芯片的内部架构，通常是立体的，后续晶体管就会按照这个架构串连起来。然后我们会把设计图纸交给台积电等芯片制造商，由它们按照我们的设计方案进行生产，也就是把毛衣织出来。当然，这是非常粗略的分工介绍。

赵福全：就是说，地平线是做芯片设计的，同时要和芯片制造商有效衔接。那么你们对芯片制造需要了解多少？

余　凯：我们既要与芯片制造商对接，也要与晶圆供应商沟通，以了解什么芯片设计方案是它们能够稳定生产出来的。因为汽车芯片对于合格率、缺陷率以及安全性、可靠性都有很高的要求，地平线必须知道合作伙伴目前的生产能力是不是符合标准，这就需要双方紧密互动。如果芯片设计方案中有一些关键指标无法达到，我们就要共同研究讨论，对方案进行修改。

当然地平线只会了解芯片制造的相关知识，不会涉足制造。我认为，这是产业分工和专注主业的必然选择。参考手机公司，手机上的所有零部件包括芯片这样的关键件，几乎都是由外部供应商制造的，有着清晰的产业分工。但是手机公司同样要了解制造环节的关键技术，并且要与相关供应商共同解决一些关键问题。

赵福全：地平线作为芯片设计公司的定位，我觉得也是您基于自身专业特长的合理选择。就汽车芯片的产业分工而言，大体上是车企提出需求、芯片设计公司进行设计、芯片制造商完成生产。为此，芯片设计公司必须与上下游企业紧密合作。面向整车企业，地平线必须考虑汽车芯片的应用状态，为此要对汽车产品本身有足够的了解，当然无需达到整车企业的程度，但一定要形成与整车企业相关团队有效互动的能力。唯有如此，才能最终满足客户的需求。面向芯片原材料和制造企业，地平线必须考虑芯片材料以及制造技术的发展水平，确保自己的设计方案能够与之匹配，为此还要对芯片的材料和制造有足够的了解。也就是说，芯片是一个强调协同作战的产业，任何企业都不能孤立存在，而是需要其他相关企业的支持。如果一家企业谋求自己掌握产业链上各个环节的能力，那结果一定是丧失自己的强项和特色。

下一个问题，芯片千差万别，仅在汽车产业内就有很多类型的芯片，您为什么选择进入汽车领域，又为什么专注于汽车智能芯片呢？大家知道，芯片有消费电子芯片和车规级芯片之分。从芯片设计的角度看，您觉得车规级芯片的难度体现在哪里？实际上，在传统汽车零部件上我们也能发现类似的差别，例如同样是玻璃，用在建筑上是一回事，用在汽车上则是另一回事，后者必须进行更加严格的试验测试及验证，同时在制造上还必须保证更高的产品一致性。那么对于车规级芯片来说，其设计方案有哪些更高的标准或指标？

余　凯：我认为，车规级芯片应该是所有半导体产品中难度最大、复杂度最高的一种。消费电子芯片通常无关人身安全，但是汽车芯片与人的生命安全息息相关，所以车规级芯片的可靠性、安全性和产品一致性要求都非常高。同时，车规级芯片的导入周期很长，一款车的开发一般要3年时间，而汽车芯片从概念设计到第一次在汽车产品上量产，基本上至少需要4.5~5年的时间。相比之下，消费类芯片的导入周期通常只需2~3年。

车规级芯片在设计和制造等各个环节的极高要求，主要体现在安全性和可靠性指标上。例如工业界有一个重要指标叫产品缺陷率，一般以PPM（即百万分之一）作为衡量单位。通常消费电子类如手机芯片的标准是 200 个 PPM，也就是 100 万个手机芯片里最多允许 200 个芯片出现缺陷；而车规级芯片的标准是 10 个 PPM 以下，有些与安全强相关的芯片，甚至追求 0 个 PPM 的目标。又如汽车芯片需要在各种电磁干扰的环境下保持平稳运行，因此必须留有足够的 margin（裕度），确保芯片性能上下波动时不超越许可的界限。显然，要达成这些指标是非常困难的。

企业最重要的核心竞争力是文化价值观

赵福全：汽车的硬件和软件都是关乎生命安全的，试想如果芯片在汽车行驶过程中突然失效，丧失计算能力，就很可能会出大事故。因此对汽车芯片和手机芯片的要求有着巨大的差别。与此同时，汽车芯片的应用环境也更为复杂，涉及各种各样的工况，这进一步加大了车规级芯片达成安全标准的难度。

刚才您说到，地平线与英伟达、英特尔等公司的业务类似，另外国内也有其他几家初创的芯片设计公司。与这些公司相比，您觉得地平线的核心竞争力是什么？您认为地平线怎样才能在竞争中脱颖而出？

余　凯：企业的发展需要一个过程，在不同阶段，企业所需的核心竞争力是有所不同的。地平线目前还处于创业初期，我觉得我们的核心竞争力主要体现在四个方面。

第一体现在认知领先上。我们是行业中最早看到汽车智能芯片发展趋势和重大机遇的，因此地平线成为业界第一家专注于开发汽车智能芯片的公司。

第二体现在人才上。我和创始团队成员属于世界范围内最早一批从事深度神经网络算法研究的人，在 ImageNet 视觉识别挑战赛和谷歌 Waymo 自动驾驶算法挑战赛上，我们都是全球首个冠军团队。

第三体现在软硬融合的技术优势上。地平线是一家有特色的科技公司，我们在芯片硬件公司里是最懂算法软件的，在算法软件公司里又是最懂芯片硬件的，这是我们在技术上的核心优势之一。

当然随着产业的发展，今后肯定会有更多公司进入汽车芯片领域，我们必须面对这些公司的挑战。我一直认为，任何企业在技术上的先发优势都是暂时的，假以时日，总会被对手追上。但是在技术量产过程中的诀窍，是必须经过摸索乃至付出代价后才有可能被企业掌握的。所谓"实践出真知"，说的就是这个道理。最终产品的优化和技术的迭代，绝不是在实验室里苦思冥想就能实现的。在这方面地平线起步较早，一定要知行合一，努力走在最前面。

第四体现在客户关系上。我一直觉得在新技术落地的过程中，与客户的关系非常重要。地平线一定要全心全意地为客户解决问题，以此来帮助客户、成就客户，这样才能不断加深彼此的了解，直至形成某种共情，即能够设身处地地体会对方的处境和困难。实际上，客户和地平线是同学关系，我们一起来学习"智能汽车"这门最难也最重要的大课，虽然也有班长、班委的分工，但大家的目标是一致的。

总体来看，企业之间的竞争是品牌、商业模式、组织以及文化价值观等的综合较量。这里面看起来文化价值观似乎是最虚的，不过最后你会发现，站在五年、十年的长期视角来看，文化价值观才是最实的要素。企业家信奉的是什么？领导层坚持的是什么？中层和基层员工做事的出发点又是什么？短期内企业也许可以自我欺骗，或者通过"包装"去忽悠客户。但时间一长，一定会被看穿，到头来受损的还是企业自己。总想着偷奸取巧、占别人便宜，这样的企业是无法长久的。所以我觉得，企业的文化价值观才是最重要的核心竞争力。

正因如此，我们反复讲八个字——"成就客户，耐得寂寞"，这是地平线的文化价值观，也是地平线一切行动的根本出发点。相应的，地平线商业模式的核心就是"全维利他"，因为我们认为，"利他"才能"利己"，成就客户是成就自己的最佳方式。

赵福全： 听余总分析地平线的核心竞争力，非常清晰，且层层递进，从具体各要素的优势，一直上升到企业的文化价值观。这反映了余总作为企业领军人，在骨子里真正相信的是什么。其中有几个观点，我也深有同感。

第一，芯片听起来是硬件，但如果缺乏对软件的深度理解，芯片硬件的作用是无法充分发挥的。之前大家常说要软硬结合，实际上我觉得软硬融合才是最高境界，也是未来企业必不可少的核心竞争力之一。在这方面，余总的认识和行动比很多人都早，六年前就开始创业，致力于抓住汽车智能芯片的机遇；而六年后的"芯片荒"印证了余总当初判断的正确性。不少初创企业是近期才开始进入芯片领域的，这就比地平线晚了一步。

第二，实践是检验真理的唯一标准。书本或者图纸上的知识是"死"的，实践中提炼、完善及应用的知识才是"活"的。事实上，知识只有得到有效利用才能变成智慧，包括技术上的智慧，也包括商业上的智慧。尽管地平线仍处于创业初期，还不能说完全做到了这一点，但你们已经在实践了，也因此积累了宝贵的先发优势。我认为先发优势与创业时间的早晚并不完全成正比，而是与技术产业化应用的路径与模式更为相关。听了余总刚才的介绍，我觉得地平线在这些方面的思考是很深的，行动是扎实的，先发优势也是明显的。

第三，企业与客户之间的关系也是一种核心竞争力。地平线致力于与客户紧密互动，一起学习和成长，共同面对和克服困难。在这个过程中，地平线可以与客户分摊"学费"，同时客户也会倒逼地平线更快地成长。

第四，企业要想走得长远，最终必须依靠企业文化和价值观。对此，企业家一定得真相信，才会全力推动、认真践行。包括坚持创新，确保技术上始终有前瞻储备；包括坚持实践，在软硬融合方向上不断深入；也包括全心全意地服务客户、成就客户等。

其实成就客户，最终还是为了成就自己。如果客户伙伴和广大消费者不满意，供应商企业是没有前途的。特别是像芯片这样的产业，更不可能靠短期投入或炒作就能赚到钱然后抽身撤出。因此，企业必须脚踏实地、认认真真地去做好每一件事，我认为这是企业最重要的底层价值观。也只有真正建立起这样的价值观，企业才有可能实现可持续的健康发展，甚至等到余总退休之后，地平线仍能稳健地前进。

余 凯：地平线的第一个量产项目是去年6月启动的长安汽车项目，而到今天的一年多时间里，中国绝大多数整车企业都已经成为我们的客户。在这些量产项目中，我能感受到客户对地平线的认可和需要，感受到我们真的能帮客户解决问题，这也让我们备受鼓舞。而客户反馈最多的是，地平线的服务非常好。不久前李想在其发布会上就讲到，地平线与理想汽车的工程师们一起熬夜来解决问题。事实上，这样的例子比比皆是。

这就是我刚才说的，地平线的核心竞争力已经从认知、人才和技术层面，逐步沉淀到文化价值观层面，真正开始成就客户了。我和地平线的全体员工都越来越相信这一点，也越来越认识到自身的价值。比如当李想在台上讲到地平线工程师的努力时，我们现场的一些员工禁不住热泪盈眶，因为客户的认可让他们觉得自己所做的工作非常值得。

我个人认为，人的本心中都有帮助他人、成就他人的天性和善意，而好的管理应该充分激发人的这种天性和善意，这样才能打造出一家好的企业，并且让企业拥有长久的生命力。而在帮助他人、成就他人的过程中，企业自身也肯定会受到认可、创造价值、走向成功。当然，要始终如一地做到这一点并不容易，所以我们在"成就客户"后面加上了"耐得寂寞"四个字，就是提醒自己必须坚持长期主义，必须做到知行合一。

赵福全：说起来这些道理好像大家都懂，不过很多人只是嘴上讲讲，并无实际行动；还有些人是专门讲给别人听的，自己做的完全是另一套；即使真想做的人也未必能够坚持做下去。而余总不只在说，而且在做，您确立了企业的文化价值观，并带领全体员工一起努力践行。这说明您是在骨子里真正相信要"成就客户"的，而在实践中得到的反馈，也让您更加坚信这一理念是正确的，并且开始为地平线带来应有的回报。我想，这一点对所有企业都有借鉴价值。

就像李想的即兴演讲，车企掌门人在发布会上通常主要是介绍自己的产品有多好，很少会讲到某家供应商。毕竟汽车产品的供应商实在太多了，车企也没必要厚此薄彼。但李想却专门讲了与地平线合作的细节，讲了两家企业的工程师们一起通宵达旦地工作，共同解决问题，我觉得这是他发自内心地感谢地平线工程师们的倾情投入。同时，这也说明地平线确实形成了全力以赴"成就客户"的工作氛围。这种氛围保持下去，就会积淀成为企业文化，进而支撑地平线走得更好更远。

生态型企业的商业模式应是"全维利他"

赵福全：下一个问题，请问余总，芯片公司应该怎样提高投入产出比？或者说地平线是如何以共性投入来满足客户个性需求的？怎样才能在最少投入的前提下，让消费者感受到最大的产品差异化呢？

余 凯：企业的组织、商业模式、文化、价值观等应该与其核心战略一致，而地平线的核心战略是打造一家生态型企业。什么是生态型企业？我觉得就是充分借助合作伙伴的力量，实现自身的发展。现在地平线有40多个量产项目在同时进行，全都是与合作伙伴一起做的。而且通常我们自己会尽量少做，让整车企业等合作伙伴尽量多做。

这是为什么呢？因为在智能化的浪潮中，消费者的需求越来越多样化，而汽车产品的型号众多、配置各异，地平线是做不了所有事情的。如果我们追求全部通吃，从整体方案设计一直到芯片交付，所有环节都由自己来做，不仅投入过大，在能力上也不支撑，是不可能办得到的。所以，我觉得做企业先要学会舍，不"舍"哪有"得"呢？

地平线的商业模式是"全维利他"，让很多硬件和软件合作伙伴，基于地平线的芯片来创造自身的价值，而我们尽量把服务做到位。比如大家可以一起把芯片的工具链和相关标准软件都做出来，充分开放给业界使用，而不是提供给客户一个黑盒子。

对于地平线来说，我们衡量自身成功的标准是看自己被多少合作伙伴真正需要。我们并不追求把企业做到多大，而是希望成为一家追求幸福感的企业，这种幸福感就来自于行业对我们的需要。

赵福全：汽车产业正处于格局重构的关键期，在智能网联方面，不同整车企业的定位和能力不同，对芯片供应商的需求也有所不同。有的企业需要全栈式服务，而有的企业自己打造基本架构，同时由专业的芯片公司提供支撑。对地平线来说,你们如何满足客户的不同需求呢?

另外,您判断当前汽车芯片严重短缺这种情况会持续多久?展望未来,汽车芯片产业的分工会是怎样的?前面您一直在强调生态,从大方向上讲,"你中有我,我中有你"的生态一定是产业的发展方向,但这并不意味着生态中就不再有分工了。恰恰相反,生态中的各方参与者必须更专业地各司其职、更紧密地彼此协作。所以,每个参与者都要清晰定位什么是自己必须全力做好的主业,什么是自己需要有所了解的相关业务。作为芯片设计公司的领军人,您怎么看这个问题?

余　凯:现在国家倡导打造更多的"专精特新"企业,地平线就在朝这个方向努力。我们要把自己的芯片设计业务做得更专业、更精细,形成鲜明特色。为此我们必须充分聚焦,对主业实施"饱和攻击"。当然这并不意味着我们没有协作,只靠单打独斗。比如地平线就与世界级的汽车半导体公司荷兰恩智浦达成了战略合作。半导体公司之间开展合作,我认为一方面反映出我们双方开放协作的心态,另一方面也是产业发展的必然。

在这个时代,如果一家企业想包打天下,是肯定不会成功的。毕竟汽车车型繁多,芯片也多种多样,如果企业标准不一,比如连芯片的接口设计都各不相同,那整个产业的效率就太低了。所以,芯片公司的理想策略一定不是包打天下,而是多方充分协作,按照相同的标准提供各类芯片。到目前为止,地平线这么多量产车型项目,没有一个是我们独自来做的,都有Tier1(一级供应商)合作伙伴,我们在背后予以支持,由它们对接整车企业来完成最终交付。

生态分工将是自然流淌,企业无需刻意为之

赵福全:现在业内有一个热点话题,就是芯片设计到底应该交给地平线这类专业公司来做,还是应该由车企自己来做?这个问题不能仅仅依据产业目前的状况来下结论。比如多数整车企业现在没有自行设计芯片,但这是因为它们做出了清晰判断,觉得车企不该涉足这个领域?还是因为它们还判断不清,无法下决心投入?又或者是因为它们目前尚无

能力，不得不依赖芯片公司，但以后要逐步形成能力自行设计芯片？换句话说，看明白了不做和看不明白不做完全是两回事。

无论如何，产业发展有其内在规律，具体能否准确把握这个规律，就要看企业领军人自己的判断力了。对于究竟应该在芯片领域涉足多深，我想当前恐怕很多整车企业的老总们内心都很纠结。那么，余总认为芯片设计这部分工作未来应该由整车企业来做吗？如果回答是肯定的，那地平线的空间岂不是会越来越小？而如果回答是否定的，那地平线又准备如何完成好自己的产业分工，成为整车企业不可或缺的重要合作伙伴？请您分享一下自己的思考。

余　凯：面对产业变革中的各种不确定性，每个企业家都不可避免地会有所焦虑和彷徨。未来到底会怎样？这是一个仁者见仁智者见智的问题，我只能谈谈自己的看法。总体上，我觉得地平线的心态应该说是最开放的，所以我们才提出了"全维利他，开放共赢"。这不是宣传口号，而是我们内心里相信的理念。

例如，有的整车企业老总和我说想做芯片，我就告诉他："如果你们做芯片，我们地平线一定全力支持。毕竟我们做芯片积累了一些经验，也踩过不少雷，都可以分享给你们，甚至有些核心技术也可以向你们开放，这样你们就不用从头摸索了。"

那么，地平线为什么要支持车企做芯片呢？我有自己的考虑：如果未来产业发展和市场竞争的结果表明，整车企业应该自己设计芯片，那地平线这类芯片设计公司的空间确实就变小了，但我们也必须接受这样的结果，并且努力找到自己在新格局下能做的事情。而我相信，在和车企的紧密合作中，我们一定可以找到自己能做的事情，发现新的立足点。反过来讲，如果结果表明芯片设计还是应该由专业的公司来完成，那我们帮助车企尝试做芯片，也能让他们更早更好地认识到这一点，而且后续地平线也就更容易承接到这些车企的芯片设计任务。从这个意义上讲，帮助别人也是一种自我成长。特别是在未来形势尚不明朗之际，我认为企业不妨少一些刻意为之，多一些顺势而为。或者说，应该专注当下、摒除杂念，集中精力先把当前的工作做好。

所以，地平线是真的要对客户开放，是真心要去利他。如果车企客户有了自己做芯片的想法，我们绝不能认为自己更有经验就指手画脚，更不能基于 PC 和智能手机芯片的情况去否定人家，而是应该非常坦诚地交流，看自己能为客户做些什么。也只有这样，我们作为乙方，才能获得了解甲方想法、开展深度合作的机会。反之，如果我们对自己选择的业务抱有执念，或者总想着过去的经验，是很难成功应对汽车产业的智能化大潮的。

我觉得生态中核心技术、分工关系和企业角色等的发展变化，其实是一种自然流淌的状态。就像河流，流到哪里就是哪里。因此，企业经营应该放下执念、减少刻意，以道法自然的心态，认真做好眼前的事情。

赵福全： 对余总刚才讲的内容做个小结。实际上，本轮汽车产业变革才刚刚开启，未来产业究竟会演变成什么状态，目前仍然不得而知，所有的企业也都在努力探索中。不过有一点可以肯定，未来生态化的汽车产业必将为更多的新老参与者提供发展的机会和空间。而各参与主体之间也需要一个不断磨合、彼此再认识的过程，才能逐渐形成合理的分工协作关系。所以，现在就预言十年后的产业生态还为时过早，很可能会做出误判。

另一个毋庸置疑的事实是，在汽车智能化网联化的发展趋势下，未来决定数据处理能力的芯片和算法等一定会变得越来越重要，这部分"蛋糕"也一定会越来越大。而致力于开拓这些新业务的企业，除了必须坚持创新、不断进步之外，还必须有生态化发展的理念。就是说，不能寄希望于凭借某方面的独特技术就可以"独步天下"，而是要和生态中的相关伙伴紧密合作、协同发展，只有这样才能使自身的技术价值得以兑现，也才能让企业实现可持续的健康发展。以地平线为例，基于创始人的超前认知和技术积淀可以成功起步，但后续十年二十年的发展，还是要看企业能否在汽车产业生态中找准自身的定位，并在与其他参与主体的协作中巩固这一定位。而余总对此有着非常清晰的认识和非常开放的心态。

余总特别强调，企业要淡然地面对变化、拥抱变化，要与客户紧密互动，全力满足客户的需求。因为这个需求就是当前客户能力的短板，也是地平线可以发挥作用的领域。当然，客户需求肯定会随着产业变革的进程而不断改变。但只要充分开放自身的能力，与客户持续互动、共同学习、一起成长、互相成就，企业就一定能够找到自己的发展空间，始终立于不败之地。

我觉得，我们这个栏目对产业最大的贡献，就是让行业领导、企业家和技术专家们都毫无保留地分享自己的洞见和理念。这些洞见和理念，有时候听起来很简单，但却是嘉宾们基于自身经验和深度思考提炼总结出的真知灼见。今天余总就谈了自己对于产业生态化发展的认识以及地平线的应对策略，尤其是开放协作的心态和顺势而为的理念，确实让我们感受到了不一样的格局，也给我们带来了深刻的启迪。

未来产业生态中整供关系将被彻底重塑

赵福全： 在本次访谈的前一天，我在朋友圈发布了预告，汽车工程学会名誉理事长付于武付老第一时间就点赞并评论说："地平线在余凯的领导下正在下一盘大棋"。我想你们两位之前应该是深入交流过，所以付理事长才会有此判断吧。不知道余总对整个评论有何感想和回应？

余　凯： 付老的评价对我是一种鞭策，也是一种压力。我觉得地平线目前最重要的是做好自己，认真执行自己的核心战略、落实自己的理念及价值观，把客户关系经营好，把生态网络建立起来。至于我们下的这盘棋是大是小，我想主要不是由地平线自己决定的，而是时代的机遇以及全产业共同的认知与投入、交流与碰撞、竞争与合作的结果。如果地平线最后有幸下出一盘大棋，其原因肯定也是时势大于企业及个人的选择和努力。

赵福全： 在我看来，付理事长这番话既是对地平线的一种期待，也是对产业发展方向的一种洞见，此外还表达了对余总这位优秀创业者以及地平线核心团队的高度认可。与此同时，我觉得这份期待和认可，也正是余总身上肩负的使命所在。

当然，一件事情的成功需要天时地利人和。我认为万物互联的大趋势就是天时；而智能化网联化的汽车将成为下一个更大的母生态，这就是地利；最后还要看做事的企业和人能否找到正确的路径，分工协作，融合创新，向着同一个目标不断前进，这就是人和。唯有如此，才有可能把事情做成。正所谓"谋事在人、成事在天"。我们需要做的就是尽力把每一件事情都做到最好，这样在合适的天时和地利之下，成功也就是自然而然的了。

余总，我们都知道，传统汽车产业链包括上游的供应商、中间的整车制造商和下游的经销商，而供应商又分为Tier1、Tier2、Tier3，即一、二、三级供应商等不同的层级。此前芯片公司基本上属于Tier2甚至Tier3，很少受到整车企业的特别关注，而此次"缺芯"危机让大家一下子意识到，原来芯片在汽车产品中已经如此重要了。实际上，在产业变革的大势下，芯片公司在汽车供应商体系中的地位正在发生变化，很多芯片公司已经开始与整车企业直接合作了。不知道您觉得地平线属于几级供应商？

余 凯：在此也谢谢赵老师的鼓励！未来地平线要怎样逐步做大呢？我的想法是通过做小来做大。我一直认为，保持专注是企业基业常青的必备前提。地平线要做到始终心有静气，认认真真地把自己想做的事情都做到位。其实，我们的目标从来不是把业务做大，而是把业务做好做精，让产业感受到我们的价值。我相信只要我们专心把"小事"做好做精，最终"小事"就一定会慢慢变成"大事"。

至于说地平线在供应商体系中的层级，我们还是Tier2，会把自己的产品交付给Tier1，再由Tier1把整体方案交付给整车企业，这一点至少目前还没有变化。

赵福全：虽然地平线在供货关系上还是Tier2，但正如前面余总谈到的，你们已经在和整车企业直接交流、并肩战斗了。那么展望未来，从整车企业、Tier1和芯片公司之间合理确定相互关系的角度出发，您觉得芯片公司是不是应该成为Tier1？还是说在新的生态化产业格局下，供应商的层级划分今后将变得没有意义了？

余 凯：当前整个产业分工正在全面重构，各类企业都在重新寻找自己的新定位并探索与合作伙伴的新关系。如果说过去汽车产业链是单一、线型、垂直的结构，Tier2 交付给 Tier1、Tier1 交付给整车企业的模式已经非常成熟，那么我认为未来汽车产业生态将逐渐成为多元、网状、交叉的结构，供应商与整车企业之间的关系将不再层级森严、泾渭分明。或者说，产业生态中的各方参与者会形成彼此依赖、交织互动的复杂关系。很可能有某个供应商只是 Tier2 甚至 Tier3，但是整车企业如果不与之直接沟通和协作，就不能保证整个产品开发的正常进行。

从这个意义上讲，在智能汽车时代，尽管在商务上还是要有一对一的线型交付关系，但在实质上整供之间更多的将是协同合作关系。事实上，面对不确定性日益增强的新世界，整车企业与各个"层级"的供应商紧密互动、分工协作，才是最佳的应对方法。

赵福全：余总的体会是，过去整车企业和各级供应商的关系更像是上下级，是单纯的线型关系；而未来万物互联之后，整供之间将形成交叉、网状的协同合作生态。对此，我非常认同。

在我看来，整供关系的变化是与汽车产品本身的改变相适应的。过去汽车产品上的硬件相对离散，或者说彼此之间只有简单的组合关系，比如几个零部件组装起来就形成了模块，几个模块组装起来就形成了系统，最后几个系统组装起来就形成了整车；但是未来汽车产品上的软硬件将结合得非常紧密，彼此之间需要充分互动才能实现理想的功能和性能。在此情况下，原来无需与整车企业联系的很多 Tier2 乃至 Tier3，现在也都要与整车企业以及其他相关供应商直接沟通、充分协作了，这是未来产业发展的大势所趋。

余　凯：的确如此。我认为，未来整车企业将处于产业生态中的枢纽位置，而周围不同层级、不同类型的供应商都与之直接交流互动、分工协作。

中国本土企业有望成为智能汽车创新的引领者

赵福全：前面提到地平线与长安汽车、理想汽车等车企的合作，最近长安汽车的市场表现颇佳，理想汽车的销量也一直在增长，我想在它们的产品上，地平线的芯片应该都做出了应有的贡献。而您还谈到，明年将有更多中国车企的众多产品搭载地平线的芯片。那么，为什么目前与地平线合作的整车企业大部分都是本土车企呢？是因为地平线对外资车企的开放度有差别吗？

余　凯： 作为芯片供应商，我们当然愿意与包括外资车企在内的更多整车企业进行合作。不过目前我们的合作伙伴确实以中国本土车企为主，之所以会出现这种情况，主要原因不在于地平线，而在于中外车企的产品策略存在差异。事实上，不只是地平线，包括Mobileye、英伟达、高通等公司最新的自动驾驶芯片，其首发量产也都是在中国本土车企的车型上。

这是因为相较于外资车企，目前中国本土车企更愿意在产品智能化网联化方面尝试创新，它们对市场变化的反应更快，对应用新技术的态度更开放。在产业全面重构之际，后发的中国本土车企希望以此为契机，重新定义用户需求和汽车产品。我认为，由于中国消费者对新科技的接纳和青睐程度更高，同时中国坐拥全球最大的汽车市场，加之中国本土车企的积极行动，未来中国市场将会成为汽车引领性创新的策源地。

从这个意义上讲，未来十年中国本土车企的产品是非常值得关注的。相比之下，合资和外资车企产品的创新速度可能会比较慢，因为这些企业在应用新技术方面往往更偏向于保守而稳妥的策略。所以，它们或许会成为地平线芯片的第二批客户，但恐怕不会愿意冒风险做第一批尝试者。

赵福全： 目前地平线与中国本土车企的合作更多，我想很多人都会下意识地觉得，这是因为您是中国人、地平线是中国企业，与中国本土车企沟通具有天然的便利性。实际上，这并不是真正的原因。真正的原因在于中国消费者对智能网联产品的需求更强，而中国本土车企对用户需求变化的敏感度更高，更愿意尝试新技术以赢得市场优势。所以，才会有众多本土车企相继与地平线达成合作。它们是为了借助地平线的力量，更快更好地满足迅速变化的用户需求。反过来讲，要想持续占据中国市场的较大份额，外资车企今后也必须在智能网联方面加紧发力。到那个时候，地平线就会迎来与外资车企开展合作的机会。

下一个问题，在中国市场上不只有地平线，也有英伟达、Mobileye 等外资芯片公司，与这些公司相比，余总觉得地平线有哪些优势？比如在技术方面地平线有优势吗？或者说，中外汽车芯片公司在技术路线和方案上有没有差别？外资芯片公司会不会和外资整车企业一样，由于种种原因，很难快速响应中国消费者不断变化的独特需求，及时确定适宜的技术路线和方案呢？

余　凯：讲到技术上的差异，会涉及很多细节，这里就不具体展开了。整体而言，我觉得英伟达、Mobileye 等公司都是我们学习的榜样，它们在技术、产品和市场等方面都已经做得相当不错了。不过智能汽车芯片是新兴的市场，即使是这些老牌芯片公司，也一样属于新玩家。而这个新兴市场的主战场恰好是在中国，这就给本土作战的地平线带来了一定的优势，因为我们离主战场更近，也就更能快速感知到用户对于智能汽车的各种需求。我认为，贴近需求可能是地平线最大的优势之一。

由此也就带来了技术路线和方案选择上的差别。比如地平线的智能驾驶芯片是综合考虑自动驾驶、辅助驾驶和智能交互需求的，并且提供一整套的工具链支持，这源自我们对中国消费者需求的认知。而相对来说，外资企业更关注自动驾驶，对智能交互不太在意。这本身并无对错之分，是其基于国外市场需求得到的认知，然而这种认知与中国市场的需求是不匹配的。除此之外，外资企业的决策链更长，在中国的本地化服务也往往做得不够好。

说到底，服务客户的目的才是最重要的，而技术方案包括算力指标、接口设计等都只是手段。从目的倒推手段，手段才能更精准、更高效。反之，如果目的不清晰，手段再先进也会大打折扣。所以，我才强调一定要以终为始，并努力将此打造为地平线的核心优势。

赵福全：我认为这部分交流很重要。实际上，企业的技术路线选择就应该考虑到能否快速响应市场需求。特别是在技术水平接近的情况下，谁能更有针对性地精准把握客户的痛点，谁就能抢占市场先机。

大家知道，与国外市场相比，中国汽车市场上购置新车的消费群体要年轻得多。而在过去二三十年中,互联网的蓬勃发展使中国年轻一代消费者成为首批互联网原住民,他们已经习惯了使用智能手机等终端的互联网生活,对智能汽车有着天然的亲近感和很高的接受度。可以说,中国消费者对智能汽车需求的强烈性、多样性和独特性居于世界前列,所以更贴近中国市场、更易于把握这种需求的本土企业,也就拥有了天然的优势。当然,并不是说某家企业是中国企业,就一定会赢得竞争。不过总体而言,中国市场无疑将引领新一轮汽车产业变革的方向和趋势,并由此给中国汽车及相关企业带来重大机遇。

之前我曾谈过一个重要观点:未来汽车产业的竞争将呈现出由区域化特性主导的全新局面,这意味着过去跨国车企在总部开发一款车型就可以行销全球的时代将一去不返。在万物互联的时代,汽车产品必须基于数据、依托场景和生态来打造差异化的核心竞争力,而数据、场景和生态都具有极强的区域化属性。比如北京和上海两地的用户及车辆运行数据、车辆应用场景及交通环境、相关服务及背后的生态资源等都不相同,而智能汽车必须基于区域的数据和场景进行训练及优化,并充分借助区域的生态资源,才有可能为当地用户提供最佳的体验。正因如此,未来所有车企都必须面向主要目标市场,有针对性地采集本地数据、分析重点场景、建设协作生态,以更好地满足区域性的不同用户需求。如果中国车企在这方面能够做得更快更好,就有机会实现后发赶超;反之,如果外资车企不能做到这一点,就会在新一轮产业竞争中丧失主动权。

新老车企应相互借鉴,软硬融合需摸索前行

赵福全:说到这里,我很想问问余总,您怎样看待整车企业之间的差异?刚刚我们谈到了本土车企和外资车企的不同,实际上,目前汽车企业中还有一支新力量,即新造车企业,而且其阵营还在不断扩大,包括一些互联网和手机巨头等都不断加入到造车行列中。您是从互联网产业转战到汽车产业来的,不知道您觉得传统车企和新造车企业有哪些不同?它们对软件定义汽车、数据驱动以及智能芯片的理解一样吗?假如请您给新老车企提出建议,您想说些什么呢?

余　凯：就我个人的感受，二者确实有很多不同点。比如在管理模式上，传统车企更多的是以供应链管理为中心，强调流程管控；而新造车企业更多的是以用户为中心，强调品牌、体验及数据等方面的管理。在组织架构上，传统车企注重上下层级，强调高效执行；而新造车企业不太强调层级关系，往往尝试建立创新型的组织，如更扁平化的网状组织等。在信息化管理系统上，传统车企大多是基于 PC 时代的信息管理系统；而新造车企业大多是基于移动互联时代更灵活的智能管理系统。

不过我觉得把汽车企业分为传统车企和新造车企业，可能只在当前这个时间节点才有意义。随着本轮产业变革的不断深化，未来这两类企业的区别会越来越小，以至于逐渐不再有区分的必要了。因为这两类企业都需要也一定会彼此借鉴和学习，而最终取得成功的车企，其战略认知和战术要点应该是共性大于个性的。

目前头部新造车企业发展迅猛，但其一年的交付量也不过 10 万辆级，整体规模还比较小。等到这些企业的年销量规模也达到 100 万辆级的时候，我想它们也会更多地借鉴传统车企的一些管控模式，包括流程管控、供应链管理和质量控制等。另一方面，传统车企也应向新造车企业学习，如怎样以用户体验为中心，怎样打造新品牌，怎样吸引更多年轻人加入并发挥其创造性，以及怎样设计组织和流程以促进创新等。如果传统车企始终固守原有的管理模式和企业文化，恐怕对年轻一代人才的吸引力会不断下降，而且很难在新能源和智能网联等新业务领域里打造出新的能力。

总之，我认为新车企要向老车企学习，老车企也要向新车企学习，最终能够生存下来的车企，一定都具备打造未来新型汽车的突出能力。从这个意义上讲，届时所有车企都可以被称为新造车企业了。

赵福全：余总认为，企业只要拥抱汽车产业变革、培育出打造新汽车的优秀能力，就都可以叫新造车企业。也就是说，新老车企的判断标准是有无新理念、新思维和新打法，而不在于企业成立的早晚。实际上，这也指明了产业重构进程中新老车企最终一定会殊途同归的前景。

刚刚您还提到，年轻一代越来越不愿意到传统车企工作，这种现象背后的原因到底是什么呢？我觉得这个问题值得深入探讨。我们知道，汽车硬件和软件技术的开发，对人才的需求完全不同。总体而言，打造硬件更强调精益求精的工匠精神，需要长期的经验积累和精细的过程管控；而打造软件更强调快速迭代的能力，通常并不追求一步到位，但一定要能持续优化。可见，汽车硬件与软件的创新理念以及所需的能力是完全不同的。这就给汽车企业尤其是传统车企提出了一个严峻的挑战：未来汽车企业必须左手抓硬件、右手抓软件，这能在同一家公司中用相同的组织、流程及文化来实现吗？

回到年轻员工就业倾向的问题，现在很多"90后"不愿意到传统车企，而相对更愿意到新造车企业工作，这是因为前者更偏重硬件、后者更偏重软件的企业文化差异吗？如果确实是这样，传统车企又该如何应对呢？要知道汽车硬件依然必不可少，而且我觉得要把硬件打造好，恐怕也不会有超越精益生产的更好方式了，难道要让传统车企抛弃这部分优势吗？说起来有几十位老总都和我探讨过这个问题，对此您怎么看？

余 凯：我认为，每个时代的企业都应打造与这个时代相符的企业文化。传统车企是从上一个时代走过来的，遇到软件与硬件，即新旧事物之间的矛盾很正常。反过来讲，企业每一次面对这种问题，又何尝不是一次成长的契机呢？如果能够成功解决问题，企业就可以打造出自己新的核心竞争力，同时还会形成某种竞争壁垒，因为其他企业也必须解决类似的问题。

在地平线的创业过程中，我们就有过这样的经历。最初地平线是一家软件文化很浓的企业，因为我们的基因主要来自互联网公司。然而芯片设计属于产品周期长且需要高度精细化的硬件领域。事实上，对汽车芯片的要求远远超过其他很多汽车硬件，毕竟芯片一旦出现故障，将影响整个车辆的正常运行，很可能会引发严重事故。所以，汽车芯片必须以一丝不苟的工匠精神和硬件文化来打造。这就与地平线创建之初的企业文化形成了某种矛盾，当时企业内部也有过不少冲突。

后来我们通过各种方式的沟通交流，慢慢达成了共识，也逐渐形成了地平线特有的新企业文化，即软硬融合的文化。比如地平线有芯片规划的团队，基于硬件思维、按照4～5年的周期来系统规划产品；也有芯片应用的团队，基于软件思维、以几个月为周期来进行软件迭代。又如在产品开发中我们已经建立起一套"异步管理模式"，有团队专门负责底层平台，有团队专门负责顶层应用，还有团队专门负责中间层包括工具链、中间件、编译器等的开发。这些专业团队之间有彼此协同的上下序交付关系，但又没有绑定得太死，而是针对他们各自负责业务的特点，采取了不同的管理模式。我觉得目前地平线已经找到了汽车芯片设计的适宜方法，构建起了相应的组织和流程，并初步形成了软硬融合的企业文化，这是我们不断摸索、不断尝试的结果。现在地平线有足够的信心可以把芯片设计好，我们完全可以接重任、打硬仗。

赵福全： 硬件有硬件的打法，软件有软件的打法，两者各自对应于不同的企业文化。如果一家企业要把硬件和软件融合起来，那就必须打造与之相匹配的融合型企业文化。这种文化既要软硬兼顾，又要有效平衡，最终应该在企业内部建立起一套核心价值观。这套价值观并不是要判断硬件和软件谁更重要，或者应该以谁为主，而是要追求把"硬件+软件"整体做到极致，并以此作为企业上下共同的行动准绳。

目前业界对软硬融合的问题有不少争论，有人觉得擅长硬件的企业很难打造出优秀的软件，反之，擅长软件的企业也很难打造出优秀的硬件。毕竟适合硬件和软件的开发理念、方式和流程各不相同，而如果简单地采用不同方法分别开发软硬件，然后再组合起来，是做不到软硬充分融合的。不过我认为，这恰恰是新时期企业实现创新引领的重要突破口。同时，经过业界的反复摸索和积极实践，最终适合汽车产品软硬融合的开发方法一定会应运而生。事实上，目前一些企业已经做了很多尝试，比如把强调系统性、整体性的IPD（集成式产品开发）和强调快速迭代的敏捷开发结合起来，以构建全新的汽车产品开发流程。在这个过程中，企业文化的新方向和新内涵也会逐步清晰起来。听了余总刚才的介绍，我觉得这正是地平线在做的事情。

创业者心声：成长比成功更重要

赵福全：六年前您离开百度创立了地平线，尽管目前地平线还处于起步阶段，但已经在业界获得了相当的认可。回顾过去，这一路走来，从职业经理人到创业者，您觉得自己在转型过程中有哪些得失利害，又有哪些酸甜苦辣？您有没有后悔过出来创业？如果现在有机会重新选择，您是想继续做职业经理人，还是想更早地出来创业？现在年轻人中间有一种说法叫"无创业，不人生"，不知道您对此怎么看？您觉得是先积累再出来创业好，还是尽早开始创业好？借今天这个机会，请您分享一下自己的心声。

余 凯：创业是非常锻炼人的，这是我的切身感受。我自己从来不把"成为什么"作为奋斗目标，比如赚多少钱、企业做到多大，这些都不是我的目标；我一直把"每天的成长"作为目标。地平线内部有一句话：把每天的Δ（增量）变成人生的常数。也就是说，我们追求的是每天都在成长，至于最终能成长到什么程度，无需刻意追求，结果是怎样就是怎样。

同时，创业是需要坚持的。我觉得，创业者如果总想着何时爬到山顶是不行的，应该把精力放在每天的爬山上，因为每跨过一个陡峭的山坡，就收获了一分成长，也就离山顶更近了一步。就我个人而言，创业让我在能力和心性上都得到了很好的磨炼和提升。尽管创业本身非常困难和艰辛，但我乐在其中，很享受这个过程。如果现在让我重新选择，我还是会选择出来创业。

当然，倒也不一定会更早地出来创业。那种认为年轻人只有创业一条路该走的观点显然是不对的。究竟要不要创业，我觉得结论还是因人而异、因时而异，而且也不必太过刻意。回想我当初做出创业决定，可以说是水到渠成。一方面，我做人工智能已经很多年了，是世界上最早意识到专用芯片会有更好效果的人之一，同时我又做过自动驾驶方面的工作；另一方面，我父亲就是一名汽车工程师，这对我有着潜移默化的影响。其实很多事情兜兜转转，最终是相关因素相互作用的自然结果，而非刻意追求而成，我自己走上创业这条路就是如此。所以，我建议年轻人对于创业无需有太多执念，确保自己每天都在成长才是最重要的。

赵福全：您曾在很多场合讲过，初创企业的成败是由创始人决定的，因为创始人的能力、认知和价值观，直接影响企业后续的发展。当然，仅仅创始人自己"能干"是不够的，还要把创始人的思想转化为企业的战略、体系和文化，以确保创始人的想法都能真正落地。最终要让企业不依赖于创始人，实现长期的可持续发展。余总，在这方面您有何思考和布局？

另外，尽管您在访谈过程中不只一次地讲到，地平线并没有未来做到多大的具体目标。但您也提到，希望得到更多客户的更高认可。我想，成就客户本身也需要某种量化的衡量，这样地平线的努力才会更有方向感。而且在某种程度上，成就客户的能力是和公司自身的发展壮大息息相关的。在此想请您做个展望，您希望十年之后的地平线成为一家什么样的企业？

余 凯：前面提到过，地平线是一家追求幸福感的企业。所谓幸福感，我的理解就是被需要。我希望今后会有更多的合作伙伴，包括整车企业、芯片产业链上的企业以及广大汽车用户，大家都能觉得在汽车产品里使用的地平线芯片非常好、非常值得信赖，就像计算机使用的英特尔处理器一样，这就是我追求的境界。我一直认为，一家好的企业就应该通过利他创造价值，来实现自身的价值。当然，这种境界作为结果来说，可能是很多企业的共同追求，不过实现这个结果的过程却未必相同。可能有些企业选择的是竞争驱动的模式，而地平线选择的是使命和愿景驱动的模式。

最后我想说的是，"赵福全研究院"高端对话栏目绝不是通常意义上的媒体采访，而是与赵老师这样有影响力的资深专家进行的深度对话。就我个人而言，我觉得自己主要不是来分享的，而是来汲取养分的。

赵福全：我和余总是老朋友了，但今天还是第一次进行这么系统的深度交流。就像余总说的，这不是一场媒体采访，而是我们借助媒体平台，以老友对话的方式"煮酒论英雄"，一起畅谈大势、碰撞思想、交流战略、讨论战术，以期为广大业界同仁提供某种启迪和参考。

通过与余总的交流，我们形成了一个共识：万物互联是人类社会发展的必然趋势和全新阶段，也让汽车产业迎来了前所未有的有利天时。未来智能汽车作为可移动的互联节点，不仅会连接人，连接其他车辆，还会连接道路交通系统及相关基础设施，连接人类社会生活中的其他各种资源。从这个意义上讲，谁能抓住智能汽车，谁就能抓住万物互联时代最大的发展空间。

事实上，未来产业生态化是大势所趋，而汽车产业将成为包含诸多子生态的母生态。在移动互联网时代，智能手机就是一个母生态；到了物联网时代，连接人、车、社会的汽车将是下一个更大的母生态。当然，汽车母生态的形成不可能一蹴而就，这其中既涉及技术和产品创新的问题，也涉及新型基础设施建设的问题，还涉及不同参与主体分工协作的问题。

也就是说，在数据驱动、软件主导、软硬融合的前景下，汽车生态的各类参与者都将迎来新的发展机遇。为此，所有相关企业都应在汽车电动化、智能化、网联化的新赛道上加大投入、加紧努力。同时，各类参与者必须明确自身的合理定位，打造不可替代的特色能力，并通过与生态中的其他伙伴合作来获得所需的其他能力，这是企业抓住汽车母生态战略机遇的关键所在。

听了余总刚才的分享，我感受最深的一点是：企业家在面对千载难逢的机遇时，仍然要保持足够的战略定力。正如余总谈到的，在战略上企业一定要有所为有所不为。努力把自己的主业做专、做精、做强，这才是企业正确的自我定位和发展策略。不能因为生态中处处有商机，就什么都想参与，甚至追求包打天下。要知道，每个领域或环节的参与都需要相应的能力，也都需要付出相应的代价。样样都参与的结果，往往是样样都做不好，将给企业带来灾难。

所以，企业在参与生态构建的过程中，通吃的打法是不可取的，在客观上也做不到。未来各类不同企业都将成为生态中不同的关键要素，只有彼此之间紧密合作、协同作战，才能让整个生态顺畅地运作起来，并在生态中实现各自的价值。就像余总所说的,企业在产业生态中一定要找准定位、聚焦主业,同时也一定要有利他的理念,通过与合作伙伴们一起努力,来实现共同的梦想。

另一方面,在产业全面重构的当下,企业要想走得更远,就必须及时了解并应对市场需求的变化。为此,也需要与客户伙伴积极互动、有效合作,通过彼此之间的相互挑战和群策群力,来积累经验、加快突破,以形成竞争优势。

我认为,余总对产业变革的认识和企业发展的思考,总体上是清晰的。虽然余总出身于软件类的互联网和人工智能行业,芯片本身也是和软件紧密结合的领域,但他却特别重视芯片的硬件属性,强调做芯片一定要耐得住寂寞,要秉持工匠精神,并将其与拥抱本轮科技革命的创新精神结合起来,作为企业的行动纲领。

这又涉及未来汽车硬件与软件之间关系的重要话题。我曾多次讲过,今后软件将成为充分条件,但硬件作为必要条件仍然非常重要。事实上,汽车硬件的范畴还在扩大,除了传统硬件之外,还包含与智能网联相关的芯片、传感器等新硬件。总的来说,打造智能汽车必须软硬兼备、缺一不可,并且要实现充分的软硬融合。在此过程中,作为软件运行载体的芯片硬件,无疑具有极其重要的战略价值。而地平线这类汽车芯片公司,应努力成为万物互联时代的支撑性企业之一,为汽车产业的未来发展提供坚实的基础。

今天余总谈了不少颇具哲学意味的思想,例如企业最核心的竞争力在于文化价值观。说起来余总有很多要点可以分享,但他却强调,文化和价值观才是企业可持续发展的根本保障。我觉得,余总真正抓住了企业长治久安、不断前进的关键。从这个角度来看,地平线作为初创公司,能够得到业界这么高的认可并不是偶然的。这既得益于余总的正确认识,也得益于地平线知行合一的正确实践。

最后,祝地平线未来越做越好!

余 凯:谢谢赵老师!

二、对话周鸿祎
——深度解析未来汽车安全的新逻辑

【核心观点】

数字经济价值空前:展望未来,中国数字经济在GDP中的占比可能会进一步提升到70%~80%。

窗口期:未来5~10年将是产业数字化的重要窗口期,这个窗口期稍纵即逝。10年以后可能就不会再有所谓传统企业或者数字化企业的区别了。

传统产业的机会:汽车企业未来的数据量以及计算能力,可能会超过互联网公司,并且都会自己建立大数据中心。

信息化是战术,而数字化是战略:信息化改善了工作流程,但并没有让我们的工作本质发生变化,也没有使传统产业的业务流程和基本规律发生变化,而数字化意味着传统产业的全方位再造。

生态系统:过去,整车企业与各级供应商只是简单的逐级供货关系。未来,大型车企会成为广阔的物联网平台,在内部外部构成庞大的生态系统。

数字化的特征:一切皆可编程;万物均要互联;大数据驱动业务。数字化的本质是用软件重新定义世界的基础。

5G的作用:5G本来就不是为了让用户看视频而准备的,而是为物联网或者说工业互联网准备的,它能把众多的人造物快速、实时、稳定地连接起来。

数字安全不只是网络安全:杀毒软件和防火墙等传统措施与我们正在面临的网络攻击,存在数量级上的巨大错位。黑客已经从"小毛贼"

变成了国家级的对手。今后不再只是"网络安全",而是"数字安全"了。打补丁或者外挂式的碎片化解决方案已经完全不适用。

五大安全挑战:智能网联汽车产业必须面对的安全挑战来自五个方面,即车内网络、车联网络、车云网络、车企网络和车数网络。未来汽车安全面临的最大威胁,反而是数字安全以及由此带来的物理安全问题。

当前短板:智能网联汽车最容易受到攻击的环节并不是大家通常认为的车内网。车企网络是目前最大的一块短板。

人与人的对抗:靠杀毒软件维护网络安全的时代已经过去了,我们需要面对的是无孔不入、随时可能发起攻击的黑客,而且很可能是有组织的。网络安全的本质其实是人与人的对抗。

基础设施与专业团队:企业应该建立一系列网络安全防护的基础设施;同时在网络安全公司的支持下,建立和培养一支专业的网络安全防护团队。

数字安全碰撞试验:车企应邀请外部网络安全公司,对其汽车产品进行数字世界的攻防测试,即模拟实施各种网络攻击,以找出车内网络、车云网络等的弱点,让企业能够及时进行修补。

数字安全大脑:车企要集中对各种数据进行重点保护,为此可与网络安全公司携手建立"数字安全大脑",随时对各种网络的所有数据的异动进行监测和响应。

不要因噎废食:网络安全和数字安全的法律法规必须以让数据能被安全应用为根本出发点,切不可因噎废食,以安全为名过分限制数据的采集和使用。

投入不足:企业在数字化方面是愿意投入的,但在数字安全防护上却往往不舍得投入,导致这两方面的投入差距极其悬殊。这就像舍得花500万元买房子,却不舍得花5000元买防盗门。

走出误区:所谓"软件硬件化、硬件盒子化、盒子柜子化"。相较于软件,企业更愿意购买安全硬件,这其实是一种落伍且无效的做法。最重要也最有价值的不是硬件,也不是软件,而是安全服务,尤其是高水平、专业化的安全服务。

供应链企业是难题：整车企业通常规模大、资金足，有能力雇佣高水平的安全服务团队。黑客不容易找到整车企业网络的漏洞，很可能就会去攻击供应链企业的网络。

OTA 与模拟攻防试验：需要持续进行"数字安全碰撞试验"，不断寻找系统漏洞并加以修复。今后可能每个月或者每次 OTA 升级之后都要进行一次模拟攻防才行。

投资车企的目的：我们投资的车企的各种网络尤其是车内网络，可以对 360 充分开放，然后我们双方携手进行模拟攻防测试，共同确保持久的网络安全。

需要国家支持：面对一些有组织的甚至是有国家背景的黑客攻击，大型整车企业都有可能力有不逮，需要共同建设国家或行业级的数字安全态势感知中心、应急响应中心以及联合研究中心等。

从产品到服务：安全行业也应该由一次性地销售安全防护产品，包括硬件和软件，转变为持续性地销售安全防护服务。

汽车网络安全产业链：将来在汽车网络安全方面也会形成类似汽车产业那样的，由一级、二级供应商构成的完整产业链，并成为汽车产业大生态中不可或缺的组成部分。

边发展、边规范：欧盟几年前通过的《通用数据保护条例》比较保守，不利于数字化创新。中国产业政策的主基调是鼓励创新、扶持创新，有着"边发展、边规范"的包容态度。

甘当配角：互联网公司不太可能独自把车造好，至少造车对于互联网公司来说是非常困难的事情。因此，我提出了一个概念，叫作"甘当配角"。

普通车与豪华车的差距缩小：哪吒汽车想做年轻人的第一辆车，与我的理念契合，有互联网公司"科技平权"的思想。未来汽车产品完全能够以 10 万~20 万元的入门级价格，实现接近于豪华车的智能化体验。

科技平权的五大机会：数字化技术的加持能够给汽车产品带来科技平权的机会。第一，在驾驶感受方面；第二，在空间方面；第三，在智能座舱方面；第四，在数字安全方面；第五，在自动驾驶方面。

边际成本几乎为零：数字化产业在发展过程中，还会不断降低产品的价格。例如芯片的原材料基本上等同于"沙子"，所以尽管现在价格不菲，但未来只要市场需求量足够大，芯片一定会降到"白菜价"，带来整车成本的大幅下降。

赵福全：各位网友，大家好！欢迎来到"赵福全研究院"高端对话栏目。我是本栏目的主持人、清华大学汽车产业与技术战略研究院的赵福全。今天我们非常荣幸邀请到360集团创始人周鸿祎先生。

周鸿祎：网友们，大家好！赵院长好！

赵福全：周总，欢迎做客"赵福全研究院"高端对话栏目。这是本栏目创办以来的第70场对话。"70"也是一个里程碑式的数字，代表着我在这里已经与70位重量级嘉宾一起碰撞思想、深度交流，为国家、产业和企业发展建言献策。而今天周总正是我们的第70位嘉宾，非常期待您的真知灼见。

未来5～10年是产业数字化的重要窗口期

赵福全：当前，汽车产业正在发生前所未有的全面重构。虽然汽车自诞生以来的一百多年里，一直在发展和进步，比如在动力技术方面就经历了多次重大变革。不过此前的变革面向的主要是硬件，是渐进式的改良；而本轮汽车产业重构更多面向的是软件，是颠覆性的革命。我认为其根源在于，万物互联作为最根本的驱动力，正在引发人类社会及诸多产业的全面重构——即人类社会正在由人与人互联的"互联网"向物与物以及人与物互联的"物联网"演进，并将由此带来社会资源的重新组合和优化利用。

具体来说，随着互联的升级，人类社会将全面数字化，数据将成为最重要的生产要素。实际上，无论是数字经济、数字化产业，还是数字化产品、数字化营销，在这些热门概念的背后，核心都是数据。在我看来，数字化社会的本质就是：基于万物互联，让海量多元的数据得以顺畅流通，并通过人工智能的赋能，使这些数据得到有效处理和充分利用，从而实现各种人造物的全面智能化，推动人类社会真正进入智能时代。

在数字经济尤其是互联网领域，周总是成功的创业者和企业家。您创立了360公司，推广杀毒服务、保护计算机安全，在实现企业发展壮大的同时，也对社会做出了巨大的贡献。现在计算机的病毒防护能力已经有了很大提升，这其中就有周总的重要贡献。

今天我想先从万物互联以及数字化开始我们的交流，然后再重点谈谈汽车产业的变化，这都涉及您的强项——网络安全。首先，请周总与网友分享一下，您是如何看待数字化的？包括所谓的数字化设计、数字化产品、数字化企业等，最终将会驱动产业乃至社会发展到怎样的状态？

周鸿祎： "赵福全研究院"这个栏目非常好，我很荣幸能够参加第70期的高端对话。刚才赵院长给了我不少赞誉，这让我有些忐忑不安。特别是我虽然参与了智能网联汽车行业的投资，但并非汽车专家。所以这次参加对话主要是来学习的，希望通过与赵老师的交流，能够学到很多汽车行业的知识。当然在数字化方面，我应该可以算是专家，下面就谈谈我对数字化的几点看法。

第一，数字经济并非虚拟经济。当前，发展数字经济已经成为中国的国家战略，在国家"'十四五'规划和2035远景目标纲要"中就有明确的表述。过去，人们对数字经济存在误解，觉得数字经济是虚拟经济，其实并非如此。数字经济是利用数字化技术，基于数据实现资源快速优化配置、产业高质量发展的经济形态。因此，凡是经过数字化技术改造的产业，都属于数字经济的范畴。如今中国数字经济在GDP（国内生产总值）中的占比已经超过了30%，这在全世界都是比较高的比例。而且我有一个预测：未来5~10年，中国数字经济在GDP中的占比可能会进一步提升到70%~80%。

第二，人类已经迈入了数字文明时代。"数字文明"这个词，是中国领导人在给"2021年世界互联网大会乌镇峰会"的贺信中提出的。一些人把数字化视为第四次工业革命，我不太同意这个看法。我认为，数字化不是前三次工业革命的延展，而是一场独立的产业革命。正因如此，国家才把数字化定义为新的概念、新的形态，也才有了"数字文明"这个提法。并且在前三次工业革命中，中国都不是主导者，特别是前两次工业革命，我们完全没有赶上。而这次面对数字化革命，我们是有机会成为主导者的，一定要抓住这个宝贵的机遇。

第三，数字化的最大价值应该是产业数字化。展望未来5~10年，很多人认为中国各个产业都将进入到红海竞争的阶段，机会越来越少，毕竟中国的人口红利、流量红利以及市场红利都在逐渐削弱。不过在我看来，这个观点并不正确，因为数字化将会带来新的广阔机遇。实际上，所有的传统产业都值得用数字化技术再做一遍，这才是数字化的真正价值。为此，国家提出了产业数字化的概念，我认为其范畴要大于您刚才提到的产业互联网，因为数字化既包括网联化，也包括数据化，还包括智能化。我判断，未来5~10年将是产业数字化的重要窗口期，这个窗口期稍纵即逝，我们必须抓紧时间、加快行动。

第四，我预计10年以后可能就不会再有所谓传统企业或者数字化企业的区别了。因为对于企业来说，要么就是数字化转型成功，已经成为数字化企业中的一员；要么就是转型失败，已经被淘汰了。就是说，到那个时候，所有的企业都将转型成为数字化企业；相应的，所有的产业都将转型成为数字化产业；还有政府也将转型成为数字化政府。

前段时间《求是》杂志刊登了习近平总书记的一篇文章——《不断做强做优做大我国数字经济》，全面论述了数字化战略对中国的重要意义。大家知道，360公司为很多政府部门和相关企业提供网络安全服务，为此近年来我曾去过很多省市，和很多地方政府的领导进行过交流。我发现各地政府关注的热点，如新旧动能转换、高质量发展、自主创新等，也包括目前正在推行的专精特新"小巨人"培育以及新基建等，这些工作背后的抓手都是数字化。还有不少省份，比如江西省，直接发布文件明确提出，要推进数字经济，做优做强全省"一号发展工程"。可见，数字化尤其是产业的数字化转型升级，正受到各级政府越来越高的重视。

赵福全： 周总认为，把数字经济看成虚拟经济是不正确的。实体经济会造出具体的产品，即实实在在、可以看到的实物；相比之下，数字经济似乎看不见、摸不着，有点虚拟经济的味道。但实际上，数字化代表着一种实实在在的新能力,能够为实体经济赋能,促使其发生根本性的质变,所以数字经济并不是虚拟经济。也就是说,发展数字经济是为了把已有的经济做得更好,用数字化为传统产业赋能,进而创造出更多更大的价值。现在大家对数字化的讨论确实非常多,那么您认为传统产业在数字时代会有什么发展机遇呢?

周鸿祎: 我和很多传统产业的企业家都讲过,面对数字化,无需自卑,相反一定要有信心,因为数字化、大数据、数字经济等,并不是互联网公司的专属品。

实际上,过去20年可以说是互联网的上半场,在这个阶段,互联网公司可谓"近水楼台先得月",帮助中国老百姓实现了生活方式的数字化。现在无论衣食住行,还是吃喝玩乐,都已经全面数字化了,也催生出阿里、腾讯、字节跳动等巨头公司,它们掌握了大量的数据资源。然而接下来的10年,我认为将是互联网的下半场,即物联网阶段,其间要实现的是产业的数字化,我称之为红海中的蓝海,就是要用数字化技术把所有的产业都进行重塑和再造。

所以,传统企业不必羡慕互联网公司的大数据、云计算等能力,只要把握住物联网的机遇,就完全可以再造自己的业务流程和价值链,并实现与用户连接的数字化。这样传统企业就可以通过互联技术,把自己改造成为数字化企业,同样掌握很大的数据量以及很强的计算能力,甚至可能会超过不少互联网公司,这是非常巨大的发展机遇。

赵福全: 所以,我们不应该将数字经济和实体经济对立或者割裂开来。此前传统产业没有可供利用的互联环境和数字化技术,只能面向实实在在的产品本身,一点点地量变发展;而现在有了万物互联和数字化技术之后,就可以从中得到充分的赋能,全面改造自身打造产品的全过程,在原有的基础上实现质变升级。这意味着产业的数字化,首先可以提升现有业务的价值存量。同时在这个过程中,我们还会发现新的发展机会,从而可以获得新业务的价值增量。所以,产业数字化既包括了现有业务的优化,即改造旧世界的部分,也包括了新业务的诞生,即创造新世界的部分。

信息化是战术，数字化是战略

赵福全：周总，说起数字化，其实业界还有信息化等一系列相关概念，这类概念多且杂，内涵又往往有重叠交织之处，有的时候难免让人困惑。不知道您觉得信息化和数字化的关系是怎样的？

周鸿祎：确实有不少人问过我，之前我们都在讲信息化，怎么讲了这么久之后，现在又讲数字化了呢？对此，我的回答是：信息化是战术，而数字化是战略。

为什么这样说呢？过去，我们使用计算机和网络确实在一定程度上提高了工作效率，改善了工作流程，但是这些信息化的手段，并没有让我们的工作本质发生变化，也没有使传统产业的业务流程和基本规律发生变化。而数字化意味着传统产业的全方位再造，数字化产业的业务流程和基本规律都将截然不同。一切不进行流程再造的数字化都是假数字化。

以车企为例，过去先是由整车企业造出汽车，然后交给4S店，4S店再把车卖给用户。之后用户就只和4S店打交道了，比如去店里做车辆保养维修等，而车企与用户之间基本上没有任何联系。但是未来情况就完全不同了，智能网联汽车在卖给用户之后，仍然是和车企的云端服务器保持连接的。这样车辆和用户的相关数据就会不断上传到车企，同时车企就可以基于这些数据、通过在线升级来不断更新车辆。像特斯拉目前就是通过这种方式来为用户升级软件包或者开放自动驾驶功能等服务的，并且其中一些服务还是收费的。

这就改变了原来车企对经销商的B2B模式，形成了车企对经销商的B2B模式和车企直接对用户的B2C模式相互组合的新形态。这也改变了原来车企只靠一次性的车辆销售来获得收益的商业模式，形成了车企在汽车产品全生命周期内都可以通过提供服务持续获得收益的新型商业模式。也就是说，未来很可能会出现这样的情况：汽车产品按成本价甚至低于成本价销售，而企业在汽车的使用过程中，通过不断地收取服务费来实现盈利。对于车企来说，这意味着其盈利方式的重大转变，即由一次性的产品交易变为持续性的服务交易。

除了销售和服务体系之外，汽车企业的研发、采购和运营管理体系等也都将发生改变。过去，车企内部研发、采购、生产、销售及服务是相对独立的业务单元，同时整车企业与各级供应商之间只是简单的逐级供货关系。未来，按照工业互联网的图景，大型车企都会成为一个广阔的物联网平台，在内部将设计中心、生产中心、销售中心、用户服务中心连接在一起，在外部又和众多各类供应链企业连接在一起，从而构成一个庞大的生态系统。由此，汽车产业的价值链、经营链和管理链都会完全不同。

赵福全：非常赞同周总关于"数字化是战略"的判断。记得在2021年10月的"汽车与环境论坛暨全球汽车产业峰会"上，我发表了一个演讲，题目就是《数字化转型：战略价值再认识，战术落地再思考》。当时我就说，数字化不仅将带来改造旧世界的机会，还将带来创造新世界的机会。从这个意义上讲，简单利用信息化手段提高效率与彻底实施数字化转型重构产业，两者之间的区别就如同刀枪与核武器一样。今后企业应该基于数字化手段，实现对数据的充分利用，以优化业务场景、提升产品能力、改善用户服务、转变盈利模式，最终实现全面智能化的运营，从而在一个更高的维度上参与未来竞争。

刚才周总讲得非常好，我先稍做梳理。您谈到了互联网与物联网是两个不同的发展阶段，前者实现了生活方式的数字化，而后者将实现产业的数字化，从而为传统企业带来宝贵的转型机遇。为此，您指出万物互联下的数字化实际上代表着一种新的社会文明。您强调数字化不是简单的技术，也不是简单的软件或者硬件，而是国家层面的重大发展战略，会带来人类社会以及诸多产业的全面重构与再造。最终，人类将由此迈入数字文明的新时代。

数字化的本质是用软件重新定义世界的基础

赵福全：说起来，数字化的核心在于数据，而数据的加工和利用离不开软件。当前在汽车界有一种说法叫"软件定义汽车"，以此表征数字化带给汽车产品的变化。不过这种提法目前仍存在一些争议，比如有的人认为，软件只是产生、收集和处理数据的手段，因此在本质上应该是"数据定义汽车"；也有的人认为，集聚算力、算法的芯片才是未来汽车产品的核心，因此应该是"芯片定义汽车"；还有的人对以上说法都不赞同，他们认为一直都是"消费者定义汽车"，只不过原来汽车主要基于硬件来满足消费者的需求，而未来汽车将主要基于软件来满足消费者的需求。

周总谦虚地说自己不是汽车专家，不过刚才您谈到了汽车产业的数字化转型，可以看出，您对汽车产业未来的发展其实是有很多思考的。那么作为一位互联网专家，您如何看待汽车产业的上述争议？或者说，您认为汽车产业的数字化应该如何实现？

周鸿祎：我想这个问题还是要回到对数字化的理解上才能找到答案。我个人总结了四句话来描述数字化的特征：

第一句话，"一切皆可编程"。未来不管对象是"傻大黑粗"的车床，还是大型的变电站，又或者是复杂的汽车产品，都可以实现数字化，成为一台可以进行编程并由代码来决定其功能的计算机。

第二句话，"万物均要互联"。未来几乎所有的人造物都将通过物联网连接在一起，进而变成智能化的设备。目前很多人对发展5G有疑问，感觉在看视频时用5G或者4G网络并没有多大差别。实际上，5G本来就不是为了让用户看视频而准备的，5G是为物联网或者说工业互联网准备的，它能把众多的人造物快速、实时、稳定地连接起来。

第三句话，"大数据驱动业务"。过去企业为了业务积累以及提高某方面的业务效率会建立相应的数据库；而到了大数据的时代，我们可以利用大数据把物理世界变成可计算的虚拟世界，再利用计算结果驱动物理世界的改造，从而把业务效率全面提升到更高的水平。所以，大数据将成为未来很多业务的核心。例如，今后车联网服务、自动驾驶功能等的优化，都将是由车企获取并处理各种相关大数据来驱动的。反过来讲，大数据一旦出现问题，就会导致整个业务的停滞。

第四句话，"数字化的本质是用软件重新定义世界的基础"。这就涉及赵院长刚刚问我的问题,到底是"软件定义汽车"还是"数据定义汽车"?我个人认为,是软件定义汽车、网络连接汽车、数据驱动汽车。其实上述这些说法都是对的,只是基于不同的维度而已。但如果探究到最本质的层面,未来对于整个世界的运转,上到国家、社会,下到企业、产品,特别是智能网联汽车等各种智能产品的运行,发挥核心作用的都是软件。因为软件将重新定义我们这个世界的基础,这是数字化的本质所在。比如芯片内运行的是软件,网络连接是基于软件协议,大数据管理系统和人工智能算法也都是通过软件实现的。也就是说,我们的世界将变成一个软件的世界。

我本人可以说是一个老资历的软件工程师。想当年学软件的时候,只是把软件开发当成一个职业,根本没有想到软件工程师有一天能够变得如此重要,甚至正在重新定义这个世界的基础。"软件定义世界"具有巨大的优势,因为软件的灵活性强。例如,无需更改硬件,只要改进智能网联汽车的某个软件,就可以让车辆呈现出更好的功能或性能,比如增强驾驶时的推背感等。

虚拟空间的攻击都能变成物理世界的破坏

赵福全:我们在讨论数字化机遇的同时,必须关注数字化的挑战。您作为网络安全方面的专家,如何看待产业数字化背后的挑战?

周鸿祎:我关注数字化的视角确实有点特殊,我每天都在琢磨,数字化会有哪些不安全的地方。而且作为网络安全专家,我也总是在讲数字化面临的安全挑战,这样做并不是不想推进数字化,恰恰相反,是为了更好地推动数字化的发展。在我看来,数字化面临的安全风险是巨大的,主要有三点:

第一,软件上的漏洞不可避免,天然存在黑客入侵的风险。事实上只要软件是由人编写的,就一定会存在漏洞,这也是软件最可怕的弱点。通常平均每1000行代码就会有4~6个漏洞,而且这个现象与软件工程师的水平没有必然的关联,水平再高的程序员在编写代码时也会不自觉地出现漏洞。这些漏洞隐藏在软件里面,在99%的情况下,并不影响整个软件的正常运行。

可是这些漏洞一旦被别有用心的黑客利用，就有可能导致系统被入侵和控制。这并不是因为黑客本身的水平有多高，而是因为任何软件都存在漏洞。黑客之所以能像科幻电影里那样无所不能，甚至可以入侵五角大楼或者远程控制汽车，在本质上就是因为他们利用了软件里必然存在的漏洞。

就汽车产品而言，过去汽车上的软件数量很少，而且软件之间都是相互分离的。这相当于一辆汽车上有几十乃至几百个小型的黑盒子。这些黑盒子有的负责控制空调，有的负责控制座椅，各自的软件独立运行，软件的代码也比较少。这是因为过去的汽车主要是硬件属性的，软件的成分及影响很有限。那么汽车在网联化、智能化之后，是不是就变成了四个轮子加上一个手机了呢？我原来也曾经这样说过，不过现在我发现这个说法并不准确，未来的汽车应该是四个轮子加上一个小型超算中心。

也就是说，智能网联汽车实际上是一台超级计算机，包括自动驾驶、智能座舱和车联网等功能，可能逐渐地都会由若干辆汽车即若干台超级计算机在通用的操作系统下来实现。这样一来，汽车产品上软件的数量以及关联性必将空前激增。我保守估计，将来汽车上至少会有几千万到上亿行的代码，可想而知这其中将隐藏多少漏洞！由于软件的漏洞不可避免，而有漏洞就一定有被利用和攻击的可能，所以我们必须充分考虑如何应对汽车数字化带来的安全隐患。

第二，虚拟空间里的攻击都能转变成物理世界的破坏。刚才谈到，万物互联的时代将是一个"软件定义世界"的时代。对于汽车产业来说，工业互联网和车联网是万物互联下两个关系最密切的场景。未来，每家汽车企业都会成为工业互联网中的一部分，每台汽车产品也都会成为车联网中的一部分，从而把虚拟空间和物理世界彻底打通，实现用软件来定义汽车。

然而最大的问题也恰恰来自于此：过去我们常说的计算机病毒、木马等，都只是在计算机的虚拟空间里破坏数据和软件，并不会对物理世界造成伤害。但是未来诸如汽车等各种实体都接入物联网之后，虚拟空间里的所有攻击都能转变成物理世界的实质性破坏。在车联网方面,360公司已经做了大量的模拟攻防试验,结果表明,只要是智能网联的汽车,就都可以通过攻陷相关车企的云端服务器来达到远程操纵汽车的目的。显然,由此造成的危害远比计算机病毒要大得多。

第三,大数据系统如果遭到攻击,还将带来巨大的社会安全问题。目前这样的情况已经出现过很多次了,例如 2021 年 5 月,美国东海岸一家燃油输送公司的数据被黑客组织攻击,由于数据不能正常调用,无法给客户供油,结果导致美国东海岸 16 个州出现了供油困难,几乎进入紧急状态。

今天汽车智能座舱的各种交互体验正在不断升级,同时大家也都期盼早日实现 L4 乃至 L5 级真正的无人驾驶。这些能力的实现有赖于人工智能技术,而人工智能的基础就是数据,这就是前面我们说过的"数据驱动汽车"。正因如此,我认为未来每家车企都将成为大数据公司。尽管现在无论新老车企,包括一汽、东风、长安、上汽、北汽、广汽以及蔚来、小鹏、理想等,其数据量还不如互联网巨头公司,但是未来它们拥有的数据量很可能会超越多数互联网公司,并且它们都会建立自己的大数据中心。要知道,大数据可不是简单、无用的数据,而是蕴含着重要的信息和规律,基于大数据的计算结果将直接决定汽车产品自动驾驶等功能的水平以及满足用户需求的能力。

如果这些大数据本身遭到攻击,那后果将非常严重。例如,车企的大数据一旦遭到攻击,一方面可能会导致大量个人数据和车辆数据的丢失,从而给消费者带来各种潜在的风险;另一方面,还有可能会出现某家企业旗下的几十甚至几百万辆智能网联汽车全面瘫痪的情况,又或者这些车辆被黑客操控,从而带来巨大的交通安全和社会安全风险。

实际上,360 公司这么多年来一直在关注数字化带来的安全风险,致力于通过化解这些风险来推动数字化的进程。所以,我们不断加强与车企的紧密合作,让大家既能享受数字化带来的丰厚收益,又能规避数字化带来的安全风险,最终让每一位消费者都能放心地使用智能网联汽车产品。

赵福全：周总谈到了很重要的一点，在数字化时代，数据的安全决定了数字经济能否有效落地，能否真正造福人类。因为软件必然存在漏洞，所以黑客的入侵具有很强的隐蔽性和不确定性，甚至可以说防不胜防。而且在万物互联的时代，虚拟空间的攻击将给现实世界造成巨大的破坏，这种破坏甚至有可能对社会生活和经济发展造成摧毁性的打击。

然而发展数字经济意义深远、价值重大，而且产业数字化是中国把握本轮科技革命和产业重构战略机遇的核心抓手，我们绝不能因为数字化存在潜在的安全风险就止步不前。相反，我们必须努力解决数字化带来的安全问题，全力保障大数据的安全，让大家都能放心地拥抱数字化、应用大数据，最终实现数字化的最大效益和大数据的最大价值。

黑客已经从"小毛贼"变成了国家级的对手

赵福全：周总，数字经济的发展必须依托于产业才能不断深化实践，最终形成新业态和新动能。正如我们前面交流的，产业数字化是万物互联下最大的价值所在。而汽车产业作为民用工业中的集大成者，是发展数字经济、实现数字化最重要的产业之一。正因如此，目前发展智能网联汽车已经明确上升为国家战略。那么，汽车产业应如何看待和化解数字化带来的安全风险呢？

周鸿祎：赵院长，在回答这个问题之前，我想先补充说明另外两个很大的安全挑战，这是更高层面、更大范围的安全挑战，也与智能网联汽车的安全息息相关。

第一，黑客已经从"小毛贼"变成了国家级的对手。过去我们谈到网络安全和信息安全，也遇到过很多黑客，他们制造了大量的病毒和木马。不过此前的黑客大多各自为战，其实都是"小毛贼"。而且随着免费杀毒服务的不断升级，很多小病毒、小木马基本上已经销声匿迹了。但是近几年来，我们防御的对手发生了变化，很多国家级的黑客组织已经入场了。因为现在很多国家都认识到，网络攻击是一种比传统的物理攻击性价比更高、也更有效的方式，所以纷纷组建了黑客"国家队"。对于政府和企业来说，这意味着保障网络安全的挑战之大前所未有。

事实上，当前网络安全的战场、对手以及对手攻击的目标、手段和后果都在改变。比如今后黑客可能会攻击城市的新型基础设施，而车联网就是新型基础设施的一种，也将成为黑客攻击的对象。

第二，现在网络攻击的规模和范围与以前相比已经不在同一个数量级了。今后当我们面对大面积、高密度的网络攻击时，如果还是沿用过去的安全标准来应对，就显得太苍白了。此前一说到计算机安全，大家想到的就是下载杀毒软件；一说到网络安全，大家想到的就是打开防火墙。但是这些措施与我们正在面临的网络攻击，存在数量级上的巨大错位。

因此我认为，面对数字化或者说数字文明的安全挑战，我们首先应该把安全问题进行准确的定义。如果问题的定义都不准确，是不可能拿出有效的解决方法的。现在360公司已经不再只谈"网络安全"了，我们重新定义了一个新的概念，叫作"数字安全"，而网络安全仅是数字安全中的一部分。

而国家也已经充分认识到了这一点。比如习近平总书记在最近一次致世界互联网大会乌镇峰会的贺信里提到，要筑牢数字安全屏障；而以前的表述是，没有网络安全就没有国家安全。又如在近期的一次会议上，习近平总书记特别强调，我们要学会应对非传统安全，并提到了网络安全、数据安全、人工智能安全等。这表明，国家把数字安全定义为比网络安全内涵更广的非传统安全。

赵福全： 也就是说，今后智能网联汽车以及各家车企面临的不只是单纯的网络安全问题，而是更大规模、更广范围的数字安全问题。说起来，汽车产业对于安全问题一直是高度重视的。就像我这样从业30年、做产品开发也有20年的老汽车人，骨子里始终有一条"安全底线"。不过说到网络安全乃至数字安全，我想广大汽车人的认识可能还不够充分。今天收看我们栏目的有很多汽车行业的领导和企业的高层，希望我们的交流能让大家进一步认识到这件事情的重要性和复杂性，这也是请您来做这次高端对话的主要目的之一。

周鸿祎： 实际上，很多人对于网络安全防护都缺乏底线思维，有时候甚至可以说是"不撞南墙不回头"。不过在与汽车行业接触之后，我对这个行业越是了解，对汽车人就越是尊重。因为我所在的行业是非常重视安全问题的，而汽车行业发展了一百多年，最重视的也是安全，包括一些汽车品牌就是以安全著称的。汽车人发明了安全带，发明了气囊，不断开发更加安全的底盘以及能够吸收碰撞能量的车身。长期以来，汽车行业一直在做着这些看得见和看不见的工作，目的就是让汽车变得越来越安全。尽管我们大部分人终其一生可能都不会碰到安全气囊弹出的情况，但却实实在在地受着安全气囊的保护。汽车产业这种高度重视行车安全的底线思维非常值得我们尊重，也让我深有共鸣。

网络安全也是一样，必须防患于未然。我一直呼吁大家要重视网络安全问题，并不是在渲染一种不存在的危险，更不是在危言耸听，而是希望大家都能高度重视网络防护，不让潜在的风险变成现实。现在不少人都觉得和平年代、岁月静好，不相信存在网络战，其实各种各样的网络攻击就发生在我们身边。

我举两个例子。第一个是网络勒索。现在国内很多公司、医院、学校等单位都遭受过勒索攻击。有数据显示，中国每年被网络攻击勒索的金额平均为 500 万～1000 万元人民币，而国外的金额为 500 万～1000 万美元。这两年全球网络勒索组织非常猖獗，甚至把这种勒索变成了一种商业模式。试想，将来如果有勒索组织把一家车企的数据破坏了，后果会是怎样？可能有的企业说，我们的数据都是加密的，黑客破坏不了，也不可能偷走。但是勒索组织并不需要破解或者拿走这些数据，他们只要用勒索软件把数据再加密一遍即可，这样你就无法使用数据了，进而造成巨大的损失。这就像小偷溜进你的家里，并不打开你防护很好的保险柜，而是把你的保险柜放进他的保险柜中，而钥匙或密码在他的手里，你要取出自己保险柜里的物品就必须向他交钱。

第二个例子是网络战。这里说的并不是平常的小规模"战斗"，而是大规模的"战役"。事实上，仅在过去的 5 年中，360 公司就帮助国家监测到 47 个具有国家背景的国外黑客组织，对中国进行了高达 4000 余次的攻击，涉及政府、科研、军工等众多核心单位。可以说，网络攻击无时不在发生。今后随着国际形势的日益复杂，不排除会有某些国家利用网络，对中国的重点工业和关键基础设施发起大规模攻击或者进行威慑。所以，我觉得防范网络安全风险已经越来越紧迫了。

赵福全：以敲诈勒索为目的的网络攻击，危害很大。但是纯粹以破坏为目的的有组织的网络战，危害更大。毕竟勒索攻击是为了钱，通常不会蓄意破坏数据和系统，而网络战就不是给钱就能解决的问题了。这一点确实值得汽车产业高度警惕。试想，在自动驾驶高度普及之后，假如突然有500辆自动驾驶的汽车被黑客控制，且不用说可以操纵这些车辆去攻击重要的目标，就是把主要的路口堵住，都会造成整个城市的交通系统瞬间陷入瘫痪。因此，未来汽车企业对于网络安全，无论怎样重视都不为过。

思考智能网联汽车的网络安全问题必须跳出原有认识

赵福全：周总，前面您多次谈到，未来汽车产业的数据量将非常大。对此我也很认同，因为智能网联汽车的大数据将涉及多个不同的产业、成千上万家企业以及数以亿计的用户，来源广泛、种类众多、数量庞大。这其中既有造车端的数据，又有用车端的数据；既有车辆使用者的数据，又有车辆运行周边环境的数据。这些数据一旦出现安全问题，不仅会对车辆本身及其使用者造成严重威胁，还会给整个国家和社会带来重大风险。

几年前我就讲过，到了万物互联的时代，汽车将是城市中唯一能够连接万物的可移动的智能网联载体。我们所熟知的智能手机也是一种可移动的智能网联载体，但智能手机是"人带着机器人移动"，而智能汽车将是"机器人带着人移动"。由于汽车可以和周边环境有更多的数据交互，因此可以实现更多的功能和服务。但相应的，其信息安全的风险性和复杂性也呈几何级数地增加。

对于汽车产业而言，原来提升汽车产品安全性的目标主要是减少碰撞事故的发生以及在发生碰撞事故时减少人员的伤亡；现在随着车辆网联化、智能化程度的不断提升，工作重点越来越放在前者，最终将会追求"零碰撞"的理想境界;然而未来这样的安全目标显然已经不够了。由于黑客的存在,即便汽车本身已经设计得非常安全了,仍然有可能遭到恶意操控,从而构成严重的安全隐患。那么作为网络安全专家,您觉得到了万物互联的时代,智能网联汽车的安全性具体会有怎样的内涵?

周鸿祎:我们今天思考智能网联汽车的安全问题,必须跳出原来那种只把汽车视为计算机或者只把车联网视为单一网络的认识,而是要把整个车队以及车联网产业看成一个庞大的数字化场景,寻求为其提供全方位、系统性的安全分析及防护解决方案。因为以往那种针对传统的网络安全问题,采取打补丁或者外挂式的碎片化解决方案,已经完全不适用于今天的局面了。

比如现在汽车企业都在开发智能网联汽车,这涉及云端的计算能力;涉及管端的信息通信能力,包括车联网即物联网技术、通用的网络架构和通信装置等;还涉及车端的相关能力,包括自动驾驶汽车必须采用的人工智能技术、车上的各种先进传感器等;未来在车路协同的模式下,还会引入边缘计算技术,从而使智能网联汽车的整体布局由"云–管–端"变成"云–管–边–端"。所有这些将使智能网联汽车的安全问题变得空前复杂,仅靠某种杀毒软件或者单一网络的安全防护产品,根本不能解决问题。

而且未来汽车涉及的数字化场景是非常多的,车联网只不过是应用场景之一,此外还有工业互联网、智能交通以及智慧城市等等。仅就汽车产业内部来看,作为一个集大成的产业,汽车供应链的规模极大、范围极广,确保其安全本身就是非常复杂的问题;而如果再考虑产业外部多个产业的相互交织、彼此交互,情况就更加复杂了。面对如此复杂的安全问题,我们必须首先确立一套新的理论体系,对其进行精准描述。所以,360公司才提出了数字安全的概念。也就是说,今后要解决汽车产业的安全问题,必须用数字安全的理念来进行分析和处理。

发展智能网联汽车必须面对五大安全挑战

赵福全:在我看来,最终智能网联汽车要像亲密伙伴一样帮助人、解放人乃至理解人。但是如果没有安全作为保障，这一切都无从谈起。正如周总刚才谈到的，智能网联汽车的安全问题是非常复杂的。在本轮产业重构中，汽车安全的内涵和外延都发生了巨大的变化，其内容更多、范畴更广。其中既包括相对传统的零部件的安全、总成的安全和整车的安全，也包括信息系统的安全、数据的安全和网络的安全，还包括人的安全、环境的安全、交通体系的安全和国家的安全等等。

由于智能网联汽车是未来产业发展的大势所趋，因此无论其安全挑战有多么复杂和艰巨，我们都必须找到有效的解决方案。不知道对于解决智能网联汽车的安全问题，周总有哪些具体的思考和建议？

周鸿祎：我认为，可以采取分而治之的策略。总体而言，我认为智能网联汽车主要面临五个方面的数字安全挑战：

第一个方面是车身网络安全。在传统汽车产品内有一个总线网络，分别连接着很多微处理器，各自实现一定的功能。实际上，这些微处理器并没有统一的网络接口，也没有统一的操作系统和软件平台，所以黑客要攻击这些分散的软件是比较困难的。但是现在情况不同了，很多汽车产品已经有了新的电子电气架构，由高速的以太网将若干个控制器，即车载计算机，连接起来。目前这些车载计算机上运行的操作系统基本上不是Linux，就是安卓，相应的也形成了基于这两种开源系统的软件生态。

因此，汽车就变成了一台超级计算机，而且其上运行的软件代码非常多，甚至可能高达上亿行。在这种情况下，无论是自己编写的软件，还是基于开源软件修改而成的软件，里面都不可避免会存在很多漏洞。所以，车身网络将来一定是黑客攻击的重点环节之一。可见，汽车现在很像是传统的计算机，我们也可以把车身网络安全称为终端安全，只不过汽车这个终端是一台更大的计算机。

第二个方面是车联网络的安全。近期工信部等部委相继印发了多个通知，要求智能网联汽车在收集数据时，必须符合国家关于数据管理的规范，避免侵犯用户隐私。这是因为当前的汽车已经不只是单纯的交通工具了，它还安装了很多传感器，包括不同种类的雷达和摄像头等，所以汽车具备了采集人员和环境等数据的强大能力。同时，汽车又通过车联网络，以移动通信、蓝牙和 Wi-Fi 等方式，与外部世界充分连接。也就是说，汽车本身既是数据载体，又是互联节点，在其进行网络通信时，就会遇到车联网络的安全问题。

赵福全：在我们汽车圈内，把周总说的第一种网络称为车内网，即汽车产品自身的网络；而第二种网络则称为车联网即 V2X，这是汽车与外部进行联网和信息交互的总称，包括 V2P（车辆与行人）、V2V（车辆与车辆）、V2I（车辆与基础设施）等。正如周总所说，未来这两部分网络的安全无疑是汽车企业必须保障的。

周鸿祎：是的，车身网即车内网指的是汽车内部的网络，而车联网指的是汽车与外部连接的网络。接下来，第三个方面是车云网络的安全。由于未来智能网联汽车需要随时与云端服务器进行交互，所以，车云之间的网络安全以及云端服务器的安全至关重要。

第四个方面是车企网络的安全。事实上到目前为止，从 360 车联网安全实验室的实践来看，智能网联汽车最容易受到攻击的环节并不是大家通常认为的车内网。因为目前汽车上的软件平台还没有统一，并不像攻击计算机那么简单。当前最容易受到攻击的是车企网络，因为车企都不是网络安全方面非常专业的公司，很容易被黑客入侵到办公网络中，或者经由车企网络的漏洞攻击甚至控制云端服务器。要知道，所有的智能网联汽车都会严格执行云端服务器即控制中心的指令，让它停就停，让它开就开。所以车企网络和车云网络一旦失守，智能网联汽车的运行安全就彻底失去了保障。

可能有人认为汽车企业都是大企业，它们的企业网一定足够专业，在安全防护上应该是没有问题的。但是就连华为那样的 ICT 高科技大公司，都被爆出总部服务器曾被入侵，其他企业凭什么就能保证自身的企业网是绝对安全的呢？毕竟企业规模再大、实力再强，也很难抵御国家级黑客组织的入侵。更何况中国还有不少车企在安全防护方面，原本做得就没那么好。360 公司曾经做过一些测试，结果显示：一些车企的服务器口令都是弱口令，诸如 12345678 之类；还有很多软件没有及时更新和修复漏洞，这样黑客攻击起来根本不需要寻找新的漏洞，用旧的漏洞就能很容易地侵入。

既然如此，可能又有人觉得，那不如把车企网络封闭隔离起来，不与外网连接，这样黑客就接触不到了。然而在今天的环境下，完全封闭隔离车企网络已经很难做到了。如果说在过去，车企主要是和经销商互通信息，把车企网络隔离起来在理论上还有可能。但是到了今天，绝大部分车企都在努力直接连接用户和车辆，这意味着用户及其使用的车辆都需要接入车企网络；此外，面向工业互联网，车企还需要与各类供应链企业进行连接，这样又怎么可能把车企网络封闭起来呢？

由此又引出了一个新的问题，那就是即便车企自己做好了网络安全防护，但车企网络接入的众多供应商却未必都能做好防护。这些供应商中有不少是中小型企业，其网络安全防护能力很有可能非常有限。于是攻击者就可以通过供应商网络的薄弱点，顺藤摸瓜地攻入整车企业的网络。

因此，我认为车企网络是目前最大的一块短板。而且很多车企在这方面的重视程度依然不足，总觉得企业的网络受到攻击，无非就是影响办公效率而已。但是面向智能网联汽车产品和工业互联网体系，今天车企网络一旦受到黑客攻击，后果要比过去严重得多。举一个实例，国内有一家著名汽车企业，其动力电池车间就曾经遭到勒索攻击，为此被迫停工了两周，造成了很大的经济损失。

对于中国制造业的实力，我是很有信心的。我参观过很多中国车企的工厂，发现其生产线一点也不比特斯拉差，车间内到处都是工业机器人等先进的生产设备。不过有一点我始终非常担心：过去这些设备都没有联网，也就不会受到黑客攻击；而现在这些设备都是智能设备，并且必须联网才能有效工作，这就产生了网络安全方面的潜在风险。一旦车企网络遭到攻击，不仅可能导致工厂停工停产，还可能直接影响产品品质和消费者利益。那样的话，我们的制造能力再强，恐怕也无从发挥了。

最后，第五个方面是车数网络的安全，主要是指大数据中心即数据库的安全问题。目前这个部分还没有完全成形，但我预计未来车数网络的安全保护将成为新的最大挑战所在。前面也谈到了，未来每家车企都将通过车辆终端的各种传感器采集到大量数据，这些数据不仅对于车企改进产品功能、提升用户体验大有裨益，还涉及整个交通体系的运行以及千千万万的个人用户。因此车数网络如果被黑客攻陷，其危害会远不限于汽车企业和产品本身。

总结一下，智能网联汽车产业必须面对的安全挑战来自五个方面：即车内网络、车联网络、车云网络、车企网络和车数网络。这其中涉及终端安全、互联网安全、物联网安全、云端安全以及数据安全，挑战是非常巨大的。

赵福全：听了周总的描述，我想我们汽车产业的同仁们一定深感不安。今后汽车企业和产品必将走向联网，利用数据实现更大更高的智能，这是产业发展的大势所趋。而由此引发的安全问题，我们必须予以高度重视。特别是我们必须清楚：尽管同为移动终端，但汽车和手机遭受网络攻击的危害是截然不同的。手机被"黑"了，可能只是影响一时的使用罢了；而汽车被"黑"了，就有车毁人亡的风险，比如高速公路上自动驾驶汽车突然被"黑"而失去控制，将会危及乘车者和车辆周边人员的生命安全。

如果是自动驾驶系统本身出现失控情况，这属于技术或质量问题，我们可以通过大量的测试验证去解决，是能够做到防患于未然的。但如果是黑客通过网络蓄意攻击自动驾驶系统，这恐怕就防不胜防了，而且造成的危害会更大。同时我感觉，在车企目前的产品开发过程中，针对这种风险的防控意识和措施都还不够充分。

未来汽车安全的最大威胁是数字安全

赵福全：周总，刚才您谈到了很多安全挑战，有产品的问题，有网联的问题，有云端的问题，还有数据的问题。同时您建议分而治之，逐一解决这些问题，以保障绝对安全。这就为我们指出了实现智能网联汽车安全的路径。

事实上，不仅汽车产业要面对这些挑战。在万物互联的时代，不同产业、不同领域和不同要素将共同构成新的社会大生态。在这个大生态中，各种主体要向彼此开放接口、实现充分互联，这样必然带来类似于汽车产业的硬件安全、软件安全以及接口安全等问题。这些问题如果不能有效解决，将会带来巨大的风险。这就给我们提供了一个重要的启示：今后在物理上无论把产品打造得多么可靠，但只要在网络安全上存在漏洞，产品就不够可靠。因为黑客可以从这些漏洞侵入并展开破坏，导致产品出现严重的安全事故。

这就引出了一个新问题：原来汽车产品以硬件为主，在出现安全事故时是通过分析硬件情况来确定责任划分的。比如分析是哪个硬件引发的事故，是转向机构的问题，还是制动机构的问题？以此来确定责任。这本身就不是一件容易的事情，但总还算有据可依；然而如今在硬件的基础上又加入了软件，包括"云－管－边－端"等各个层级的各种软件，同时还涉及自动驾驶车辆的驾驶责任归属问题。所以，汽车安全所涉及的要素正变得越来越多且越来越复杂。

在这种情况下，恐怕就涉及一个责任划分的问题。毕竟只靠车企自己是不可能把供应商、云端、数据以及基础设施等的安全问题都解决掉的；而且即使能保障硬件的安全，也未必能保障软件的安全，就更不必说保障硬件与软件融合后的安全了。在此想问周总一个重要的问题：未来智能网联汽车安全的边界究竟应该怎样划分？或者说，不同企业各自应该负责哪些方面的安全呢？

周鸿祎：我觉得在讨论安全责任之前，有一点先要清楚：未来有一个显著的趋势，就是数字化企业乃至产业的边界将逐渐消失，而汽车产业是这方面的一个典型案例。所以，安全责任的划分也不会是泾渭分明、非此即彼的。

尤其需要注意的是，原来网络安全主要存在于虚拟空间，而今后数字安全将会同时进入物理空间，转变为物理安全的问题。像我们今天讨论的智能网联汽车，我认为未来其数字安全将会和物理安全同等重要。实际上，今后物理安全的问题应该会越来越少，即随着自动驾驶和车联网等技术的应用，未来的车祸事故数和人员伤亡数都会比现在少得多。

因为自动驾驶的汽车肯定不会去违规开车，也不会去做一些危险的动作，这样至少人为违反交通法规造成的事故将会完全杜绝。

在这种情况下，我判断，未来汽车安全面临的最大威胁，反而是数字安全以及由此带来的物理安全问题。就像您前面讲到的，未来汽车安全事故可能是由黑客入侵引发的，而且黑客一旦操控了某家车企的很多车辆，带来的就远不是某一辆车的人车安全问题，而是产业安全、社会安全乃至国家安全的严重隐患。正因如此，国家领导人才反复强调，没有网络安全就没有国家安全。

在此，我想再次郑重地提醒汽车产业的朋友们：对于智能网联汽车的安全问题，必须从现在开始就下定决心、持续投入、全力解决。如果大家抱着一种过时的观念或者侥幸的心理，那么即便暂时还没有出现事故，将来也一定会出现事故，而且很可能会导致灾难性的后果。

网络安全的本质是人与人的对抗

赵福全：周总刚刚以很多真实的案例说明，当前网络安全已经不只局限于虚拟空间，而是开始影响到物理世界了。未来随着数字化的不断推进，网络安全将升级为数字安全，并对物理世界产生更大的影响，甚至关系到人类社会和国民经济的安全。也就是说，数字安全将是一个大概念，所有产业都将面临严峻的挑战，而汽车是数字安全最复杂也最难防护的产业之一。

这样说并不是因为我们身处汽车产业，而是因为事实如此。一方面，汽车产品有上万个零部件，涉及几百家供应商，今后都要互联起来，也就是刚才谈到的工业互联网，这必然是一个高度复杂的网络。另一方面，汽车要与外部世界全面连接，包括车辆与人的连接、与其他车辆的连接、与道路的连接、与环境的连接等，也就是刚才谈到的车联网。这同样是物联网的重要组成部分之一，而且涉及的主体极多、范围极广。显然，要做好这两个网络的安全防控是极其困难的，但又是必须要解决的问题。那么在您看来，汽车数字安全的问题怎样才能有效解决呢？

周鸿祎：我是这样考虑的，汽车产业的数字安全问题高度复杂，所以我们绝不能"眉毛胡子一把抓"。前面我把智能网联汽车的网络安全问题分解成了五个方面，因为这样就可以分而治之。同时在实施过程中，并不是要几个方面齐头并进，我认为可以先解决其中最主要的三个方面的问题，即车内网络、车云网络和车数网络。

前面我说过，软件必然存在漏洞，有漏洞就必然存在被人利用的风险，所以幻想着黑客不攻击或者攻不进来是不现实的。问题的关键在于，我们怎样才能在黑客侵入网络的时候以最快的速度发现和应对。在这方面，360公司已经形成了一套行之有效的方法，具备了及时发现和应对网络攻击的强大能力。

在过去的20年里，360从免费杀毒软件开始，积累了防御网络攻击的丰富实战经验。360的目标是确保网络安全，而不是单纯的售卖安全产品。记得最初的时候，只有我们提供免费杀毒软件。也正是因为免费，后来中国有90%的网民都安装了360杀毒软件，这样每天中国发生的各种网络攻击，我们基本上都会知道。同时，360招募了亚太地区最多的白帽子黑客对这些攻击进行分析。所谓白帽子黑客，通俗地讲就是好的黑客，也就是站在黑客的立场攻击系统、以排查安全漏洞的程序员。正是基于这样的实战演练，我们的安全防护能力才越来越强。

至于说如何确保汽车数字安全，我的建议是：汽车企业必须建立网络安全的底线思维，并且做好网络安全防护的顶层设计。也就是说，当企业花费大量资金去建设自动化生产车间、搭建供应链生态系统或者打造智能网联汽车产品的时候，切不可对网络安全漠不关心或不以为然，而是必须同步开展网络安全防护的顶层设计，并切实做好相关工作。

之所以强调顶层设计，是因为我在和很多企业领导交流时，发现大家对于网络安全的认知普遍存在一个误区，即大家都觉得，只要让网络安全防护公司提供一套足够强大的设备，就可以一劳永逸地拦截住各种网络攻击，彻底解决黑客攻击、勒索软件等所有威胁。这个想法是美好的，但非常遗憾，世界上根本没有这样的安全防护设备。

又或者有人觉得只要像杀毒软件那样定期更新设备的版本就可以了。然而杀毒软件能查杀的都是已知的病毒程序，这样的病毒比较"傻"，很容易被找到和清除。而现在只靠杀毒软件就能维护网络安全的时代已经过去了，我们需要面对的是无孔不入、随时可能发起攻击的黑客，而不是相对固化的病毒。这是一群高智商的网络攻击者，而且很可能是有组织的，他们会随机而变，不断寻找新的漏洞。从这个意义上讲，网络安全的本质其实是人与人的对抗。这就远比使用安全气囊、安全带等硬件来实现安全防护要复杂得多。

正因如此，我认为在网络安全方面最重要的是，企业必须有全面的正确认知和系统的顶层设计。其核心在于，企业应该建立一系列网络安全防护的基础设施；同时在网络安全公司的支持下，建立和培养一支专业的网络安全防护团队。唯有如此，在遭受网络攻击时，企业才能及时发现和有效封堵。

为此，我提出了"数字安全碰撞试验"的理念，建议车企邀请外部网络安全公司，对其汽车产品进行数字世界的攻防测试，即模拟实施各种网络攻击，以找出车内网络、车云网络等的弱点，让企业能够及时进行修补。举个例子，我们在与奔驰公司合作的过程中，发现了19个漏洞，通过这些漏洞可以控制其2017年以后出厂的、遍布全球的几百万辆汽车，能够远程让车辆执行起动、熄火或开窗等指令。后来我们把这个信息反馈给奔驰公司，并帮助其修复了这些漏洞，得到了奔驰方面的高度认可。最近，一汽等国内车企也开始与360公司合作，共同建立数字安全实验室。这表明汽车企业对网络安全的重视程度正在不断提升。

不过我想强调的是，这些举措还远远不够。车企更应该建立一种长期性的机制，让网络安全公司持续帮助企业查找和修补漏洞。虽然网络漏洞是无法穷尽的，但至少可以把我们目前能找到的漏洞都修补好，这样才能不断提升防护能力。

除了反复查找网络漏洞之外，还有一个重要方法，那就是车企可以把各种数据都汇总起来，不只包括每辆汽车的运行数据，还包括办公计算机、加工机床等各种涉及网络安全的设备的运行数据，然后建立一个我们360称之为"网络安全大脑"或者"数字安全大脑"的数据中心，用于安全地存放这些数据。这个数据中心具备对所有数据安全的动态感知能力，无论车内网络、车联网络，还是车云网络、车企网络、车数网络，一旦出现异常的数据变化，控制"网络安全大脑"的应急团队都能第一时间感知到，从而立即行动，及时阻止攻击。

赵福全：我简单做个小结，周总给汽车企业的建议可以归纳为四点：一是车企负责人对于网络安全要有正确的认知。现在已经不是对抗固化的计算机病毒的时代了，今后网络安全防护的本质是与黑客进行较量，即人与人的对抗。二是车企要做好网络安全的顶层设计。即企业在打造数字化产品、数字化服务、数字化工厂的时候，必须同步做好相关网络安全的整体性顶层设计。三是车企要建立负责保护网络安全的专业团队。在这方面，应该借助网络安全公司的力量，不断对自身网络进行攻防测试，以及时发现和修补漏洞，同时应建立长期性的防护机制。四是车企要集中各种数据进行重点保护，为此可与网络安全公司携手建立"网络安全大脑"或"数字安全大脑"，随时对各种网络的所有数据异动进行监测和响应。

在此，周总提出了一个让我印象深刻的概念，即"数字安全碰撞试验"。我理解就是要在数字世界中进行各种硬件、软件及其接口的安全攻防试验，模拟各种各样的网络攻击，以验证相关的防护和应对措施是否有效。这和我们车企需要进行的实车碰撞试验可谓异曲同工，可以让广大汽车同仁很容易理解网络安全攻防演练的过程和意义。

网络安全立法必须平衡好鼓励创新和保障安全

赵福全：周总，下面一个问题。在数字安全方面，您认为有多少问题需要国家出台法规标准来解决？又有多少问题需要企业之间合作来解决呢？

周鸿祎：应该说近几年，在网络安全立法方面，政府做了很多工作，比如继《网络安全法》之后，又发布了《数据安全法》，还有最近推出的《关键信息基础设施保护条例》，以及工信部发布的关于智能网联汽车安全的一系列文件。按照最新法规的精神，今后信息基础设施如果遭到网络攻击，就和能源、交通基础设施遭到攻击一样严重，而智能网联汽车就是一种关键的信息基础设施。这意味着对于汽车企业来说，能不能把网络安全防护做到位，已经不只是有无风险的问题，而是是否合法、合规的问题了。

总体来看，政府在网络安全和数字安全立法方面已经打下了良好的基础。不过政府只能提出基本的要求和规范，最终要真正做好安全防护，还需要作为市场竞争主体的企业采取有力的行动。在这方面，国外企业的重视程度是很高的。例如奔驰、微软、谷歌等很多公司会定期聘请网络安全公司和白帽子黑客进行模拟攻击和测试，来帮助其发现自身系统的漏洞。相比之下，国内企业做得就不太充分了。我认为，一方面，我们应该着力打造众包众筹的白帽子黑客平台；另一方面，国内企业也应该积极邀请白帽子黑客来对自己企业和产品的系统进行各种测试，及时发现和解决问题，特别是企业要舍得为此投入。

事实上，我在与车企领导交流的过程中，发现汽车行业在安全方面有不少理念和做法都很值得学习。例如汽车产品的安全碰撞试验就非常好，不仅可以帮助车企改进产品的安全性能，还可以用客观数据向广大消费者展示自身产品的安全等级，这远比企业自我宣传更有说服力。我提出的"数字安全碰撞试验"也在一定程度上借鉴了这种理念，即任何安全防护能力都应该从实战中得到检验。我建议今后每家车企都应该进行"数字安全碰撞试验"，让汽车产品的数字安全在出厂前经过多轮模拟攻击的考验和完善，以确保完全符合国家法规，并让消费者充分放心。

赵福全：这就引出了另一个重要问题：现在国家对网络安全和数字安全越来越重视，不断加强这方面的立法工作。对此也有人担心，国家出台越来越多且越来越严的法规，尤其是发布了《数据安全法》之后，会不会在一定程度上导致数据无法有效流通和应用，反而限制了企业的创新尝试呢？周总，您怎么看这个问题？

周鸿祎：我看过中国的《数据安全法》，与欧盟的GDPR，即《通用数据保护条例》相比，我认为中国的数据法规总体上还是鼓励数据应用以及这方面的创新的。另外，从工信部对汽车产品的一系列管理规定来看，也是支持车企采集相关数据的；只是对某些数据的使用提出了要求，比如企业在收集用户数据的过程中，必须把人脸信息模糊化，以防泄露用户隐私。

正如刚刚赵院长提到的，如果相关法律法规过于严苛，就很可能会扼杀企业的创新尝试。由于智能产品是基于数据来实现智能的，像智能网联汽车就必须通过采集和使用数据，才能改进自动驾驶功能和智能座舱体验。所以我认为，网络安全和数字安全的法律法规必须以让数据能被安全应用为根本出发点，切不可因噎废食，以安全为名过分限制数据的采集和使用。当然，如果没有法律法规的约束肯定是不行的，有法可依是必要的。毕竟今后数据是新的生产要素，也是国家重要的战略资产。如果数据被盗窃或者破坏，轻则侵犯个人隐私，重则危及国家安全。

从我接触过的工信部、网信办等相关部门的很多领导来看，他们思考问题的第一出发点还是想支持数字化转型，并没有限制企业数字化创新的意图。正因如此，很多涉及隐私数据的人工智能技术也得到了推动。在这一点上，我认为中国政府的政策是务实而灵活的。政策的决策者们非常清楚，没有发展只谈安全或者只求发展不计安全，都是不可行的。

总体而言，我对中国智能网联汽车的发展很有信心。中国本身就是全球最大的汽车市场，加上国家政策的大力推动和各家车企的积极努力，我们在新技术应用推广方面速度很快。现在中国的新能源汽车销量已经是全球第一，而且其市场渗透率增长之快，远远超出了大家的预期；未来我相信中国也将成为智能网联汽车发展最快、销量最大的国家。特别是中国政府在确保安全的前提下允许合理的数据采集，支持企业的数字化创新，由此将会支撑中国成为世界上自动驾驶相关数据积累数量最多的国家。事实上，自动驾驶的算法并没有多大差异，真正起决定性作用的是基于数据的训练。数据越多，训练效果就越好。如果欧洲、美国的自动驾驶汽车保有量少于中国，同时又有法规限制车企采集某些数据，而中国数量更多的自动驾驶汽车每时每刻都在采集数据，那么最终的结果一定是中国的自动驾驶汽车将在全球范围内遥遥领先。

赵福全： 的确如此，国家制定法律法规时必须有效平衡好鼓励创新发展和保障产业安全。如果不能守住数据安全的底线，那么整个数字经济就是空中楼阁,甚至可能会给人们的生产和生活带来严重威胁;而如果对数据收集和使用的要求过于严苛,那么万物互联的价值就将大打折扣,人工智能也将失去数据支撑而无从发展。

周鸿祎:是的,欧盟GDPR的规定就比较严格,不仅针对境外企业,也包括欧洲自己的企业,在数据采集和使用方面都有诸多限制,我觉得这对欧洲的数字化创新是非常不利的。

反过来讲,我们也要充分理解数据监管和安全保护的必要性。试想,如果国家完全不清楚企业都在收集什么数据,已经有了多少数据,数据都流动到了哪里、又储存在哪里,是不是足够安全以确保不会外泄或者被破坏,那又怎么可能放心地支持数字化创新呢?而且对于每个消费者来说,这种状况也有潜在的巨大风险。所以,企业的数据系统在开始运行之后,从数据的采集、清洗、流通到存储、计算、使用的全过程,都应该对国家监管部门充分开放。

另一方面,企业领军人应该和国家一样高度关注数据问题。比如360也是一家大数据公司,即使国家不监管,我自己作为老板,对公司的数据也要做到心中有数。为此,我提出了关于数据的所谓"灵魂三问":第一,公司的数据都是从哪里来的?第二,公司都有哪些数据,存储在哪里?第三,这些数据要流向哪里,供谁使用?事实上,360搭建大数据管理平台,就是要帮助各类企业回答这三个问题。同时,我们也会按照国家的监管要求,把大数据管理平台的接口向政府有关部门开放,这样就能让政府了解和认可这些企业在数据治理上的规范性。

目前360正在帮助很多车企收集数据,实际上主要就是帮助它们做好大数据的安全策划与保护。我相信会有越来越多的车企意识到,加强数字安全防护绝不是"白花钱",而是为了保障企业能够更好地利用数据,最终使企业的核心竞争力得到持续提升。

赵福全:是的,对于数据监管法规的出台,大家应该正面、积极地看待。国家要求数据透明,并对部分数据的采集和使用进行一定的限制,这既是对大众个人隐私的一种必要保护,也是对国家数据资产的一种有效管理。事实上,数据不只是某家企业的重要资产,更是全社会的共同财富，因此国家加强监管是合理的、也是必要的。同时就像周总谈到的，即便国家没有提出相关要求，企业领军人也应该了解自己数字资产的"家底"，因为这是未来企业核心竞争力的基础所在。

现阶段方向性的引导政策比具体的固化标准更有意义

赵福全： 接下来，我们谈谈数据安全的标准。在我看来，这是国家、行业以及企业开展安全防护工作的依据。例如在传统的汽车被动安全方面就有很多标准，主要是基于硬件制定的。也就是说，此前出台的安全标准都是从产品质量的角度出发的，把安全视为非常重要的一个质量问题。

那么，对于网络安全和数字安全，您认为上述这种偏硬件的标准制定思路是不是需要调整？或者说，我们应该通过怎样的国家和行业标准来保证数据安全？尤其是对于智能网联汽车来说，涉及跨行业、跨领域的不同数据，比如有些数据与交通环境直接相关，可能是比较敏感的。对此，我们又该如何有效制定跨行业的安全标准呢？

周鸿祎： 我觉得汽车现有的安全标准就是合规要求而已，就是说，汽车产品要达到什么标准就符合了基本的安全规范。从实践来看，这些标准解决了汽车产品物理安全的底线问题和评价问题，是非常必要和有效的。

但是今后仅仅符合这些标准的汽车产品并不是足够安全的，因为我们还必须考虑网络安全的问题。这是一个不确定性和实战对抗性都非常强的领域，对手根本不会根据相关标准来展开攻击，而是会无所不用其极。现在的情况是，在网络安全方面有很多公司进行了有益的创新实践，在实战中锤炼出了一些有效的方法和措施，而标准却跟不上企业实战的脚步。有鉴于此，我建议国家应该多制定一些方向性的产业政策，而不要急于在技术上制定所谓的固化标准。

举个例子，如果我们硬性要求多少行代码中的漏洞数量必须低于多少个，恐怕是没有办法有效量化评估的。因为找出漏洞是一件很难预知的事情，比如我们帮助车企查找软件漏洞，可能一个月就找出了10个，但也可能两个月都没找出1个，但这并不能说明后一种情况的安全性就一定更高。

为此，我想给政府相关管理部门提以下三点建议：

第一，国家应该要求车企必须在安全防护上进行足够的投入。我发现目前企业在数字化方面是愿意投入的，例如建设超算中心、实现算力上云等等；但在数字安全防护上却往往不舍得投入，导致这两方面的投入差距极其悬殊。这就像舍得花500万元买房子，却不舍得花5000元买防盗门。为此，国家政策应该在这方面加强引导，可以强制要求企业在进行数字化投入时，必须拿出一定比例的资金投入到安全防护上。

第二，国家应该引导和鼓励企业购买网络安全服务，这对于网络安全产业的发展会有很大帮助。当前企业在购买网络安全公司的服务时，往往要求必须以具体产品的形式体现。在我们业内称之为"软件硬件化、硬件盒子化、盒子柜子化"，就是说相较于软件，企业更愿意购买安全硬件；这个安全硬件最好是一个很大的盒子，且越重就越显得专业；这个盒子最好有很多的柜子，至少在理论上分别对应着各种安全功能。一些网络安全公司为了迎合买家的喜好，也开发了很多这样的产品。但正如前面我说到的，这其实是一种落伍且无效的做法。

第三，国家应该鼓励白帽子黑客通过众筹等市场化的模式，帮助企业查找网络漏洞，而企业应该为此向白帽子黑客提供相应的回报。

我想，在网络安全和数字安全方面，国家相关部门如果能够多做一些方向上的引导，一定会对产业健康发展有更大的推动作用。

未来整供车企需要共同负责供应链的网络安全

赵福全：周总刚才谈了他对网络安全标准的建议，其实这个话题在汽车行业内也有不同的看法。有不少人希望，通过国家标准的制定和完善，我们可以把网络安全问题的危害降到最小。不过我觉得，所谓标准只能是最基本或者说最低的要求，如果确立一个很高的标准让所有企业都必须做到，恐怕是不现实的。换句话说，我们不能寄希望于网络安全标准能够彻底解决所有相关的安全问题。这就好比为了防备小偷，我们可以规定一些基本的安全措施，但如果来的是高智商、有组织的小偷，只靠这些基本措施是防不住的。

周鸿祎： 赵院长的这番话也提醒了我。我们最近就在与有关部门探讨，能否制定一套企业数字安全防护能力的评估标准。当然，要出台这样的标准难度非常大，但我觉得值得尝试。这样企业就可以根据评估结果了解自身防护能力的水平，并采取相应的措施，而不是只满足国家最低限度的基本标准和要求。

对于企业数字安全防护能力的评估，我认为最可靠的方法还是通过模拟实战的攻防测试来进行。否则，评估标准很可能会变成安全防护产品纸面上的性能指标，只是一组数字而已，并不能反映实际情况。这就像评价汽车被动安全水平，要通过实车碰撞试验的表现来衡量，不能说这款车安装了更多的安全气囊，所以就一定是更安全的。

另外我想强调的是，未来汽车供应链企业的数字安全防护是一大难题。因为整车企业通常规模大、资金足，有能力雇佣高水平的安全服务团队，不断提升自身的防护能力。如果黑客不容易找到整车企业网络的漏洞，就很可能会去攻击供应链企业的网络。相比之下，很多供应链企业规模较小，有些企业对网络安全不够重视，还有些企业虽然比较重视，却有心无力。毕竟它们先要解决生存的问题，而加大安全投入并不能带来直接的经济效益。这也是赵院长刚才所说的，国家是不能强制所有企业都必须满足一个很高的网络安全标准的。

从这个角度来看，或许整车企业未来需要肩负起这样一种责任：帮助其供应链企业把网络安全能力提升到至少及格的水平，为此投入一定的资金是必要的，也是有益的。不过车企会不会愿意做这种投入呢？这恐怕还要有一个不断加深认识的过程。

赵福全： 周总谈到汽车企业可能不太愿意在网络安全防护上加大投入，我倒觉得从长远来看，在这方面您不必太过担忧。接下来，我就从汽车行业的角度来谈谈我的看法。

就企业而言，汽车产品的安全关乎生命安全，因此安全是汽车品牌最重要的基础支撑，没有一个汽车品牌能够脱离安全而在行业立足。正因如此，一直以来汽车企业对于安全都是非常重视的，甚至有不少汽车品牌就是以安全为基因的。到了万物互联的时代，车企只把传统的汽车安全做到位已经不够了，网络攻击将成为越来越现实的可怕威胁。在这种情况下，车企肯定会尽最大努力防御网络攻击，以确保产品安全。

我在很多场合都曾讲过，智能汽车必须以安全为第一要务。无论汽车的智能化程度有多高，如果不能确保安全，就称不上是真正的智能汽车。而产品是汽车品牌的载体和体现，如果产品出了安全问题，不管具体原因是什么，公众都会质疑车企的能力和态度，进而对这个汽车品牌产生不信任感。所以，车企必须全方位地确保自身产品的安全，包括网络安全或数字安全。

就消费者而言，买汽车与买手机或计算机的心态也是不一样的。360一直提供免费杀毒软件，在很大程度上也是因为消费者不愿意花钱购买杀毒软件。他们往往认为计算机和手机的安全防护就应该是免费的，或者觉得即便真的被攻击了也没关系，最多重装一下系统就行了。但汽车不是这样，消费者很清楚如果汽车失控会带来什么后果，因此更容易认同汽车必须有更高的安全防护等级，会愿意支付合理的费用。同时，汽车产品的价格远高于手机和计算机，也就有了容载安全防护成本的更大空间。假如今后360的汽车安全软件搭载在汽车产品上，确实能够为消费者保驾护航，我相信是可以收费的。

所以，作为长期在汽车行业打拼的一位老兵，我的判断是：既然车企有强烈的责任感去做这件事，而消费者也愿意为此买单，那么今后汽车企业对网络安全防护的投入一定会越来越高，相应的，汽车企业及产品的网络安全防护能力也一定会越来越强。

比购买安全防护产品更重要的是训练安全防护团队

赵福全：刚才周总谈到了"数字安全碰撞试验"的理念，对此我有一个问题。传统的汽车安全碰撞试验，我们是能够掌控其边界条件的，比如几种测试车速、几种碰撞角度等等，都是标准化的。但是"数字安全碰撞试验"有很多未知的因素，就像您讲到的，软件漏洞无处不在，难以完全避免，而我们并不知道漏洞究竟在哪里，否则早就进行修补了。然而哪怕只有一个小漏洞被黑客抓住，后果都很可能是致命的。在这样的情况下，我们应该怎样设定数字安全碰撞的情景？或者说，我们能否找到一些相对极限的工况，能够尽可能覆盖潜在的安全风险，并基于此进行客观的安全评价呢？

周鸿祎：这是一个非常好的问题，模拟实战攻防肯定不会也不能采用穷尽的方法，所以我们一定要选择有代表性的场景。比如目前还不需要重点针对车内网络进行模拟攻击，虽然未来对车内网络的攻击肯定会越来越多，不过现在攻击车内网络的难度还比较高。因为不同车企的操作系统还没有趋同，不像计算机的 Windows 系统或手机的安卓系统那样容易被针对。

我觉得当前汽车行业的模拟攻防测试应该主要针对车企网络。大约从 2016 年开始，360 就与国家有关部门开展网络模拟攻防演习了。我们强调的理念是实网、实兵、实战：实网就是真实的网络，例如真实的工业互联网；实兵是真实的攻击队，不是安排自己的团队假扮黑客，而是从外部邀请白帽子黑客或者其他网络安全公司来展开攻击；实战就是模拟真实的高级网络攻击。我们就是通过这样的攻防演习来帮助企业发现网络安全隐患的。

我想再次强调，网络安全防护永远没有止境，这就像矛和盾的关系。所谓"魔高一尺，道高一丈"。攻击者一定会不断寻找新的漏洞，持续提升自己的网络攻击能力；而防护者就一定要不断发现和修补漏洞，持续提升自己的安全防护能力。所以，网络安全防护是必须常抓不懈的一项工作。

赵福全：我们能做的是不断地提高自己的防护能力，让黑客越来越难以找到我们的漏洞，这样他们想要有效实施攻击就会越来越难。

周鸿祎：您说得很对。问题是我们的防护能力还不够强，坦率地说，目前很多车企网络就像靶子似的摆在那里，办公网络、生产车间的网络基本上都没有安全防护，只是能正常进行基本的通信和办公而已。当然，现在这些网络与汽车产品还没有直接关联，包括今天的车联网也还没有成熟，所以危害还不那么明显。不过对于车企网络，当前常规的网络攻击手段都是奏效的，这是很大的隐患。因此我认为，"数字安全碰撞试验"除了测试汽车产品的车内网络之外，还需要测试车企网络，以提升车企的系统性防护能力。

在2016年我们刚开始进行模拟攻防测试的时候，不少企业并不理解我们的做法，认为360是在给他们找麻烦。但是经过几年的实践之后，现在越来越多的企业领导对这件事有了新的认识。因为他们发现，曾经以为很安全的网络系统，原来很容易被攻进来；同时，购置的很多昂贵的安全设备，原来并没有那么有效。所以，近年来企业对网络安全的重视程度越来越高，对模拟攻防测试也越来越认可了。

有很多企业的网络安全团队都在模拟实战中得到了锻炼：过去他们往往自以为没有遭受过网络攻击；现在他们经过演练才发现，原来很多时候自己只是不知道网络已被侵入了而已。另一方面，过去由于没有进行过演练，他们在遇到网络攻击时常常手忙脚乱；而现在通过实网、实兵、实战的训练之后，他们面对各种攻击都非常淡定，能够快速做出最佳的应对。

在这方面，我们有一个目标：既然网络攻击不可避免，那我们就要努力帮助企业打造有韧性的系统和团队。确保遭到攻击时，企业能够以最快的速度有效地解决问题。360以此作为自己的使命，全力为各种企业提供支持。

从这一使命出发，我觉得现在汽车企业中普遍存在一个误区，那就是依然以为确保网络安全就是要购置防护设备。例如总是有车企领导问我，应该从360购买什么安全防护产品？我们当然也可以向车企出售一些安全防护产品，但是这并不能解决根本问题。事实上，车企真正需要360做的，一是帮助他们做好网络安全乃至数字安全的顶层设计，进而明确现阶段要解决哪些重点问题；二是帮助他们培养一支有战斗力的安全防护团队。我认为，这些工作才是最重要的。我经常这样比喻：过去网络安全行业就像是在卖药，根据企业的病症对症下药即可；而未来网络安全行业必须帮助企业建立自己的医院，可以解决可能出现的各种病症。

医院里当然也需要 B 超、X 光机等设备,但这些并不是最重要的,最重要的应该是由经验丰富的医生和护士组成的专业队伍。

未来车内网络的安全防护挑战更大

赵福全: 听了周总刚才这番话,我认为所有车企都应该认识到:第一,在智能网联汽车大行其道之后,汽车产业的网络安全防护要比以前重要得多、也困难得多,因此我们必须予以高度重视。第二,这种重视不能简单地停留在口头上,更不能基于过去的固有"常识"来落实,我们必须摒弃 PC 时代那种购买杀毒软件或防护设备来确保网络安全的传统理念,而是要努力建立起一支属于自己的安全防护团队,并不断进行模拟攻防演练。

到了万物互联的时代,智能网联汽车的硬件和软件之间,汽车与人、与其他汽车、与环境之间,以及各种企业之间,各类连接近乎涉及无穷多种场景。而只要有相互连接和数据交换,就有被网络攻击的风险。也就是说,数字世界的网络安全威胁将永远存在,不可能被彻底根除,而且也难以预料具体会在什么时候、什么地方发生什么攻击。为此,车企必须建立并不断提升应对各种网络安全威胁的能力。就像周总建议的那样,要做好顶层设计并培养专业团队。那么,您觉得汽车企业究竟应该从何入手来开展这些工作呢?

周鸿祎: 说起来,车云网络和车企网络与一般企业的网络相比,并没有太多不同。尽管现在由于重视程度不足,存在的问题比较多,不过对于这类网络的防护,我觉得还是有把握的。而在车数网络方面,目前各个行业都在探索如何有效保护大数据,今后随着大数据的不断积累,数据安全治理方案一定会同步成熟起来。

相较之下,我认为车内网络的安全防护未来可能会面临更大的挑战。因为车内网络非常复杂,又与行车安全直接相关。事实上,已经有很多车企找到我们,希望我们能够提供 360 车载版产品,例如 360 汽车卫士,或者 360 汽车防火墙。我们原来也确实设想过打造这种外挂式的防护产品,但最终还是觉得这种产品作用有限,甚至可能只有心理安慰作用,并不能真正解决车内网络安全的问题，因此并没有这样去做。更进一步地说，这也正是我决定投资一家车企的根本原因所在。因为这样一来，这家车企的各种网络尤其是车内网络，就可以对360充分开放，然后我们双方携手进行模拟攻防测试，共同确保持久的网络安全。

赵福全：一些车企希望你们提供360车载版产品，恰恰说明他们对于智能网联汽车网络安全的认识还需要进一步提升，他们还没有充分认识到智能网联汽车的网络安全问题具有高度的复杂性、系统性和动态性，根本不是某一款安全防护产品就能彻底解决的。正因如此，周总多次提到，车企应该建立自己的安全防护团队，并对各种网络不断进行模拟实战的攻防演练，即所谓的"数字安全碰撞试验"。这样一旦发生网络攻击，企业就能有一支强大的防护团队进行有效应对。我认为，周总的建议不仅给出了网络安全防护的方法论，而且指明了企业建设网络安全体系的前进方向。

今后汽车企业必须在数字安全防护方面持续投入

赵福全：这就带来了下一个问题，车企究竟应该如何把握产品竞争力与安全度之间的平衡呢？即使车企把所有准备工作都做得非常充分，智能网联汽车还是会有很多安全隐患。因为智能网联汽车的本质就是能够基于数据不断自我进化，这意味着汽车企业在数据积累和迭代到一定程度之后，需要通过OTA（空中下载）等方式对智能网联汽车进行在线升级。这个过程必然伴随着数据的传送，所以也就必然存在网络安全隐患。

然而车企又不能不这样做，否则推出的就不是真正的智能产品。事实上，为了提升产品的竞争力，未来车企必须努力构建一个不断扩展的大生态系统，特别要把很多数据公司、互联网公司、人工智能公司等都纳入进来。所以，智能网联汽车的开放程度会越来越高。这样虽然能够更好地优化产品及服务，但同时也会带来更多的网络安全隐患。对这个问题，您怎么看？

周鸿祎：赵院长说得很对，这正是数字安全防护和物理安全防护不一样的地方。要做好数字安全防护，必须像希腊神话中的西西弗斯那样，不断地把大石头从山脚推到山顶，然后大石头滚落下来，再重新把大石头推向山顶，就这样周而复始。

一款传统汽车只要设计没有改变，理论上只需要做一次物理安全碰撞试验就够了，因为再做多少次试验也不会改变结果。但是对于一款数字化的汽车，其操作系统和各种软件是会改变的，会不断地更新升级一些旧模块，或者加载一些新模块。所以，要确保数字化汽车产品的安全，就需要持续进行"数字安全碰撞试验"，不断寻找系统漏洞并加以修复。只要车辆还在使用，这个工作就不能停止，可能每个月或者每次OTA升级之后都要进行一次模拟攻防才行。

其实计算机的Windows系统，也需要不停地打补丁，几乎每个月微软都会提供新的补丁。在过去也有不少人质疑，打补丁是不是说明系统质量有问题？而现在大家对此已经习以为常了，反而觉得能够随时发现系统里的漏洞并提供补丁，这本身恰恰是系统安全工作做得比较到位的体现。

今后，车企使用的数字化技术一定会越来越多，为此我们应该提前做好心理准备：要充分认识到数字安全必须常抓不懈，否则数字化带来的一切优势就都没有办法保证。企业需要增加数字安全防护方面的投入，并且要持续不断地投入。尽管这种成本可能确实不低，却是我们不得不支付的。

汽车企业必须建立网络安全防护的基本能力

赵福全： 与周总的交流，让我更深刻地认识到，汽车网络安全是一项复杂的系统工程。只靠购买外部产品和服务是不够的，汽车企业需要建立自己的安全体系，组建自己的安全团队，培育自己的安全能力。当然，这并不是说什么事情都要自己来做，恰恰相反，企业必须有效借助外部资源，这其实也是一种必不可少的能力。说到底，网络安全防护能力只能在模拟攻防演练中才能不断提升，因为网络安全的本质就是破坏者与防护者，即人与人之间的角力。

周鸿祎：您理解得非常到位。我估计今天的听众应该大都来自汽车行业，可能希望我这个来自网络安全行业的人讲讲相关安全技术。但我认为，太具体的技术内容真的没有必要多讲。所谓"授人以鱼，不如授人以渔"，我更想借助今天这个难得的机会，把一些关于网络安全的正确理念和方法传递给大家。所以我才一再强调，对于汽车企业来说，重要的并不是购买这样或那样的网络安全防护设备，而是要形成自己的网络安全防护能力。

至于车企如何建立网络安全防护的基本能力，我有以下三点建议：

第一，车企应打造全方位的数据感知能力。为此应建立大数据感知及分析平台，确保遭受攻击时，企业至少能够看得见。

第二，车企应积极开展"数字安全碰撞试验"。360原来称之为"数字靶场"，可能"靶场"这个名称不太适合汽车行业，但含义其实是一样的。并且汽车"数字安全碰撞试验"不能仅靠内部团队来进行，而是应当邀请外部的网络安全公司和白帽子黑客与企业一起进行测试。这个过程一方面要确保是"真刀实枪"的测试，否则达不到效果；另一方面，企业也要制定相应的规范，并做好监控，避免邀请来的黑客在进行模拟攻击时，又偷偷在系统中埋下新的"后门"。

第三，车企应建立数字安全响应中心及运营团队。未来车内网、车联网和车企网等各种网络都不可避免地会遭受攻击，企业要做的就是在受到攻击后，能够尽可能做出最快的响应和最有效的应对。为此，必须建立响应中心，并配备安全防护的基础设施，同时组建运营团队，并不断提升其专业能力。这相当于为自己建一个医院，同时配备上专业的医护人员。唯有如此，才能有效应对各种突如其来的病症。

当车企做好以上三点之后，自身就形成了一个闭环的安全防护环境，这个环境具备一定的自我成长和自我净化能力。再加上外部资源的支持，包括安全服务公司和白帽子黑客群体，企业就能具备持久的网络安全防护能力了。

我曾经和一汽集团徐留平董事长说过：智能化、网联化是车企不容有失的发展机遇，为了抓住这个机遇，车企就一定要成为互联网公司、大数据公司和人工智能公司。否则,是没有机会在智能网联汽车的时代取得胜利的。然而要成为这样的公司,车企就一定要组建自己的网络安全防护团队,建立完整的网络安全防护体系。否则,是没有办法主宰自己企业和产品的命运的。

过去,一些大型国企都建有自己的职工医院;未来,我觉得大型车企更需要建设自己的数字医院。而且这个医院要不停地给企业进行体检,以确保企业能够健康成长。从源头上讲,这不仅需要车企领导者具有网络安全防护的正确认知,还需要他们真正理解数字化的本质、形成数字化的思维方式,进而推动企业逐渐形成数字化的基因。这就是一个更大的话题了。

数字安全防护最重要的不是硬件、软件,而是服务

赵福全: 刚才我们谈到智能网联汽车,谈到OTA,谈到与汽车企业和产品相关的各种网络,应该说,汽车产业数字安全防护的商机实在是太大了。我想您作为领域内代表性企业360的创始人,完全有理由为此感到激动。当然,面对汽车数字安全如此规模庞大的需求,恐怕只靠360一家企业是远远不够的。

周鸿祎: 是的,肯定不能只靠360。虽然我们已经取得了一些成果,包括帮助多座城市建立起了数字安全空间或者应急响应中心。现在几乎每座城市都有物理上的应急系统,例如哪里煤气爆炸了,哪里被水淹了,哪里断电了,城市应急系统都能做出相应的快速反应。而未来城市将是高度数字化的,因为城市经济将由数字经济主导,城市中的产业也都是数字化的,这样一来城市必然会成为网络战的焦点。这就需要在物理应急系统之外,建立起城市的数字应急系统。

和企业的情况非常相似,我们在建设城市数字安全空间或者响应中心的过程中,重点同样是帮助城市做好顶层设计,组建和训练防护团队,并与该团队一起开展实战化的模拟攻防演练。也就是说,我们并不是要把某种安全产品卖给城市,而是要把我们的知识库、数据库以及防护经验对城市开放,包括提供一些高水平的网络安全服务专家或白帽子黑客,

以帮助城市快速建立起一套行之有效的数字安全防护机制。

将来我希望把这套"授人以渔"的方式充分复制到汽车产业，而且不只限于 360 自己的资源，我们还要把行业内其他网络安全服务公司以及个人都组织起来，为汽车企业提供其所需的安全防护支持。同时，我希望我们能为越来越多不同体制、不同规模、不同发展阶段的汽车企业提供服务。因为只有随着客户群体的不断扩大，我们自身网络安全防护的经验才能越来越丰富、能力才能越来越强大。

据我目前观察到的情况，恐怕汽车行业要建立正确的网络安全观念还需要一个过程。一方面，车企对网络安全的重视程度普遍不足，不少企业虽然在口头上表示非常重视，但并不愿意真正投入资金。另一方面，我前面也讲到了，即使一些企业愿意投入资金，也没有花在建设团队和培育能力上，而只热衷于购买安全防护设备，总觉得唯有添置了固定资产，安装了防火墙，心里才踏实。可这些防火墙的实际使用效果非常令人怀疑，甚至有的企业在防火墙报警后也没有人来处理，更没有人来研究防火墙为什么报警，后续如何避免。这样一来，防火墙根本就是形同虚设。

现在除了购买安全硬件，企业逐渐开始接受购买安全软件了，这也是一种进步。但是未来对于数字安全来说，最重要也最有价值的不是硬件，也不是软件，而是服务，尤其是高水平、专业化的服务。为此，企业一定要建立正确的安全观，清楚最应该把钱花在哪里。相应的，360 要做的就是为车企提供数字安全防护服务，帮助车企找到各种漏洞，而不是把防火墙或安全软件卖给车企。

在这个过程中，又涉及如何合理评估安全服务价值的问题。硬件或软件都是实实在在的产品，而安全服务似乎看不见、摸不着，即使找到了一系列漏洞，又凭什么说有很大的价值呢？对此，也需要企业形成正确的认识。要反过来想，如果这些漏洞被黑客抓住，侵入了企业的系统，将会带来多么严重的后果？事实上，现在就有国际黑市在交易企业的各种漏洞信息，有的漏洞甚至能卖出几百万、几千万元的价格。现在的情况是，很多企业平时不愿意在安全服务上花钱；等到网络真的被攻击了，才连忙请人来排查和处理，这时候就是花再多的钱也不在乎了。由于企业缺乏未雨绸缪的意识，结果最终还是购买了安全服务，但花费的成本却往往更高，而且企业已经蒙受了损失。

赵福全：周总这番话非常重要，希望企业都能听得进去。我理解这就像居家防盗：并不是说门锁越多就越安全，事实上，只要有一扇窗户没关好，即便在门上安装了5道锁也毫无意义，因为小偷还是可以溜进来。也不是说买足了安全设施就高枕无忧了，如果没有训练有素、能够及时响应突发事件的警察和安保人员，安全设施再好再多也是不够的。另外，对于网络安全防护，企业应该尽可能未雨绸缪，而不是亡羊补牢，为此平时就要舍得在安全服务上进行必要的投入。

汽车安全体系应从行业层面上升至国家层面

赵福全：听了您刚才的分享，我觉得周总实际上是在强调一种系统性的综合安全观，而这与汽车产业一直以来的安全理念是完全契合的。汽车产业重视安全的传统由来已久，并且我们始终强调打造安全体系、做好系统防护，而不是只靠单一的措施或单方面的能力去保障车辆的安全。过去，我们从各个零部件到总成、再到系统、直至整车，层层进行质量把关和安全校验，以确保每辆汽车作为一个整体都是安全可靠的。这可不是整车企业自己努力就够了，而是要把所有供应商，特别是重点安全件如安全气囊、制动器等的供应商，都充分协同起来。既要确保单个零部件的绝对可靠，又要确保零部件集成后的绝对可靠。举个例子，安全气囊本身的功能可能不存在任何问题，但只要早弹出或者晚弹出半秒，就起不到保护作用，甚至反而可能给乘员造成严重的伤害。今后，从综合安全的理念出发，汽车企业没有理由不把网络安全或者说数字安全也纳入到整个安全体系中来。由此，或许相关投入的问题也就迎刃而解了。

周鸿祎：您对汽车产业安全观的描述也启发了我，或许将来汽车产业在数字安全方面可以建立一种协同防护的模式。因为未来我们要面对一些有组织的、甚至是有国家背景的黑客攻击，只靠一家企业单独应对，恐怕非常困难。即便是大型整车企业都有可能力有不逮，就更不用说那些中小型的供应商了。

所以，我们应该继承汽车产业协同各方力量共同确保产品安全的传统，集聚行业的力量来为各家企业提供数字安全保护。毕竟在万物互联的环境下，任何一家企业的系统一旦被攻破，都有危及其他企业安全的可能。在这方面，360愿意全力参与其中。同时，也希望工信部等主管部委能够从推动智能网联汽车产业健康发展的角度出发，牵头组织，把很多汽车及相关领域的企业都团结起来，共同建设国家或行业级的数字安全态势感知中心、应急响应中心以及联合研究中心等。

赵福全：我做个小结。未来随着人类进入万物互联的时代，所有的产业都将进入生态化发展的新阶段。而汽车产业由于涉及面广、复杂度高、连接主体多、关联影响大，将成为最重要的生态系统之一。正因如此，汽车产业的数字安全防护将是一项庞大的系统工程，其中整车企业要做的工作必不可少，但肯定远远不够。事实上，即便把汽车行业的力量都整合起来，可能也不足以确保万全。毕竟未来汽车生态将和交通、能源、城市生态融合在一起，我们必须集聚多个产业的力量，才能确保汽车产业和产品的数字安全，确保交通、能源和城市系统的数字安全，进而确保生产活动的正常进行和社会生活的稳定有序。

举一个简单的例子，汽车在充电过程中发生着火事故，可能是产品设计或生产质量的问题，也可能是黑客侵入系统后加大了充电电压造成的。后者更加危险，或将导致车辆爆炸，甚至引爆整个充电站。

从这个角度出发，我们谈到了要建立新的汽车安全体系。过去，汽车安全体系主要是基于各种硬件以及硬件的集成；而未来我们必须把汽车硬件、软件以及软硬件的融合都考虑进来，此外还包括OTA升级、与车辆连接的外部环境、各类企业的各种网络，等等，所有这些都要纳入到汽车安全体系中。换句话说，我们需要升级原有的综合安全观。

那么，应该如何建立新的汽车安全体系呢？周总强调，企业只关注购置网络安全防护设备的做法是错误的，正确的做法是在外部资源的支持下，建立自己的网络安全防护团队，并不断提升团队的专业能力。另外，周总还提到一个重要观点，那就是网络安全防护永无止境，所以企业需要持续进行"数字安全碰撞试验"，即通过实战化的模拟攻防演练，尽可能减少黑客可以攻击的漏洞数量，并加强自身的应对措施。

总体来说，由于汽车产业的边界正在不断拓展且渐趋模糊，汽车安全体系也将不断扩大且日益重要。未来汽车安全体系不仅事关汽车产品、企业和产业的安全，还会影响国家信息安全、社会治理安全以及国防安全。所以，我们必须跳出汽车或者互联网的单一视角，站在国家和跨产业的战略高度，系统思考和布局未来汽车产业的数字安全体系。

一次性的安全产品将转变为持续性的安全服务

赵福全：事实上，未来的汽车并不是在原有汽车的基础上切换动力系统、增加智能功能那么简单，而是要基于数据形成不断自我进化或者说不断自我成长的"生命力"，这是一种脱胎换骨的变化。所以，我认为未来的汽车将是一种全新的物种，我将其称为"新汽车"。"新汽车"不仅拥有全新的属性、能力和用途，还会形成全新的产业分工、出行生态和商业模式，由此，汽车产品的设计开发、生产制造和销售服务体系都将发生根本性的改变。相应的，汽车产品及企业的安全问题也将呈几何级数陡增，而且复杂程度很可能远超我们的想象。所以，"新汽车"的安全体系不只需要包含偏"硬"的相关内容，更需要包含偏"软"的相关内容，诸如各种数据、各种软件以及各种网络环境等。这会给汽车产业带来诸多严峻挑战，关键在于我们应该如何应对这些挑战。

周鸿祎：今后汽车在数字安全方面将面临很多挑战，我们今天的讨论也未必就能找到应对这些挑战的确定答案，不过这恰恰是这个行业的魅力所在——未来汽车产业的发展具有前所未有的不可预知性，这意味着巨大的潜力和空前的可能性，当然也会面对前所未有的挑战。

而赵院长对"新汽车"产业的阐述也给了我一个启发，今后360也要探索与车企建立新型商业模式。比如特斯拉就认为汽车产品的售价会不断下降，未来汽车企业可以不再依靠销售汽车产品赚钱，而是依靠提供基于汽车产品的各种服务来赚钱。这些服务实际上主要就是满足用户不同需求、实现某种车辆功能和性能的各类软件包，包括自动驾驶，也包括车载信息娱乐等，都可以成为使用付费的软件包，而不是打包在汽车产品的售价中。这样一来，车企就获得了更多的盈利途径。举个例子，如果用户都喜欢在车里看电影，那车企完全可以依靠提供电影资源来赚钱。

也就是说，未来汽车行业的商业模式一定会发生重大改变，由一次性销售产品变成持续性销售服务。相应的，网络安全行业也应该随之改变，由一次性地销售安全防护产品，包括硬件和软件，转变为持续性地销售安全防护服务。所以，我们不能总想着卖给车企多少安全防护产品，而是要为车企提供专业化的安全防护服务，并且我们的安全防护服务要能够有效支撑车企为用户提供的各种服务。

另一方面，我们应该集聚行业资源为车企提供全方位的网络安全服务。例如车企可以把部分安全运营工作托付给360，再由360协调外部资源，包括其他网络安全公司以及白帽子黑客群体，共同保障车企的网络安全。我认为，将来在汽车网络安全方面也会形成类似汽车产业那样的，由一级、二级供应商构成的完整产业链，并成为汽车产业大生态中不可或缺的组成部分。

赵福全：我完全认同您的判断。而且未来网络安全服务应该会比其他服务更容易收到回报，因为汽车在运行过程中始终是以安全为基础和前提的，其他服务可以不买，但事关安全的服务是不能不买的。更何况随着汽车上软件的不断增多，漏洞数量也随之增加，加上车辆连接广泛、运行环境复杂，这就使未来汽车产品的网络安全防护变得极其困难。因此，系统性、持续性、专业化的网络安全服务很可能会逐渐成为汽车产业的一种刚需，从而给网络安全行业带来超乎想象的广阔商机。

中国有望成为全球智能网联汽车产业的引领者

赵福全：对于汽车网络或者说数字安全的问题，您作为网络安全专家和企业家已经给出了很多高见。接下来，我想请您作为汽车行业的投资者来分享一下观点。刚才您也谈到，自己投资哪吒汽车的目的，就是希望有一家整车企业能向360完全开放各种网络尤其是车内网，进而提升360的汽车网络安全防护能力。那么，这是您投资汽车企业的唯一目的吗？或者说，您在做投资决策的时候还有哪些深层次的思考呢？

周鸿祎：本来我并不了解汽车行业，后来看到特斯拉、蔚来、小鹏、理想等新造车企业发展得很快，就想更多地了解这个行业。于是，我就与很多汽车行业的朋友们交流，也去看了几次车展。其实之前我从来不看车展，因为我自己不会开车，对汽车也没有什么兴趣。但是在看了几次车展以及与汽车行业的朋友们交流了之后，我发现智能网联汽车产业孕育着巨大的商业机会，而且中国很有可能会成为这个领域的引领者。

为什么这样说呢？我是从以下四个方面得出这个结论的：

第一，从制造能力看，智能网联汽车产业首先一定是先进的制造业。原来总听说特斯拉的工厂有多么先进，这几年我参观过很多车企的工厂，发现国内企业在制造能力上丝毫不比特斯拉逊色。国内车企的车间里也都是全自动的工业机器人，几乎看不到几个人。可以说，与国际巨头车企相比，现在国内车企在制造能力上的差距已经微乎其微了。

第二，从电动化方面看，过去中国汽车产业在发动机和自动变速器等核心技术上，与美日等汽车强国是有差距的；而新能源汽车特别是纯电动汽车的动力总成要比发动机、变速器总成简单得多，并且中国在电池等方面有强大的供应链，出现了一些世界级的大供应商，甚至国外车企都要向这些中国供应商采购关键零部件。所以，汽车电动化趋势使我们不再受制于原来汽车动力系统的技术壁垒，反而形成了一定的相对优势。

第三，从智能化网联化方面看，智能网联汽车将带来空前的发展机遇，未来汽车产业将由此变成一个数字化的产业。事实上，很多传统汽车产品也有车载信息娱乐系统等，但都是辅助性的、嫁接式的，与未来汽车的全面数字化根本不在同一个层面上。说到数字化，中国的机会是很大的。因为中国的互联网公司已经打下了良好的数字化基础；相比之下，日韩等国的互联网行业没有发展起来，欧洲的互联网产业也比较弱，只有美国和中国一样具有这方面的优势。不过目前来看美国互联网公司对汽车产业的关注程度似乎不及中国；中国很多有实力的互联网公司，也包括大数据、人工智能等领域的科技公司，都在以各种方式进入汽车产业。同时，中国软件工程师的绝对数量全球第一，在智力资源方面潜力巨大。所以我认为，如果把汽车和互联网这两大行业的力量有效集聚起来，中国完全有可能成为全球智能网联汽车产业的引领者。

第四，从政府政策方面看，欧盟几年前通过的《通用数据保护条例》比较保守，是不利于数字化创新的。也许欧洲认为自己做不起来，所以才把法律制定得严苛些，以限制国外企业对欧洲数据资产的使用，比如可以据此对美国企业进行罚款。相比之下，中国政府可能是世界上少有的积极推动产业数字化的政府，国家领导人在多个会议上都曾谈到，要加快数字化转型，发展数字经济；也包括近几年国家相继出台了不少与数字化相关的法律法规，旨在规范这个新兴产业的健康发展。可以看到，中国产业政策的主基调是鼓励创新、扶持创新，并且有着"边发展、边规范"的包容态度。这对于汽车等诸多产业的转型升级和后来居上，都是非常重要的。

试想，假如还是原来的赛道、原来的游戏规则，那么面对欧美已经积累了一百多年的汽车核心技术，我们很可能永远也追赶不上，就更不必说超越了。但是在汽车电动化、智能化、网联化之后，特别是到了"软件定义汽车"或者说数字化汽车的时代，我们就有了后发赶超的机会。更进一步来看，未来汽车产业可以将先进制造、数字化升级和能源转型三大方向融为一体，这又与国家提出的建设制造强国以及实现碳达峰、碳中和的目标完全匹配。

在这个过程中，我认为中国汽车企业不仅会在国内十几亿人的庞大市场中占据优势，还将产生一批国际化的顶级车企，最终走向世界，成为全球智能网联汽车产业中的执牛耳者。于是我就在想，面对这样一个可能改变整个人类社会和全球产业格局的巨大机会，我绝不能缺席，一定要参与其中。

另一方面，在对汽车产业有所了解之后，我发现汽车与手机有很大不同。手机更接近于 IT 行业，而汽车并非如此。未来用户购买汽车并不会是为了购买车载计算机，还是为了购买汽车所具有的移动出行能力。换句话说，如果一款车本身做得不好，即使车载计算机做得再好也没有意义。同时，汽车产品既是集成化大工业的产物，又是非常个性化的商品。不同的车型面向的是截然不同的用户群体；即使是同一款车型，也有配置、内饰等的诸多差别，所以汽车企业很难像苹果公司那样，仅凭一两款智能手机产品，就占据全球很高的市场份额。

因此，我个人的判断是，互联网公司不太可能独自把车造好，或者至少可以说，造车对于互联网公司来说是非常困难的事情。在此情况下，我决定以投资一家车企的方式进入这个领域。

360选择以投资新车企的方式进军汽车产业新赛道

赵福全：您选择了以投资的方式进入汽车产业的新赛道。而当前也有很多互联网科技公司选择了直接下场造车或者以供应商的身份间接参与造车。您能分享一下，您选择投资方式背后的思考吗？

周鸿祎：我认为，对于汽车产业，互联网科技公司还是要心存敬畏，毕竟这是一个有着一百多年深厚积累的大产业，并不是说互联网公司凭借一些数字化技术就能冲进去，把这个产业彻底颠覆掉。对此，我们必须有自知之明。

所以我提出了一个概念，叫作"甘当配角"。不少互联网公司以前都犯过一个错误，就是以为自己具有了一些数字化方面的能力就无所不能了，总想要占领其他产业；并且不管进入哪个产业，都一味追求迅速扩大占有率，希望尽快形成主导甚至垄断地位。我认为，这种做法是不正确的，在很大程度上只是资本的无序扩张。

就汽车产业来说，尽管智能网联汽车和工业互联网给互联网科技公司带来了巨大机遇，但是我认为，在新形势下有能力组织好供应链并造出好车的应该还是车企，毕竟智能网联汽车仍然是汽车。我曾经冒充消费者走访过很多4S店，结果发现，大部分消费者在选车的时候还是先看尺寸、外观、内饰等，先询问车辆安全性、经济性、动力性等基本属性如何，然后才会关心自动驾驶、车载信息娱乐等功能。所以，不管未来汽车产品如何改变，造好车的能力都是至关重要且必不可少的，而在这方面富有经验的传统车企无疑更有优势。

不过在物联网、大数据、云计算、人工智能等方面，坦率地讲，当前汽车企业普遍存在不足。而且我认为车企缺的不仅仅是技术，更主要的是数字化的思维方式和企业基因。在这些方面，我们这些互联网科技公司正好可以给予支持，希望能与车企紧密合作，真正产生化学反应。

基于上述思考，我选择了一支创业团队来进行投资，而且一定是选从传统车企脱胎而出的团队，因为他们有足够的能力把汽车产品本身打造好。同时360等科技公司可以为其提供数字化技术等方面的支持，从而让这家新车企的产品形神兼备，既有健壮的身体，又有有趣的灵魂。我个人觉得，这应该是比较好的一条路径。当然，其他互联网公司和投资公司也可以有自己的判断和选择。

赵福全：是的，未来汽车产品必须兼具身体和灵魂，两者缺一不可。几年前我就曾经对汽车硬件和软件之间的关系做过一个比喻：汽车硬件是身体、是基础，而汽车软件是灵魂、是升华，未来智能网联汽车必须实现软硬件的有机融合。因为只有软件没有硬件的汽车，将是孤魂野鬼；而只有硬件没有软件的汽车，将是行尸走肉。

周鸿祎：的确如此。所以，360主要从偏"软"的角度为汽车企业提供网络安全服务，同时我们通过在车企参股的方式涉足汽车偏"硬"的技术。实际上我自己也做过硬件，应该说交了不少学费。我深知打造硬件的不易，更不用说是汽车这样高度复杂的硬件了。在这方面，包括我投资过的一些公司，也包括我认识的一些创业者，很多团队到最后也没能把车造出来。

因此，我选择投资目标车企的标准：一是能把汽车造出来，绝不能是PPT造车；二是能把车卖出去，在市场中初步得到证明；三是能有一定的销量，因为如果销量很低，说明产品在基本属性上还没有被消费者认可。至于企业在数字化方面，特别是在网络安全方面的不足，可以依靠我们来弥补。

大家知道，早些时候国内的新汽车品牌即使没有500家，恐怕也有

300家。然而大部分新品牌可能都没融到资就消失了；还有的融到了一些资金，但连样车都没能做出来；有的品牌倒是把样车做出来了，后面又遇到了量产和销售难关。到现在如果按照月销量至少1000辆的标准来衡量，其实已经没有多少家新车企可供选择了。

当然，符合条件的企业还要有融资需求。例如"蔚小理"这三家造车新势力都已经上市了，不再需要早期那种投资了。同时，"蔚小理"的几位创业者都是我们互联网圈子里的老朋友，他们在数字化方面都有很深的理解，并不一定需要我们的支持。

最后还有一个条件，那就是我要选择真正的创业团队，这样的公司才更有冲劲。其实一些传统车企的新业务也都做得不错，但这样的团队可能会受到较多束缚，而且对外部的投资也没有迫切需求。

数字化将缩小普通车与豪华车的差距

赵福全：我们知道360最终选择了投资哪吒汽车，除了上述思考之外，还有什么特殊的理由吗？

周鸿祎：最终我们选择了哪吒汽车，这其中有一个原因就是我们两家公司在理念上比较一致。一些造车新势力打造的智能新能源汽车，都定位为消费者的第二辆车。既然能买得起第二辆车，这部分消费者肯定属于经济实力较强的群体，相应的，这些产品的售价也就不会太低。不过我的想法与他们不同，可能也是受雷军的影响，我很喜欢小米的一个想法，那就是要在某个领域内做年轻人的第一款这类产品。而哪吒汽车想做的恰恰是年轻人的第一辆车，这与我的理念正相契合。在这一点上，我感觉哪吒汽车有我们互联网公司"科技平权"的思想。

我认为，新能源和智能网联汽车的普及应用，将会掀起一场革命，使汽车真正成为数字化的产业。而数字化的产业更能体现"科技平权"，就像现在手机行业基本上没有奢侈品牌，价格相对低一些的手机也都具备比较不错的智能功能。将来汽车产业可能也会向这个方向发展。豪华车也许不会消失，因为还是会有一些人以此作为自己身份的象征，但是豪华车与普通车的差别可能不会那么大了。或者说，价位在20万乃至10

万元的普通车，与 80 万乃至 100 万元以上的豪华车在电动化、智能化、网联化的很多能力上可能都是接近的。

数字化产业在发展过程中，还会不断降低产品的价格。这些年来，很多产品都在涨价，但是计算机一直在降价，手机也一直在降价，而且在降价的同时，计算机和手机的性能还在不断提升。今后随着汽车成为数字化产业，我觉得汽车产品的性价比也会持续地大幅提升。

赵福全：我相信很多网友和我一样，没有想到原来周总不会开车。更没有想到，您作为成功的企业家，在日常生活中享用豪华车的情况下，心里想的却是"科技平权"，希望用数字化的理念和技术改造汽车产业，让不同价位汽车产品的用户都能享受到车辆能力提升所带来的好处。

周鸿祎：我讲一个个人的经历。原来我是坐奔驰 S600 的，总感觉后排空间不够大，因为脚伸不开。后来有一次在亚布力论坛上，我见到了奔驰大中华区的总裁，就和他抱怨了一下。他说，可以买迈巴赫呀。他推荐的这款迈巴赫相当于奔驰 S600 的加长版，车身加长了 20 厘米。我坐上去感觉很舒服，脚可以伸开了。后来发现身边不少朋友都把车换成了迈巴赫，理由基本上都是因为这多出来的 20 厘米。所以，不舒服和舒服其实就差这么一点点。那么，普通车如果把尺寸做到足够大，不是一样可以提供这种舒适感吗？

毕竟汽车行业不能仅仅为我们这些企业老板开发产品，那这个行业是做不大的，也无法让更多人享受到汽车出行的便利。所以我投资车企时，反而要选择主推大众化产品的企业。也就是说，我们的理想不是要把汽车打造成昂贵的奢侈品，而是要把汽车打造成年轻人都能买得起的产品，并且要让大家在这款产品上尽可能多地享受到最新的科技成果。

赵福全：周总作为企业家和科技创新的推动者，对产业变革有一种天然的直觉。虽然此前对汽车产业了解有限，但是他判断，以发动机、变速器为关键技术的传统汽车产品，将由于电动化即动力技术的切换，以及智能化、网联化即数字化技术的赋能，而发生根本性的全面改变。我认为，这是一种敏锐的商业洞察。

互联网公司应该与汽车企业深度合作、各展所长

赵福全： 周总认为必须对汽车产业心存敬畏。您还亲自去 4S 店了解市场需求，观察消费者的关注点究竟在哪里。然后总结出自己的结论：汽车硬件体现出的产品基本属性仍然是消费者非常关注的。同时，汽车与手机完全不同。尽管手机也比较复杂，但是与拥有上万个零部件的汽车相比，两者硬件的打造难度根本不在同一个层面上。所以，您觉得互联网科技公司对于直接下场造车一定要非常慎重；而 360 宁愿选择以投资车企的方式进入汽车产业。

周鸿祎： 我曾经邀请了一些朋友试驾哪吒汽车，发现他们对于打方向盘和踩制动踏板的感觉是有期待的，这些都需要车企进行相应的调校。而手机并没有这么复杂的需求。我觉得在打造硬件方面，我们互联网公司可以向汽车企业学习的地方是很多的。

赵福全： 确实如此。一直以来，汽车都是资金、技术和人才高度密集的先进产业，是制造业中的集大成者。举个例子，正如周总刚才提到的，汽车驾驶感受的评价与优化就是一个高度复杂的专业领域，需要极富经验的研发工程师与测试工程师们通力协作，对各项属性逐一进行精心调校。

对于收看我们今天对话的各界同仁们，我想提醒大家：一方面，汽车业内人士不要总以为自己在这个行业深耕已久，对各种变化趋势都了如指掌，所以固步自封，对"狼来了"的警告不以为然。其实可能反倒是业外的洞察者，更容易感受到汽车产业正在发生的颠覆性重构。另一方面，汽车业外人士也不要以为产业重构了，自己就是天然的颠覆者，更不能轻视汽车产业的深厚积累。如果对汽车产业的复杂性和困难性认识不足，是要付出巨大代价的。

而周总既敏锐地感受到汽车产业正在发生巨变，其中蕴含着空前的机遇；又充分地认识到要把汽车产品打造好绝非易事。所以，您提出互联网科技公司应该"甘当配角"。对此我的看法是，在未来的汽车产业中，互联网公司绝不是从属地位的配角，而是极其重要的赋能者，将和

车企一起扮演不同的主角。

事实上，在未来汽车产业生态中，主次、上下分明的传统整供关系将不复存在，各方参与者并无绝对的主角、配角之分。尤其是整车企业和互联网科技公司将成为紧密合作的战略伙伴，能够产生1+1>2的协同效应。毕竟车企要自己完全掌握软件能力实在太难了，而且假如丰田、大众做了太多华为的业务，那就变成了华为，反而"荒废"了汽车主业；反过来说，ICT企业要完全掌握硬件能力也太难了，而且假如涉足过深，那就变成制造企业了。

周鸿祎：我再举个例子，百度一直致力于开发汽车自动驾驶技术，做得比较早，也比较深，国内不少自动驾驶创业公司的核心人员都是从百度出去的。不过我认为，百度刚开始做自动驾驶的时候可能犯了一个错误，那就是没有找车企进行深度合作，而自己又没有能力造车，导致其自动驾驶技术的落地比较缓慢。现在百度开始与吉利等车企合作，虽然我不知道具体的合作内容和方式是怎样的，但我觉得这个方向是正确的。

说到底，任何行业都有自己的独到之处，所谓术业有专攻，并不是外界想要颠覆就能轻易颠覆的。所以我认为，互联网公司一定要认清自己的长处和短处，在充分发挥自己优势的同时，不盲目涉足自己的劣势领域。有些人认为互联网公司将会消灭掉很多传统汽车企业，对于这个观点，我是不认同的。

汽车企业欠缺的是数字化思维和基因

赵福全：周总对百年汽车产业的敬畏令汽车人感到欣慰，可能也会让正在进入汽车产业的科技大佬们多一些冷静。您特别强调了取长补短、分工协作在本轮汽车产业重构中的重要性，对此我非常认同。当前，线型的汽车产业链正向网状的汽车生态系统加快演进，受此影响，产业边界渐趋模糊，参与主体日益增多。在这个生态系统中，没有哪家或哪类企业能够独自拥有产业变革所需要的全部能力，因此几年前我就曾经提出：随着人类社会进入万物互联的生态文明时代，协作将成为未来商业模式的主基调，而如何实现"在协作中竞争，在分享中获利"将成为决定未来商业模式成败的关键。从这个角度出发，您觉得汽车企业应该如何改变自己，积极拥抱科技公司呢？

周鸿祎：对于汽车企业来说，不要以为产品需要增加什么新技术，自己买过来使用即可。一些整车企业总是认为：无论是芯片、操作系统，还是数字化技术，都可以让相关的供应商来提供，这样就能把新产品打造好。其实并非如此。今天借赵院长这个对话栏目，我也想给汽车企业提一个建议。

事实上很多汽车企业并不缺技术，也不缺人才，更不缺资金，缺的是新思维和新基因。未来的智能新能源汽车将是一个新物种，只靠传统制造业的思维方式和基因是打造不好的，只靠数字化的思维方式和基因也同样不行，一定要把这两种思维方式和基因有机地融合起来才行。这其中蕴含着前所未有的巨大商机，就看哪些企业能够率先抓住了。

为此我建议，具有传统制造业思维和基因的汽车企业要与具有数字化思维和基因的相关科技公司，相向而行、深度合作、彼此交融，努力产生一种链式的化学反应。这样才能把中国相对领先的数字化技术有效引入到汽车产业，为汽车企业积累了多年的技术充分赋能，从而使中国在全球汽车产业重构的进程中占据先机。

赵福全：听周总这样讲，我感到非常欣慰。我之前就曾经讲过，未来只是把软件和硬件简单地组合起来，即延续从供应商买来零部件进行组装的理念，是无法把"新汽车"做到位的；只有真正做到软硬融合，让汽车的软硬件加在一起产生 $1+1>2$ 的最佳效果，才能打造出有竞争力的"新汽车"。而周总则是从思维方式和企业基因的角度上，强调两者必须合二为一、深度融合。

说起来，周总作为投资者，有很多行业可选，而您选择了投资汽车行业，这体现出一种战略洞察力；在汽车行业中，周总也有很多企业可选，而您选择了投资传统汽车人创立的、主推大众化产品的新车企，这又体现出一种能力判断和价值取向。因为您认为汽车硬件仍然非常重要，而造硬件是传统汽车人的强项；至于汽车软件则可以依靠360等互联网科技公司提供支持。最终，未来汽车产业决胜的关键在于，实现硬件与软件，或者说，制造思维与数字化思维的有机融合，使汽车产品服务用户的能力真正获得本质性的改变和提升。

周鸿祎：在此，我想分享互联网行业的几个规律，供汽车行业的同仁们参考。

一是摩尔定律。各种 IT 行业的元器件，每隔一定的时间，其成本会下降一半，性能会提升一倍，这种现象称为摩尔定律。将来汽车产品上会搭载很多芯片，芯片的原材料基本上等同于"沙子"，所以尽管现在价格不菲，但未来只要市场需求量足够大，芯片的价格一定会降到"白菜价"，进而带来整车成本的大幅下降。

二是边际成本近乎为零。对于互联网产业，总有人不明白，为什么我们提供的很多软件，收费这么低，甚至是免费的？这是因为软件开发的成本是固定的，并不像硬件那样需要在原材料和生产等方面持续投入。比如投资 1 亿元开发出一套操作系统，如果使用该操作系统的用户数量很少，那么人均分担的开发成本就很高；而如果有 1 亿人在使用，那么每个人分担的开放成本就只有 1 元钱了。也就是说，只要使用规模足够大，软件的边际成本将几乎为零。未来一款汽车肯定无法让 1 亿人使用，但一套汽车软件却是有可能的；退一步说，即使这套软件只有 100 万个用户，人均成本也可以降到百万分之一。这就决定了软件可以在极低的成本下不断迭代，从而使汽车产品的性能可以在较低的成本下持续提升。

三是网络效应。今天互联网的力量就在于集聚了众多的用户，网络越大，用户越多，这种力量就越大。如果你是第一个进入互联网的人，那这个网络是没有价值的；而如果你是第 100 万个进入互联网的人，那就可以获得 100 万人创造的巨大价值，这就是所谓的网络效应。按照这个规律，如果有一天所有的汽车都实现了联网，相关的数据都实现了顺畅流动并汇总成为真正意义上的大数据，那这个网络也将拥有强大的网络效应。这意味着汽车网络汇聚起来的算力将非常强，处理和应用数据产生的效益将非常大。由此，自动驾驶等汽车智能化功能的成本就会急剧下降，产品体验也会快速提升。

正是互联网的这三个规律让我对汽车产业充满信心。我相信,未来汽车产品完全能够以 10 万~20 万元的入门级价格,实现接近于豪华车的智能化体验,并为广大用户提供更多种的个性化选择。当然,在汽车硬件方面的差异是无法缩小的,比如真皮座椅的物理成本就是比普通座椅更高,不可能所有价位的车型都配备。但是在各种智能化应用方面,无论什么价位的车型,都是可以做到基本相同的。这样一来,身处四五线城市以及农村的广大消费者,也可以基于入门级的汽车产品,享受到各种先进的智能化服务。

赵福全: 您基于对互联网产业规律的深度理解,对未来充分互联后汽车产业的发展前景进行了预判,我认为这又是一种商业洞见。而哪吒汽车目前的表现相当不错,正在用实际行动践行着你们共同的理念,那就是以入门级价位的车型,让更多的人享受到了电动化、智能化等科技进步带来的成果。

"科技平权"可以在智能网联汽车上实现

赵福全: 下面我们花点时间来谈谈您关于"科技平权"的理念,我觉得这可能是一个理想化的大概念。毕竟让一款 10 万元的车型与 100 万元的车型一模一样,这是不现实的,对购买者而言也不公平。事实上,科技进步是需要投入的。而"科技平权"的思想就在于,通过扩大科技应用的规模来降低用户使用科技的门槛,这样又可以进一步扩大应用规模,从而形成一个正向循环,最终让越来越多的人能够以越来越低的成本享受到最新的科技成果。由此分析,互联网领域是最有可能实现"科技平权"的,一是因为其规模大,二是因为软件成本是固定的,并不随着规模扩大而增长。

而在汽车行业,问题就要复杂得多。一方面,无论未来产业如何变化,汽车硬件的物理成本是难以改变的。就像周总说的,真皮座椅就是要比普通座椅贵,不可能支付普通座椅的价格就能享受到真皮座椅的感觉。另一方面,未来汽车又确实会全面互联,从而具有互联网产品的属性。而周总所说的汽车"科技平权",指的正是这部分。不过也有不少车企领导认为，智能汽车的软件投入也有较高的门槛，而且很难达到互联网软件的使用规模，所以想把这部分成本分摊至接近于零，挑战还是很大的。同时，汽车智能化不仅需要软件技术，还需要各种传感器、芯片等关键硬件技术。而这些硬件的采用会导致车辆价格的大幅提升。那么，您认为智能汽车需要多大的数量才能实现您所说的"科技平权"？能否详细分享一下您的深度思考。

周鸿祎：正如赵院长所说，我们讲的"科技平权"肯定不是指汽车硬件方面。比如汽车上安装一个电动按摩座椅，肯定要比一个没有这种功能的普通座椅贵得多。由于绝大部分硬件都不是芯片这样的IT硬件，其边际成本并不会随着规模的增大而趋近于零，也不会随着时间的推移而自然降价。相反，有时候受原材料供给的影响，可能还会涨价。所以，我并不主张把一款入门级的车型做成与豪华车一模一样，这是根本做不到的。

我说的"科技平权"不是追求不同价位的产品完全一样，而是希望尽可能地缩小差距。我认为，数字化技术的加持能够给汽车产品带来这种机会，主要体现在以下几个方面：

第一，在驾驶感受方面。赵院长是汽车专家，您非常了解。发动机排量的不同是传统燃油车产品划分级别的重要依据之一，因为这直接关系到用户的驾驶感受。如果发动机动力强劲，用户一脚油门踩下去，就会感觉到很明显的推背感。不过这样的车型大都价位较高，便宜的燃油汽车是难以体验到这种推背感的。而电动汽车的情况并非如此，其加速性能先天就比燃油汽车好得多，只要电机的输出特性调得合适，即使是10万~15万元的车型，也可以做出与50万元级别的燃油汽车一样的推背感。至于动力电池的能量密度和价格，主要影响的是续驶里程，对驾驶感受并没有太大的影响。

第二，在空间方面。传统燃油汽车分级的标准就是轴距和车长的大小，把车做大主要是为了给用户提供空间上的尊贵感。对于传统燃油汽车来说，由于发动机舱占据了很大的物理空间，这就使内部乘员的空间被大幅压缩。而电动汽车可以把动力电池布置在地板下面，这样就可以在同等的外形尺寸下，让用户享受到相对更大的乘坐空间。这一点对于外形尺寸有限的入门级车型来说尤为重要。

第三，在智能座舱方面。过去往往豪华车上才有的车载信息娱乐系统，今后在入门级的车型上也可以拥有。目前，汽车智能座舱的交互功能和应用软件基本上都是基于 Linux 或安卓系统开发的，这两个系统都是开源的，同时也都有很好的开发生态，因此未来应该很容易形成类似手机和计算机的情况。

先看手机，随着安卓系统和苹果 iOS 系统生态的发展，智能手机迅速变成了大众消费品。原来的一些豪华手机品牌已经消失了，现在 1 万元和 1 千元价位的手机在使用微信等应用时的体验其实差不多。再看计算机，现在几百元的安卓平板电脑、几千元的 iPad 以及几万元的苹果笔记本电脑，除了在运行一些超大程序时会感觉到速度上的差异，还有色彩、音效有所不同之外，用户在日常办公、看电影和玩一些网络游戏的时候，体验已无太大区别。

以此推想，我认为未来在智能座舱上是可以实现"科技平权"的，即各种价位的车型都能实现诸如语音交互与控制、智能音效等功能。而且从手机和计算机的经验来看，智能座舱领域的主要硬件，无论是芯片，还是大显示屏，其成本都不是问题。事实上，像 GPU（图形处理器）等应用于汽车产品的芯片，其算力和性能正在不断提升，成本和功耗正在不断下降，完全符合摩尔定律。

第四，在安全方面。目前在物理安全方面，各种产品做得都不错，至少基本安全是有保障的，并不是说入门级车型就不装安全气囊和安全带了。而数字安全方面，入门级车型完全可以做到与豪华车一样安全。在这方面，肯定不是越贵的车就一定越安全，越便宜的车就一定不安全。举个例子，如果 360 为不同价位的汽车产品提供数字安全服务，我们一旦发现漏洞肯定会一并处理，没有理由故意把入门级产品的防护做得差一些。

第五，在自动驾驶方面。现在主要是因为激光雷达的成本居高不下，导致不同等级的自动驾驶系统价格差异较大。而我相信，只要用户确有需求，激光雷达、毫米波雷达、摄像头以及相关芯片等关键硬件的成本，都将遵循摩尔定律，未来会随着市场规模的扩大而快速下降。在此前景下，当高等级自动驾驶技术足够成熟的时候，我认为入门级的汽车产品也可以搭载这种能力，而且与豪华车的自动驾驶功能并无本质差别。

总之，我坚信，"科技平权"在未来的汽车产业是很有机会的。

赵福全：说到自动驾驶方面的"科技平权"，我认为还有一个非常重要的因素，那就是车路协同的技术路线。如果按此前单车智能的技术路线发展，势必要在车端安装数量较多、价格不菲的各类传感器，同时对芯片的性能也有极高的要求，这将导致自动驾驶汽车的单车成本居高不下，很可能只有豪华车才能用得起。而如果按照车路协同的技术路线发展，很多共性的感知和计算设备都可以作为信息化基础设施安放在路端和云端，随时为车辆提供支撑。在这种情况下，自动驾驶汽车只需要具备可靠的数据交互能力和比较基础的运算能力即可，从而可以使单车成本大幅下降。这就是我经常讲的，要把支撑智能汽车的共性技术放在"路"上，个性技术放在车上。

尽管在路端建设基础设施的投入也很高，但是这部分成本可以在设施的整个使用周期内，由所有过往的车辆来分摊。试想如果一条道路的智能基础设施可以使用50年，每天都有很多汽车驶过，那可供分摊成本的车辆基数是非常大的。显然，这种方式更有利于自动驾驶汽车的快速普及，而自动驾驶汽车的渗透率越高，整个交通系统的优化空间和效益就越大，这又会进一步分摊道路基础设施升级的成本。所以我认为，只有在车路协同的情况下，大众化汽车产品和豪华车产品得到的基于路端和云端的支持与服务才是一样的，才能拥有近似的包括自动驾驶功能在内的智能能力，从而真正有机会实现"科技平权"。

周鸿祎：我完全同意赵院长的看法。还有一个重要因素，自动驾驶的表现在很大程度上取决于数据量。如果我们通过车路协同，把单车成本降下来，就可以迅速获得更大的用户群体，获取更多的相关数据；同时，安装在路端的大量传感器同样具有数据采集的能力，会为大数据的积累提供更有力的支持。而这对于自动驾驶汽车的发展非常重要，将会促进这项复杂技术加快走向成熟。反之,如果单车的售价始终很高,比如要四五十万元才能实现高等级的自动驾驶,那用户群体就只能是小众化的、有限的,这样我们所能获得的数据量会非常有限,从而严重滞缓自动驾驶汽车的进化速度。

未来360要成为汽车产业的数字安全供应商

赵福全:周总因为看好未来汽车产业重构的前景,同时怀着"科技平权"的期待,战略性地投资了一家主推大众化电动汽车的新车企。一方面想籍此深度了解汽车产业,另一方面希望推动智能电动汽车走进千家万户,让更多的人都能享受到汽车电动化、智能化、网联化带来的新功能、新服务和新体验。此外,哪吒汽车会向360充分开放自身的各种网络及系统,从而为360提供演练和提升汽车网络安全防护技术的重要平台。这有助于360快速成长为更加专业化的汽车数字安全公司,更好地为整个汽车产业提供相关服务。

最后一个问题,360从做计算机杀毒软件起步,一步一步前进,在互联网时代写下了浓墨重彩的篇章;而在物联网时代,面对网络安全范围不断扩展、重要性与日俱增的复杂局面,周总准备带领360发展到怎样的新高度?尤其是您觉得360应该如何利用好汽车产业重构的契机,实现更大的发展?

周鸿祎:我们给自己的定位是做好大安全,也就是数字安全。当年360做免费杀毒软件是为了解决计算机安全问题;之后做"网络安全大脑"是为了解决网络安全问题;未来我们要提供全方位的安全防护服务,以解决数字安全的问题。在这方面汽车是我们最为关注的行业之一,360将努力扮演好车企投资者和赋能者的角色,为汽车产业的数字安全防护贡献自己的力量。我们希望能够不断扩大在汽车产业的"朋友圈",不仅仅服务于自己投资的哪吒汽车,更要成为蔚来、小鹏、理想等其他造车新势力,以及一汽、东风、上汽等传统车企的合作伙伴。最终,360要成为未来汽车生态中的一部分,能够帮助各类企业建立起完整的安全体系、培育出高效的安全团队,并为其做好专业的安全服务。一句话,我们要成为汽车产业的数字安全供应商。

赵福全: 时间过得很快,我们已经交流了近三个小时。今天和周总谈了很多关于数字化方面的话题,尤其是未来汽车数字安全的问题。我觉得,周总的很多观点都非常值得汽车行业的同仁们深思。下面我简单做个总结。

第一,数字经济不是简单的虚拟经济,而是传统经济模式的全面改造和新型经济模式的创新拓展,这将给国民经济以及各行各业带来实实在在的根本性改变。在互联网的下半场,即万物互联的时代,产业数字化是最大的战略机遇所在,而今后5~10年将是实现产业数字化的历史窗口期。为此,国家、行业和企业都必须全力以赴、加紧行动,以抢占未来全球竞争的战略制高点,进而推动人类社会迈入数字文明的新时代。

第二,万物互联将使连接主体空前激增、数据交换空前频繁,由此网络安全将升级为数字安全,后者的重要性和复杂性都远超前者。同时,网络攻击也不再限于黑客的个人行为,更多的是有组织的攻击,甚至可能有国家力量参与其中。而今后数字空间的攻击都可能演变成物理世界的破坏,从而危及国家和社会的安全。为此,我们必须高度重视数字安全防护。国家层面应加紧出台并不断完善相关的法律法规和标准体系;企业层面应加大数字安全防护的投入,加强数字安全体系的建设,以保障数字安全底线,推动数字经济发展。

第三,作为广泛互联的节点和多元数据的终端,未来汽车的数字安全至关重要。这直接关系到智能网联汽车的核心竞争力,是汽车企业不容有失的重要战场之一。为了做好这项工作,首先,企业领导者必须摒弃传统的安全认知,不能参照计算机安全来看待汽车安全,也不能一味地痴迷于购买安全防护设备。因为无论这些设备,包括硬件和软件,有多么先进,都不足以从根本上解决数字安全问题。其次,企业应该做的是建立起数字安全防护的基础设施和基本能力,组建起一支自己的数字安全团队并不断提升其业务能力,这样在遭遇黑客攻击时,才能及时发现并做出有效应对。最后，企业需要建立一个完备的安全体系，并充分利用内外部资源，确保这个体系能够持续、平稳地运行。其中，内部资源主要就是企业自己的数字安全团队，而外部资源则包括360这样的网络安全公司以及所谓的白帽子黑客等。也就是说，车企要从建立数字安全体系的角度出发，把相关外部资源纳入到自己的供应链条或者说生态系统中。反过来讲，网络安全公司也要努力成为汽车企业招之即来、来之能战的重要供应商和合作伙伴。

第四，由于智能网联汽车的特殊性，其数字安全还涉及个人、交通、城市、能源乃至国家安全，从这个意义上讲，未来汽车数字安全必须从行业层面上升到国家层面。因此，国家必须站在确保全社会安全和推动数字经济健康发展的战略高度，进行顶层设计，集中各方资源，建立起国家级的智能网联汽车安全体系，包括产品安全、网络安全、数据安全等等。毫无疑问，这将是一项牵涉广泛的系统工程，我们必须以大安全的概念去理解、谋划和推动。

当然，关于如何确保汽车数字安全的问题，今天我们还不能说已经完全掌握了确切的答案，事实上，这个答案只能在未来不断的探索和实践中才能最终找到。而这正是本轮汽车产业全面重构的魅力所在、机遇所在，关键就看哪个国家、哪家企业能够抓住这个机遇了。

周总还和我们分享了自己战略性投资哪吒汽车的思考：他看到了未来汽车产业转型升级的巨大商机；同时他认为未来的汽车产品一定要实现硬件和软件的有效融合，而来自于传统车企的团队更有能力把汽车硬件造好，至于软件则可以由360等互联网科技公司提供支持；最重要的是，周总希望通过战略投资，确保哪吒汽车的企业和产品网络都向360充分开放，这样360就可以进行模拟实战的攻防演练，不断提升自身对汽车数字安全的防护能力，进而形成有效的安全服务范式，以便将来向整个汽车行业推广。

我认为，汽车行业确实需要更多像360这样的公司来参与产业变革，来帮助和支持我们实现转型升级。因为唯有如此，才能确保智能网联汽车能够安全地走进千家万户，让大家都能安心、放心地享受汽车智能化带来的便利与舒适。

最后，祝愿360集团在周总的领导下，能够抓住万物互联时代产业数字化转型的历史机遇，开拓新业务，攀上新高峰。尤其希望360能为汽车产业提供有效的数字安全服务，确保汽车产业的数字化构建在充分安全的坚实基础上，从而实现更快更好的发展，并使"科技平权"的美好愿景真正成为现实。谢谢周总！

周鸿祎： 谢谢赵院长，谢谢各位观众！

三、对话张春晖
——深度解析汽车操作系统创新

【核心观点】

新汽车与新模式：汽车产业将会出现比当年手机产业更大的革新，汽车产品将会成为与此前完全不同的新汽车。新汽车代表新的万物互联的生活方式，必将产生新模式。新模式目前仍在探索之中，一个维度是要思考新的开发方式，其基础一定是数字化；另一个维度则是汽车产品开发的速度和周期，越是在产业变革期，速度就越是关键指标。

不能照搬手机：手机生态中有很多方面值得汽车产业学习，不过简单地把手机生态照搬到汽车上来是行不通的。第一，手机生态的产业链要比汽车简单得多。第二，手机生态主要是应用生态，汽车生态中虽然也有应用生态，但应用生态并不是汽车生态的全部。而且中国汽车生态的建设不应该走手机生态错失良机的老路。

中国自己的操作系统：对于汽车生态，我们应该有自信，中国有这么巨大的汽车市场。在智能网联汽车的很多方面，尤其是站在整个城市的层面系统思考和探索车路协同等，中国都走在全球前列，完全有机会成为引领者。中国企业没有理由不发展自己的汽车操作系统。

"赢者通吃"行不通：对于操作系统这个"地基"，有的企业选择打得深一些，有的企业选择打得浅一些，还有的企业选择暂时不做，这都无可厚非。但有的企业习惯于"通吃"的做法，短期看这样效益确实有可能更高，但长期看并不利于企业自身以及产业的可持续发展。

汽车生态必备三个价值：一是对用户有价值，产品可进化；二是对企业有价值，产业可成长；三是对社会有价值，社会可进步。用户要的并不是 APP，而是良好的服务。

核心特质：框架性思考的能力、连接的能力以及赋能的能力，是汽车操作系统永远不会改变的核心特质。有些内容可以先借用外部资源做起来，但是操作系统的大框架一定要由自己定义好。

多核分布异构式：未来汽车操作系统一定是多核分布异构式的，其中有的核是实时的，有的核是非实时的。先把操作系统的框架搭建起来，让各种技术在上面运行，成熟一个就替换一个。

不能闭门造车：当前产业并没有一套现成的操作系统能够充分满足未来新汽车的各种需求。打造汽车操作系统不能在温室中培养，也不能闭门造车、自娱自乐。顶层设计之后，局部的内容可以由不同参与方来分别实现，并采用迭代优化的方式不断演进。

汽车操作系统应该自研：第一，技术受控是一个很好的出发点；第二，自研操作系统最重要的原因是解决演进的问题；第三，自研操作系统不能脱离具体的时空场景。

做操作系统的三种情况：第一种是真心在做操作系统。这部分人应该受到尊重，因为做操作系统不可能短期见效，而且需要大量的投入。第二种实际上是在做和操作系统相关的一些工作，尤其是基于不同商业诉求的系统集成工作。而第三种情况是，有一部分人只是表面上号称在做操作系统，其实不过是追逐热点或炒作概念而已。

操作系统被泛化：操作系统这个词现在有点被泛化了，很多工作只是基于操作系统开展的，并不是在开发操作系统的基本架构及内容。

未来操作系统：未来操作系统可能就不再局限于汽车本身了，而是要把汽车置于整个城市中来管理，其底层逻辑是车与路、云乃至整个数字化城市协同一体化的系统思考。

不会一家独大：最后能够一路演进下来直至成熟的操作系统不会太多，可能有三四套；但也绝不会只有一套，汽车操作系统很难形成一家独大的局面。

各自为战不可取：我们一定要和整车企业有明确的分工。如果每家整车企业都各自为战，从技术能力的角度是不可能的，从投入产出比的角度也是不划算的。至于操作系统的内核，我认为并不是车企必须掌控的。开发全新的汽车操作系统并不意味着车企要自己来做全部事情。

留白的架构思维：在实践中我们越来越体会到，开发操作系统最关键的是架构思维。如果系统没有"留白"，即没有为后续的发展留出空间，就不会具备拓展性。

平台性：操作系统的基本要求就是要有平台性，要面向未来留出拓展空间，甚至是跨界的空间；在此基础上，再考虑如何支撑别人，让别人做得更好，使系统承载的应用及其体验达到最佳状态。

越通用越好：基础操作系统，就像基础零部件一样，应该是越通用越好。几家大型整车企业可以共同投资基础操作系统以及基础软件，并努力使其成为行业标准；然后通过共同使用，助力其做得更好、更大、更强。

更高的集成能力：未来不可能用一块芯片把车上所有的问题都解决。而且汽车用户并不关心是哪款芯片在实现哪个功能，他们在乎的是高标准、高品质、高一致性的整体体验。因此，车企不仅要具备整车系统的集成能力，还要具备分层的集成能力。

重新定义供应商：一级供应商作为产业链上的重要角色，要转型成为新汽车的供应商。而对于新的一级供应商，其角色和要求目前还没有明确的定义。

"芯片＋OS"模式：我们把这种联合定义芯片的模式称为"芯片＋OS（操作系统）"，操作系统公司要和每一家芯片企业都进行深度合作，或者至少要把各家企业都连接起来。而不是由芯片企业自行定义产品后，再拿过来直接供我们使用。

实时操作系统：第一代是车联网操作系统，第二代是智能座舱操作系统，第三代是整车智能操作系统，当前正处在研发阶段，核心是打造实时操作系统。目前真正投入开发的企业非常少。

体系化思考安全问题：未来汽车安全将包含数据安全、网络安全和信息安全等新内涵，这些安全都涉及动态攻防的问题，最终必须通过体系化思考来寻求解决之道。

开发操作系统之难：其实主要就是难在了必须满足功能安全要求，因为直接涉及车辆操控的实时性系统，如果不能确保汽车功能安全，就根本无法应用。

安全责任更大：随着汽车安全涉及的内容越来越多，未来车企的责任会比以前更大，同时安全工作也比以前更复杂。

赵福全：各位网友，大家好！欢迎大家来到"赵福全研究院"高端对话栏目，我是本栏目的主持人，清华大学汽车产业与技术战略研究院的赵福全。今天我们非常荣幸地请到了阿里巴巴集团副总裁、斑马智行联席 CEO 张春晖先生。

张春晖：大家好！我是斑马智行的张春晖。

赵福全：欢迎张总做客"赵福全研究院"高端对话栏目，这个栏目创办至今已经八年了，今天与您的对话是本栏目的第 68 场对话。每年我们都会围绕行业热点选择一个主题，与嘉宾们一起深入讨论和交流，而今年我们选定的主题是"汽车技术生态创新"。

半个汽车人是最佳状态，汽车企业需要内部变革

赵福全：当前，汽车产业正在发生翻天覆地的变化，特别是产业边界不断拓宽且渐趋模糊，越来越多的"业外"力量涌入其中。在此情况下，汽车技术创新也呈现出日益明显的生态化趋势，需要多方资源共同参与、分工协作。这是我们选择"汽车技术生态创新"作为今年对话主题的原因所在。

说起来，张总自身的经历恰好反映出这种跨界融合的生态化趋势。我们知道，此前您作为阿里巴巴的 IT 专家，和上汽集团的团队合作，一起打造出了号称"中国第一款互联网汽车"的荣威 RX5。在这个过程中，您也逐渐从当年的"外行人"变成了名副其实的汽车人。事实上，现在不少汽车企业都引入了各种不同背景的人才，已经不太分得清谁是老汽车人、谁是新汽车人了。总体而言，我认为 IT 等产业的加入，将为汽车产业赋能，从而推动汽车产业加快发生全面重构。

那么,"业外"力量为什么要进入汽车领域呢?这是今天我想和张总交流的第一个问题:从汽车"新四化"的角度出发,您认为本轮科技革命将给汽车产业带来怎样的机会?

张春晖: 谢谢赵老师!非常荣幸能够成为"赵福全研究院"第68场对话的嘉宾。您刚才说到,经过这么多年的参与,我已经是一个汽车人,不过我自己感觉只能勉强算作半个汽车人。其实做半个汽车人也挺好,有时候可以用"业外"的视角看问题,今后我仍想保持这样的状态。

谈到本轮科技革命的影响,我认为这是汽车产业百年不遇的战略机遇,而把握这次机遇就需要跨界融合。在我看来,拥有一百多年历史的汽车产业,原本边界清晰、层级分明、壁垒森严,而当代汽车人却有着了不起的勇气与担当,为了实现变革,愿意主动开放,这就为"业外"的我们进入汽车领域提供了很好的机会。当前,汽车产业在"新四化"、智能汽车以及新能源汽车等方向上的变革正在不断深化。尽管对于产业最终将会演变成什么状态尚无明确答案,但大家在深度思考和积极实践的过程中,已经形成了一个基本的共识,那就是今后汽车产业一定要跨界融合发展。

具体来说,我认为未来汽车产业最大的机会在于"软件定义汽车"。对此,不同的人可能有不同的理解。有人认为,软件会越来越重要,包括成本也将逐渐由软件决定,所以硬件就不再重要了;也有人认为,智能汽车只是与软件更相关了,或者说应用的软件更多了,汽车的基本功能还是要靠硬件来实现。而我的观点是:硬件依然重要,甚至可能会更重要,但只有硬件已经不够了,唯有引入更多的软件并实现软硬融合,才能把未来的汽车打造好。由于汽车产业面临的问题日趋复杂,仅靠单一产业或领域的力量根本无法解决,所以跨界融合也就成了必然的选择。

此外,还可以从智能化和数字化的角度来认识和把握本轮汽车产业重构的机遇。人们对于智能产品的追求是无止境的,因此,智能化是产业发展的重要驱动力之一。另一方面,如果说未来的汽车是一种全新的汽车,那么这种新汽车肯定不能基于传统模式来打造,我们需要一种全新的模式。尽管这种新模式目前仍在探索之中,不过其基础一定是数字化。未来成功实施数字化转型升级的企业，可以将各行各业以及广大用户连接起来，从而以更多的资源更好地满足用户的需求，所以数字化也将成为产业发展的驱动力。

赵福全：您讲到了数字化和智能化，这对 IT 或者说 ICT 产业来说，无疑意味着巨大的机会。那么对传统汽车产业而言，在这方面有哪些机会？我认为，未来数字化和智能化将成为改变汽车产品和产业的基础，这对传统车企来说同样是重大机遇。当然，在新的产业环境和竞争格局下，传统车企要想生存下来并且做得更好，也面临着严峻挑战。您觉得，这些挑战又是什么呢？

张春晖：其实无论互联网汽车，还是智能汽车，又或者是新汽车，这些概念的中心词仍然是汽车。汽车作为具有移动运载能力的大宗商品和交通工具，其本质并未改变。也就是说，汽车的基本属性和能力没有变化，而互联网、智能以及服务等新手段、新能力，都是为汽车赋能的部分，是为了让汽车变得更好。从这个角度看，数字化和智能化的机会本来就是属于汽车企业的。

至于说挑战，我认为主要是汽车企业当前需要在内部进行重大变革。我们不妨参考一下手机产业的情况：十几年前诺基亚、摩托罗拉等厂商在功能手机的时代可谓如日中天，然而智能手机的出现彻底改变了这个产业的格局。对于汽车产业来说，我觉得将会出现比当年手机产业更大的革新，我们根本无法预料十年之后的汽车究竟会是什么样子，即使现在最大胆的设想，可能也远不及未来汽车产品和产业的实际变化。在这种情况下，如果汽车企业还秉持"目前产品就不错""车卖得还好""已经基本满足用户需求了"等想法，那就和十几年前那些看似非常强大的功能手机厂商一样，大概率会被产业淘汰。

尽管现在我们还无法准确定义未来汽车，但可以肯定的是，十年之后的汽车必将是完全不同的新汽车。到底用什么方式才能打造出新汽车，这是车企需要认真思考的一个维度。另一个维度则是汽车产品开发的速度与周期。越是在产业变革期，速度就越是关键指标。例如，传统的汽车产品开发往往以 24～36 个月为周期，那么能不能让产品更快地投产上市,更快地迭代优化?我认为这一点非常重要,是汽车企业提速快跑的主要方向之一。道理说起来很简单,不过在实践中,体量庞大的汽车企业如何才能提速快跑?又如何确保在快跑的过程中不跌倒、不混乱?这是非常困难的,必须做出很多根本性的改变。

赵福全:在此先做个小结。张总自2010年起就开始做操作系统,到2014年与上汽合作打造汽车操作系统,对汽车业务越来越熟悉。不过张总表示,自己很愿意加入汽车产业,但只想做半个汽车人。我想所谓半个汽车人,就是要在继承传统汽车基础的同时,引入汽车产业原来没有而未来需要的新能力。如果张总完全变成了汽车人,可能反倒无法充分发挥作用,甚至不能适应未来汽车产业的创新发展了。所以,在为汽车产业赋能的过程中,您认为半个汽车人是最佳状态,一方面要了解汽车的基本规律,另一方面又要跳出传统思维,给未来汽车增添新的能力。这其实反映出张总对于未来汽车产业发展的深刻认识,即传统汽车需要外部新能力的加持,才能实现"老树开新花"。

当然,本轮汽车产业变革对于传统车企而言,也并不意味着末日的到来。因为汽车硬件始终是基础,传统车企可以基于优势的硬件能力,去拓展新的发展空间。记得几年前我就曾经讲过,对于智能汽车来说,硬件是躯体、软件是灵魂,两者缺一不可,必须软硬融合。如果没有软件只有硬件,那汽车就是行尸走肉;而如果没有硬件只有软件,那汽车就是孤魂野鬼。

当前传统车企的最大挑战在于必须自我革命,切不可只抱着硬件不放,那样最终肯定会被淘汰,而且还会迟滞汽车产业整体的发展。为此,传统车企应努力打破思想上的固有观念,充分认识到未来汽车需要获得外部赋能,一定要积极拥抱软件,最大化地发挥其作用,以形成汽车产品可持续进化的生命力。同时我想强调,传统车企对软件不能采取简单的"拿来主义",软件和硬件原本就是两个不同的产业,具有截然不同的产业规律和特点,企业必须综合考虑两者的差异,重新构建全新的产品开发以及企业经营体系。事实上,未来汽车产品在硬件能力的基础上寻求软件能力的加持,不只是ICT企业,同样也是汽车企业的最大机会。

从这个意义上讲，汽车产业非常需要更多的"张总们"加入，由汽车和ICT等相关领域的专家们共同推动产业的融合创新。

汽车生态构建不能照搬手机，分工协作需要操作系统理念

赵福全：由此就引出了下一个问题。在"软件定义汽车"的背景下，汽车硬件必须与越来越多的不同软件相互组合，同时还产生了一系列发挥软件作用的新硬件，打造这些软硬件所需的参与者远远多于从前，从而将会形成一个汽车产业大生态。所谓生态，就是由很多不同而又相互联系的参与者组成的整体，这些参与者彼此依存、缺一不可，各自从不同的角度和层面做出自己的贡献。

严格来讲，汽车产业原本就是一个生态，即由整车企业、零部件供应商及汽车经销商组成的基于硬件的生态。不过这与互联网公司通常所讲的生态并不相同，本质上只是一条线型的产业链。在互联网时代，智能手机是一个母生态，在这个母生态上承载了众多的子生态；而到了物联网即万物互联的时代，智能汽车将成为一个比智能手机更大的全新母生态。那么，当汽车产业成为一个载体性的母生态时，与手机产业的母生态相比会有何异同？这样的汽车生态究竟应该如何建立？请张总分享一下您的见解。

张春晖：这是一个非常好也非常难的问题。应该说，手机产业有自己的特点，比如现在人们日常生活中基本上已经离不开手机了，这是其构建生态的一大优势。手机生态中有很多方面值得汽车产业学习，不过简单地把手机生态照搬到汽车上来是行不通的。此前有段时间，不少企业都觉得手机生态已经比较成熟了，直接将其挪到汽车上使用就可以了，这实际上是一种"偷懒"的行为。按照这样的想法去实践，一定做不好汽车生态。这里涉及的问题很复杂，我想通过以下几点来谈谈。

第一，手机生态的产业链要比汽车简单得多。十年前我们就曾探讨过这个问题，汽车有上万个零部件，而手机只相当于汽车上的一个小总成，汽车硬件生态远比手机复杂。

第二，手机生态主要是应用生态，即基于APP应用商店的生态，这

是一种很好的商业模式。汽车生态中也有应用生态，但应用生态并不是汽车生态的全部。就应用生态而言，在汽车生态的构建中，手机应用生态是可以有一定贡献的。不过，汽车除了应用生态和比手机复杂的硬件生态以外，还有开发生态、服务生态等，而且这些生态要很好地发挥作用，又涉及汽车操作系统的问题。

在这方面，我认为汽车生态的建设不应该走手机生态的老路。当年在手机生态上，我们就曾经设想，能不能基于中国这个大市场，培育出我们自己的手机操作系统，但是当时各家手机公司都觉得还有其他选择，最后时间窗口就错过了。

而对于汽车生态，我觉得我们应该有自信，中国有这么巨大的汽车市场，同时在智能网联汽车的很多方面，尤其是站在整个城市的层面系统思考和探索车路协同等，中国都走在全球前列，完全有机会成为引领者。在这种情况下，中国企业没有理由不发展自己的汽车操作系统。当然，自研操作系统并不意味着封闭，反而更要以开放的心态，认真向别人学习，最终才能打造出一套真正有竞争力的操作系统，进而建成一个符合中国汽车产业发展需求、体现中国人对未来智能汽车及相关领域构想、跨界融合的汽车大生态。

第三，打造汽车生态时还需要充分考虑其价值。如果生态不能创造价值，就只能停留在初级阶段，不可能真正商业化及持续成长，也不可能促进产业的繁荣发展。由于中国市场体量庞大，汽车生态的规模也必然非常巨大，因此搭建生态的过程很可能会更长、更苦。不过只要我们把生态的价值想清楚，把关键的内容掌握住，前面过点苦日子也没关系，后面一定会越来越好。

赵福全： 确实如此，生态建设说到底是一个价值创造及分配的问题，很多"业外"参与方之所以跨界进入汽车领域，就是希望能够参与汽车生态的价值创造，并获得相应的回报。那么，张总认为汽车生态都有哪些价值？

张春晖： 对于汽车生态的价值，需要从不同的角度来认识，我觉得总体上可以归纳为三个层面。

一是能够为用户带来价值，使产品可以持续迭代进化。未来汽车产业会形成三种驱动力：除了数字化和智能化之外，还有一种驱动力就是年轻消费群体的需求变化。毕竟为汽车产品买单的是消费者，消费者喜爱并愿意购买和使用不同以往的新产品，这可能是产品和技术创新最重要的驱动力。因此在汽车生态的建设中，用户是一个必须考虑进来的关键因素，甚至可以说，生态建设的前提就是必须给用户带来价值。

今后用户在选择汽车时，可能需要的不仅仅是可以移动的机器，而是能够不断学习、成长并与自己互动的机器人，或者说，用户需要的是一个能够越来越懂自己的伙伴。如果在产业生态的支撑下，用户能够体会到汽车产品越用越贴心，就会逐步建立起情感上的连接，而不只是做功能上的比较。当然，用户价值还可以有更大的想象空间，今天我谈的只是基本的方向。

二是能够为企业带来价值，推动产业快速发展和开放融合。在生态中一定要有合理的分工，而不是一个或一类主体什么都自己做。有的企业习惯于"通吃"的做法，短期看这样效益确实有可能更高，但长期看并不利于企业自身以及产业的可持续发展。

三是能够为社会带来价值，产生汽车产业之外的影响和贡献。汽车虽然同样是大众消费品，但并不像手机那样具有高度私人化的属性。因为汽车必须行驶在交通环境中，要确保自身及外部的安全，要受各种交通法规的监管和节能环保法规的约束，还要为城市移动运载能力的提升做出贡献。未来生态化的新汽车将与外部环境结合得更加广泛、紧密，因此一定要把汽车生态建设放在城市中系统思考，努力为社会带来更大的价值，进而推动人类的发展进步。

汽车产业已经发展了一百多年，我觉得我们这些从"业外"进入汽车业内的人确实可以从中学到很多。例如，汽车产业的风险控制做得很好，整体效率也很高。又如，汽车作为高度复杂的产品，其规模化非常困难，而汽车产业做到了把产品的成本控制在消费者可以接受的范围内，同时又确保了产品质量可靠、安全过硬，从而最大限度地实现了规模化。可以说，汽车产业是非常特殊也非常有底蕴的大产业。其实此前这个庞大的产业之所以如此成功，靠的就是产业内部的分工协作。而未来汽车除了硬件之外，还会融入很多软件，涉及软件的分工会更复杂，方式也不同于硬件，这就对汽车产业的分工协作提出了更高的要求，需要建设生态以容纳更多的参与者并形成更加紧密高效的合作。

我们不妨从软件角度来梳理一下汽车生态的理想状态。简单地说，软件可以分为三层。最上层是直接面向用户的，企业必须考虑怎样给用户提供更好的服务。用户要的并不是APP，而是良好的服务，特别是你懂得我需要什么样的服务。例如用户驾车时想去吃饭，汽车能够立即根据用户的喜好提供餐食推荐及饭店位置，也包括其他与车、与人相关的各项服务。在上层架构中，企业既要为用户提供方便、好用的软件，又要让用户享受到软件背后的服务资源。

中间层是各种软硬件服务的整合，不只限于汽车自身，未来也将包括与交通、能源和城市等相关的很多服务。对于中间层，可能整车企业更有话语权，毕竟是谁的产品，谁就得负责整合。当然，在整车企业的统筹下，很多具体工作还是要由供应链企业来完成。如果说此前车企的供应链管理主要针对硬件，那么今后车企对于供应链，既要管硬件，也要管软件，还要管软硬结合。

再往下一层，即最底层是基础软件层。随着人们对汽车智能化的要求越来越高，汽车的感知能力和计算能力也在不断增强，今后汽车将搭载越来越多的传感器和芯片。要想把新旧硬件和相关软件系统地管理起来，就有赖于基础软件发挥作用。

以上三层软件结构只有有机地配合起来，汽车生态才能构建起来。否则企业只能各自为战，或者垂直整合。而垂直整合并不具备平台化的复制能力，很难实现产业的开放融合与快速发展。

同时，我认为每一层软件都需要建立操作系统的理念。所谓操作系统的理念，就是要考虑分工、追求协作。如果企业什么都自己做，采取垂直整合的做法，那就不需要这种理念。而如果企业要开放融合，导入更多的外部资源，就必须按照操作系统的理念来思考分工协作。比如三层软件各自应该由哪些企业来做？每一层以谁为主、以谁为辅？这是需要站在整个产业的高度系统思考的问题。上述三层软件的划分，只是为了便于理解而做的简化说明，实际情况更加复杂，不过在生态构建的基本范畴和内在逻辑上并没有本质的不同。

赵福全：这段分享非常好。张总刚才谈到，当软件在汽车上的作用越来越大，即到了所谓"软件定义汽车"的时候，硬件仍然重要，只不过软件的融入会让汽车产品发生根本性的改变，其价值更高，同时也更复杂了，将有更多的参与者加入进来，由此就产生了如何分工协作的问题，这是建设汽车生态的关键。例如用户层的软件设计有哪些工作？应该由谁负责？中间层需要协同的参与者有哪些？应该谁来主导、谁来辅助？底层基础软件又该如何打造？总体而言，汽车生态远不是手机应用生态那么简单，其背后包含了大量复杂的工作，包括所有硬件和软件的开发，还包括软硬件之间的有效组合，最终要让软硬件在同一架构和平台上高效协同，为用户提供良好的服务和最佳的体验。

由此可知，产业生态不属于任何企业独有，或者说，没有任何一家或一类企业可以拥有全部生态。展望未来，企业要么选择自我封闭，最终走向衰亡；要么选择拥抱世界，与外部众多伙伴一起参与生态建设。在这个过程中，各方应共同打造分工协作的基础架构，而操作系统就是这个基础架构的核心部分，后面我们还会详细讨论。

总之，汽车产业必须像手机产业那样构建生态系统。不过由于汽车不只有硬件生态和应用生态，还有开发生态和服务生态等，并且需要在安全、成本和质量受控的前提下运行在复杂环境中，所以汽车的生态构建要比手机难得多。

中国需要自研汽车操作系统，而且应当站位高远

赵福全：张总提到，汽车生态建设的前期要过点苦日子。不知道您具体指的是什么？是说我们不能再依赖现有成熟技术而苦？还是说我们自研操作系统会暂时落后而苦？又或者是说各种生态建设的起步期都会非常苦？现在大家普遍认为，中国在汽车智能化、数字化方面，已经实现了与国外基本同步。那么，您为什么还要强调"过点苦日子"呢？

张春晖：当前中国有大市场的优势，同时各方面的政策也很好，特别是在汽车与城市协同方面，有很多领先的尝试，因此我们在构建汽车生态时，布局可以更系统，空间可以更大，这也得益于此前中国在移动互联网上的很多积累。

而我说"过点苦日子"，想表达的是不同的领域可能会有不同的困难。事实上，做任何一件很难又必须坚持做下去的事情，肯定都要吃苦。就像国内目前做芯片的公司，虽然迎来了发展热潮，但也一样要过苦日子。因为把芯片做出来之后还要看别人会不会选择及使用，这是非常现实的问题。

对于汽车生态而言，从表面上看，似乎每一种硬件或软件，都可以找到现成的技术，可是能够真正满足未来需求的技术又不存在，只能去创新探索。以汽车操作系统为例，有安卓系统可以用，还有QNX系统也可以用，正如芯片一样其实有很多备选方案，直接拿过来使用似乎更容易。在这种情况下，如果国内公司全新开发出一套操作系统，又有多少汽车企业会使用呢？这里的苦就在于，很可能千辛万苦把新产品做出来之后，别人不愿意或者说不敢尝试使用。毕竟全产业的理念转变需要一个渐进的过程，在这之前就只能先过过苦日子。当然，一旦熬过了这段苦日子，可能情况就大不一样了。所以，我所说的苦不只是指解决关键技术从无到有的问题，更主要的是指我们能否把握未来产业的发展大势，形成具有自身特色的推进思路，并把核心要素真正掌握在自己手里的问题。

赵福全：这里张总谈到了一个重要观点。实际上，苦日子可以分为两种：一种是把别人现成的技术直接拿过来使用，这样可以解决短痛，但又带来了长痛，因为核心技术掌握在别人手里，有受制于人的风险，而且现成的技术很可能无法满足未来产品颠覆性改变的需求。这等于是选择现在不过苦日子而将来要过苦日子。另一种则是下定决心从头开始，自己开发新技术，不再跟跑，而是努力并跑甚至领跑，只有这样才有可能抢占战略先机、实现创新引领。这等于是选择为了将来不过苦日子而现在过苦日子。

就像您谈到的，目前尚无成熟的汽车操作系统，如果基于计算机或者手机的操作系统来开发汽车操作系统，肯定会更容易，但这样的操作系统是否完全适合于汽车？后续又有多大的发展空间呢？这是必须提前思考清楚的重要问题。而张总认为，如果我们要把握本轮汽车产业重构的历史机遇，谋划创新引领的百年大计，就应该从零做起，全力打造既适合汽车产品，更适合中国产业生态环境的全新操作系统。为此，现在就要过苦日子，投入大量资金，集中大量人才，坚持不懈地攻关，这样最终才能迎来美好的未来。

那么，汽车操作系统基于QNX等现有系统进行开发和完全从零开始重新打造，您认为这两种方式具体有哪些不同呢？

张春晖：我个人的观点是，第一，中国应该有自己的汽车操作系统。当前，我们正处在一个最好的时代，中国有全球最大的汽车市场，而智能汽车的较量才刚刚开始，这绝不是三五年就会结束的，我想至少未来十年都是黄金发展期。既然中国有如此大的市场，如此好的机会，同时时间点上也很合适，现在开始做一点都不晚，那我们为什么不自己做操作系统呢？中国没有必要通过借用来解决操作系统的问题。除非现在已经有了非常好的解决方案，那我们还可以再考虑考虑。而当前产业并没有一套现成的操作系统能够充分满足未来新汽车的各种需求。所以，我认为中国应该自研汽车操作系统。

第二，自研操作系统也不一定要从零开始。事实上，中国已经有了一定基础，而且我们并不封闭。目前大部分企业其实都是在现有系统的基础上，按照自己的需求进行集成创新，以充分利用别人的优势。例如在安卓系统上进行开发，以及基于现有芯片进行系统集成。我想，这也是自研操作系统的一条合理路径。

第三，如果从更高更广的层面审视，自研操作系统还有一条重要路径值得认真考虑。试想，十年之后我们究竟需要打造出什么样的汽车生态呢？前面我曾提出，汽车生态必须具备三个价值：一是对用户有价值，产品可进化；二是对企业有价值，产业可成长；三是对社会有价值，社会可进步。这样的生态系统一定是属于全社会的，需要诸多参与方共同打造，而不是掌握在一家或一类企业手里。相应的，未来的新汽车不仅要具备单体智能，还要基于万物互联得到群体智能的支持，从而充分实现车路协同，如鱼得水一样地运行在未来的智能交通和智慧城市系统中。事实上，当前不只是智能汽车在快速发展，像数字化城市、智慧城市也都在快速发展中，因此未来汽车操作系统不能只考虑汽车这一个端的问题。

今后，国家和产业应该都会系统思考汽车与交通、城市的协同发展。也就是说，我们打造汽车生态，一定要同时考虑车端的系统、道路端的系统和城市端的系统，底层逻辑应该是端云一体化的车路协同。只有这样，才能让新汽车真正给用户带来与此前完全不同的体验升级，并且为汽车及相关产业的改变、城市治理水平的提升以及人类出行方式的变革，做出应有的贡献。

目前，一些企业把实现汽车智能化或者汽车智慧出行作为自身使命，这个方向是正确的，不过更多的还是企业层面的考量。而新汽车实际上代表着一种新的生活方式，我们更应该站在万物互联的高度去思考汽车产业的更大使命。在万物互联即物联网的格局下，新汽车将成为一个巨大的载体性平台，这个平台将对其他很多行业产生很强的推动作用。新汽车究竟能够给人类社会带来多大改变，恐怕是我们当前想象不到的。或许只能用手机作为参照：十年前人们根本想象不到今天手机的应用场景，移动互联网让小小的手机价值倍增，并且给各行各业都带来了巨大的变化；我想，十年后的汽车也一定会给各行各业带来完全不同的前景，其影响很可能会超过手机，波及城市规划布局、交通系统升级、能源系统转型、社会综合治理以及我们每个人的生活。

我认为，中国建设汽车生态必须立足于能够惠及未来十年、三十年甚至一百年，虽然目前尚处于初级阶段，但我们此时就应该进行相关思考。汽车操作系统也应该从上述高度和广度出发来创新打造，这就是我所说的另一条路径。显然，这不是一两家企业根据自己的需求进行开发就能做好的，一定是多方参与、跨界协同才有可能做到位。因为我们不只需要考虑汽车，还需要把整个城市以及诸多相关行业和领域都系统地考虑在内，并且需要和相关政府部门共同探讨。这远远超出了汽车产业的范围，也彻底改变了操作系统的性质。

赵福全：汽车产业究竟需要什么样的操作系统？为什么不能直接使用现有的操作系统，而一定要自行开发新的操作系统？我想这也是当前很多企业领军人都在思考的重要问题。自研操作系统的出发点，一是要把核心技术掌控在自己手中，二是要解决现有操作系统不能满足未来产业发展需求的问题。由此，现在很多企业，尤其是外资企业正基于现有的 QNX 或者 Linux 等系统，开发新的汽车操作系统。这是一种先继承、再发展的思路。

而张总刚才提出了另一种非常重要的新思路。我们首先要明确，汽车操作系统的作用到底是什么？将操作系统视为汽车自身软硬件管理的基础平台，这是一种认识；而从智能汽车（SV）融入到智能社会中，即与智能交通（ST）、智慧城市（SC）以及智慧能源（SE）形成 4S 一体化的发展格局来思考，打造支撑 4S 统一管理、协同发展的操作系统平台，则是另外一种完全不同的认识。

我觉得，在这方面我们真的应该想得更远一些，本轮汽车产业重构一定会影响人类未来几十年甚至一百年的发展大计。实际上，汽车在诞生以来的一百多年里，就一直在不断拥抱各种各样的新技术，使自身日趋完善起来。例如之前汽车排放是不被考虑的，后来通过三元催化剂等手段来净化尾气，汽车就变得越来越清洁了。当然，过去汽车主要还是渐进式的改变；而本轮科技革命将彻底重塑汽车产品及产业，使之发生颠覆式的改变。未来的汽车将不再是简单的出行工具或机械产品，而是基于数据形成了具备自我进化能力的智能机器人。由于万物互联和数据流通，未来汽车将被赋予更多的能力，具有软硬件融合的统一架构和管理平台，以及数据采集、通信、处理与应用的强大能力，成为可移动的互联节点、数据载体、计算平台、智能终端和生活空间。此外，智能汽车与新能源汽车相结合，还将成为灵活的储能供能单元，即移动的充电宝。未来汽车无论开到哪里，都可以根据需要随时随地地储能或供能，这对于可再生能源的消纳和电力系统的平衡意义重大。在这样的前景下，我们再就车论车可能就太狭隘了，甚至会限制汽车产业潜在的发展空间。

因此我们必须思考，面向汽车产业边界不断扩展、能力持续增强的未来，什么样的汽车操作系统才能既支撑汽车本身的运行，更支撑汽车与整个城市内各种终端的互联与协同？要知道，汽车很可能是未来城市里唯一能够连接万物的移动节点。随着汽车把城市里包括道路、停车场以及住宅、学校、商场、餐饮、娱乐等各种设施和场景全部打通，整个社会都将发生根本性的改变。如果说现在手机作为移动智能终端，其实是人带着机器人在移动；那么未来汽车作为移动智能终端，则将是机器人带着人在移动。相比手机，汽车的能力会更强大，从而为人类提供一个可移动的高度智能的家。

汽车操作系统只能在产业实践中打磨和演进

赵福全：刚才张总提出，我们现在就应该把未来十年、三十年甚至一百年后汽车的应用空间与范围尽可能想全想透，然后以此确定近期生态建设包括操作系统打造的目标，特别是需要打下多深多宽的"地基"。而这个"地基"建设得如何，将决定未来汽车生态这栋大楼能不能盖得足够高。

不过问题是，我们怎样才能准确判断未来汽车产业的边界和内涵？以操作系统为例，真的能够覆盖未来汽车生态的宽广范畴吗？又到底需要支撑汽车及其之外的多少软硬件运行呢？如果我们想得太远、太完美，会不会造成操作系统的规划和设计过于复杂，以致难以起步？另一方面，我们不能先聚焦眼前，利用现有的计算机或手机操作系统做嫁接开发，来支撑汽车产业当前一段时间的发展，等到我们能够判断未来汽车生态的具体情况再考虑打造适合的新操作系统吗？此外，如果不考虑关键技术受制于人的风险，难道利用现成的操作系统就一定不能满足未来产业生态的需求吗？

张春晖：我觉得赵院长说得很对，我们既要有远大的目标，更要脚踏实地地从眼前做起。尤其对于企业来说，始终要考虑盈利问题，最终还是应该回归商业的基本逻辑。所以，我刚才讲的主要是一个解决问题的推演思路。实际上，由于不同企业的目标和能力各不相同，其所做的选择本来也会有所不同。不可能行业中所有企业都选择同一条路径，而且各条路径也都需要有企业去尝试。比如对于操作系统这个"地基"，有的企业选择打得深一些，有的企业选择打得浅一些，还有的企业选择暂时不做，这些情况都存在，也都有其合理性。

而我们斑马智行的想法是这样的：当前汽车操作系统已经远远超出教科书上的传统概念，而且其内涵和外延还会不断扩大。为此，必须在变化中抓住不变的要素，为日后的持续拓展奠定基础。我们认为，框架性思考的能力、连接的能力以及赋能的能力，是汽车操作系统永远不会改变的核心特质，其中框架性思考的能力又最为重要。

什么是框架性思考？可以理解为分层解耦的思维方式，即操作系统或者说产品研发要实现逐层解耦，让更多的主体可以在不同的层面上参与标准化、模块化的工作。如果企业已经把这个框架的边界想清楚了，而自身当前还没有足够的能力或精力做到位，那就应当先利用别人的资源做起来。但不管有多难，这个"地基"都必须竭尽全力地建好。就是说，操作系统中有些内容可以先借用外部资源做起来，但是其大框架一定要由自己定义好。而且这种框架性思考不是一成不变的，而是要根据产业的最新发展不断演进。

还有一点也非常重要，我认为汽车操作系统其实与手机操作系统不同，是需要一代一代逐步优化完善才能做出来的。未来汽车操作系统一定是多核分布异构式的，其中有的核是实时的，有的核是非实时的，而且是端和云互动来处理问题的，所以操作系统不能只考虑端，要基于端云一体化来定义框架。同时未来数据一定是闭环的，以此支撑产品的快速迭代和持续进化。这同样需要先把操作系统的框架搭建起来，让各种技术在上面运行，成熟一个就替换一个，逐渐完成演进。这种模式的好处在于，新技术及其新模式可以和现有技术及其成熟模式进行比赛。如果能够取胜，不仅意味着新技术本身过关了，也意味着新商业模式是可行的。

也就是说，打造汽车操作系统不能在温室中培养，也不能闭门造车，更不能自娱自乐，只有在产业实践中不断探索、逐步完善，才能最终演进出最佳的操作系统。在这个过程中，汽车及相关产业都需要加大各方面的投入，由不同的参与方完成相应的一部分工作，并且彼此磨合，以期后续能够协作完成更加复杂的工作。

确实，要想面向未来把汽车操作系统，包括车路协同系统、城市操作系统等，都一步到位地考虑清楚，短期内是很难做到的，而且这也不是某一家或几家企业的事情。但是不能因此就不去进行当前的产业实践，更不能因此就不去思考汽车操作系统的理想架构。实际上，通过框架性思考完成汽车操作系统的顶层设计之后，局部的内容可以由不同参与方来分别实现，并采用迭代优化的方式不断演进。按照这种方式，操作系统就能持续完善、不断进步，这是一个在商业实战中接受锤炼、越做越好的过程。

赵福全：我完全认同您这个观点。打造汽车操作系统既不能没有前瞻性，又不能过分前瞻以致于无法起步，更不能觉得不够前瞻就裹足不前。汽车操作系统肯定需要投入大量的人力、物力、财力，而且其最终形成商业上的广泛可行性恐怕尚待时日。但有一点是确定的，那就是无论大家有多少不同的想法，都需要在实践中通过产生商业价值来得到检验。也只有在持续的实践中，原本模糊的概念才能逐步澄清，原本欠缺的系统才能逐步完善。

自研操作系统的完整逻辑：掌控核心技术、形成演进能力、匹配中国场景

赵福全：说起来，企业不在现有系统上开发汽车操作系统，大家通常认为有两个原因：一是因为现有的操作系统无法支持未来十年汽车产业及产品创新的需要；二是出于对技术受制于人的担忧，毕竟现有的操作系统都不是中国的，我们没有控制权。而在这两个完全不同的出发点之外，刚才张总的分享进一步拓宽了我们的思路。

张总提出，我们一定要充分认识到汽车操作系统的真正价值，不能简单地"就车论车"。相比之下，计算机操作系统就是针对计算机的，手

机操作系统就是针对手机的，但是汽车不一样。一方面，计算机也好，手机也罢，都只相当于汽车上的一个总成而已，汽车的复杂度远非计算机或手机可比。另一方面，更重要的是，未来汽车将不再是信息孤岛式的存在，而是连接万物的移动节点，形成所谓"车－路－云"协同一体化的新格局。事实上，数字化的"路"和"云"都将成为未来基础设施的一部分，当然不同于以前的硬件基础设施，这里所说的基础设施是指具备通信和计算能力的信息化基础设施。由此出发，张总指出了现有操作系统真正的局限性，即无法承载一个包容性和灵活性更大的汽车生态，这才是中国需要自行打造全新汽车操作系统的根本原因。

张春晖：汽车操作系统应该自研的具体原因其实有很多，我觉得可以从以下几个角度来看这个问题。

第一，技术受控是一个很好的出发点，但我认为这不是最主要的原因。核心技术受制于人的风险当然要设法化解，不过仅仅实现国产操作系统的复制式替代是远远不够的，我们更需要操作系统的全面升级，即站在更高的维度上思考问题，通过重新自研操作系统来满足未来产业的发展需要。

第二，自研操作系统最重要的原因是解决演进的问题。试想，如果我们借用别人的操作系统，能够做到自我演进吗？答案是否定的。首先，别人不开放源代码，我们就不能实现演进。其次，即使能够拿到源代码，也只是了解了代码的作用，可以更好地使用而已，仍然不能在原有基础上演进。因为我们并不了解开发者的思想，知其然而不知其所以然。最后，对于一些开源平台，我们确实可以自由加入，但如果想根据自己的需要去修改源代码，平台所有者是不可能接受的。所以，基于别人的操作系统来开发汽车操作系统，很难真正实现自己的不同想法。实际上，当前这些问题已经在产业实践中显露出来了。

第三，自研操作系统不能脱离具体的时空场景。我们关于汽车操作系统的所有讨论有一个大前提，就是必须基于中国大市场，基于中国车路协同、车城协同、车云协同的思考与布局。事实上，车辆智能化的实现依靠的是数据这一核心驱动力，而数据一定是区域性的。例如，基于A

地数据开发的产品，拿到 B 地就会不好用甚至不能用，并且在不同区域，数据的采集、流通和使用策略也不一样。而现有操作系统都不是基于中国场景开发的，又怎么可能是适合中国的最佳解决方案呢？反过来讲，将来我们基于中国场景开发出的操作系统，直接复制到其他国家也不可能成功，同样需要基于当地场景重新开发。

正因如此，我认为打造适合中国场景的汽车操作系统是本土企业的巨大机遇，我们先天就比外国企业更容易理解和把握中国场景的具体需求。在这个过程中，我们不但可以掌控自己的操作系统，支撑未来中国汽车生态的建设，还可以形成基于特定场景开发操作系统的能力。这样一来，虽然中国的操作系统同样不能简单照搬到国外使用，但我们完全有能力结合当地情况进行海外的本土化开发，从而更好地参与全球竞争。

所以，自研汽车操作系统无疑是最优解。作为中国企业，我们切勿辜负了大好时机。为此，前面的日子苦一点也是值得的，因为未来一定是美好的。

赵福全：在我们的连番讨论中，张总清晰地回答了很多企业老总们当前颇感困惑的一个大问题。说实话，与张总这样的 IT 专家相比，我觉得自己对于操作系统的理解非常有限，我想很多汽车企业的老总们对操作系统的认识可能也和我差不多。但是作为企业的决策者，他们必须明确到底做不做自己的操作系统。而今天张总的观点对他们来说，无疑是重要的决策参考。同时，通过这期对话内容的传播，我相信整个行业都可以获得一次关于操作系统的宝贵"科普"。

我简单做一下梳理。张总首先是从"软件定义汽车"说起，谈到软件是分层的：最上层是应用软件，车企对于不同的应用软件，可以根据情况选择是否自己做。中间层与车辆的控制直接相关，车企必须牢牢抓住。比如，与推送加油站、充电站位置之类的应用软件不同，对车门、车窗、天窗等进行控制的相关软件，直接关乎车辆的功能、安全以及体验，这一定是车企的责任。最下层的基础软件则是起到支撑作用的底座部分，其中最主要的就是操作系统。

而对于汽车操作系统，我们应该建立以下基本认识：

第一，汽车作为万物互联时代的最大载体之一，其应用空间之广、涉及领域之多以及自身硬软件之复杂，都远不是此前计算机或手机所能比拟的。虽然此前计算机和手机的操作系统都很成功，借用到汽车上也能暂时发挥作用，但长远来看，这样嫁接的操作系统对于汽车而言，会有非常明显的局限性。

第二，基于现有操作系统进行开发，存在受制于人的风险。退一步说，就算可以完全实现对现有操作系统的国产化替代，但由于汽车操作系统必须基于特定的应用场景打造才能实现最佳匹配，而现有操作系统都不是针对中国这个全球最大市场的场景开发的，所以很难成为最优的中国方案。即使有的企业可以通过打补丁的方式做一些改进，其效果也不会太理想。

第三，汽车产业的发展前景尚难准确预料，相应的，汽车操作系统也不可能一步到位。在此情况下，企业从零开始自研操作系统，不仅可以把基本架构尽可能做得更前瞻，还可以形成自主迭代的演进能力。

说起来，那些掌握着现有操作系统的企业，恐怕很难下决心重新做起。而中国企业本来就没有自己的操作系统，现在既然有了这么好的机会和这么强的需求，为什么还要继续跟在别人后面呢？所以，中国企业应该努力抓住这次机遇，全力打造具有自身特色的全新汽车操作系统。前期可能会比较苦，但是一旦自研成功，未来的价值空间非常值得期待。最终我们不仅可以解决中国汽车操作系统从无到有的问题，更有望实现引领性创新和跨越式发展，从而在本轮科技革命中取得全球竞争优势。

谈到这里，我不禁想到了新能源汽车产业发展中的类似历程。前些年在电动汽车刚刚起步的时候，很多企业都选择了"油改电"，即在原来燃油汽车的架构上改换电驱动力系统。之所以选择这种"打补丁"的做法，是因为当时这些企业对于电动汽车的未来心存犹疑，舍不得投入开发新技术，总想着可以借用传统燃油汽车的基础，更容易地开发出电动汽车产品。实践证明，这种做法既限制了电动汽车的优势，又丧失了燃油汽车的优点，结果产品变成了鸡肋，无法赢得用户认可，同时企业也没有任何技术积累。目前市场上卖得好的电动汽车产品，无一不是基于全新电动汽车平台开发的。这种重新开始自研电动汽车平台的策略，初期当然投入更大且困难重重，却是企业提升核心竞争力的正确选择。

而操作系统选择自研也是同样的道理。更何况不同于"油改电"，中国企业本来就没有自己的操作系统，连"改"的基础都不具备。所以，我们开发汽车操作系统应避免走"油改电"那样的弯路，争取一步到位地打好基础。在万物互联的时代，智能汽车的战略价值难以估量，我们必须下定决心、自主打造能够支撑未来汽车生态的操作系统。

在此过程中，尤其要注意两点：一是操作系统应尽可能地与中国场景相匹配；二是操作系统应尽可能地具备拓展性和灵活性，可以随着未来汽车生态的成长而不断演进完善、扩大适用范围。今天的我们确实很难把五十年后汽车产业的状态想清楚，但只要我们把面向未来的顶层设计思想融入进去，使操作系统的基本架构具有前瞻性，充分体现中国对于未来汽车产品、产业及社会的理解和认识，那么这样的操作系统就可以成为良好的基础，供之后的几代人在其上进行拓展和完善，支撑未来汽车像人一样不断进步、日益"聪明"。

此外，我认为有一些和之前完全不同的准则，必须体现在新的汽车操作系统中。比如，要从车路协同的角度设计汽车操作系统，而不是像计算机或手机那样只需支持联网即可。又如，此前汽车上的软件都是嵌入式的，而且基本上是一个软件管理一个硬件，各种软件之间互无关联；未来这种模式将难以为继，必须通过软硬解耦，把硬件原子化，使不同的软件都可以调动各种硬件，而且软件之间要形成最优的组合。后续这方面的需求会不断增大，汽车操作系统必须能够有效支撑这样的前景。这些实际情况让我们更深刻地认识到，基于现有操作系统开发汽车操作系统，虽然短期内会容易些，但是长期看必将举步维艰。

汽车操作系统需要分三步走：一脉相承、逐步演进

赵福全：张总，刚刚我们交流了汽车操作系统的重要性，尤其强调应结合未来汽车产业的前景和特点，重新定义和自主开发汽车操作系统。事实上，一些企业已经认识到了这一点，近期就有不少企业表示要开发

自己的操作系统，甚至可以说，当前汽车操作系统出现了某种程度的开发热潮。那么，您如何看待当前这种"春秋战国、诸侯混战"的局面，您觉得这对自研操作系统有利吗？操作系统是一家车企就能做成的吗？

张春晖：现在越来越多的企业开始关注操作系统，甚至形成了一定的热潮，我觉得这本身肯定是一件好事。早在十年前，我们就开始探索汽车操作系统。但当时汽车业内普遍认为，用户关心的是产品体验，而操作系统能用即可。整个行业对操作系统都不太重视，更谈不上要自主开发了。记得那时候，我们介绍自己是做操作系统的，往往会迎来别人诧异的目光，仿佛我们来自于另一个世界。而现在大家越来越重视操作系统了，这有利于本领域的发展。

具体来看，我觉得目前操作系统的开发者大致有三种情况：第一种是真心在做操作系统。这部分人应该受到尊重，因为做操作系统不可能短期见效，而且需要大量的投入，有人愿意踏踏实实去做是难能可贵的。这部分人往往有两个特质：一是团队有情怀，有情怀才能甘于过苦日子；二是秉持长期主义，在资金上舍得投入，在行动上有序推进。这样的一群人非常值得我们尊重。

第二种实际上是在做和操作系统相关的一些工作，尤其是基于不同商业诉求的系统集成工作。说起来操作系统这个词现在有点被泛化了，很多工作只是基于操作系统开展的，并不是在开发操作系统的基本架构及内容。当然，到底怎么才算是做操作系统并不重要，能有更多的人在这个领域耕耘就是有益的。

而第三种情况是，有一部分人只是表面上号称在做操作系统，其实不过是追逐热点或炒作概念而已。他们对于汽车操作系统的发展是没什么帮助的。

总体来看，真心想做、在做操作系统的企业正越来越多。因此，对于开发汽车操作系统来说，现在真的是一个好时代。我常和团队的伙伴们讲，为了这一天的到来，我已经等了10年，现在终于等到了万物互联呼之欲出、行业共识日益达成的大好时机。在这个时代里，我们有机会围绕汽车这个物联网时代最重要的载体，设计开发一套全新的操作系统，赋予其更多的内涵，这是一件多么值得又多么幸福的事情。

赵福全：那么在这样一个好时代里，企业究竟应该如何打造操作系统呢？现在的问题是，操作系统不可能一步到位，只能循序渐进、逐步完善，而企业是需要盈利的，持续投入而产出不足将面临很大的压力。张总专注汽车操作系统很多年了，作为本领域内科班出身的资深专家，您刚才为大家描绘了汽车操作系统的理想状态。而要达到这样的理想状态，您认为企业应该分几步走？如何确定当前打造操作系统的边界？又怎样才能探寻出最佳的技术路线呢？

张春晖：这是一个很难回答的问题，目前恐怕也没有标准答案。我们虽然已经实践了很多年，也还是在持续摸索中。大体而言，我认为研发操作系统只能分步实施，而不能跳跃式发展。目前我们在一定程度上加快了进程，但仍然要遵循上述基本规律。在我看来，研发汽车操作系统至少要分三步走，在我们团队内部称之为三部曲。

第一步，做好车联网。之前您也曾提及，我们打造的第一款互联网汽车已于2016年上世。这其实不是一般意义上的联网，而是实现了汽车的在线。目前数字化城市正在迅速发展中，一些车型实现了在线接入，已经让部分消费者享受到了数字化社会的便利，而且今后这种数字化带来的便利还会继续扩大，进而让消费者从中获得更好的体验。

实际上，备受关注的智能驾驶技术也和车联网一样，必然要经历一个从无到有、从少到多的过程。新车市场渗透率先要达到1%，继而才能达到10%，直至未来上升到80%甚至更高，不可能一夜之间汽车就全都变成智能驾驶了。同时，这也是一个消费者接受智能驾驶"教育"的过程。再加上目前还有这么高的汽车保有量，这些存量要完全被具有智能驾驶能力的新车替代，显然需要更长的时间。

说起来，智能驾驶也好，服务和体验也罢，都与车辆的网联化紧密相关。现在业内谈论更多的是智能驾驶，是服务和体验，是车机系统以及APP，其实这些都是表象，让汽车在线、让服务在线，从而使汽车及其服务与用户实时连接，这才是表象背后的本质。所以，我认为第一步至关重要。

第二步，做好智能座舱。以前不少人觉得，智能座舱无非就是把屏幕做得更大，然后再把手机应用直接移植过来就行了。今天大家的认识已经完全不同了，尤其是将汽车作为一个空间来思考，这就不是手机所能类比的了。在座舱这个空间里，需要关注的不只是汽车本身，还包括驾驶人、乘客，以及各种服务及其体验，此外还有座舱与智能驾驶的跨域融合。就是说，要考虑人机共驾等情况，复杂度成倍提升。因此，今后智能座舱将不再是单核系统，很可能必须是异构多核的系统才能胜任，而且这其中有的核是实时的，有的核则是非实时的。这样的智能座舱将是智能汽车发展过程中的巨大进步。

第三步，做好整车系统。前面我讲到汽车软件大体上可以分为三层，当然如果细分起来会有更多的层级。操作系统需要统一管理不同层级的软件，以有效发挥其作用。因此，当前的第三代操作系统比以前更加复杂，开发难度也更高。而未来的第四代操作系统，可能就不再局限于汽车本身了，而是要把汽车置于整个城市中来管理，其底层逻辑是车与路、云乃至整个数字化城市协同一体化的系统思考。

汽车产业一直在不断发展、持续演进，相应的，几代操作系统也是一脉相承、逐步发展过来的，而不是彼此割裂的关系。在此过程中，用户的习惯得以延续，体验日益提升，操作系统也越来越趋于完善。例如，以前用户只能通过语音与汽车对话，之后交互的方式慢慢增多起来。又如，以前汽车大屏幕上显示的是地图，未来随着AR/VR（增强现实/虚拟现实）技术的应用、数字化城市的发展，显示的很可能将是整个城市的场景，而且或许不是在屏幕上，而是在汽车玻璃上让用户看到。这其中可供想象的空间非常大。

也就是说，我们应该基于自己对操作系统演进程度的认知，为每一代操作系统定义出清晰的目标，使各代操作系统都能解决各自的核心问题，同时确保代与代之间不出现割裂，能够一脉相承地发展完善。我想强调的是，今后汽车产业需要解决的问题将越来越复杂，因此，我们开发操作系统所需的投入和知识也必然会越来越多。

赵福全：操作系统非常重要，不过汽车业界对它的认识要有一个过程。此前,张总这些先行者们甚至有点曲高和寡的感觉。因为初期多数企业都觉得,广大用户更多的是从应用层面来感受智能化产品的,至于用什么操作系统,往往并不重要。后来随着汽车产品的智能化程度越来越高,涉及的硬件和软件越来越多,企业逐渐意识到,如果没有合适的操作系统提供支撑,是无法把这些硬件与软件的各种组合有效运行起来的。于是一些企业开始尝试开发封闭式的汽车操作系统,主要是为了自己可控。之后由于需要融入的外部资源和用户日益增多,又有一些企业开始打造开放式的操作系统,以期有效承接更多的外部资源和用户。

当然,用户更关注应用层面而非操作系统层面的情况并没有改变,就像现在走进了千家万户的手机一样,用户关注的只是 APP,而非手机操作系统。然而不同的操作系统对硬件和软件的协同管理能力截然不同,这会显著影响用户可用的服务以及相应的体验。这才是操作系统越来越受汽车企业重视的根本原因,也让操作系统迎来了关注热度空前的春天,这对行业而言无疑是有利的。

不过汽车操作系统不可能因此一蹴而就,我们需要客观看待其复杂性和渐进性。一部分企业真心想自研操作系统,那就必须持续投入大量的人财物,并要有先过苦日子的思想准备。另一部分企业自称在做操作系统,实际上只是基于现有操作系统做一些嫁接或集成的工作,这其实也是一种有益的尝试。还有一部分企业尚未充分认识到操作系统的重要性,还没有自己的开发计划,也没有找其他企业合作,这类企业在后续的发展中恐怕会遇到麻烦。

汽车操作系统不会一家独大,不同企业应有合理分工

赵福全: 刚才张总还谈到了开发汽车操作系统的策略,接下来我想和您继续探讨这方面的问题。随着汽车产业不断向前发展,您认为最终汽车操作系统的格局将会是怎样的?是几套操作系统并存,还是一套操作系统一统天下?或者说从掌控的主体来看,是几个企业联盟各自使用不同的操作系统,还是一家企业的操作系统被全行业共同使用?会不会像个人计算机的操作系统那样,最后一家独大呢?

张春晖：这个问题涉及技术、商业、社会和风险控制等很多层面。如果从操作系统本身的规律来看，正如我前面讲到的，成熟的操作系统不可能是最后一刻凭空出现的，一定是基于此前不断的尝试和积累诞生的。也就是说，都可以追根溯源找到其最初开始演进的起点。而据我判断，最后能够一路演进下来直至成熟的操作系统不会太多，可能有三四套；但也绝不会只有一套，汽车操作系统很难形成一家独大的局面。

还有一点，今天大家对汽车操作系统的定义并不统一，有很多不同的层面和内涵。业界能够从多个视角来看待操作系统，比如从用户的视角、从中间层的视角、从底层的视角等，这本身也是好事。如此一来，短期内汽车操作系统可能会有很多种，因为整车企业都有各自的想法，都想打造具有自身特色的操作系统。事实上，整车企业也确实有很多理由需要这样做，为了提升用户体验，为了支撑产品迭代，为了更好地整合资源，以及为了实现硬件原子化重组并自主选择软硬件方案等，都会产生按照自己的想法开发操作系统的诉求。

从斑马的角度来说，一方面，我们在这个领域已经打拼10年了，今后还希望能够坚持20年、30年，一路走下去，让我们的操作系统一代一代地不断演进。另一方面，我们一定要和整车企业有明确的分工。刚才我也讲了，做操作系统的难度非常大，需要长期持续的投入和积累，如果每家整车企业都各自为战，从技术能力的角度是不可能的，从投入产出比上来看也是不划算的。而斑马愿意沉下去，努力把操作系统的内核打造好，然后为其他企业赋能，即我们会支持整车企业打造其所需的广义上的操作系统。说到底，车企关注的是用户、数据以及资源的整合，这些要素也确实应该由其掌握，毕竟车企要对最终的产品负责。至于操作系统的内核，我认为并不是车企必须掌控的。今后为了成功打造出新汽车，每家车企都需要实施数字化转型，力争成为智能科技公司。我们希望车企都能转型成功，这样斑马操作系统的赋能就能体现出更大的价值。

赵福全：张总，您刚才特别谈到，操作系统必须有足够超前的顶层设计，确保基本架构有充分的拓展性，并且在分步走的过程中，每一步都不是孤立的,需要不断积累、逐步演进。而现在不少车企在做操作系统时,很少进行前瞻的战略思考,往往是眼前取得一些进展就觉得成功了,实际上并没有形成必要的积累,所做的系统也没有很强的拓展性,我觉得这样的企业是走不了太远的。

当然,现阶段企业对汽车操作系统有不同的理解和定义是很正常的,宣称自行打造出了操作系统以提升形象也无可厚非,只不过企业一定要避免其中可能存在的误区。例如,近期我经常听到一些企业老总讲,我们也有自己的操作系统。事实上,正如张总所说,操作系统有很多层面,完整的操作系统能够把所有的硬件和软件都统一管理起来,以高效地实现智能化,这样的操作系统非常庞大且复杂,远不是某家企业在短期内就能成功打造出来的。企业在做出了某个层面或某个部分的操作系统后,可以进行一定的宣传,但切不可引起用户的误解,更不可误以为自己真的就把操作系统做全了、做好了。

其实对于新鲜事物,出现误解或误读的可能性是很大的。就像前段时间一些自动驾驶的车辆接连发生事故,就在一定程度上与部分企业的过度宣传不无关系。明明只具备L2级辅助驾驶的能力,却让用户以为已经达到了L4级自动驾驶的程度,结果就发生了严重的安全事故。

而对于操作系统来说,我认为企业更应该规避的是自我误导,这既涉及企业的高层,也涉及企业的中层和基层。有的时候可能是领导的宣传误导了员工,也有的时候可能是员工的描述让领导产生了误解。等到几年后企业醒悟过来的时候,恐怕已经为时已晚、错失良机了。

架构思维能力最为关键,操作系统要给未来"留白"

赵福全:张总,围绕操作系统的开发,我还有两个问题。第一个问题,您刚才讲到,操作系统的开发需要分步实施,同时各个步骤之间并不是孤立的,而是连贯的,因此在一开始就要有足够的前瞻性。那么,您觉得这种前瞻性主要是靠前期架构的合理设计,还是靠对操作系统后续发展的准确预判来实现呢?

张春晖:您这个问题既有高度,也有现实意义。我可以和大家分享一下我们自己的实践和体会。10年前安卓系统就已经很强大了，当时阿里的操作系统业务才刚刚起步，不过我们认为必须自研一套操作系统。而开发操作系统最难的是组建团队，要想找到合适的人才非常困难。需要自己做编译器，就必须有懂得编译原理的人，可是我们四处寻觅也没能如愿。那时候写应用程序的毕业生更容易就业，而学编译原理的毕业生不好找工作，因此大部分学生都不学这个方向了。最后，终于发现北京大学还有几个编译原理方向的博士生。我就说服他们，这个专业毕业困难、就业也困难，不如现在就直接入职阿里，待遇等同于博士。有了他们的加入，团队总算是组建起来了。实际上，不只是组建团队，之后的整个开发过程都很艰辛。

在实践中我们越来越体会到，开发操作系统最关键的是架构思维。回想当年我们刚刚组建团队时，架构思维也是欠缺的。后来基于对场景的思考，才逐步把这方面的能力弥补上。当时我们就在想，如果操作系统只适用于一个应用场景，肯定是有局限的。系统没有"留白"，即没有为后续的发展留出空间，就不会具备拓展性。因此我们同时确定了几个场景作为开发目标，进而产生了满足万物互联下各种应用场景的思想。

于是我就给团队提出了要求：操作系统既要支持手机，也要支持电视，手机和电视其实是差别很大的两种应用场景。此外，还要支持汽车，因为到了万物互联的时代，汽车和手机、电视一样，都要联网。所以，我们确实很早就想到了汽车，当然那时候主要是担心系统架构的拓展能力不足，想多找几个可能的不同端口。而手机端、电视端和汽车端是不一样的，如果我们能在系统架构设计之初就把这三个端都考虑进去，就有可能突破操作系统的局限性。

早期我们就是用这种方法引导团队考虑和设计系统架构的，经过一段时间的磨砺，团队的架构思维能力越来越强。现在看来，这种做法是正确的，而且也体现出了开发操作系统与一般软件的差别。操作系统的基本要求就是要有平台性，要面向未来留出拓展空间，甚至是跨界的空间；在此基础上，再考虑如何支撑别人，让别人做得更好，使系统承载的应用及其体验达到最佳状态。

至于开发汽车操作系统应该分步实施的观点,也经历了一个实践和思考的过程。就像现在我们展望未来可以想到一些新场景,但是不可能预测到全部场景一样,当年我们也不知道后面的十年应该怎样发展。我们是在基于第二代操作系统开拓第三代操作系统的时候,回头审视走过的路,才清楚了第一代、第二代以及第三代汽车操作系统的内涵。这是一个不断迭代并逐渐提升认识的过程,而每一次迭代都需要对过去的复盘和对未来的思考。

说到这里,我想总结一下,我认为开发操作系统有三点非常重要:第一要有长期专注于此的团队,就像斑马的团队不一定有多聪明,但是我们天天都在思考操作系统的问题,已经长达十年了,相比于其他团队,自然更容易做得好一些;第二要尽量提升自身的跨界能力,为此应引入一系列能把系统扩宽的力量;第三要不断迭代、持续改进,才能让一代一代的操作系统越做越好。

具体到汽车操作系统上,我们很早就发现汽车产业的特殊性,这个产业涉及的要素多、范围广、层面高。当我们从汽车出发,把视野扩宽之后,就意识到开发汽车操作系统不能仅仅考虑车辆自身,还要将其放到城市中思考,这样很多问题就随之而来,而且直到今天还没有确切的答案。不过我们从系统拓展性的角度思考这些问题,这本身就会为布局操作系统提供很大的启发,即便目前还没有形成成熟的产品。

那么,如何把汽车放到城市中思考?又如何让汽车的智能化与城市的数字化有机结合起来呢?这是一个很大的课题,可能需要我们研发几代操作系统才能最终解决。而这种思考很有意义,相当于先把未来的愿景建立起来。愿景的作用是非常大的,可以帮助我们找到技术方向,也可以帮助我们把技术与商业结合得更好。正确的愿景会对技术产生方向性的引导和促进作用,反过来,技术进步又会拓展我们思考问题的边界,并提升实现愿景的可能性。我认为,操作系统的发展就是愿景与技术有效协同互动、不断迭代验证的过程。

赵福全:我觉得张总关于如何保证操作系统前瞻性的回答,已经不是简单地就事论事了,而是蕴含了很多哲理。前面您谈到,打造操作系统既要仰望星空,也要脚踏实地。就是说,既要有前瞻的战略判断,努力看得更远,也要充分考虑当前企业的认知水平和现实状况,基于企业能力,包括人力、物力、财力等的实际情况来实施。

同时,您强调开发操作系统一定要"留白",要有拓展性。例如阿里在刚开始做操作系统时,就同时考虑了手机、电视和汽车的接入需求,这就是从未来万物互联时代的展望出发,把汽车这个可移动的互联终端,视为了操作系统的一个重要端口,提前考虑将来汽车需要什么样的接口、如何实现数据传输、怎样进行硬软件管理等等。我认为,这就是战略眼光的体现,也是操作系统的架构能够支持后续拓展和不断迭代的前提。

之后您还谈到了愿景的作用。开发操作系统是一项需要整体规划、分步实施的系统工程,必须不断优化,才能越做越好。而愿景相当于为大家指明了前进的方向和最终的目标,让大家都清楚必须加倍努力、坚持去做,否则只能是在原地打转,直至错失良机。尤其是未来汽车产业将更趋复杂,因此汽车操作系统的规划就更需要尽可能想得远一些,基于未来汽车在未来城市中如何发挥作用的思考,来勾勒理想的图景。反之,只顾眼前、鼠目寸光的产业实践,一定会迷失方向,是无法满足万物互联时代的需要的。

汽车应充分借鉴手机经验,基础操作系统越通用越好

赵福全:接下来与张总探讨下一个问题。当前行业里有很多企业都在讲操作系统,其中不少企业的认识和实践恐怕并不正确,大概率会走向失败。这对斑马来说或许是好事,但对行业来说却是坏事,而对这些企业来说就更是巨大的损失。一些企业由于理解有误,可能真的以为自己是在做操作系统,并取得了不错的进展,但其实主要还是在做中间层或者应用层的软件而已,完全没有触及操作系统的核心。我认为这个问题亟待澄清,否则等到企业几年后醒悟过来的时候,时机就错过了,同时整个行业也面临巨大的资源浪费。对此,不知道张总有何建议?

张春晖:这个问题太难回答了,涉及很多因素。我想不妨参考一下手机的例子,这也是我们的亲身经历。虽然汽车与手机不同,但有些道

理还是相通的。当年做手机操作系统时,我就曾经对不少手机企业的领导说过,把赌注都压在安卓系统上,将来会很被动。可是对方不以为然,他们觉得安卓系统很好,未来肯定会占据手机操作系统的霸主地位,而且又是免费和开源的,可以直接在上面修改程序或深度定制,为什么不用安卓呢?我告诉他们,这种想法当然有道理,但是如果后面情况变化了,该怎么办呢?一是安卓系统会演进,如果安卓修改了,那基于其开发的软件就都需要跟着修改;反过来讲,如果安卓不修改,有很多问题企业自己是解决不了的,所以基于安卓系统开发一两代产品没问题,但后续迭代升级会越来越难。二是安卓免费共享的政策如果改变了,企业也没有办法应对。初期我们这样讲,几乎没有人相信。后来等到真的出现问题时,他们回来和我们交流说,你们当时讲的是对的。然而是对是错早已不重要了,因为开发全新手机操作系统的时机已经错过了。我希望汽车产业的朋友们都能从中有所感悟,千万别让类似的情况又在汽车操作系统上发生。

赵福全: 您觉得当时没能说服手机企业的原因是什么?是自己有一种应该自研手机操作系统的直觉,但还不能说得很清楚?还是当时缺少实际的案例和可信的数据支持您的战略预判?又或者是他们的想法太顽固了,难以动摇?

张春晖: 我认为各种原因都有。第一,大家都有自己的想法,很多时候对别人的意见确实很难听得进去。第二,当时我们形成了自己的判断,但的确还没有办法去证实。然而前瞻性判断的价值恰恰在于尚未发生就有所预见。等到后来事实证明我们是正确的时候,开发全新手机操作系统的机会已经失去了。

值得庆幸的是,当前汽车产业有上述历史经验可以借鉴。而且汽车是重资产的产业,企业会更加慎重地思考和决策。从这个意义上讲,我倒认为短期内不少企业都在做一些尝试也不是坏事。因为每家企业的想法各不相同,不妨对各种路线都实践一番,在这个过程中就会逐渐明白哪些路线是行不通的,最后更容易达成共识,找到一条能够实现多赢的路径。

另一方面，我想特别强调的是，开发全新的汽车操作系统并不意味着车企要自己来做全部事情。实际上，汽车产业分工协作的理念原本就很强，毕竟很多零部件都不是整车企业自己做的。如果企业什么都自己开发，控制力肯定更强，短期内或许可以见效快、收益高，但是长期看效果一定不会好，至少效率不可能是最高的。而如果整车企业继续秉持分工协作的战略，那如何分工、与谁协同来打造操作系统就只是具体的战术问题了。反之，如果整车企业认为操作系统就要独自来做，这种思想根深蒂固，那别人再怎么讲也没有用，也就不可能形成分工协作的共赢局面。

尤其对于基础操作系统，我认为这就像基础零部件一样，应该是越通用越好。如果有企业已经进行了大量的开发工作，就应该让其继续做下去，做得更加精细，然后各家整车企业拿过来一起使用。例如几家大型的整车企业可以共同投资来做基础操作系统以及基础软件，并努力使其成为行业标准；然后通过共同使用这个操作系统，助力其做得更好、更大、更强。同时基于这个基础操作系统，各家车企可以进一步进行各自的个性化开发，形成百花齐放的差异化产品。我认为，这种模式既有合理的分工协作，可以集中资源夯实基础，又不影响企业之间的市场竞争。由此，汽车操作系统就能健康地发展起来。

赵福全：当前很多企业都宣称自己在做操作系统，不过这些所谓的操作系统也有层级之分、真假之别。这其中，既有真正在做操作系统核心的"李逵"，也有只是在做某些应用层软件或中间件开发的"李鬼"。我觉得企业对外宣传自研操作系统，可能对品牌形象的提升能起到一定作用。不过企业内部对操作系统必须有正确的认识，清楚自己做的到底是不是操作系统，是操作系统的哪个部分，以及应该做哪个部分。

事实上，一直以来汽车都是一个集大成的产业，整车企业不需要也不可能凡事都亲力亲为，而是应当集中精力做好集成工作。也就是说，车企必须"有所为，更有所不为"。

在硬件主导汽车的时代，一辆车上大约有上万个零部件，其中70%以上都是整车企业采购得来的。由此可知，确保汽车产品的高品质有多么不容易。一方面，这上万个零部件的品质都必须做到位，否则就会出问题；另一方面，即使每一个零部件的品质都很好，可是将它们集成到一起，还是可能因为匹配不佳而出问题。所以，整车集成能力对于车企而言至关重要。

而进入软件定义汽车的时代，整车企业的集成能力将进一步扩展，同时也将更加重要。首先，硬件方面的集成要求没有丝毫降低。虽然新能源汽车上有动力系统的变化，主要是发动机换成了动力电池和电机，但车身、底盘、制动、转向等系统的硬件都没有减少；而智能汽车在没有改变基础硬件的同时，还增加了芯片、传感器等新硬件。其次，软件方面的集成要求显著提升。因为未来汽车将加入越来越多的软件，包括操作系统和各种单一软件等。最后，这些硬件和软件的有效融合需要车企形成新的更强的集成能力。

我以前就曾经讲过，软件定义汽车时代的产品开发需要全新的方法论：一要软硬分离，各自按照不同的流程和标准进行开发；二要软硬组合，实现软件与硬件在物理上的匹配；三要软硬融合，唯有如此才能真正为用户提供最优的个性化体验；四要软硬平衡，硬件为软件的迭代适当超前储备，同时在成本上确保均衡。而这四点同样是新时期整车企业需要形成的集成能力。

正因如此，我认为未来整车企业必须比以往更加重视培育集成能力，同时相对于"有所为"，可能要有更高比例的"有所不为"才行。或者说，车企必须掌握对自己最重要的部分核心技术，同时全力做好软硬件的系统性集成；至于很多软硬件本身，大可以交给相关的专业公司来负责。

而汽车软硬件的有效集成、系统性管理及其性能的优化控制，需要能力超强的操作系统，这个操作系统的打造尤其需要分工协作。如果某家车企按照包揽一切的方式来开发操作系统，恐怕只会越做越难，结果很可能是投入了大量资源，却只得到一个鸡肋系统，根本无法满足未来的需要。这样既耽误企业的发展，又影响行业的进步。所以我非常认同张总的观点，开发汽车操作系统不能由整车企业唱"独角戏"，而是需要整供相关企业有效分工、共同努力。在此过程中,车企应当做好操作系统架构和平台的定义以及相应的集成工作,至于架构之上的各种组件可以让其他企业来填充,平台之下的基础支撑也没有必要自己做。事实上,基础操作系统由专业的第三方来做,并让尽可能多的车企去应用,更有利于操作系统的发展和完善,最终也会让车企自己受益。

操作系统要和硬件企业深度合作,"芯片+OS"模式是演进方向

赵福全: 张总,刚才我们谈到整车和供应链企业要形成合理的分工,尽可能让专业的团队做专业的事情。那么具体来说,怎样才是合理的分工呢?例如很多传统的一级供应商,原来为车企提供的都是软件嵌入硬件的零部件,今后这些供应商应该如何与软件公司分工?它们与斑马这样的操作系统开发商又该怎样合作?要知道,这些企业提供的零部件都要在操作系统上运行。

也就是说,您如何看待未来整车企业、传统零部件供应商、软件公司特别是操作系统公司之间的关系?按照我的理解,操作系统既要为软件提供运行环境,又要把各种硬件和软件都有效管理起来,因此操作系统与各种软硬件都密切相关。

张春晖: 是的,您对操作系统的理解非常深刻。汽车操作系统所涉及的多方分工协作问题确实极为复杂,我认为可能要从不同的角度来分析。

一方面,从存量即原有汽车企业的角度看,当前汽车行业正处于由传统汽车向新汽车迈进的变革期,整个汽车产业链条都在重构。整车企业将转型成为新汽车的制造商,相应的,一级供应商作为产业链上的重要角色,也要转型成为新汽车的供应商。而对于新的一级供应商,其角色和要求目前还没有明确的定义,谁更有机会成为以及怎样才能成为合格的新一级供应商也并不清楚。不过有一点是明确的,那就是现有企业非转型不可,否则就会被产业淘汰。事实上,也只有在产业演进和转型的实践过程中,新的一级供应商才能涌现出来。

另一方面,从增量即新进入汽车领域的"业外"企业的角度看,必

须明确自己擅长和不擅长的方面，然后制定相应的协同策略。以斑马公司为例，我们很清楚自己并不擅长汽车硬件，但又不能脱离硬件来谈软件，所以就一定要与相关的硬件企业深度合作。并且这种合作不是像以前那样只限于一个接口或界面的浅层次合作，而是要进行更广泛、更系统的深层次合作。比如芯片和传感器是新汽车上非常重要的新硬件，只将其视为一个模块提供驱动支持，或提供一个简单的信息界面是远远不够的。为此，我们就要与芯片和传感器企业进行深度合作，以真正实现软硬件的最优匹配。

当前，各类企业其实都面临一个共同的重要课题，即新汽车到底"新"在哪里？因为产业发展的核心驱动力一定是创新，而新汽车的创新性是其定义的基础，也是今后企业为之努力的目标和方向。然而今天我们还无法清晰确定未来新汽车应该如何创新，这就要求一些企业，比如做整车产品、操作系统、芯片等的企业先行一步，探索可行的路径；而其他企业，也就是相对比较成熟的软硬件的供应商，在后面跟上就可以了。

我相信在关键软硬件深度融合的过程中，例如通过操作系统与芯片的深度融合，共同推出"旗舰产品"并不断优化，汽车产业一定会走出一条与此前完全不同的道路来，实现引领创新并树立新汽车的标杆，进而重塑未来整个汽车产业的生产关系。

赵福全：张总谈到操作系统必须有效承载和管理各种软硬件，而斑马虽然在软件方面有深厚的积累，但是在硬件方面并不擅长，所以必须与硬件企业深度合作，以实现真正的软硬融合。对此，您特别提到了芯片和传感器等硬件。那么针对操作系统与芯片之间的关系，您能否再和大家具体分享一下自己的理解？

张春晖：其实芯片是一个笼统的称谓，尤其是未来汽车产品上将有种类繁多的芯片，例如有SOC即系统级芯片，还有面向服务、计算、通信以及智能驾驶等不同用途的各种芯片。事实上，今后整车企业需要解决的诸多问题，往往都与相应的芯片有关。因为汽车产品高度复杂，包含多种功能，不可能用一块芯片就把车上所有的问题都解决掉，这一点完全不同于个人计算机和手机。因此,车企就要把不同种类的芯片组合到一起。

需要注意的是,整车企业可以选择使用某家供应商的某款芯片来实现某个功能,但是汽车用户并不关心是哪款芯片在实现哪个功能,他们在乎的是高标准、高品质、高一致性的整体体验。而各家芯片企业只能尽力做好自己负责的功能,无法确保其他的功能,更无法确保各种功能集成后的整体效果。所以就像赵院长刚才讲到的,今后对整车企业的集成能力将有更高的要求。车企不仅要具备整车系统的集成能力,还要具备分层的集成能力。唯有如此,才能使大量不同的芯片有机地结合起来、高效地协同工作。这是非常大的挑战。

更进一步来说,假如未来由很多芯片整合形成了中央处理器,那么这个中央处理器应该如何驱动呢?今天每一家芯片企业都只能驱动自己的芯片,而不能驱动其他企业的芯片。显然未来我们必须打造一个系统,确保系统上的各种芯片都能驱动起来。这个系统向上要协同好应用层软件以及数据业务、服务业务等,向下要控制好车辆的各种硬件,其重要性和关键性不言而喻。我认为这就是操作系统公司应该做的事情,也是斑马目前正在做的事情。

而操作系统公司想办好这件事,可能就要和每一家芯片企业都进行深度合作,或者至少要把各家企业都连接起来。这本身是极其困难的。好在当前还处在行业发展初期,我们现在就与芯片企业合作,可以在芯片设计之初就参与产品的定义,同时一起探讨怎样才能使芯片的性能在操作系统上发挥到极致。而不是由芯片企业自行定义产品后,再拿过来直接供我们使用。

我们把这种联合定义芯片的模式称为"芯片+OS(操作系统)",以此为基础,可以更好地支撑 AI(人工智能)能力的发挥,从而给汽车产业带来巨大的帮助。等到斑马把这种能力打造出来,就会向全行业开放;或者我们先做个标杆,通过实践证明这种模式的良好效果,这样大家自然会跟进的。由此,汽车操作系统也就逐步演进、应用起来了。

赵福全: 我相信,刚才这番讨论正是当前很多企业老总们所纠结的问题。大家都清楚，在产业全面变革的新时期，整供合作的原有模式已经不适用了，但是适宜的新模式又不明确，这就难免让大家感到困惑。

有一点是确定的，整供之间不再是简单的买卖关系，而是需要更加紧密的协作。对整车企业来说，面对核心技术日益增多的局面，只能比以往更加强化集成式创新。可是到底集成到什么程度合适呢？车企显然不能只掌握集成技术，而其他核心技术都不掌握。具体自己应该掌握多少？怎样划定边界？这件事说起来容易，但做起来却涉及人、财、物的大量投入。而且企业如果做出了错误的选择，很可能在投入之后也不会有理想的结果，毕竟汽车原有专业领域之外的很多核心技术，都并非车企所擅长的。

同时，任何企业的精力和资源都是有限的，车企如果投入得太过分散，甚至可能会导致"耕了别人的田，荒了自己的地"。说到底，车企的最终产品还是汽车，其根本目的是让用户获得最佳的用车体验，而不是尽可能多地掌握核心技术。当然，未来基于汽车的体验涉及越来越多的因素，远远超出了汽车产品本身，例如信息化的道路基础设施、智慧城市的架构等，这些因素将与车辆一起组成万物互联时代的汽车大生态。我想强调的是，生态由所有的参与者共同构成，未来每个参与者都将在生态中生存和发展，谁都离不开生态；而生态离开了谁都能运行，因为无论缺少了谁，很快就会有其他参与者顶替上来。这就像一片森林不会因为死了一只老虎而消亡。

在这种情况下，企业必须跳出惯性思维和固有理念，重新思考一系列本质问题，即我是谁？我在哪里？我要去哪里？这也是近期我和很多企业老总们探讨最多的问题之一。只有把这些问题都彻底想明白了，企业才能真正知道，我要有什么能力才能到达目的地。由此出发，企业不仅需要重新评估自身状况，还需要对产业前景做出预判。这样才能在未来的图景中找到自己的合理定位，并以此确定所需的能力，或者说，自己必须形成什么能力才能拥有未来。事实上，汽车产品和品牌的内涵已经改变了，车企必须以一种全新的视角去理解汽车产业及技术的未来，并制订相应的发展策略。

正如刚才张总举的操作系统与芯片的例子，二者的关系可谓唇齿相依。操作系统如果离开了芯片就无法运行，而芯片如果不能与操作系统良好匹配，也无法有效发挥作用。因为操作系统管理着各种硬件和软件，相当于为芯片提供了土壤，而芯片如果水土不服，又怎么可能茁壮成长呢？所以，未来操作系统企业的合作理念绝不是"我开发了操作系统，你拿去使用"，而是要和各种相关软件与硬件的供应商，即生态的各方参与者，进行产品的联合定义和开发，以确保相互匹配和支持。否则操作系统就是做出来了，其价值也很有限。也就是说，此前操作系统企业的出发点，是如何把系统本身做得更好；而现在更需要思考的，是如何让操作系统支持更多的软硬件，包括一些未来可能需要系统支持的潜在的软硬件，并以此为目标，积极开展协作和培育相关能力。

由单一客户到服务行业，汽车操作系统平台化属性彰显

赵福全：张总，以上我们从产业的层面讨论了汽车操作系统应该如何打造。说起来，开发汽车操作系统真的很不容易，需要长期不懈的努力。特别是在初期业界对操作系统认识有限的大环境下，张总对自研操作系统坚守如一，带领团队在这一领域默默耕耘了十余年，终于迎来了今天操作系统发展的热潮，确实难能可贵。接下来，我想和您交流一下斑马的具体情况。请问张总，现在斑马的主营业务是什么？做到了怎样的规模？客户主要是国内还是国外企业？除了整车企业之外，是否与供应链企业也有较多的合作？

张春晖：斑马的主营业务仍然聚焦在开发汽车操作系统上。前面提到，我们现在有三代操作系统，内部称之为"三部曲"。第一代是车联网操作系统，相对比较成熟，搭载这套系统的汽车目前已经超过200万辆。多年来，这一代操作系统一直在不断发展、持续进步之中。第二代是智能座舱操作系统，搭载这套系统的产品将于今年年底至明年陆续上市。智能座舱操作系统主要是为了提升座舱体验，让用户从汽车座舱中体验到一种智能专属空间的感觉。第三代是整车智能操作系统，正处在研发阶段，核心是打造RTOS即实时操作系统。与前两代相比，第三代操作系

统面临的挑战更大。事实上，目前真正投入开发 RTOS 的企业非常少。

至于说到斑马的客户，目前国内和国外的整车企业都有，主要包括上汽集团、一汽集团、上汽大众和一汽大众等。斑马是直接服务于整车企业的，当然我们与一些供应链企业也有合作。

赵福全：斑马自创立之初就与上汽开展了深度合作，2016 年荣威 RX5 的问世具有标志性意义，这款产品被誉为全球第一款互联网汽车，取得了巨大的成功，同时也意味着斑马第一代操作系统初战告捷。不过现在整车企业越来越重视包括操作系统在内的软件开发，像上汽就成立了自己的软件分公司——零束，另有一些整车企业正在开发自己的操作系统。在这种形势下，斑马是如何自我定位的呢？

张春晖：斑马的定位是很清晰的，从成立之初就是面向行业的平台型公司。最初作为上汽和阿里合资成立的公司，斑马的主要客户自然是上汽。后来两个集团对斑马进行了重组，服务整个行业的属性就更强了。在服务上汽的初期，斑马进行"端到端"的交付，要为客户做出完整的产品。例如，第一代荣威 RX5 的用户体验就全部是由斑马完成的。而当前斑马为全行业提供操作系统，相应的，我们的主体业务就要相对下沉一些，即基于我们的操作系统，支撑客户做好各自的应用与服务。在此过程中，斑马与上汽零束这类客户下属的软件公司，是合作的关系。

赵福全：也就是说，上汽和阿里经过几年的合作和摸索，形成了一个共识——汽车产业更需要很多车企共同使用的操作系统。所以，斑马的定位是为整个行业服务。与此同时，操作系统下层和上层的各种软件则应由整车企业自己或者与相关合作伙伴一起深度合作来打造，包括通信模块和计算平台软件，以及各种面向服务的应用层软件等。在这种模式下，上汽零束的使命应该是基于斑马的操作系统进行深度开发，以满足上汽集团打造软件定义的汽车产品的需求。

说到"软件定义汽车"，我认为，这意味着操作系统必须有效对接未来的汽车大生态。前面谈到，汽车产业原本就是一个生态，不过主要是制造业的生态，由整车企业和零部件供应商组成；而到了"软件定义汽车"的时代，汽车生态的参与方更多了，范围也更大了，特别是在硬件供应商之外,还有了大量软件供应商,并将由此衍生出软件开发者生态和应用服务生态等。正因如此,操作系统的共用性至关重要,因为如果没有诸多车企以及供应链企业的生态支撑,操作系统是无法真正发挥作用的。

汽车安全需要体系化思考,操作系统将发挥重要作用

赵福全:张总,我们都知道,与手机等其他生态不同,在汽车生态的构建过程中,安全是一个非常重要的指标。或者说,安全是汽车生态与手机生态的核心差异点。毕竟手机生态基本上只是应用服务生态,手机提供了各种APP的客户端,这些APP的开发和维护由生态的相关参与者自己负责,并由用户自行下载和使用,不涉及手机本身的使用安全问题。而汽车完全不同,它是一种高速移动并载人载物的产品,必须确保绝对安全,为此整车企业就需要对第三方开发的软件进行安全验证和批准。那么,在汽车软件开发者生态中,一款软件要如何完成概念提出、产品开发、验证批准直至投入使用呢?您觉得整个过程应该是什么样的?

张春晖:这个问题非常值得关注,目前整个行业还没有清晰的规范。我想可以从几个层面来思考:

第一,从汽车生态的层面看,正如赵老师刚才讲到的,生态不是属于某家或某类企业的,而是属于全体参与者的。特别是汽车生态将变得越来越大,原来的制造产业链只是未来汽车生态的一部分,像操作系统以及各种软件的开发者和服务商等,也都将进入汽车生态中。也就是说,生态是所有参与者共同建设、共同拥有的,并且今后所有参与者的生存和发展都将依赖于生态。因此大家应当共同努力维护汽车生态的健康运行和不断成长,而确保汽车安全恰恰是产业生态运行和成长的基本保障。

第二,从安全类别的层面看,未来汽车安全将包含数据安全、网络安全和信息安全等新内涵,这些新内涵都将影响到汽车的功能安全。而必须确保功能安全万无一失,是汽车与手机的主要区别之一。作为在道路上移动的大型交通工具,汽车的功能安全一直备受重视。前面我谈到开发RTOS非常困难,其实主要就是难在了必须满足功能安全要求,因为这种直接涉及车辆操控的实时性系统，如果不能确保汽车功能安全，是根本无法应用的。当前还处在汽车操作系统发展的初期，相关企业对此各有各的解决方案。有的企业尝试使用非实时的系统来开发车辆控制功能，有的企业基于QNX分布式实时操作系统来进行拓展，还有的企业正在开发能够满足汽车功能安全验证的全新实时操作系统。而斑马选择的就是最后一条路径。事实上，我们把确保功能安全视为汽车操作系统开发中的关键内容之一，正在全力进行攻关。

第三，从责任主体的层面看，我认为，今后随着汽车安全涉及的内容越来越多，整车企业的责任将越来越重。因为车企要对汽车产品负总责，一旦车企没能把好关，汽车就会变得非常危险，相当于在用人的生命冒险。所以，未来车企的责任会比以前更大，同时也比以前更复杂。在这种情况下，整车企业一方面需要更多更专业的合作伙伴为其提供有力支撑，另一方面需要努力形成整车安全集成与分解的新能力。毕竟安全不是一个单点问题，必须进行体系化和专业化的思考和管控。

第四，从运行环境的层面看，汽车原来只是没有联网的信息孤岛，而今后将成为充分互联并实时在线的智能终端。当汽车变成联网的智能设备时，就必然面临网络攻击的风险。今天互联网汽车还没有形成规模，基于万物互联的产业生态也还没有成长起来，因此汽车网络安全问题尚未突显。但以发展的眼光看，十年后汽车网络安全也许将成为物联网世界中最重要的安全问题之一。就像今天的云计算一样，云端服务器总是不停地遭受攻击。也许有人觉得，把系统封闭起来就安全了。实际上，在万物互联的时代，系统无论怎么封闭也不会绝对安全，最后仍然可能被黑客攻陷。何况要把系统封闭起来非常困难，更无法获得接入生态后的各种赋能，这样的产品根本没有竞争力可言。

总之，汽车安全是一个非常复杂的大课题，没有一招制胜的独门绝技，只能一点一滴地持续提升。为此，我们需要结合产业发展的进程，对汽车安全问题进行动态、开放的系统思考，努力使汽车各个方面的安全性都不断增强。

赵福全：在汽车安全方面，我的理解是，实时操作系统很大程度上决定了实际的计算速度,这是车辆快速处理数据以及执行控制指令等的基础,从而确保了智能驾驶汽车的安全运行。您怎么看操作系统在汽车安全方面的作用?

张春晖:操作系统对于汽车安全有着非常重要的作用。就像刚才说的,汽车安全包括各种不同维度的安全,涉及的问题非常复杂。我想可以将其分为两个部分,来分别讨论操作系统的开发方向。

一个部分是功能安全。目前相关企业在开发操作系统时都很关注车辆控制,就是为了满足功能安全的要求。就实时操作系统而言,我们可以将各种车辆法规及安全认证标准作为一个重要抓手。如果操作系统在实时状态下能够符合车辆安全法规、通过一系列安全认证,那相对来说就是安全的。汽车安全法规及标准是行业多年积累下来的,有着清晰而系统的规范,这样实时操作系统的开发就有章可循了。

另一个部分是其他各种安全,包括前面讲到的数据安全、网络安全、信息安全等等。这些安全都涉及动态攻防的问题,最终必须通过体系化思考来寻求解决之道。所谓体系化思考,就是把汽车的智能化和网联化以及未来汽车与城市的互联互通综合起来,进行系统思考。从这个层面上审视,汽车安全就不限于单一车辆的范围了,而是扩大且复杂了很多倍。其中任何环节存在漏洞,网络黑客就会由此攻入。所以,我们在垂直方向上应该把操作系统和芯片等放在一起来思考,在水平方向上应该把车端和云端放在一起来思考。也就是说,从操作系统出发构筑安全屏障,先要对各种汽车软硬件进行体系化思考,以确保车端的安全;还要对车端和云端进行体系化思考,以确保整个汽车生态系统的安全。需要注意的是,上述过程不是一次性的,而是需要持续进行动态的攻防演练和较量,从而不断修补漏洞、增强安全保障能力。

赵福全:张总这番话指出了一个非常重要的问题:今后汽车安全将不再只是汽车自身安全的概念,即防止车辆发生碰撞事故;未来诸如数据、软件和网络等很多其他因素,都可能会威胁到汽车安全。

一方面,汽车势必要联网、要开放,这样就存在被黑客入侵的风险。最简单的防御办法当然是将车辆与外界相通的"门"都堵起来,然而人是要与外部交互的，信息是要与外界互通的，否则汽车就无法为用户提供良好的体验。因此，今后汽车企业仅仅确保硬件安全已经不够了，还要确保软件安全以及网络安全，能够有效防御黑客的攻击。而操作系统实际上控制着车上所有硬件和软件的交互和协调，也控制着车端与外界的交互和协调。从这个意义上讲，操作系统对汽车安全至关重要。说起来，网络安全隐患其实离我们并不遥远，如果现在不加以重视，未来就会影响汽车产业的健康发展。

另一方面，用户并不关心汽车安全是依靠硬件，还是依靠操作系统以及各种软件实现的，他们关注的是车辆使用安全的主观体验，当然还会关注车辆的价格。既然是主观体验，就意味着对于同一辆汽车，不同的用户会有不同的感受和评价。不过主观体验背后也有客观规律可循，这需要企业基于大量数据来寻找用户偏好的"最大公约数"，以打造让大多数用户满意的体验。而这一系列工作的背后，又需要各种硬件、软件的高效交互和协同，以实现数据的顺畅流动和应用。显然，在此过程中，操作系统将发挥极为重要的作用。

张总，刚才我们谈到汽车生态中的诸多参与方要相互协作、共同努力，以实现各种数据在汽车大生态中的顺畅流通和有效利用。也就是说，斑马并不是在孤军奋战。从大方向上讲，斑马一方面有上汽等车企合作伙伴的支持；另一方面有阿里集团的支持。接下来想请您谈谈，生态资源丰富的阿里是如何为斑马以及智能网联汽车的发展提供支持的？

张春晖：我觉得最主要的是，我们可以把阿里已有的生态资源都充分地利用起来，例如大数据的能力、云计算的能力以及线上支付的能力等等。因为阿里是斑马的大股东，我们使用股东的这些资源当然更为方便。不过，斑马也不是只使用阿里的资源，而是充分引入了各种优势的资源。此外，我想特别强调，斑马操作系统自身的能力都是我们自己开发出来的，是完全可以自主开放的。事实上，斑马要做的就是把操作系统向整个汽车产业开放。

赵福全：这一点很重要，不少人之前可能不太了解，以为使用斑马的汽车操作系统，就要和阿里的诸多生态资源绑定在一起了。实际情况是，使用斑马的操作系统，既可以连接阿里的资源，也可以连接其他生态参与者的资源。也正是由于把多方资源都引入进来，斑马操作系统的开放度才更高了，独立性也更强了，并且拥有了巨大的发展潜力。

新汽车未来空间无限，操作系统是坚实地基

赵福全：最后请张总畅想一下，十年之后的汽车产业将是怎样的图景？届时新汽车将被赋予新的能力，具有新的内涵，并由此产生新的产业分工，形成新的商业模式。

张春晖：我对十年之后汽车产业状况的设想，可能相对比较保守。我想从三个角度来谈一谈。

第一，从用户的角度看，他们将感受到汽车有很大的变化。新汽车的诞生一定会拉动部分城市或区域的智能化发展，尽管十年时间可能难以普及到中国所有地区，不过用户已经能够享受到新汽车带来的巨大好处了。无论是出行体验，还是人车交互，都会有很多新鲜的感受。比如到那个时候，汽车出行体验会非常好，应该能够实现用户想开车时就自己驾驶，不想开车时就让系统代替自己驾驶，只有在系统不能应对的很少情况下才需要人来接管。同样，人机交互的体验也会变得非常好。

第二，从产品的角度看，未来汽车将不再是一个冰冷的机器，而是一个有温度的机器人。届时汽车会更懂你，可以成为你的好朋友。随着车辆的使用，人车之间将越来越默契。我认为这是肯定能够实现的。同时，汽车的空间属性将发挥得淋漓尽致。一方面，高速道路、封闭场景或者不复杂的路段都将由汽车自动驾驶，人在车上的大部分时间和精力都可以解放出来，从而可以在出行过程中做各种事情。另一方面，汽车还可以为用户及其家人提供很多出行之外的服务，由此汽车将不再只是出行工具，而是成为百变空间，比如可以成为商品出售空间、儿童活动空间、游戏娱乐空间以及电影播放空间等，甚至可能有很多电影就通过汽车来放映发行了。所以，我觉得未来汽车的空间将会被用到极致。

第三，从生态的角度看，未来汽车一定会与城市紧密地连接起来。十年之后，汽车将不再是孤立的存在，而是与周边的环境融为一体。目前在一些智能汽车或者智慧城市示范运行走在前面的地方,汽车与城市已经开始连接了,并且初步体现出智能汽车对于改善城市综合治理能力的作用及价值。我判断,未来交通体系将实现精细化管理,不只为单个车辆规划出合理的出行路径,还为整个城市或区域规划出总体最优的交通流,此外还会根据交通体系中每个参与者的不同表现来进行相应的优化和赋权。例如,当你的车辆在普通车道上遇到拥堵时,交通控制系统就会告知你:由于你的车辆平时行驶表现一直良好,特允许你进入旁边的公交车专用道行驶。可见,当汽车、交通和城市充分融合起来的时候,真的可能会有超出想象的各种变化。届时包括用户的定义或许也会大不相同,不再只是指车主,而是指所有可能使用汽车的人,类似会员的概念。由此,未来汽车产业的商业模式将会发生根本性的改变。

赵福全: 在这种前景下,您觉得斑马操作系统将迎来哪些机会?为了抓住这些机会,也为了更好地支持整车企业,让斑马操作系统助力其展翅腾飞,您对整车企业有什么期望或者建议?

张春晖: 未来数字化社会将有很多不同之处,而数字化社会不可能一蹴而就。对于斑马来说,很多事情从今天开始就要先做起来。首先,我们在智能化方面肯定要重点投入,特别要围绕整车企业的需求进行投入。斑马包括 RTOS 在内的几代操作系统,都是在智能化方向上不断演进的。而且由于斑马几代操作系统一脉相承,也就更容易给用户带来一致的体验。

其次,我们一直在与整车企业协同打造数字化能力。在人们还没有变成汽车用户之前,即还只是"潜客"时,我们就尝试基于相关数据挖掘其需求,并将这些需求融入到汽车产品的定义、设计、生产、交付以及服务的全过程,致力于构建数字化的完整运营体系。需要注意的是,客户与用户概念的最大不同在于,用户是可以运营的。为此我们就要帮助车企做好运营,让用户感受到汽车的常用常新。在数字化的整个链条上,斑马可以为车企提供很多帮助。

最后,我们还积极推动汽车与城市的连接。在这方面,我们已经得到了很多地方政府的支持,从示范区和局部试点做起,尝试与政府主导的数字化城市平台连接，之后再逐步把车、路、云等全部打通，至少保证其在操作系统底层逻辑上的一致性。以此为基础，汽车就可以更好地连接更多的服务，并使各种数据都顺畅流动起来，有效支持产品的持续迭代优化。这也是一个重要方向。

以上几点就是我们今后需要持续发力的重点领域。当然，这些事情都不是斑马自己单打独斗就能做成的，我们希望能够与整车企业以及其他相关供应链伙伴，共同创造美好的未来。斑马自身的定位是非常清晰的，我们要担当赋能的角色，帮助车企成功打造出新汽车。希望车企都能充分信任斑马，让我们一起开创新汽车的新时代。

赵福全：时间过得很快，两个小时转瞬即逝。我想通过今天我和张总的交流，大家对汽车操作系统一定有了更多的了解。下面总结一下今天的对话：首先，在软件定义汽车的背景下，张总认为未来硬件仍旧重要，但是只有硬件已经不够了，软件将变得更为重要。因为只有通过软件，才能对数据进行深度加工，并以此为汽车充分赋能，进而创造出全新的汽车产品。届时汽车将不再是单纯的交通工具，更是可移动的多元空间，特别是汽车将成为智慧城市中的一部分，从而拥有远超当前想象的新属性和新能力。因此，我认为未来汽车应被称为新汽车，这将是一个"汽车新物种"。

既然是新汽车，自然具有新的内涵和外延，同时也需要新的能力才能真正将其打造出来。在这个过程中，以各种不同的软件灵活调配使用硬件，来实现新汽车的各种功能，是打造新汽车所需的最核心的新能力之一。而把众多不同的软硬件有效管理起来，并使其充分匹配，则是汽车操作系统的重要作用。

由此可知，操作系统与整车企业、软硬件供应商以及广大消费者都是息息相关的，只不过此前大家没有意识到而已。因为消费者的直接感受来自于应用层软件，整车企业也大多是围绕着支撑应用层软件来搭建电子电气架构及平台的，表面来看这些都与操作系统关系不大。其实情况并非如此，无论是应用层软件，还是电子电气架构，都需要操作系统的支持和打通。事实上，各种软硬件必须有效融合，才能形成充分满足用户个性化需求的新汽车产品。而操作系统支撑着汽车软硬件的有效融合，是名副其实的幕后英雄。

对于中国是否应当自行开发全新汽车操作系统的重要问题，张总给出了肯定的答案。他认为，这个问题不能简单地从技术层面思考，而是必须基于对汽车产业发展前景的判断来进行选择。未来，智能汽车作为打通万物互联的各个主体的关键节点，将成为智能交通、智慧城市、智慧能源乃至整个智能社会的重要组成部分。也就是说，汽车产品涉及的硬件、软件将日益增多，并且与外部生态中的各种资源紧密相连。为此，我们应打造具有前瞻性和中国特色的全新汽车操作系统，确保其可拓展性与可迭代性，为支持更多生态资源的接入提供良好的基础，以适应产业变革的不断深化。相比之下，基于现有操作系统进行开发，很难摆脱固有的局限性，还有受制于人的风险，无法支撑汽车产业未来的跨越式发展。

不过我们要打造中国自己的汽车操作系统，并不意味着应该"家家点灯、户户冒烟"。一些企业在操作系统上进行了大量投入，各自开发自己的系统，这并不是最佳路径。实际上，汽车产业更需要广泛共用的操作系统。只有这样的系统才能汇聚更多的优势资源，并得到更广泛的市场验证，从而既能够解决眼前的痛点问题，又具有未来发展的巨大潜力。从张总的角度看，此前业界对操作系统认知有限、重视不足，现在大家都关注操作系统了，觉得这是好事。不过从我的角度看，这也是坏事。因为大家一窝蜂似的都来做操作系统，势必分散有限的行业资源，反会迟滞汽车操作系统走向成熟。而对于那些盲目自信、过度投入的企业来说，更将因此蒙受惨重的损失。

说到底，汽车操作系统高度复杂，需要持续进行大量投入，并在使用中不断迭代完善，才有可能获得成功。而任何企业的资源和能力都是有限的，独自打造操作系统将非常困难。为此，全行业更应集中力量打造几套共用的操作系统，我认为这才是中国汽车产业拥抱万物互联的有力抓手。而张总预测，全行业只通用一套操作系统的可能性不大。他认为，经过充分的探索和竞争，当前"诸侯割据、各自为战"的状态将逐渐改变，操作系统将日益集中，最终或许会有三四套操作系统为行业共用。

关于汽车安全的问题，目前业界主要还是围绕车辆本身来思考的，不过张总认为今后必须把道路、云端以及所有与汽车连接的要素都考虑进来。而这一系列连接均有赖于操作系统的支持，因此操作系统对于确保汽车安全具有重要的战略意义，所有相关企业都应该充分认识到这一点。

展望未来，负责管理各种汽车软硬件并支持外部连接的操作系统，将成为新汽车这座大厦的坚实地基。为了打造好这个地基，操作系统公司不仅要与整车企业合作，还要与相关软件开发者以及硬件供应商合作，特别是与芯片、传感器等关键新硬件的供应商紧密合作，以确保操作系统能够充分支持最佳的软硬融合，让新汽车的能力得到最大限度的发挥。

张总带领团队开发操作系统已经有十年了，尤其是近五六年来聚焦在汽车操作系统上，积累了宝贵的经验和教训，而今天他和大家分享的就是源自实践的真知灼见。基于对汽车产业发展趋势的战略判断，以及实际操盘过程中的心得体会，张总坚定了开发全新汽车操作系统的信心和决心。他认为充分考虑未来产业生态图景、具有足够前瞻性的操作系统，将是抢占智能网联汽车产业战略制高点的根本保障，并依此制定了斑马专注于基础操作系统开发、服务于全行业的发展战略。

通过今天的对话，我们达成了必须高度重视汽车操作系统的共识。希望大家今后都能关注并支持斑马这样专注于操作系统的公司，因为满足产业发展需要的汽车操作系统的成功打造，将使所有企业都从中收益。最后，祝贺斑马多年来深耕操作系统取得的成绩，同时祝愿斑马在张总的领导下越做越好，把今天讨论的很多问题都逐一落实、有效落地。谢谢张总！

张春晖：谢谢赵老师！谢谢大家！

四、对话曹斌
——深度解析"软件定义汽车"的底层逻辑

【核心观点】

硬件同质化：现在硬件的同质化程度越来越高，尤其是在电动汽车上，包括动力电池、电机等一系列关键部件。因此，车企越来越难以通过硬件来构建产品的差异性。

周期与成本：硬件标准化以后，就可以通过中央控制器里运行的软件来实现更高等级的智能，从而大大缩短产品开发周期。广泛采用标准化的零部件，也有助于控制成本和质量。如果要在原有模式上重新构建新汽车，所需的成本与时间是汽车企业无法承受的。

"软件定义汽车"的主体：主语并不是软件，更不是软件公司，而始终是车企，即今后车企主要利用软件来定义汽车了。车辆的能力及表现都将通过软件来定义，车企主要通过软件来构建差异化的产品。

硬件的应用组合：比如打开车门的时候，车内灯光就自动亮起来，这就是一种组合；这类软件最终只能由整车企业来主导，因为任何一家供应商都无法解决整车层面的多部件、多功能、多场景的协同问题。

硬件与软件解耦：未来的趋势是硬件与软件解耦，软件不再需要针对特定的硬件开发，而是可以灵活调用标准化的各种硬件。让软硬件开发和整车开发工作同步并行。这样当硬件升级时，车企可以直接切换使用新硬件。

颠覆性的革命：对于这场变革，普通消费者是感受不到的，但就汽车开发而言，却意味着一场颠覆性的革命。过去汽车上的很多功能是由不同部门分别开发的；而现在各种功能的控制和组合，只需要在相应的域控制器层面，由一个具有软件能力的设计团队负责开发即可。目前大多数整车企业在组织架构上还没有为此做好准备，在相关能力方面也亟需重新构建。

供应商分化：硬件供应商的作用和地位与过去相比发生了很大变化。Tier1 与车企之间的分工和边界将不断磨合并重新建立。有些供应商可能因此掉队，有些则可能找到新的机会，为车企提供符合新商业模式的产品和服务。

软件先行：一种新的汽车产品开发模式。现在的车型开发都是一款一款逐一进行的传统模式；而未来在"软件先行"的新模式下，各家车企都会有一套自己专属的软件系统，而且是跨车型的。软件工程师可以在一个完全虚拟化的环境里开发各种车型的各种功能，甚至不需要知道软件将搭载于哪款车型。

硬件标准化趋势：所有的产业发展到一定阶段后，当其产品变得高度复杂时，都势必走向更精细的产业分工。硬件一定要标准化，被抽象成为可供软件调用的接口。而单独一家整车企业没有足够的力量驱动硬件全面标准化。

SOA 开发理念：SOA 要求在硬件抽象化的基础上，进一步实现各种应用服务或者说功能的拆分和解耦。SOA 的目标就是将所有功能都变成应用服务，其中既有底层的服务，也有相对高层级的服务；而开发者可以基于 SOA 架构，自由调用这些服务。

草原生态 vs 森林生态：手机开发者生态就像是草原，是野蛮生长的生态模式，参与者各自努力，互不影响。而汽车开发者生态更像是森林，至少目前是这样，这更像是 PC 的生态，但会比 PC 生态更有秩序、也更丰富。至于未来会不会出现个人开发者，现在还很难判断。

定制化的限制：可能会令大家略感失望，用户的定制化并不是随心所欲的。造车必须遵守的基本原则是，汽车上所有新出现的组合，都必须被验证过，以免带来安全隐患。因此，必须由车企确保软件的安全性、可靠性和质量。这个门槛对于个人以及小团队的开发者来说，是很难跨越的。

用户共创恐成鸡肋：如果开放式创新的规模和效果不足以显著提升车辆能力与用户体验，那么让用户参与创新就可能会变成一种鸡肋。想让用户共创，前期必须建立支持的架构和平台；但若收益不足，后续会极其困难。由于车辆的高安全性，留给外部开发者的空间并不是很大。

大鱼的游戏：当手机系统变得更智能时，开放式的创新空间就被压缩了，目前小公司的生存空间已经变得很小了。这是智能产品发展到一定阶段后必然会出现的结果。汽车生态可能性更大的发展路径是，从一开始就由一些重量级的参与者，推出高复杂性、高可靠性和高质量的人机交互软件。

软件生命力：并不是说软件代码的行数越多，软件的价值就越大，不能在原有基础上优化的软件代码其实只是垃圾。最重要的应该是搭建起可以支撑核心软件不断成长、持续进步的架构和组织，这是软件未来发展的生命力。

强者恒强：软件是强者恒强的游戏，需要持续优化，最终才能越做越好。如果一家车企能够集中力量开发一组软件，然后在未来的几款甚至几十款产品中坚持应用，不断完善和优化，那这组软件的竞争力必将越来越强，其优势最终一定会显现出来。

OTA 的复杂度：怎样以一套软件系统匹配全部车型？以哪款车型为基准来实施软件系统的 OTA 升级？是不是只能在部分车型上升级，而另一部分无法升级？老实说，目前还没有哪家整车企业能够清晰解答这些问题。

指数级难度：当前硬件的架构和标准化程度还不足以支撑软件的不断升级，无法做到始终都能保持强兼容性。如果车企要对未来的几十款车型同步进行升级，其难度将呈指数级上升。

OTA 要求硬件标准化：为了降低 OTA 升级的复杂度，企业必须努力实现硬件的标准化，否则当需要维护的软件版本过多时，车企在资源和精力上根本无法应付，结果很可能是一款车只做了几轮 OTA 之后就不再更新了。

中间层软件很关键：关键在于中间层的软件能力，具体来说，就是要构建可脱离特定车型的 SOA 架构，并形成可支撑软件长期迭代更新的核心团队。要迭代升级的这部分软件一定是基于软件中间层、基础层直到硬件层的抽象概念来进行开发的，这样才能跨越十年以及几十款车型。

可插拔硬件的挑战：硬件可以通过插拔形式进行更换，这无疑会给用户带来额外的吸引力。但是这样做也会带来很高的成本，而且实施起来或许要比在新车型上直接使用最新型号的芯片等硬件更加困难。未来可插拔式的硬件升级必须是严格限定的，即提前明确几种可允许的替换方式。

与时间解耦：所谓整车平台化软件，就是与部门无关，与功能解耦，而且也与时间解耦，与具体车型解耦的软件。过去我们总是说软件要适配硬件，今后更应强调硬件要适配软件。

可淘汰：未来汽车产品将越来越带有快销品的属性。也就是说，汽车企业可以期待用户由于芯片等硬件无法支持最新的软件系统，而选择淘汰旧车、购买新车。

长期主义：如果车企在一代产品上着重开发这个功能，到下一代产品又去开发那个功能，总是"做一个、丢一个"；又或者刚把一代产品开发好，下一代产品却又换了另一个团队，毫无延续性和积累性，是不可能把软件真正做好的。

赵福全：各位网友，大家好！欢迎来到"赵福全研究院"高端对话栏目，我是本栏目的主持人、清华大学汽车产业与技术战略研究院的赵福全。今天我们非常荣幸邀请到东软睿驰汽车技术有限公司的总经理曹斌先生。

曹　斌：大家好！我是东软睿驰的曹斌。

赵福全：曹总，欢迎做客"赵福全研究院"高端对话栏目。今天是本栏目创办以来的第 69 场对话，我们的主题是"汽车技术生态创新"。不少网友对整车企业比较熟悉，不过可能对造车的幕后英雄——供应商了解有限，特别是当前除了传统的硬件供应商之外，软件供应商也成为汽车产业重要的组成部分，后者往往更不为人所知。我知道曹总参与过很多汽车软件的开发工作，接下来请您先向网友们介绍一下，东软睿驰是一家怎样的公司？主要经营哪些业务？目前的规模如何？

曹　斌：非常荣幸能够受邀参加今天的对话。东软睿驰汽车技术有限公司成立于2015年，当时正处于汽车产业变革的前夜。我们自认为东软睿驰是一家为变革而生的企业。东软睿驰依托于东软集团，而东软集团的汽车电子业务至今已经做了30年。

当时，东软管理团队隐约感觉到汽车行业将要发生重大变化，其中有几点应该是确定的：一是电动化，虽然那时候还是电动汽车发展的早期，处于"十城千辆"示范推广阶段；二是智能化，我们认为互联网和软件将在汽车产业发挥越来越大的作用，未来自动驾驶汽车的软件装载量会非常大。基于这些判断，我们将相关技术方向组合起来，在2015年启动创建了一家面向未来汽车产业变革的创业公司，即东软睿驰。

东软睿驰发展至今，和汽车行业的伙伴们有很多互动，也获得了很多成长的机会。目前公司已有1300多名员工。2021年我们又迎来了更好的发展，完成了首次约6.5亿元的融资，应该说初步进入了独角兽公司的行列。作为一家初创公司，东软睿驰主要提供基础软件、通用的域控制器、行泊一体的自动驾驶域控和辅助驾驶技术等，当然也包括BMS电池管理系统以及云端的一些产品和服务。

特别是在基础软件和域控制器等方面，我们是行业里率先发力并传播相关理念的企业之一，提出了一系列先行概念并进行了具体实践，在"软件定义汽车"、基础软件和中间件等分层形态、行泊一体的域控制器等方面，我们都走在行业前沿，并得到了生态伙伴以及消费者的认可。以上就是东软睿驰的业务布局。

赵福全：听了曹总的介绍，我们了解到，东软集团管理层早在2015年就对汽车产业的演进趋势做出了战略预判，认为未来汽车产业将朝着电动化和智能化的方向快速发展，所以，成立了东软睿驰这样一家高科技的创业公司。现在回想起来，在2015年就能有这样的判断并下决心投入，是很不简单的。而到今天，东软睿驰已经满7岁了。事实证明，你们走在了正确的道路上，具有很大的发展潜力。

汽车和 IT 两大行业的深度融合是必然方向和重大机遇

赵福全：曹总，当前大家对汽车产业的发展方向，包括所谓新四化、智能网联汽车、汽车新物种等的讨论如火如荼。作为东软睿驰的总经理，您见证了这些年来汽车产业各方面的变化，也与很多企业客户有过深层次的交流，那么您怎样看待本轮汽车产业重构？您认为这种重构对东软睿驰意味着什么？

曹　斌：汽车行业在过去很多年里一直处于相对稳定的状态。例如，发动机的电喷系统最早是由一家德国供应商发明的，从早期投产到今天的 50 多年里，技术基本上呈线性发展态势，没有根本性的革命，汽车企业则一直依靠这样的技术盈利。但是从 2017 年或者更早一点的时间开始，情况出现了变化，汽车产业与 IT 产业出现了技术融合的迹象，彼此之间的互动越来越多。

回想当时那个时间点，手机行业刚刚发生了深刻的变化，由通信设备演变成为计算设备。在手机通信行业里，传统手机公司与 IT 公司的博弈，最终结果是 IT 公司获胜，谷歌等公司用 IT 技术把手机变成了计算设备。所以在 2017—2018 年间，汽车业内也产生了一种危机感：大家担心汽车行业会不会也像手机行业那样被 IT 行业颠覆？汽车原来是机械装置，未来会不会变成计算装置？之后的这些年里，应该说，汽车企业一直纠结于此，心态起伏不定，时而倍感焦虑，时而略感放心。

与此同时，IT 企业也认识到，要从头开始把车造出来是很困难的，毕竟造车需要机械、动力等方面的大量传统技术，而且制造难度非常大。同时，开发汽车软件的门槛也非常高，把软件装载到汽车上，远不像开发一款 APP 放到手机上运行那么容易。即使现在，纯粹的软件公司为汽车开发软件仍然是很不容易的一件事。

也就是说，汽车行业有自身的特殊性，其复杂度之高、相关技术之多、涉及知识量之大，都不是手机等产品能够比拟的。然而 IT 行业也非常强大，同样积累了大量的专业知识和技术，并且这些知识和技术恰恰是未来汽车产品所需要的。这样的两个行业碰撞在一起，究竟会产生怎样的结果？这是一个全新的课题，没有历史经验可供参照。但有一点是确定的，本轮汽车产业变革一定是这两种庞大而不同的知识体系和商业形态相互碰撞与融合的过程。

至于这种融合的未来走向，我个人认为，在计算架构、控制体系、软件方式、生态系统等方面可能都还有很长的路要走。在这个过程中，将产生从未有过的一系列全新产品形态、商业模式、协作方式与生态关系。由此，现有的一切都将发生改变。这对东软睿驰这样一家既懂汽车、更懂IT的企业来说，无疑是巨大的机遇。前面谈到，我们很早就敏锐感受到了这次新机遇，愿意也有能力投入资源去抓住这次机遇。事实上，处在产业变革中心位置的企业，就应该勇于探索和尝试，积极推动产业创新发展。

赵福全： 刚刚曹总谈到传统汽车是由硬件主导的，以汽车电喷系统为例，这种基于喷油系统等机械硬件的电子控制，与未来面向数字化汽车的软件控制是有本质区别的，这就产生了技术能力与商业模式等的全新需求。而东软睿驰看到了本轮汽车产业变革中的重大机遇，并且认为自己有能力抓住这次机遇，因为你们觉得自己既懂IT又懂汽车。说到这里，可能一些网友会有疑问，东软睿驰脱胎于软件公司，凭什么说自己懂汽车呢？曹总能不能具体说明一下？

曹　斌： 东软集团创立于1991年，到2021年已经30年了，而东软在创立之初就开始进行汽车软件开发。我本人是1995年到东软工作的，在东软的第一份工作就是开发汽车中控导航，记得那时候车载导航软件还刚刚兴起。实际上，东软是最早在汽车软件开发中导入很多先进理念的企业，特别是在汽车电子领域的软件开发体系构建上，包括CMM（能力成熟度模型）、质量管理以及ASPICE（汽车软件过程改进与能力评定）等，东软在中国汽车行业里都走在前列。

在这个过程中，我们一直是作为整车企业的Tier2（二级供应商）存在的，帮助国内外一些Tier1（一级供应商）开发嵌入式软件。正是因为有这样一段历程，所以现在东软对于汽车应该怎样开发软件，包括使用什么模式开发，如何保证品质，整车企业及Tier1对软件有哪些要求，软件开发流程如何与整车开发流程相匹配,在每个阶段需要完成什么工作,以及相关系统的可靠性、耐久性要求等,都一清二楚。应该说,东软在这些方面积累了丰富的经验,这本身恰是IT企业进入汽车行业很难跨越的一个门槛。

赵福全: 也就是说,东软自成立以来一直都是汽车产业的主要供应商之一,只不过之前主要服务于Tier1,是Tier1背后的支持者。因为传统汽车上的电子系统,包括导航系统以及其他一些系统,采用的都是嵌入式软件,即集成到硬件中的软件。而东软在软件公司如何与整车企业、Tier1合作、汽车软件如何与硬件有效融合等方面,已经形成了30年的深厚积累。

刚才曹总谈到了很重要的一点,面向汽车产业的未来发展,近年来大家越来越感受到,简单基于硬件的汽车产品正逐渐失去竞争力。虽然硬件作为汽车的基础仍然非常重要,但是只有硬件已经不够了。今后随着网联化技术、数字化技术与智能化技术的进步,汽车产业及产品将发生前所未有的全面升级,并带来前所未有的重大机遇。这个机遇到底会有多大?怎样才能抓住?这些问题目前还在探索中。但毫无疑问,这个机遇将在很大程度上体现在软件上。

汽车产业发展至今已经有一百多年了,在硬件方面积累了大量科学理论与基础技术。对造车企业而言,今后汽车制造、工艺等技术仍将是无法跨越的核心能力,并将为未来汽车产品向自动化、智能化发展提供重要支撑。不过与此同时,未来汽车产品还需要软件等方面的全新能力,涉及相关的大量科学理论与基础技术,这些同样是必不可少的核心能力。

而曹总带领软件技术团队进入汽车产业,就是要在硬件基础上为汽车企业赋能。当然,软件对硬件的这种赋能,并不意味着简单的软件编程就可以重新定义汽车了。值得肯定的是,曹总表达了自己对汽车产业的深深敬畏,他并不认为开发一些软件就能让汽车发生本质性的改变,也不认为只靠IT公司就能构建出未来汽车的全新内涵。

不过有一点是明确的,今后汽车企业如果只依靠硬件来发展,前途将非常渺茫。唯有在优秀硬件的基础上,将新一轮科技革命的最新成果,特别是网联化、数字化和智能化技术充分应用起来，实现软件和硬件两种技术、两个体系以及两大产业的深度融合，才能打造出真正的新汽车。这将为东软睿驰这类IT企业提供巨大的发展机遇。

"软件定义汽车"旨在强调软件的作用日益提升

赵福全：曹总因为非常了解汽车，所以对汽车产业有足够的敬畏。27年前您就开始从事汽车软件开发相关工作，而现在更是要把数字化技术、智能化技术导入汽车产业，以变革者的心态为汽车企业赋能，也为汽车产品的创新提供重要支撑。

这就带来一个问题：当前关于"软件定义汽车"这个提法有很多争议。一方面，未来汽车产品只有硬件已经不够了，必将有越来越多的软件，并发挥越来越大的作用，这是一个不争的事实。所以有人认为今后一定是"软件定义汽车"，这也成为行业比较认同的理解。但是另一方面，也有人认为，软件的作用是产生、收集和处理数据，实际上应该是"数据定义汽车"；还有人说，芯片才是未来汽车的核心，因此应该是"芯片定义汽车"。此外，另有不少汽车人并不赞同以上说法，他们认为其实一直都是"消费者定义汽车"，只不过原来主要用硬件来满足消费者的需求，而现在消费者愈发重视体验和服务，只靠硬件不够了，需要软件和硬件一起来满足消费者的需求。您如何看待这种争议？您认为这对于产业发展意味着什么？

曹　斌：确实有一些汽车人并不认同"软件定义汽车"，他们觉得汽车始终是一个硬件实体，以往都是发动机、底盘等硬件决定汽车功能和性能的，今后凭什么软件就能定义汽车了呢？不过如果从IT行业的角度来看，"软件定义汽车"即SDV这种说法，其实并不存在冒犯性。

说起来，IT领域最早出现"软件定义"这个概念，在我印象中是SDN，即软件定义网络。网络系统发展起来之后，变得越来越复杂。由于很多功能都是围绕硬件设计的，所以很难快速响应客户的需求。例如，此前网络系统的连接是通过硬件接口插线来实现的，这种方式显然不够便捷，也无法快速满足网络变化的需求。后来IT行业就逐渐把硬件都标准化了，这样各种接口可以由软件定义，然后通过软件操作即可实现网络的快速重构。事实上，智能化系统复杂到一定程度之后，必须通过软件重新构建某些功能，以快速满足客户的需求。由此可见，"软件定义"并不意味着软件对硬件本身的全面替代，只不过整个系统的功能实现将主要由软件来控制。

在汽车上也是如此，未来软件依然只是汽车这个大系统中的一部分，就和动力、底盘、车身等硬件一样。此前在某种程度上是硬件在定义汽车，像汽车的驾驶性主要取决于底盘系统。而今后所谓"软件定义汽车"，指的是决定汽车主要功能和性能的手段发生了变化，比如我们可以通过调整相关软件来改变汽车的驾驶性。从这个意义上讲，我觉得我们必须明确"软件定义汽车"的主语，这里的主语并不是软件，更不是软件公司，而始终是车企，即今后车企主要利用软件来定义汽车了。这样讲可能就没有太多争议了。

我认为"软件定义汽车"其实代表着两个演变方向。一个方向是硬件，即硬件未来在汽车上要怎样发挥作用。此前汽车行业的整体格局相对稳定，主要由若干整车和供应商巨头公司主导。这些公司都是以机械硬件如发动机、底盘等为竞争优势的，它们基于硬件技术的进步推出了一代又一代的新车型。但是现在整个汽车行业的情况完全不同了，特别是硬件供应商的作用和地位与过去相比发生了很大变化。此前，整车企业以及 Tier1、Tier2 等各级硬件供应商，各有各的看家本领，形成了一层一层的坚固堡垒。而现在硬件的同质化程度越来越高，尤其是在电动汽车上，包括动力电池、电机等一系列关键部件，各家车企都可以通过类似的供应链体系获得。因此，车企越来越难以通过硬件来构建产品的差异性了。

不久前，我买了一辆国产电动汽车，整体上感觉与国外领先品牌的产品已经非常接近了，有些方面甚至还有所超越。驾驶感受，包括悬架的高级感与车辆的平顺性等等，都非常好。在我看来，这并不仅仅是这家本土车企自身的进步，而是得益于整个行业的积累和提升，更得益于电动化时代汽车供应链的重塑。同时，这也表明汽车硬件正越来越趋于同质化，今后车企必须采取新的策略，而不能继续凭借硬件来打造产品特色了。

另一个方向就是软件。既然无法依托硬件构建差异化的汽车产品了，那软件自然要发挥更大的作用。汽车硬件对应着配置、参数等基础的部分，今后在这些方面，各家车企的产品不会有太大的区别；而车辆的能力及表现，更多体现在人与车的交互、车与外部的交互以及车在各种场景下的行为模式等方面，这些都将通过软件来定义，并由软件驱动硬件来实现。我认为，未来汽车产品的属性至少有很大一部分将由软件决定，因此汽车产品经理必须高度关注软件层面的特性。

同时，在各种标准化硬件的组合和集成过程中，软件也将发挥与此前完全不同的重要作用。试想，如果每一个硬件系统中的软件都是定制化、嵌入式的，那么整车企业要想重新组合各种硬件、构建新的产品特性就会非常困难。或者说如果每一个硬件及其软件都由不同的供应商单独打造，那么当车辆更新进化时，这些供应商之间的配合和响应就会遇到很大问题，无法实现很高的敏捷度。而整车企业能否构建起全新特性的组合以及构建这种组合的速度，恰恰是今后汽车不断迭代升级、动态更新的基础，也是车企打造差异化产品的关键。

因此，车企需要供应商提供与软件解耦的标准化硬件，然后基于自身对汽车的理解，通过软件组合和调动不同的硬件来打造独特的产品。我认为，未来只有通过软件对标准化硬件的定义和调用，才能实现汽车产品之间的差异性。可能这一点目前在行业内还有一些争议，不过大家的认识正在日渐趋同。越来越多的同仁都认为，未来软件在汽车上将发挥更加重要的作用，而硬件则将趋于标准化，最终车企将主要通过软件来构建差异化的产品。

赵福全： 曹总认为，对于此前一直由硬件主导的汽车产业来说，"软件定义汽车"的理念并不是一种冒犯。事实上，未来汽车品牌还是掌握在车企手中，由车企定义其内涵。在这个大前提下，软件只是一种新工具和新手段，可以帮助车企重新构建汽车的功能及性能，以实现最优的用户体验。因此，"软件定义汽车"一方面反映了产业发展的方向，本身无疑是正确的；另一方面也并没有否定硬件的基础性和重要性，并不意味着谁要抢传统汽车人的饭碗。

今后汽车硬件能够满足用户需求的空间会越来越小，实现品牌差异化会越来越难。因为硬件的开发周期长，可变的自由度少，更主要的是面对用户不断产生的新需求，企业通过改变硬件来予以满足所需的成本投入太大，同时响应速度又太慢。而通过软件来满足用户需求，无疑要便宜、快捷得多。这样说来，对于软件的市场需求应该早就存在了，为什么近几年业界才提出"软件定义汽车"呢？

曹　斌：这与整个互联网以及IT产业的进步有很大关系。同时，硬件为主的设计和制造体系在支撑产品快速进化方面遇到的问题也越来越多。之前我们在与整车企业合作时，就经常遇到这种情况。例如雨刷（刮水器）总成，整体上并不复杂。可就是这样一个小总成，如果想进行一定的修改，整个开发周期和费用都非常高。因为每一款车在开发流程中的既定节点上，都要对雨刷总成进行定义、标定和验证。后续如果要修改，就只能二次开发。为此，车企和供应商需要重新签合同，重新做各个层级的标定和验证。显然这样一种面向硬件的工程化体系和流程，在车辆越来越复杂的未来，是无法支撑产品的快速迭代进化的。

怎样解决这个问题呢？方法就是把硬件标准化。例如雨刷总成其实就是一个电机驱动的机械部件，而雨刷所需的传感器可以使用车辆上搭载的摄像头或者其他传感器，这样就能实现智能化控制。当前风窗玻璃在雨中透明度下降或者在雨后变脏时，车辆通过软件控制，让雨刷自动启动合适的工作模式，这就实现了软件定义雨刷功能的目的。

而当各种不同的总成、模块都标准化以后，就可以通过中央控制器里运行的软件来实现更高等级的智能了，这类似于多个APP在手机上运行的效果。这样一方面可以大大缩短产品开发周期，另一方面广泛采用标准化的零部件，也有助于企业控制成本和质量。比如一家零部件企业开发和生产一款标准化的雨刷，然后卖给各家整车企业，其价格会非常便宜；同时，标准化硬件的标定和验证都可以适当简化，从而进一步节省开发时间和成本。

从这个角度来看，"软件定义汽车"其实是汽车产业发展到一定阶段、产品功能复杂到一定程度之后，不得不选择的一条路径。否则，要在原有模式的基础上，重新构建更加复杂且拥有更高智慧和能力的全新汽车，所需的成本与时间是汽车企业无法承受的，甚至是根本不可能的。而IT行业的成功实践恰好为汽车行业提供了可行的参考，只要有效借鉴类似的方式进行转型升级，汽车产业完全可以形成全新的模式，推出全新的产品。

赵福全： 我认为，新一轮科技革命，特别是数字化技术的快速发展，将使"软件定义汽车"变得水到渠成。尽管现在汽车行业可能还有一些人不认可"软件定义汽车"这个提法，但就软件日益重要的趋势而言，业界已经达成了共识。

那么软件的作用为什么会越来越大？是因为硬件发展到今天，已经非常成熟了，车企要想依靠硬件做出差异化明显的产品及品牌变得越来越难；同时，硬件主导的开发模式成本高、速度慢，难以实现产品的快速迭代更新，无法有效满足用户不断升级的个性化需求。

相比之下，软件恰恰能够解决这些问题。未来在各种硬件都逐渐标准化之后，我们可以通过软硬解耦来让软件调用不同的硬件，组合形成新的功能，从而让硬件的能力得到更充分的发挥，也让用户的需求得到更灵活、更快速的满足。同时，这种模式在成本上也更有优势。不仅软件本身的成本远低于硬件，而且相同的硬件完全可以使用更长的时间，在此期间可以通过软件进行产品迭代更新，使汽车始终保持良好的功能与性能，甚至获得更好的功能与性能。

更进一步来说，软件还是优化用户体验的关键。现在体验可能是企业谈论最多的热词之一，而提升用户体验的根本就在于不断满足用户更多更高的需求。为此，我之前就曾提出，企业先要满足、继而要挖掘、最高境界是创造和引导用户需求，从而带给用户惊喜的体验。这就需要企业充分借助数字化、智能化等方面的能力，而这些能力无疑都要基于软件来实现。最终，随着软件的不断丰富、能力的快速提升，我们将告别硬件主导产品差异化的时代，进入软件主导产品及品牌个性化体验的全新时代。

未来汽车创新发展的终极方向是理解人

赵福全：刚刚我们还谈到了"数据定义汽车"和"芯片定义汽车"，对此您是怎么理解的？它们与"软件定义汽车"的不同在哪里？其核心又是什么？

曹　斌：在"软件定义汽车"的时代，软件将处于不断成长的状态。我们知道，硬件是固定不变的产品；而软件与其有着本质不同，软件是变化的系统，可以由小到大地不断成长，由好到更好地持续迭代。即软件可以加入新的功能，形成新的能力，而产品可以自我进化正是"软件定义汽车"的核心。因此，无论是整车企业，还是供应商，都可以通过软件使其产品具有"灵魂"，形成一定的品牌特征。

与此同时，软件在成长的过程中，将对支撑其运行的外部环境提出越来越高的要求。这个外部环境也包括相关的硬件，比如未来汽车软件对芯片的要求将不断提升，促使芯片一代一代加快升级。软件要实现的功能越多，芯片的算力就必须越强。同时，芯片的结构也要不断进化，以更好地匹配不断成长的软件。也就是说，如同计算机芯片、手机芯片一样，汽车芯片也必须随着软件的日趋复杂而不断升级。这意味着软件和芯片存在着强耦合的关系：一方面，软件的成长是芯片算力提升的根本驱动力；另一方面，芯片的性能将促进或限制软件作用的发挥。

那么芯片能不能定义汽车呢？如前所述，芯片在未来汽车产品中是非常重要的组成部分，而且一定会不断进步。未来甚至可能会有消费者根据搭载的芯片来选购汽车，即由于这款车采用了某款先进的芯片，可以运行某些软件，消费者就相信这款车具备更高级的智能或者更卓越的体验。这就像今天消费者选购计算机时，也会关注其处理器芯片的性能一样。由此，芯片将为汽车产品提供附加的品牌价值。在此前景下，我觉得今后汽车产业一定会有更加明确的分工，产生一系列巨头公司分别专注于汽车软件以及芯片等不同的关键领域。而芯片作为既有通用性，又有独特品牌特征的重要部件，将为消费者提供感知车辆能力升级、功能进步、体验优化的参考指标，也会让消费者由于芯片品牌而更加关注某个汽车品牌。不过我还是认为，"芯片定义汽车"的提法与"软件定义汽车"略有不同，前者的内涵要小于后者。

此外，软件在运行中会产生越来越多的数据。事实上，软件的主要作用就是采集、处理和使用各种数据。也就是说，软件系统会不断产生数据，而对这些数据的挖掘和利用又会使软件系统更加智能。说得更直白一些，软件是靠各种数据"喂养"的。如果没有数据，软件就不可能理解用户，并给用户带来更加贴合其需求的功能以及更加个性化的体验。今后汽车企业要想做出个性化的产品，首先必须基于用户日常使用车辆的数据，精准描述用户偏好，充分挖掘用户需求。从这个意义上讲，数据驱动既是软件发展的根本动力，也是软件发展的必然结果。因此，"数据定义汽车"和"软件定义汽车"其实是一回事。

赵福全：曹总刚才进一步分享了自己对于"软件定义汽车""数据定义汽车""芯片定义汽车"等不同概念的看法。实际上，如果说软件可以定义汽车，那么数据也可以定义汽车，因为软件最终产生和使用的正是数据。数据是什么？我认为，数据就是用户、车辆以及环境等各种信息的数字化呈现，反映了用户的需求和车辆的情况。未来，不能产生或利用数据的软件是没有生命力的，将在汽车智能化的大潮中逐渐失去作用和位置。

而数据要由软件在芯片上进行处理，软件算法和芯片算力将共同决定数据的处理规模、速度和水平。因此，芯片至关重要，其性能直接影响软件的能力即数据处理能力，进而影响汽车实现更多功能与性能的潜力。反过来讲，要想基于数据对车辆进行优化，必须实现数据的采集和回流，并对数据进行深度加工，这就对芯片的能力提出了明确要求。从这个角度看，软件、数据、芯片在未来将是融为一体的。

总之，在数字化、智能化的时代，基于硬件将无法实现产品的快速迭代，难以满足用户的个性化需求。而基于不断成长的软件，利用算力强大的芯片，车企可以有效采集、处理和应用各种各样的数据，从而灵活调用相同的硬件，最大限度地满足用户需求。

由此可见，无论是"软件定义汽车"，还是"数据定义汽车"，又或者是"芯片定义汽车"，只是从不同的角度来关注和强调汽车智能化这个问题罢了。

如果从数据支撑产品迭代的角度看，没有数据就不能准确识别用户需求、不断优化产品表现，所以可以说是数据定义了汽车；如果从软件产生和应用数据的角度看，没有软件就不能产生和应用数据，所以也可以说是软件定义了汽车；如果从芯片支撑算法处理数据的角度看，芯片算力直接决定了数据处理能力的上限，从而决定了汽车功能、性能设计的上限，这也是满足用户需求能力的上限，所以还可以说是芯片定义了汽车。当然，我觉得对于芯片来说，更合适的说法应该是"芯片设计汽车"。

这里需要指出的是，即使有了性能优异的芯片，也不一定能把软件的作用发挥到极致，不一定能把汽车设计好。但是如果没有优秀的芯片，是一定设计不好汽车的，这是一个不争的事实。因此，芯片是设计未来汽车的必要条件，但不是充分条件。事实上，企业能否把芯片的算力用到极致，取决于软件，包括数据采集、处理和应用的算法，能否与芯片高度匹配。

至于是不是可以说"消费者定义汽车"，我是这样理解的：消费者的需求确实至关重要，企业的最终目标就是让消费者愿意购买其产品。不过一方面，所有的产品都必须满足消费者的需求，这个说法并不能反映产业重构期的变化以及新汽车的特殊性；另一方面，实际上消费者并不知道未来的汽车产品究竟有多大的潜力，也未必知道自己真正需要的是什么样的汽车，这恰恰需要企业基于对技术进步的预判以及自身品牌的定位予以引导。

对于消费者明确提出的需求，车企应全力以赴予以充分满足；而对于消费者无法明确提出的需求，车企应深度分析和处理基于软件获得的数据，有效挖掘这类需求的实质和边界，尽可能满足消费者的潜在需求；此外，未来随着大数据与人工智能技术的不断发展，车企还可以创造出消费者没有想到的全新需求，从而带给消费者惊喜，引领消费潮流。

这样的惊喜不可能由消费者定义，只能由企业基于对消费者的深刻理解来主动定义和有效引导。这就需要企业对消费者、车辆及环境等大数据进行持续积累和分析，结合其日常用车场景、个人习惯与偏好甚至于个人价值观等，为消费者提供一种超出其预期的满足感。显然，这就远不是"消费者定义汽车"了。

曹　斌： 赵老师总结得非常精辟。在此，我也谈谈东软睿驰对数据的理解。在我看来，软件是一套代码，芯片是运行代码的一个硬件，而数据是系统对外部环境的一种记忆，这种记忆决定了系统的能力。当然，过去受限于数据采集、处理和应用的手段不足，这种记忆并没有充分发挥作用，只停留在构建相对固化的功能上，还不能真正用于理解人。而现在随着神经网络等人工智能算法的不断发展，这种情况正逐渐得到改变。

事实上，汽车是高度复杂的产品，其复杂度远非手机可比。汽车有独立的空间，在这个空间里，既有座椅等与人直接发生物理接触的部件，还有诸如光线、气味、空气质量以及氛围等与人间接发生物理接触或化学反应的功能。尤其是后者，未来可供创新之处是非常多的，关键在于企业如何准确把握用户的需求。

现在有一些公司把汽车称为可移动的机器人，我觉得这个说法很贴切，或者说讲出了问题的实质。汽车有很多与人交互的不同方式和渠道，所以未来汽车一定要像人一样理解用户，有效利用这些方式和渠道，为用户提供真正符合其需求的功能和服务。这才是汽车创新发展的终极方向。

当前汽车的功能越来越多，但真正使用起来却并不方便。举个简单的例子，我一直觉得汽车的空调系统不够人性化，甚至经常令驾驶人分心。比如当我开车时，不想让空调风直吹过来，只能手动调整风向。为什么风向不能自动调整呢？这样的功能本身非常简单，问题是系统并不理解我现在不需要空调风直吹过来，更不知道什么样的风向最适合我。

要解决这个问题就涉及软件、数据、芯片等一系列要素的进步，目标是让车辆更加了解人，理解人对于乘车出行的诉求，以及人对于车内空间的综合感受。也就是说，我们需要基于数据的回流和反馈，构建一个拥有越来越完备的记忆，从而越来越智能的机器人系统，即Robot（机器人）系统或者说人工智能系统。而这样的系统对人的理解会越来越多、越来越好。

例如我的汽车副驾驶座有按摩功能，尽管我的爱人和同事经常坐在副驾驶座上，可他们并不熟悉这辆车，根本不知道有按摩功能，更不知道如何方便地启动按摩功能。又如现在很多车型都搭载了自动驾驶功能，不过自动驾驶功能的开启和使用往往需要操作一系列按钮或拨片，普通消费者如果不看《使用手册》，根本不知道这些装置是什么以及怎样使用。更不要说初级阶段的自动驾驶在什么时间和场景下可以启动，这本身就很复杂。

我想，未来的汽车一定不需要用户去看手册、学习操作之后，才能使用各种功能。其功能应该是随想随到、随到随用的，当你需要的时候就正好出现在你的手边，或者自动启动起来。这才是汽车未来创新和发展的方向。

赵福全：曹总的这段话非常重要，其核心是未来我们必须让汽车更懂人。这也是我经常说的，未来汽车的伙伴式交互功能，即情感属性将远远大于简单的代步工具属性。由此，汽车作为第三空间的价值将真正得以彰显。

说起来，我们现在讲的第一、第二、第三空间，是按照其当前的使用强度和重要性来排序的，所以我们把家视为第一空间，办公室视为第二空间，汽车视为第三空间。然而未来汽车就不一定只是第三空间了，很可能是第二空间，甚至是第一空间。从人进行选择的角度看，现在汽车作为第三空间主要源于被动选择，即人需要移动，所以就要进入并使用汽车。而未来汽车将成为人的生活中比以往更加重要的有机组成部分，从而让很多人主动选择享受汽车空间。

就像曹总刚才讲到的，现在人坐在汽车里的感受并不好。如何让用户在汽车里感觉到更方便、更愉悦、更贴心，这才是最重要的。很多人说未来汽车将是可移动的机器人，其含义就在于，汽车虽然仍是机器，但却是通人性、有生命力、能够自我进化、越来越懂用户的机器。

展望未来，数据作为一种载体，将以可量化的方式将用户需求信息快速传递给汽车；而汽车通过对数据的深度加工，充分理解用户的需求，并让其得到最极致的满足。这种满足是全方位的，既包括刚才谈到的座椅等可以直接接触到的所谓"身"的感受，更包括很多间接接触到的所谓"心"的感受。例如空调自动调节，风向和风速始终令人愉悦；音响和灯光组合营造出满足不同用户喜好的不同氛围等。这些都可以基于硬件的基本功能，通过软件在芯片上处理数据来实现，其最终结果是使人和汽车这种机器之间形成情感上的连接，建立伙伴式的关系。

到那个时候，汽车就不再是硬邦邦的物件，而是有温度、有情感的最佳伴侣，既能载着用户进行所需的移动出行，更能在用户使用的过程中，享受到便捷周到的各种功能、体贴入微的各种服务。正如我之前所说，未来汽车要从简单的帮助人，逐渐发展到解放人，而最终目标是理解人。也只有真正做到了理解人，汽车才能更好地帮助人和解放人。

实现不同硬件和软件的打通：架构重建，分工重塑

赵福全： 曹总，在刚才的交流中，我们达成了一个共识：今天软件在汽车产业的机会比您最初提出 SDC 理念的时候要大得多。毫无疑问，汽车的设计手段正在改变，同时汽车的通信能力和计算能力也在改变，由此，软件在汽车上的作用方式也将发生改变。具体来说，在软件与汽车的关系上，您认为现在与过去有何不同？未来又会有哪些本质变化？比如您刚才讲到的雨刷，其实现在也是由软件控制的，而未来汽车上类似功能的软件还会和现在一样吗？

曹　斌： 过去整车企业在开发一款车型时，是由供应商提供硬件总成，然后整车企业按照产品定义将这些总成组合起来并完成调试。在那个时代，整车企业是可以没有软件能力的。所有软件都由供应商提供，并且很多软件是掌握在 Tier2 的手上。也就是说，软件只是电子部件的一部分，以嵌入的方式集成在相应的硬件里。以雨刷为例，它的控制器里就有为实现既定机械功能而配置的软件，这些软件的逻辑代码分别对应

着雨刷的不同动作，预先编写好，输入到控制器中，就可以让雨刷有效运行起来。所以，此前大多数控制软件都是由供应商在开发相关硬件时一并完成的。

而今后情况将大不一样，未来的软件一定是基于数据、面向场景、理解需求开发的。由此将出现多个硬件的应用组合，比如打开车门的时候，车内灯光就自动亮起来，这就是一种组合；又如座椅姿态可以和车内温度、空调风向调节同步，这也是一种组合。未来会有很多实现这种跨部件、跨系统、跨功能应用组合的软件，而车企则需要构建起用户行为模式、车辆运行状态和外部环境情况共同优化的模型。我认为，上述这类软件最终只能由整车企业来主导，因为任何一家供应商都无法解决整车层面的多部件、多功能、多场景的协同问题。这是第一点不同。

另一方面，过去软件都是嵌入在硬件总成里，有些是由供应商自行开发的，有些是由供应商找到具有软件开发能力的公司一起开发的。在这种情况下，软件开发是和特定的硬件紧密绑定的。而未来的趋势是硬件与软件解耦，软件不再需要针对特定的硬件开发，而是可以灵活调用标准化的各种硬件。由此，软件开发者与硬件开发者完全可以是分离的，而为了让软硬分离在汽车产品上真正实现，就需要彻底改变现有的整车电子电气架构，确保针对汽车硬件的软件开发可以比较容易地进行。如果还是沿用原来的电子电气架构，汽车的计算能力分散在多个不同的硬件总成中，软件嵌入在相互独立的各种控制器里，那么车辆迭代更新、不断优化的空间就会非常小。正因如此，目前才出现了域控制器的概念，并出现了向中央计算单元集中化的趋势。而电子电气架构的这种改变，势必引发汽车开发模式、供应链体系、整供关系等方面的深刻变革。

对于这场变革，普通消费者是感受不到的，但就汽车开发而言，却意味着一场颠覆性的革命。过去汽车上的很多功能是由不同部门分别开发的；而现在各种功能的控制和组合，只需要在相应的域控制器层面，由一个具有软件能力的设计团队负责开发即可。

展望未来，为了让汽车真正做到更理解人、具有更复杂的行为模式、提供更智能的服务和体验，汽车企业必须打造好若干个域控制器，甚至最终可能是唯一的中央控制单元，然后基于此开发出更丰富、更好用的各种应用软件。这种需求不仅将拉动电子电气架构的变化，还将促进相关软件的分层，从而构建出高度智能化的全新系统。这是第二点不同。

因此，"软件定义汽车"不仅会改变软件开发的对象、范围和模式，还会引发整车电子电气架构的重构，为整个行业的转型升级指明方向。至于谁负责提供域控制器等关键硬件，谁负责提供新架构下的开发平台，谁负责提供中间件软件，谁负责提供上层应用软件，则是由此引发的产业再分工问题。总体而言，我认为整车企业将获得更大的发挥空间，可以从理解人的角度出发，重新定义汽车产品及其差异性。

赵福全：曹总的这番话阐明了一个重要观点，软件开发的逻辑已经和以前完全不同了。过去汽车上也有软件，但只是基于某种硬件的软件，作用是使该硬件能够发挥作用，而不涉及其他硬件。比如发动机有自己的控制软件，变速器也有自己的控制软件，这些软件都是由供应商基于某个特定的硬件开发的，目的是让这个硬件的性能得到最大限度的发挥。事实上，目前很多企业在开发汽车软件时，依然基于这种传统思路，而这样根本无法实现真正意义上的"软件定义汽车"。

然而随着消费者需求的不断提高、增多和变化，未来我们需要把汽车上的各种功能组合起来，为用户提供个性化、智能化的服务。为此，一方面要把硬件标准化、解耦化，另一方面要解决软件联动的问题。实际上，不同的软件是很难打通的。而如果每个软件都像过去那样各自为战，又不可能形成有效的联动。所以，"软件定义汽车"意味着我们需要重新构建整车电子电气架构，以便把各种软件都有效打通，让同一个架构下的不同软件及其控制的不同硬件都能真正联动起来，从而发挥出更大的作用。显然，这种全新的电子电气架构将是汽车产业的一次飞跃。

由此，产业分工也将发生重大改变。像东软原来是作为Tier2来支撑Tier1的，即Tier1把硬件卖给整车企业，东软提供其中的软件；当然，很多Tier1自己也做一部分软件。在这种情况下，整车企业是不需要懂软件的，比如购买制动器，里面就自带了嵌入式软件，可以实现对制动器的控制和优化。但是问题在于这样的软件只对制动器起作用，无法实现制动器和转向器等其他硬件之间的联动与优化，导致各种硬件都处于相对独立的孤岛状态。

而未来情况就完全不同了，不同的软件可以灵活调动和使用不同的硬件，实现硬件功能之间的有效联动，这样就能形成各种组合的新功能，提供全方位的新体验，并实现跨部件、跨系统的全局优化。到那个时候，很可能会出现这样的场景：当天是儿子的生日，一家人上车后，音响就自动播放《生日快乐歌》，灯光也随之呈现出庆祝孩子生日的氛围。而不再需要用户自己按好多次按钮，才能把几个功能逐一调出来，那样实现的体验效果将是生硬而缺乏"质感"的。显然，为了做到以上这些，汽车电子电气架构、计算平台、硬软件之间的关系以及整车和供应商的分工等，都将发生革命性的改变。

在这一系列变化中有一点是明确的：整车企业为了确保汽车品牌内涵及产品体验的定义权，提升新时期的核心竞争力，必须形成更强的软件能力。而车企是不可能拥有所有的软硬件能力的，因此就需要像东软睿驰这样的软件供应商提供相应的支持。不过前提是车企先要定义好整车架构，并为此做好相应的组织准备；同时，软件供应商必须基于新的电子电气架构平台来开发软件。唯有如此，整车企业才有可能获得更强的资源调配及组合能力。

不过，正如曹总刚才提到的，当前很多整车企业并没有为此做好准备。未来消费者的需求将越来越多、变化将越来越快，相应的，汽车产品也将越来越复杂。但是整车架构以及企业组织的变革并不是要把简单问题复杂化，而是要把复杂问题简单化，即通过重新构建架构、定义分工并变革组织，形成一个让产业分工更加清晰、让整供合作更加有序的大环境。这是汽车企业必须为之努力的重要目标。

汽车软件分类：控制软件、信息娱乐软件、自动驾驶软件

赵福全：曹总刚才谈到了软件分层，应该说目前汽车软件的种类越来越多。能否请您分享一下自己的思考，未来十年，汽车软件将如何发展？会形成怎样的分类？每一种软件各由什么企业提供？这些软件对于

整车企业来说都意味着什么？特别是整车企业和Tier1、Tier2以及所谓的Tier0.5等各级供应商，谁将拥有哪类软件？

曹　斌：从汽车产品开发的角度出发，现阶段汽车软件可以分为三大类。

第一类是与控制相关的软件。像对动力电池、电机、制动、转向、车门、车窗等进行控制的软件，都属于这一类。在这类软件上，传统零部件供应商有较大的优势。例如车身控制软件，可能有很多Tier1或者从事车辆设计的专业化公司，都有非常好的基础来开发这类软件。

第二类是信息娱乐软件。主要分布在驾驶舱和中控台，这类软件属于偏开放的体系。现在主流的选择是基于安卓系统开发，可以提供很好的互联网内容支持，诸如视频、音频等，此外还在接入越来越多的内容，包括与互联网、物联网上各种资源的连接。这类软件相对开放，其发展也相对成熟，不仅有很多可连接的外部资源，也有很多开发者资源：一是手机供应商，它们有大量基于安卓系统的开发人员；二是互联网公司，如腾讯、百度等，都已经深入到该领域了。

第三类是自动驾驶软件。这类软件是非常特殊的一个领域，由于专业化程度高，涉及专业的算法和很高的算力，所以，自动驾驶软件的开发工作通常需要由专业团队来负责，以系统解决自动驾驶当前及未来的各种软件难题。

在汽车产品开发过程中，基本上就是以上这几类软件，而车企对于各类软件有不同的开发策略。目前很多车企在进入软件领域时，会首先从相对熟悉的控制软件入手，将车身控制等作为优先投入的对象，而基于车身控制，就可以实现诸如车门与灯光联动等功能。这种情况对原本为整车企业同时提供硬件与软件的Tier1提出了严峻挑战，因为未来车企只需要Tier1提供硬件即可，软件将由车企自行开发或由其他供应商提供。在此过程中，Tier1与车企之间的分工和边界将不断磨合并重新建立。有些供应商可能因此掉队，有些则可能找到新的机会，为车企提供符合新商业模式的产品和服务。

当前，自动驾驶软件已成为整车企业普遍高度关注的一个重点。不过由于自动驾驶特有的专业性，传统车企要想单独把自动驾驶开发好，必须跨越很大的技术障碍。相对而言，一些新造车企业从一开始就非常重视这个领域，聚集了很多人才攻关自动驾驶，有的车企已经组建了几百甚至上千人的自动驾驶开发团队。这也是部分车企明确选择的一种软件策略。

展望未来，车企将与软件供应商、芯片供应商和其他一些供应商形成相互合作的全新商业模式，即与过去不同的多方参与、重新分工的新生态。在这个新生态中，有些软件是由供应商来开发的，再由整车企业负责软件和硬件的集成。同时，有些软件，如 HMI 人机体验等部分应用，可能会由车企自行开发。不过，供应商可能也有机会为车企提供相对成熟和完整的平台型软件。例如由独立的供应商提供一套操作系统，作为各种软件运行的平台。这样的操作系统可以被很多车企广泛使用，甚至形成自身的品牌效应。

软件开发需要可成长的架构、组织以及系统集成和测试能力

赵福全： 展望未来，我们就以十年为节点，您觉得整车企业应该如何做好储备呢？在"软件定义汽车"的趋势下，软件的数量会越来越多。一台汽车有上万个硬部件，将来很可能也会有上万个甚至更多的软件。面对如此多的软件，整车企业不能完全不掌握，但也不可能全部都掌握。

就像刚刚谈到的自动驾驶，很多车企都认为，自动驾驶是未来汽车最重要的能力，整车企业绝不能不掌控车辆的驾驶情况，所以必须下决心自研。然而自动驾驶的技术难度很高，涉及感知、决策、执行，以及数据、算法、芯片等不同领域的众多核心技术。即使车企组建上千人的开发队伍，并且拥有专门的软件团队，也未必就能做好。

最近，有不少车企开始与专业的自动驾驶初创公司进行绑定式的合作。对此我也在思考，这种深度绑定主要是因为自动驾驶公司觉得，自己的技术没有整车搭载就无法实现价值，所以不得不投靠整车企业？还是因为整车企业逐渐意识到，仅凭一己之力推进自动驾驶技术远比预想得困难，所以主动寻求外部专业团队的支持？更进一步来说，未来自动

驾驶技术会不会标准化呢？这也是很多企业家经常与我讨论的问题。曹总，您对此是怎么看的？

曹　斌：我想可以从两个层面看这个问题。第一个层面，车企确实应该参与软件开发，而且要在其中掌握一定的主导权、形成一定的独特性。所谓独特性，就是汽车里的一些核心软件是车企自己独有的，而不是由供应商提供的。因为供应商既可以给这家车企供货，也可以给那家车企供货，这样才能让自身的商业利益最大化。因此，依赖供应商进行软件开发，车企的产品是很难具有独特性的。车企一定要把一部分核心软件掌握在自己手里，这部分软件是产品的差异性所在，也是产品的"灵魂"所在。

那么，如何才能选准软件投入的方向，真正掌握产品的"灵魂"呢？我在与很多车企管理者交流时，经常问他们：如果你有500名软件工程师，你准备把他们投入到哪个方向？结果得到的答案各不相同，有的车企更关注整车控制，有的车企更关注动力优化，有的车企则希望优先解决自动驾驶或者人机交互问题，各种各样的答案都有。而当我继续问他们，你们有没有自己的软件架构？你们的软件架构师在哪里？很多人就回答不出来了。

事实上，软件是非常独特的：一方面，与硬件不同，软件没有生产制造成本，而且可以复制，所以成本极低。另一方面，软件又是一个高度复杂的系统，软件发展的核心诉求就是要战胜这种复杂性。比如说我们需要写100行软件代码，只要找一名受过训练的高中生就可以做到；但是如果我们需要在100万行软件代码里增加100行新代码，这个工作恐怕连很多博士毕业生都未必能胜任。因为只有非常熟悉这100万行软件代码的团队，经过反复研讨才能写出更好的100行代码。并不是说软件代码的行数越多，软件的价值就越大，不能在原有基础上优化的软件代码其实只是垃圾。

也就是说，软件与开发和维护软件的组织之间是一种共生的关系，我们不能把一个软件当作一个固化的单独部件来看待。因此，当企业在软件领域投入时，我认为最重要的应该是搭建起可以支撑核心软件不断成长、持续进步的架构和组织，这是软件未来发展的生命力。只要这个架构明确了，团队有效构建并运行起来了，软件就自然可以不断沉淀、不断打磨、不断迭代，最终承载起产品的"灵魂"。这一点是整车企业进入软件领域时必须高度重视的。

第二个层面，在软件开发上，车企应该优先形成系统集成及测试的能力。以自动驾驶软件为例，刚才赵院长也提到了，其复杂度是非常高的。现在一套自动驾驶系统软件的复杂度，绝对超过汽车上其他任何一个硬件总成。对于这样复杂的系统，车企要思考的是如何确保各种功能，如高速巡航、自动跟车和自动泊车等，都能很好地提供给用户使用。这对于车企来说是第一要务。

在这个过程中，车企可以得到很多供应商的支持，有做算法的，有做芯片的，还有做摄像头或者雷达的，等等。关键在于如何把供应商提供的这些硬件和软件，都在汽车产品上有效组合起来，实现所需的各种功能。这就要求整车企业必须具备两大能力。

一是系统集成能力。对于自动驾驶来说，系统集成能力意味着车企必须有清晰的软件架构。否则来自不同供应商的各种软件组合在一起，是难以良好运行的。二是系统测试验证能力。包括数据的获取、标注、筛选和训练等环节都要有验证，而且需要从"后端开发"覆盖到"前端开发"，并由不同专业技能的专门团队分别负责。这是车企掌握软件能力必须解决的一个关键问题。

车企在具备了上述能力之后，考虑其他分工才有意义。像是否自己开发算法，是否自行设计新功能，是否做一些跨系统的深度融合，例如把激光雷达等的感知融合与电源系统的优化处理结合起来，所有这些都要在解决了架构和组织问题、具备了集成和测试能力之后，才能梳理清楚。所以，车企无论是优先构建自动驾驶系统，还是优先投入智能座舱或车身控制软件，都需要先建立起可持续成长的软件架构及团队组织，并形成系统集成能力和测试验证能力。

赵福全：曹总刚才谈到的内容非常重要，这是最近几年各家企业的CEO（首席执行官）、CTO（首席技术官）们最关注的问题之一。我本人在这方面也有不少思考,带领团队做了很多研究,为一些企业提出了解决方案。我认为,这个问题正是我们今天对话主题的核心,即"软件定义汽车"究竟如何落地。

未来汽车产品可能会有上万甚至十几万个不同软件,形成比手机更复杂的应用生态,甚至消费者都能直接参与部分汽车软件的开发。所谓SOA(面向服务的架构),其中很大一部分软件就是要为消费者提供服务的,如果消费者不能充分参与进来,就无法实现真正的SOA。

在汽车硬件标准化之后,汽车产品需要满足消费者不同需求的更多软件,才能把个性化体验做到极致。然而,整车企业要把每个消费者的个性化需求都理解透彻并予以实现,这是不现实的。即使车企真有能力做到这一点,也会由于"大而全"导致无法形成自身品牌的特色。因此,车企更应该建立和经营好开放性的平台,让每一个用户都有渠道来表达自己的需求,然后再由平台上的众多参与方共同满足这些用户需求。我认为,这是"软件定义汽车"最困难也最关键的问题,如果达不到这种程度,这场产业重构就不够彻底。

下面谈谈我对曹总刚才这段分享的理解。首先,曹总强调无论"软件定义汽车",还是"硬件定义汽车",整车企业都要有自己的核心能力,这是车企参与市场竞争的基本前提。只不过在"软件定义汽车"的时代,车企需要不同的新核心能力。这听起来好像只是大道理,实际上却是最重要的。所有企业都必须主动思考,当软件决定汽车产品竞争力、品牌内涵的时候,自己究竟需要什么样的核心能力?

其次,软件和硬件的组合难度不同。对于硬件来说,组合相对容易,比如把压缩机、冷凝器和控制器等组装起来,就构成了空调系统。而软件完全不是这样,不但不同的软件涉及不同的接口,而且软件组合往往非常复杂,如果只是把各种软件简单地放在一起,很容易导致系统崩盘。就是说,软件集成的复杂度是 $1+1>3$,集成后的效果却未必能达到 $1+1=2$,甚至可能是 $1+1<1$。

那么,怎样才能把各种软件有效集成起来从而发挥更大的作用呢?曹总认为,必须依靠适宜的架构。正因如此,负责定义架构的总架构师就变得极为关键。在我看来，总架构师的作用就是让复杂的软件组合简单化，通过把架构定义清楚，让众多参与者都能清楚地找到自己的位置，准确地完成各自的任务，并保障和促进各参与方以及各软件之间的有效协同，从而使整个系统能够高效运转起来，进一步吸纳更多优秀的参与者及相关软件。

最后，软件和硬件的工作模式不同。对于硬件而言，整车企业今天可以采用这家供应商，明天可以更换成另一家供应商，只要供应商有能力满足车企的要求即可。然而对于软件来说，除了构建架构平台之外，车企还需要有一个长期稳定的团队，因为软件开发是需要不断积累的。在软件开发过程中，有很多细节是看不到的，隐藏在代码深处。不要说更换全新的团队，即使团队中的核心人员跳槽，都可能导致接手者无所适从。此外，即便人员比较稳定，但如果没有建立起长期积累、有效传承的团队意识和企业文化，那软件开发还是会越做越难，最终不可能达到理想的预期结果。现在有一种说法，由于硬件越来越复杂，所以唯有导入软件才能满足消费者日益增长的需求。但是如果软件也越做越复杂，企业同样无法得到很好的效果，那可能还不如不导入软件了。

由此出发，我想在此提醒整车企业领军人的一点是，对于软件特别是自动驾驶系统的开发，首要的工作并不是自己钻研算法，而是应该先把整体架构搭建好。一定要想清楚自己的目标是让汽车产品达到怎样的能力？具有多大的潜力？以及为了达到这样的目标需要分几步走？需要汇集包括硬件和软件提供者等在内的多少参与方？即企业应确定适宜的整体架构，然后分解形成具体的落地方案，再根据自身长远战略与能力现状有序分步实施。

基于自己在整车企业打拼了近20年的体会，我完全能够感受到"软件定义汽车"带给深谙硬件开发之道的传统车企CTO们的思维冲击。事实上，开发硬件与软件本来就需要完全不同的能力，更需要完全不同的模式，这绝不是简单地更换几家供应商的差别，而是必须彻底转变既有的理念。比如说软件开发恐怕不能像硬件开发那样，总想着用成本较低的B点供应商替换开发能力较强的A点供应商，这样是很难保障软件的积累与延续的。

总之，车企领军人们都应该认识到，在"软件定义汽车"的时代，必须先从搭建整体架构开始建立全新的产品开发理念，形成与传统硬件开发完全不同的模式和流程。在此基础上，再思考和解决核心能力选择与分工的具体问题，诸如是否自己开发算法等，这些都是第二层面的。

"软件定义汽车"的核心：以"有所为有所不为"实现差异化

赵福全： 曹总，让我们继续刚才的话题。展望2030年，您认为届时对于"软件定义汽车"的核心能力，整车企业需要掌握到什么程度？以此反推，当前车企应该如何推进"软件定义汽车"的技术创新生态建设呢？在我看来，这些问题企业现在就要想清楚，否则等到2030年再去布局就来不及了。当然，不同企业的目标、能力和现状各不相同，因此选择的策略也会有所不同。还有不少企业正面临很大的经营压力，选择"先生存、后发展"的策略也无可厚非。不过有一点是明确的，所有企业都应面向未来的理想状态，认真思考并努力做好眼前的布局。而您作为东软睿驰的领军人，同时也作为非常了解汽车产业的软件专家，您认为整车企业应该具备哪些能力才能面对2030年的竞争？特别是有哪些能力即使现在还不能做到位，也要先尝试做起来？

曹　斌： 您这个问题很有挑战性。当前行业正处于快速变革的特殊时期，要预测十年以后的状况是非常困难的。我只能试着谈谈自己的一些判断。

我觉得，汽车行业未来有几个大方向是确定的。一是汽车硬件标准化。我们在前面已经谈到了，未来汽车产品一定是由一系列标准化的硬件组成的。二是汽车软件会出现分层与分工，形成专业化的软件平台公司、工具公司以及专注于不同领域的应用软件开发公司，比如自动驾驶系统、人机交互软件等。在这个过程中，会有一批独立的软件公司成长起来，并且形成一定的品牌效应。

到了那个时候，我认为车企最应该具备以下三方面的核心能力。

第一，优秀的产品经理。当汽车能够与消费者快速、紧密互动时，就会在很大程度上具备快消品的某些属性和特征，并由此引发消费趋势和竞争要素的显著变化。此时产品经理的作用就会变得比以往更大，因为产品经理是车企准确识别细分市场、精准定义产品能力的关键人物，他要把企业理念和品牌内涵通过产品有效地呈现出来，并且快速地交付市场。另一方面，成为优秀的产品经理要比以前更难，因为未来产品经理既要选择好硬件，也要选择好软件，还要把这些硬件和软件都集成好，以实现最快的产品更新、最大的商品价值以及最优的用户体验，同时还必须做好成本控制。

第二，强大的系统集成能力。正如前面谈到的，软硬件从解耦到融合将倒逼整车企业形成更强的系统集成能力，这也是车企面临的最大考验。现在车企常常遇到这样的情况，在产品开发初期选择了一些零部件，可是到了后期整合集成时却发现难以进行，这主要是由于软件的不断发展导致整车层面的集成难度不断增大。所以，"软件定义汽车"将对车企的集成能力提出更高的要求。这其中既包括对于整体架构和各个系统的深度理解，也包括整合集成的过程管理与后期管理，如对软件的全生命周期管理、对开发流程与管控内容的创新等，还包括面向新型汽车产品开发模式而重新构建的组织与团队。总之，未来车企要想在有限的时间内，以合理的成本，快速推出具有竞争力的产品，强大的系统集成能力是必不可少的核心能力。

第三，实现差异化的能力。无论何时，各家车企的产品都应该有与众不同的部分，以体现企业理念与品牌内涵。当主流车企都拥有优秀的系统集成能力，可以利用全行业的资源来打造有竞争力的产品时，其差异化又体现在哪里呢？我认为，这取决于企业构建整车架构、软件架构时的格局，即预留的整合与创新空间到底有多大。在此基础上，有的车企将针对应用场景、出行模式或人车交互形态中的某一方面不断进行打磨，以形成越来越精细和强烈的产品特性；有的车企将聚焦于纵向整合，例如从应用软件到芯片、传感器等关键硬件，提供更优的集成效果来实现产品的差异性；还有的车企将侧重于横向延展，通过更大范围的专业化定制与服务来满足消费者的个性化需求。这些都可以给车企带来差异化的竞争优势。

赵福全： 这的确是一个很大也很有挑战性的话题。未来整车企业的核心能力究竟是什么？怎样去打造新产品？刚才曹总谈到了一个大背景，那就是未来产业分工将会更加清晰。

一方面，硬件标准化有助于明确产业分工。未来标准化的硬件可以随时被软件调用，并确保质量和成本受控，这就需要硬件供应商把规模化生产做到极致。同时，其他相关企业也就可以集中更多的精力，进行软件的开发。

另一方面，软件分层也有助于形成清晰的产业分工。软件分层本身就意味着整车企业明确了哪些工作是自己必须关注的，哪些工作是可以交给别的企业完成的。未来车企应该都想自己多做一些软件，但也不可能一包到底，毕竟没有哪家企业是全能的，即使能力再强也要有明确的定位。为此，先要选准核心业务的圆心，然后再根据自身实力确定可以覆盖的半径范围。半径有长有短，但不可能无限延长；而圆心一旦定错，企业的努力就全都失去意义了。

在此背景下，第一，整车企业仍然需要强调品牌的打造，而产品经理在这方面至关重要。因为未来车企可以直接与消费者沟通，随时理解、识别和定义用户需求，并且能够把这些需求快速转换成产品的功能和服务，让用户得到最佳的体验。而做好上述工作的关键是，企业必须拥有面向未来的优秀产品经理。

从工作内容上看，此前产品经理主要处理一些简单和直接的用户需求，未来产品经理则需要基于软件架构来定义产品，并以全新的软硬件集成思维来打造产品。事实上，我现在给学生讲课时也反复和他们强调系统性思维。而"软件定义汽车"下的系统性思维，要求领军人具有系统架构师的全局观念和思维方式，必须清楚地知道软件分为几层，企业应该抓住哪个层面的哪些重点。

从时间跨度上看，未来的产品经理将不再是简单的项目经理。我们知道，项目经理的工作是一次性的；未来汽车产品却需要不断地更新迭代，因此会有多次交付（X次SOP）。这就是我之前提出的SOPX概念，即今后汽车产品将通过OTA（空中下载）升级实现X次量产。而汽车全生命周期内的每一次交付，都是产品性能、功能和体验的一次升华，这就需要产品经理全程负责，始终与用户紧密连接，随时对新的用户需求做出响应。显然，届时产品经理的概念将和现在完全不同。

第二，面对产业重构、边界扩展的新格局，企业更需要"有所为有所不为"，这就涉及企业如何确定自身核心诉求的问题。对此，曹总讲到了很重要的一点，那就是企业应该回到最初的原点，追问自己产品的最大差异点究竟在哪里？如果某个汽车品牌及产品什么都想做到，那一定会失去个性，无法与其他品牌和产品区分开来；而方方面面都只做到平均分的产品，也不可能真正打动消费者。

实际上，"软件定义汽车"涉及的范围很广，企业完全可以有不同的侧重点，比如优先智能座舱还是自动驾驶就有很大区别。即使同样更关注自动驾驶，不同的企业也可以有不一样的重点，例如有的企业更重视自动泊车场景，有的企业更重视道路行驶场景，二者的算法和数据基础都是不同的。当然，还有的企业想要全部做到，但那样就要比其他企业多投入5倍甚至10倍的力量才有可能，而企业的资源毕竟是有限的，更遑论不同的侧重点可能还涉及不同的企业文化基因。因此，未来企业必须坚持"有所为，有所不为"。

具体来说，对于未来的重点领域——软件，也必须"有所为有所不为"。软件开发团队先要有足够的规模，绝不是有几个人专门负责编程就能把软件做好了，10个人、100个人、1000个人的团队，效果肯定是不一样的。有了足够规模的团队之后，企业要选准重点领域，集中力量攻关。假设企业有1000名软件开发人员，如果都投入到1个重点领域，大概率会做得不错甚至能够做到引领；而如果分散到10个重点领域，那每个领域就只有区区100人，结果很可能是哪个领域都无法做好。

第三，对于整车企业来说，曹总认为，搭建好架构平台并培育相关的核心能力是实现差异化的关键。在架构平台上，车企应前瞻谋划，留出足够的"空白"，为未来生态的成长预留空间。同时，软件架构等方面的核心能力，车企一定要自己掌控，而不能过多地依靠软件供应商。

硬件标准化是产业发展的必然结果

赵福全：曹总，刚才我们多次谈到未来硬件将会标准化，或者也可称为抽象化。那么，硬件标准化或者抽象化要如何实现呢？当前业内都在讨论硬软件解耦，具体来说，您认为有哪些硬件应该解耦？软硬件需要解耦到什么程度？

曹　斌：目前，有些车企在电机、动力电池等方面的控制器开发上做了不少投入。处在产业变革的探索期，车企根据自己的判断决定把资源和精力投放到哪里，这本身并没有绝对的对错之分。不过展望未来，我认为，汽车硬件整体上一定会越来越趋于标准化，并且能够实现并行开发。

我们知道，现在开发一款车通常需要3年左右，有些车企的开发周期相对较短，也需要大约2年的时间。在此期间，各种硬件一直在进步。这就造成一个问题：一款新车在开发之初就定义了硬件，但等到量产上市时，已经有了更好的硬件，却未能用到新车上。对于一些关键硬件来说，这个问题更为突出。例如芯片就是这种状态，一款车型启动开发时，即便选用了当时最好的芯片，但在这款新车面市之际，此前选择的芯片早就落后了。因为芯片行业正常的升级频度是一年一代，2~3年的开发周期下，芯片至少已经更新两代了。要想让新车型用上最新的芯片，并使相关软件与之适配，这在传统汽车产品开发流程中是非常困难的一件事，甚至是根本不可能做到的。

在传统开发流程中，基本上企业在定义新车型时就已经选好了硬件，并以此为基础开发软件。对于一些平台化开发的车型，确定硬件的时间点可能还会更早，比如我就接触过这样的案例，企业在平台策划之初就选好了硬件，而该平台上部分车型的量产要在5~7年之后。试想7年前选择的硬件，怎么可能不落后呢？又怎么可能有效支撑现在的软件呢？这样的产品是很难在市场上获得成功的。这种情况之前大家习以为常，但是到了新汽车的时代，就不能再这样下去了。所以，我们必须把软硬件解耦。

软硬件解耦的目的在于，让供应商的软硬件开发工作可以和车企的整车开发工作同步并行。这样当硬件迭代升级时，车企可以直接切换新硬件，甚至可以由另一家供应商来提供同一个硬件。例如，当汽车产品开发到一半时，有别的供应商发布了更先进的硬件，这时候车企完全可以直接切换使用这家供应商的新产品。当然，前提是车企必须具备软硬件解耦的能力，在硬件设计上实现了抽象化，只需基于硬件的标准接口来开发软件即可，这样软件才能很容易地适配以及调用硬件。

有鉴于此，我们一直在提倡一种新的汽车产品开发模式，那就是"软件先行"。即在整车架构平台上，先使用软件构建出一款车，这款车的各个总成及部件，如底盘、车身、动力系统、人车交互系统，以及传感器、执行器等，都已经完全抽象化；接下来就可以基于这些抽象化的硬件系统形成车辆的基本框架，根据相应的硬件接口来开发控制车辆行为模式和关键功能的软件；最后，再将这些软件与硬件进行并行的适配调试。此外，这种开发模式还可以针对不同的车型采用不同的适配策略和迭代周期，这也有助于产品经理充分发挥作用。

对比来看，现在的车型开发都是一款一款逐一进行的，这也是当前大多数车企仍在使用的传统模式；而未来在"软件先行"的新模式下，各家车企都会有一套自己专属的软件系统。这套软件系统是跨车型的，代表着该企业汽车品牌的核心内涵与独有特色。而且这套软件系统将由专业团队打造，是不断迭代更新的，可以有效确保系统内的各种软件都能与不同的车型、不同的开发阶段以及不同的硬件系统，包括芯片、执行器、传感器等，进行有效的匹配和不同的组合，从而形成不同的产品功能和性能。这种开发模式的前提是，硬件一定要标准化，被抽象成可供软件调用的接口。也只有这样的硬件，未来才能进入到车企的架构平台中，与相关的软件达成适配。

我认为，硬件标准化是车型快速迭代更新引发的一个必然结果。实际上，所有的产业发展到一定阶段后，当其产品变得高度复杂时，都势必走向更精细的产业分工。因为任何一家企业都不可能把所有部件做到最好，软件主导的行业就更是如此。除非企业在每个领域内都能召集到全世界最顶尖的人才，并形成与之相匹配的组织和文化，而这是根本不可能的。所以，一家企业一定要在某些核心业务上形成较强的优势，同时在其他业务上要充分借助其他企业的优势力量。

赵福全：这就带来了另一个问题，所谓硬件标准化，到底应该是行业推动的事情，还是企业要做的事情呢？

曹　斌：我觉得首先要在行业层面形成一种共识。一方面，如果整车企业依然秉持传统的思维方式和开发模式，只靠供应商提供一些标准化的硬件是没有意义的；另一方面，单独一家整车企业也没有足够的力量驱动硬件全面标准化。因为标准化一定是相关各方互动、共享直至互认后的结果，否则也不可能成为行业广泛采用的基本模式。所以，我建议行业内的各种组织应该在推动硬件标准化方面发挥更大的作用。在这个过程中，行业组织需要牵头定义框架、提炼共识，并使其逐渐成为业内的普遍共识与标准模式，进而推进产业分工；而产业分工一旦确立下来，各家企业就会去寻找适合自己的位置，从而进一步推动硬件标准化的进程。

赵福全：我觉得，硬件标准化要成为行业共识，需要大家都能充分认识到这一方向的必然性和必要性。如果谁认识不清或者理解太慢，那就很可能会被快速发展的时代所淘汰。反过来讲，如果整个行业不朝着这一方向共同努力，那行业发展的速度就会受到影响。换个角度来看，如果中国企业对硬件标准化都能形成更为透彻的理解，中国汽车产业能够更早形成相关的共识，那我们在未来全球汽车产业的竞争中就会占据优势。

在我看来，硬件标准化的内在逻辑是非常清晰的，未来高度智能化的汽车产品需要满足用户日益提升的个性化需求，为此首先必须通过硬件标准化来实现硬件与软件的全面解耦；在此基础上，整车企业就可以通过软件来定义数字化的汽车，或者说基于软件架构平台来虚拟搭建一款新车；然后在这个虚拟车型上不断积累、迭代和优化，让不同的软件与硬件充分适配、彼此融合；最终打造出能够满足用户动态需求、具有行业竞争力、体现企业品牌内涵的软硬融合的新汽车。这绝对是行业发展的大趋势，哪家企业能够走到前面，就有机会抢占战略先机。

不过硬件标准化不是一家或几家企业努力就能做到的。可能某家供应商尝试这样做，但整车企业并不一定接受；也可能某家整车企业提出了这种需求，但其供应商并不能适应。所以，除了行业组织的努力之外，我认为推动硬件标准化更需要相关整供企业达成新型的战略合作伙伴关系。即双方基于对行业趋势的一致判断，主动结盟、相互协作，朝着这个方向共同努力。同时，业内专家和媒体也要多呼吁，让更多的同仁都能意识到硬件标准化是大势所趋。

我想这也是"赵福全研究院"高端对话栏目的重要价值之一——我们通过和同仁们分享自己关于行业趋势的判断，可以起到相互借鉴、凝聚共识的作用。在这个交流平台上，我们不卖车，也不卖软件，就是要以专家的身份对产业未来发展做出判断，并把这种知识、理念和思想广泛传播，以帮助大家理解产业大势、印证各自想法、形成行业共识。

其实不只是汽车产业，整个制造业发展到今天，都非常强调对专业化分工的再认识，都需要形成类似硬件标准化这样的行业新共识。当然，这需要一个过程。目前很多人的思想可能还停留在从前的理念上，诸如通过硬件的差异化来实现产品的差异化，基于"看得见的都不一样，看不见的都一样"的传统平台理念来开发产品。而未来产品的开发理念将完全不同，基于同样的硬件、采用不同的软件就可以实现产品的差异化。到那个时候，各家企业的产品或许看得见的硬件都差不多，看不见的软件才是不一样的，因为软件才是实现差异化竞争的关键，也是各家企业的核心竞争力所在。

未来汽车软件人才的需求将发生重大变化

赵福全：谈到硬件标准化，我自然就想到了下一个问题。软件工程师究竟需要对硬件了解到什么程度？特别是到了硬件标准化、软件可以直接调用硬件的时候，软件工程师还需要懂车吗？而当前一个很现实的问题是，传统汽车工程师懂车但不懂软件，很难完成好软件开发；而跨界进入汽车领域的软件工程师懂软件但不懂车，很难通过软件有效控制及优化汽车产品。理想的情况当然是每家车企都有一些既懂车又懂软件的工程师，但这样的人才又不会凭空出现。

曹　斌：我认为这将是一个不断演化的过程，实际上我们可以看到，汽车企业对于软件人才的需求正在发生戏剧化的变化。

此前由于软件都是嵌入在硬件里的，所以整个汽车行业对软件的关注度并不高。同时在软件开发方面，也形成了针对嵌入式软件的各种模型化开发方法和工具，汽车行业在这方面的应用也比较充分。

随着产业变革的不断深化，越来越多的车企开始谋求掌握一部分软件，首先就是各种控制软件。不过车企开发这部分软件仍然是基于模型化开发方法，例如采用 MATLAB 等工具，这就导致这方面的软件人才开始供不应求。现在也还是这种状况，汽车企业都在抢夺懂模型化开发的软件工程师。

但是发展到下一个阶段，情况恐怕又会不同了，只针对部件级控制和嵌入式软件的模型化开发将越来越不适用。因为未来汽车硬件将越来越抽象化，成为各种越来越清晰的接口。而软件将独立于硬件之外，同时又能够调用各种不同的硬件。由此，软件开发者必须了解车辆的各种功能是通过哪个硬件系统实现的，是需要控制底盘、车身，还是需要控制转向、制动，又或者需要控制动力电池、电机？而最终还要把这些硬件系统打通，实现各种组合。这样软件就会涉及众多不同领域的专业知识，这将是一个很高的门槛，远不是现有的熟悉模型化开发的软件工程师就能直接胜任的。

面对越来越多、越来越复杂、越来越重要的软件，汽车产业又应运而生了新的开发理念，即所谓的 SOA。SOA 要求在硬件抽象化的基础上，进一步实现各种应用服务或者说功能的拆分和解耦，从而形成可以支持这些应用服务被灵活调用的架构。同时，关于 SOA 下整车架构的演变，当前也有各种不同的观点。有的认为最终要做统一的中央计算单元，有的认为要分为三个域控制器，还有的认为要细分为更多的区域控制器及控制单元。而不同的硬件组合各有不同的拓扑结构，其适宜的开发方法还需要继续探索。说到底，SOA 的目标就是将所有功能都变成应用服务，其中既有底层的服务，也有相对高级的服务；而开发者可以基于SOA架构，自由调用这些服务。在此情况下，软件开发者对于汽车的了解程度就可以逐渐降低了。

今后很可能会出现这样的情况：软件工程师可以在一个完全虚拟化的环境里开发各种车型的各种功能。他们甚至不需要知道所开发的软件将搭载于哪款车型，因为车辆的所有硬件，包括车窗、车门、车灯等，也包括动力、底盘系统等，其接口以及应用服务都是标准化的。换言之，未来我们或许可以开发出能够在任何一款车型上运行的上层软件。尽管距离这样的理想境界还有很长一段路要走，但产业前进的脚步正一步一步地加快。最终，这将彻底改变汽车软件工程师的能力需求与缺口方向。

最近几年，软件人才的稀缺与内卷程度非常严重，企业都在抱怨"人才荒"。这是因为当前产业对于软件人才的要求有比较高的门槛，他们必须熟悉汽车的很多控制功能是如何实现的，不能只会开发通用化的软件。不过我认为，随着产业的进一步发展，新的开发理念与方法将得到越来越多的应用，这将逐步降低汽车产业对软件人才的要求。

赵福全：所以，汽车企业追求的最高境界和终极目标应该是实现软硬件的完全解耦。届时软件工程师只需要了解硬件的基本功能，然后用数字化手段描述出来即可，并不需要懂得硬件的原理与细节。不过在目前这个阶段，由于软硬件还没有解耦到这种程度，汽车企业就需要既懂硬件又懂软件的人才，这意味着软件工程师还要学习一些汽车知识，否则无法确保汽车软件开发能够取得应有的效果。当然，这只是一种不得已而为之的过渡状态。最终产业分工肯定会细化到软硬件充分解耦，但这可能需要经历一个相当漫长的过程。

另外，正如曹总刚才谈到的，当前一些企业正在产品开发中尝试SOA的新模式。或许无法建立起SOA架构，"软件定义汽车"就无法推进到下一步，不过这一点尚未形成行业共识。同时，企业究竟怎样才能把SOA搭建起来，也还需要摸索与实践。

无论如何，有一点是确定的，那就是必须实现软硬件解耦才能让"软件定义汽车"的价值得到充分彰显。为此，一方面整个行业应当尽早达成共识；另一方面，所有的企业都应该有长远眼光，朝着软硬解耦的方向共同努力，致力于形成更加清晰、精细的产业分工，让专业的人做专业的事。这对于企业形成新时期所需的核心竞争力是至关重要的。

据我观察，现在不少车企还是太关注眼前的某款产品能否尽快推出，于是拉来各个领域的供应商，力图把新车型快速"攒"出来，美其名曰是高度集成化的产品。然而从长远来看，这并不是真正解决问题的方式。如果企业没有系统地思考问题，把整个架构如何搭建先想清楚，包括需要多少资源，目前自己掌握了多少，最终自己必须掌握多少，可以交给别人掌握多少，相关硬件的接口是怎样的等等，那么企业的一切努力就都是盲目和短视的，后续的产品也无法得到有效积累、持续传承和不断优化。

正因如此，我们往往会看到这种情况：一些车企的某款产品比较成功，智能化效果很好，但是当下一代产品推出时却又变差了。在"软件定义汽车"的时代，随着数据的不断积累和软件的持续迭代，产品原本应该是一代更比一代强，但实际效果恰恰相反。其原因就在于，企业对一些根本性的问题，并没有想清楚、做明白。例如对软件有别于硬件的传承性不够重视，两代产品分别由不同的团队打造，而且集成的资源也不一样；同时更没有从整车架构的角度，尝试建立跨车型的软件系统。结果是每款新车的开发都要从零开始，完全没有积累和提升。

广义的操作系统：基于行业共识，推动生态搭建

赵福全：曹总，接下来让我们聊聊管理汽车软硬件的操作系统。由于硬件与软件都有各自的开发者，从相互协作的角度出发，这些开发者将与整车企业共同形成一个生态系统，也就是我们今天对话的主题"技术创新生态"。应该说，汽车产业原本就有技术生态，不过此前只是简单的线型结构，即由上游供应商、下游经销商、中间整车企业构成的汽车产业链。而现在情况正在发生变化，今后汽车技术生态将会有更多的参与方和创新者加入，并且呈现出相互交织的网状结构，形成涉及多个产业、领域和层面的汽车生态系统。那么，您觉得操作系统在这个生态系

统中会起到什么作用呢？

另外，企业又应该如何搭建技术创新生态呢？我想可能需要从最基本的参与方即整车企业开始迈出第一步。不过，不少车企的老总在和我交流时都曾表示，他们对于智能座舱、自动驾驶等都有一定的了解，但是并不清楚应该怎样建设技术生态系统。这恐怕并非少数人的困惑，整个行业对这个问题的理解也还比较模糊。曹总，您能否分享一下自己的看法？

曹　斌： 赵院长，您的第一个问题是关于汽车操作系统的作用。实际上，操作系统有狭义和广义之分。最狭义或者说最底层的操作系统是Linux等微内核操作系统，这些系统能够确保芯片等核心硬件都能正常运行起来，并完成包括内存管理、算力调度等最基本的工作。这也是我们通常所说的传统操作系统所起到的作用。

还有更广义或者说更高层面上的操作系统，这些操作系统集成了体现产品核心属性的一系列重要软件，能够让汽车产品本身有效运行起来。例如有些车企建立了几千人的独立软件公司，负责自己旗下所有车型的软件开发。这个软件公司提供的各种软件，既包括操作系统内核，也包括各种中间件甚至是应用软件，都体现着该企业的品牌内涵与产品特性。我觉得，这些软件的集合就是该车企的操作系统。

也就是说，广义的操作系统是跨车型、分层级、高度复杂的集成软件包。而这样的操作系统未来要想适应不同供应商和不同硬件的切换，就必须能够通过标准化的软硬件接口，与全行业的资源互动。这就涉及您刚才提到的第二个问题——技术创新生态应该如何搭建。

比如，车企可以定义一个摄像头的接口及数据格式。但如果供应商只是针对这家车企的要求而研发了特定目的的专属摄像头，那么对该车企来说，是很难用其他摄像头予以替换的，因为其软件根本无法调用新的摄像头；同时其他车企想选用这款摄像头也非常困难，因为其软件很难与之匹配。而汽车上还有很多硬件，远不只是摄像头，像雷达、雨刷、车灯等等。为此，整车企业就不得不与涉及的每家供应商沟通，约定相关硬件的接口。在这种情况下，企业根本无法获得全行业生态资源的支持；反过来讲，汽车产业的生态系统也就无法形成。

要改变这种情况，企业必须考虑自己定义的硬件接口、组件形态和架构模式，能否成为行业的共同理解？所谓共同理解，就是很多家整车企业和供应商都认同的标准或规范，这样各家企业就可以应用各自的先进技术，分别开发各自的优秀产品，最后把这些产品组合起来就得到了一辆汽车。这种结果就是生态效应的体现，即每个参与者都在共同的标准下，有效分工、相互协作，专注于软硬解耦后各自负责的技术和产品，为最终的整车产品提供有效支持。

由此可见，未来汽车技术生态的形成有一个前提：那就是行业对于整车架构、软件分层和接口规范等形成基本统一的普遍共识。当然，这个共识并不是一成不变的。例如接口标准是基于当前的硬件情况定义的，而未来产品会有新要求、硬件会有新进步、整供关系也会有新变化，所以接口标准也需要与时俱进、不断完善。反过来讲，也只有随着生态的不断发展、企业的不断实践，业界对于分层级、分模块、分部件的产业分工和协作形态，才会有越来越清晰和一致的理解，而这正是汽车技术生态或者说开发者生态的构建过程。

手机开发者生态像草原，汽车开发者生态像森林

赵福全：现在大家也在探讨，汽车开发者生态会不会发展成像手机开发者生态那样？我们知道在手机生态中，有为数众多的与手机行业并无深度耦合关系的开发者，包括小公司甚至是个人，他们独立于手机厂商，自行开发软件，然后在多款手机上广泛应用。未来在汽车开发者中也会有这样的小公司或个人吗？他们是否也可以不与车企直接联系呢？

曹　斌：我个人认为，在汽车行业要出现这样的图景还非常遥远。至少在产业变革的初期或者说前半段，汽车开发者生态应该还是一个由企业构成的、相对有组织的生态。

我想可以做个比喻来说明手机与汽车生态的区别：手机开发者生态就像是草原，软件有大有小，参与者数量庞大。既有像腾讯微信这样的大应用，也有很小的工具软件或者游戏软件。一些小软件或许只是由两

三个人开发出来的，也能非常流行。这就是草原上野蛮生长的生态模式，参与者各自努力，互不影响。出现也好，消失也罢，完全是随机的。

而汽车开发者生态更像是森林，至少目前是这样，我觉得今后相当长的一段时间内可能也还是这样。森林生态是一簇一簇的，每个参与者或小群体都有自己的组织，并且为了生存和发展彼此合作和博弈。因此，森林的竞争要比草原的竞争更激烈，同时也更容易形成某种秩序。众多参与者会在共同构建的组织中，通过共同认可的商业关系实现相互合作。相对而言，这更像是 PC 的生态，但会比 PC 生态更有秩序、也更丰富。

至于未来会不会出现个人开发者，现在还很难判断。毕竟汽车应用软件开发有很高的门槛：一方面，由于涉及个人以及车辆安全，因此对产品的可靠性要求非常高，要得到认证远不像手机那么容易；另一方面，其涉及的知识体系也非常复杂。比如在软件开发过程中，我们可以把数据抽象化，但仍然需要理解数据背后的逻辑，为此就必须掌握相关知识、接受专业训练。显然，这两个门槛对于个人以及小团队的开发者来说，是很难跨越的。

不过需要强调的是，这并不意味着个人不能参与汽车产品开发。未来汽车的定制化开发将使产品真正具备满足用户个性化需求的能力，即实现所谓"千车千面，千人千面"，这也是本轮汽车产业变革的必然结果。对企业来说，当然希望自己造出来的汽车产品能够与用户的喜好充分契合，而基于用户的需求来定义汽车产品的属性、场景与行为模式，无疑是最佳途径。为此，今后企业一定会通过大数据分析、人机交互等手段，让广大用户都参与到汽车产品开发的过程中来。

当然，获取并满足用户个性化需求的工作本身是非常专业的，且涉及不同层级的各种软硬件，还是应该交给专业化的公司来完成，这也是东软睿驰致力于做好的工作。目前我们正和一些车企合作构建相关的系统，让用户可以通过手机或车机系统，以人车交互的方式，对车辆功能及行为模式进行越来越多的定制；即便在车辆交付之后，用户还可以自主进行一些服务的组合，使车辆具备新的功能和特性。这套系统我们正在加紧开发中，预计明后年就会在一些车型上搭载亮相。我认为，这是个人参与汽车生态更好的一种方式。

汽车定制化的前提是确保没有功能安全风险

赵福全：让用户有更大的自由度参与汽车产品开发，从而把体验做到极致，这是我们最期待的产业变化之一。不过我感觉，您对此的看法并不是太乐观。您认为车辆行驶会涉及很多安全问题，无论是硬件还是软件，都有比手机高得多的要求或者说门槛，这是不争的事实。但是那些与安全并无强相关性的功能呢？比如天窗、空调、车内灯光等与用户体验直接相关的部分，不能让用户直接参与相关应用软件的开发吗？

曹　斌：在汽车领域有一个专业术语叫功能安全，即某个功能不允许造成伤害，或者说必须避免由于功能失效或不当使用，导致车内驾乘者或车外人员受到伤害。事实上，汽车上几乎所有能动的部件，像车窗、天窗、座椅等，都属于功能安全件。因为一旦出现故障、失效或者操作不当，都可能会造成严重后果。

赵福全：功能安全更多是从部件质量和可靠性的角度来思考的。而用户可以直接进行个性化定制的功能，肯定不会与功能安全冲突。比如我在车里吸烟的时候，天窗就自动打开。同时，用户需求又是多样化的，可能有的用户需要这个功能，有的用户却不需要，甚至喜欢相反的功能——当我在车里吸烟时，反而要把天窗关闭。

说到底，保障功能安全是企业的责任。那么，企业为什么不能在产品可靠性开发和验证的过程中，把工作做得更好更充分，从而为用户提供个性化定制的更大空间呢？至少应该确保硬件的可靠性不会掣肘软件开发者，或者说不会影响"软件定义汽车"的可能性与自由度。

如果那些对用户体验有较大影响的功能件，都只能按照此前的传统方式或者通过简单的人机交互来开发，而不能让用户按照自己的偏好和体验进行个性化定制和二次开发，这是不是会阻碍未来汽车自我进化能力的充分发挥？也背离了"汽车更理解人"的终极追求呢？而如果是担心用户的专业度不够，那企业为什么不能搭建相应的平台，让用户通过这个平台完成个性化开发，再由企业进行测试、验证及批准呢？

曹　斌：您刚才提到的用户需求，比如只要车内有人吸烟，天窗就自动打开；或者外面下雨了，天窗就自动关闭。我觉得这样的功能应该由车企提供，并不需要用户自行开发。

而接下来您谈到的实际上是产品开发边界的问题，这也是一个非常有挑战性的话题。即用户可以参与汽车产品开发的边界到底设置在哪里合适？目前很多整车企业都在进行这方面的探索，并尝试构建相应的能力。这种能力的基本逻辑是，通过硬件及其功能的标准化，让用户可以进行一定的定制化选择，并形成适宜的开发方法。

在这个过程中，软件系统也需要进一步提升，我们现在就在帮助一些车企构建这样的体系、方法和能力。比如呈现给用户一个非常易懂的图形化环境，有点像搭积木一样让用户进行功能选择和组合。东软睿驰正在开发这类软件系统和平台，在确保车辆安全的前提下，让用户在手机端或者车机端通过很简单的操作来获得想要的服务。同时，系统还会把用户在某种场景下启动了某个功能记录下来，作为后续的优先选项。我认为，这种交互环境在未来两三年内就能实现了。

需要明确的是，用户选择的组合本身并不是一个应用。或者说，真正的组合应用和功能实现还需要后台系统的一系列支持。而且能够罗列出来，允许用户定义的场景、功能与服务组合，一定是确保没有安全风险的。这可能会令大家略感失望：原来用户的定制化空间并不是随心所欲的。但这是造车必须遵守的基本原则，即汽车上所有新出现的组合，都必须是被验证过的，以免带来安全隐患。换言之，汽车的行为模式及其结果一定是可以预见的，如果不可预见，那就不该让用户进行选择。

汽车定制化：让用户的选择空间更大、操作更简单

赵福全：我倒觉得，汽车上最终肯定也会出现很多类似手机上的应用软件，可以把一些直接影响体验的功能组合起来。例如我自己最清楚空调风怎样吹才舒服，或者我想把空调吹风的方式与播放的音乐组合起来，这些都是用户在用车过程中的个性化需求，在汽车开发阶段是没办法预先设定的。同时，企业可以选择那些并不涉及汽车安全的功能向用

户开放。反过来讲，如果这些功能都不向用户开放，或者说没有把相关的能力准备好，那未来的汽车产品也就和现在的汽车产品差不多了。我们交流到这里，感觉您作为软件专家，好像比我这个老汽车专家更保守一些？

曹　斌：我认为，这将是一个渐进式的过程。等到个人用户都可以开发应用软件来控制汽车空调时，就意味着车辆的软件系统已经发展到了相当高的水平。而要达到这样的水平，还需要长时间的不断积累、迭代和优化。在此期间，可能会出现一批独立的汽车应用开发团队或组织。他们将提供一些标准化的工具，让普通消费者也能深度参与到汽车产品的应用开发中来，然后再把开发好的应用软件递交给车企，由车企确保软件的安全性、可靠性和质量。

对于这样一种模式，我个人觉得并不是保守。一方面，汽车上的大部分功能还是应该由车企负责实现；另一方面，能够交给用户选择的部分，当然要尽可能地开放，让用户进行选择。但是这种定制化应该以便捷的方式，通过人车交互来实现。我认为，这才是汽车以更高的智能来理解人的体现。因为一个高度智能化的系统，不应该要求用户自己懂编程，自己开发软件，甚至还要考虑软件在汽车上的验证，然后才能定制化，这样就太麻烦了，又何谈智能呢？

未来汽车的智能化，特别是所谓的理解人，一定是汽车产品高度复杂、功能极度丰富，使汽车企业能够最大限度地为用户提供其可能需要的服务，或者呈现出最贴近用户需求的属性；同时，汽车在使用过程中还能不断进化和发展出新的服务和属性。而在用户端，则应该是越简单、越方便越好。

赵福全：这里讲到了汽车定制化的核心问题，也是很多人的认识误区所在。大多数人对于定制化的理解，就是要把这种开发能力向个人用户开放，因为用户的个性化需求是千差万别的，车企不可能在产品开发阶段就满足每一个用户的不同需求。而曹总觉得，用户需要的是能够自主选择的空间，而不是要自己去做软件开发。这意味着车企需要基于对用户需求的理解，并充分考虑车辆功能安全，来决定究竟为用户提供哪些可供定制的选项；同时，车企还要形成与用户有效互动以及实现用户所选组合的能力。如果做到了这一点，企业就可以帮助用户进行定制化开发，从而满足用户的个性化需求。至于相关应用软件是否交由用户个人来开发，其实无关紧要，更不应该成为企业是否具备定制化能力的衡量标准。我认为，这是非常重要的一个观点，也是刚才这段深度交流的一大成果。

曹　斌：我觉得最关键的是，未来汽车一定是可以进化的，其软件系统是可以不断更新的，这样汽车才能越来越理解人。为此，汽车企业一要充分利用更多的数据，以精准识别用户需求；二要在后台搭建一个具有极强协同开发能力的团队，这样在理解了用户需求之后，企业才能快速做出反应，让用户感受到汽车越来越智能。从这个意义上讲，基于软件系统的智能化升级是今后汽车产业发展的一条主线。

切勿让用户参与汽车产品创新变成鸡肋

赵福全：现在有的车企已经在尝试，把汽车上的某些部件或功能开放，让用户参与设计，自行选择配置，即所谓的C2B模式；还有的车企提出，可以让用户开发某些应用软件，然后上传给整车企业进行验证和批准，而一旦获得批准就可以将该功能向所有用户开放。这就不只是在产品开发阶段按照消费者的需求由企业进行定制化设计了，而是给用户留了一个开放的端口，让其直接参与汽车产品的开发过程，而且还可以在车企的背书下，向所有用户推广。我认为，这是一个很大的进步。

不过按照曹总刚才讲的，从长远来看，这种模式似乎是不必要的。按您的推断，既然汽车的智能程度已经进化到用户提出任何需求都能予以快速判断和满足，哪里还需要再让用户参与软件开发呢？不知道您怎样看待车企的上述尝试？

曹　斌：这些尝试本身无疑是有益的。总的来看，在汽车智能化升级的方向上主要有两种创新模式。一种是自主式创新，采用这种模式的企业通常实力很强或者正面临极其复杂的技术问题；另一种是开放式创新，即企业引入外部力量一起参与创新，以弥补自身创新能力的不足。

开放式创新一旦走通了，企业的创新能力就会变得非常强大。不过开放式创新是非常困难的，需要良好的土壤。一方面，在这种模式背后，企业需要有架构平台以及相关能力的有力支撑；另一方面，外部力量尤其是用户，要有深度参与创新的足够空间和积极性。

对于汽车产品而言，由于车辆的高安全与高可靠性属性，其实留给外部开发者的空间并不是很大，或者说是比较小的。在此情况下，如果开放式创新的规模和效果不足以显著提升车辆能力与用户体验，那么让用户参与创新就可能会变成一种鸡肋。因为车企为了向用户开放可以参与产品开发的接口，必须建立起能够提供相应支持的架构和平台。假如收益不足，后续再想改变这种架构和平台是极其困难的。所以，我建议车企在初期一定要系统思考、慎重决策，以免由于方向和模式上的选择错误给企业未来发展带来严重制约。

赵福全： 这就引出了一个新问题，在您看来，开放式的创新生态对于汽车产业来说到底有多大价值呢？一方面，当企业自身的创新能力强到足以满足消费者的绝大部分需求时，那么对于剩下的一小部分需求，即所谓的长尾部分，企业就无需在意了，很可能这些消费者也不属于企业的目标用户群体。如果为了争取这些消费者，不得不在产品上做很多预留，甚至影响到架构平台、开发接口以及配套能力等的布局，恐怕就不值得了。这样说起来，开放式创新生态的意义似乎并没有那么大？

不过另一方面，车企自身有足够的能力判断和满足所有消费者的各种不同需求，甚至有能力挖掘、创造出一些消费者没有提出或想到的需求，这也许将是永远无法达到的理想状态。而在汽车还没有如此高程度的智能时，车企为什么不能通过开放式的创新生态，让用户都可以参与产品开发，从而帮助自身提升满足用户需求的创新能力呢？从这个意义上讲，开放式的创新生态不仅仅是必要的，而且是至关重要的，对此您怎么看？

曹　斌： 我认为，这与生态的发展阶段有很大关系。比如说现在我们有在手机上开发某种应用的需要和动力吗？恐怕绝大部分人都没有，因为手机生态已经非常丰富了，足以满足大家的需求。事实上，与几年前相比，当前大家手机上的应用已经发生了很大的变化。5 年前很多人手机上的应用都不一样，各有各的选择和喜好；但是今天大家手机上的应用趋同性极强，像社交软件几乎全都是微信，还有短视频、娱乐及游戏平台等应用软件，也都是主流的那几款。

不难发现，这些被广泛应用的软件的提供者几乎都是大公司。相应的，小公司的生存空间已经变得很小了。也就是说，当手机系统变得更智能，可以提供更高级的功能和更卓越的体验时，个人消费者的参与度反而下降了，或者说开放式的创新空间被压缩了。我觉得，这是智能产品发展到一定阶段后必然会出现的结果。

那么，未来汽车创新生态会如何发展演进呢？一种可能的路径是，先经过各种开发者百花齐放的阶段，然后一些应用的开发者会成长为某个领域内的巨头，相应的，其他的小开发者会逐渐退出，最终形成普遍趋同的局面。而我个人认为，可能性更大的发展路径是，从一开始就由一些重量级的参与者，推出高复杂性、高可靠性和高质量的人机交互软件，并很快在各个主要领域占据主导地位。

我的判断主要有两点依据：一是汽车产品具有高价值属性，消费者购买汽车要比购买手机的花费高得多，这确保了各巨头企业参与汽车创新的积极性。二是汽车产品极度复杂，开发和使用周期长，安全性、可靠性和耐久性等要求高，小公司或个人恐怕没有足够的能力和资源开发好标准如此高的汽车软件。

当然，在汽车生态的发展过程中，也有可能会出现以上两条路径的中间状态。不过，我认为其概率是很小的。而且即使出现这种情况，也是不稳定的，后续肯定会产生新的变化。所以目前来看，在汽车领域面向个人或小团队的开放式创新确实处于比较困难的状态。前面谈到汽车生态是森林式生态，也是指这个生态的主要参与者是整车企业以及软硬件供应商，这些企业都是有一定规模的"树木"，而不是体量微小的"野草"。

赵福全： 实际上，这正是当前汽车企业的领军人们最为纠结的问题之一。手机虽然可以作为重要参照，但毕竟与汽车有着很大的不同。目前手机应用生态经过多年的发展已经相对成熟，有比较清晰的开发模式和生态格局。但是对于汽车企业来说，过分与手机比较或者模仿手机，参考手机生态的路径来发展汽车生态，可能并不是最佳的选择。我们常说，在战略上首先要明确"我是谁"。这个"我"一定是汽车，而不是手机。所以，汽车行业应该学习和借鉴手机行业的一些做法，但不能"忘我"地学习和借鉴，那样恐怕最终会迷失方向。

谈到这里，我想梳理一下之前交流中得出的几个核心观点。

第一点，未来硬件一定要标准化和抽象化，这样软件才能发挥更大的作用。要实现这一点，需要行业尽早达成广泛共识，同时也需要相关参与方积极进行探索和实践。哪怕先从几家整车和供应商企业构成一个小合作群开始，也应该努力朝着这一方向前进，因为这事关企业未来的核心竞争力。反之，如果行业不能达成共识，企业逡巡不前，那整个行业的进步都将因此受阻。

第二点，操作系统至关重要。当前大家对操作系统的范畴有各种各样的不同理解，对此我认为，企业一定要避免把操作系统的概念泛化。同时，企业可以考虑自行开发操作系统，但必须清楚，如果自建的操作系统没有生态支撑，那将是毫无意义的。

具体来说，操作系统最终一定是共享的，而非独有的。单一企业很难独自支撑操作系统，因为如果只是一家企业在用这个操作系统，那每个模块都必须与供应商逐一进行单独沟通，不仅任务繁杂、工作量巨大，而且代价高昂、难以持续。以这样的方式来做操作系统，即使一时效果不错，最后也会由于无法得到产业生态内各种资源的有效支撑而陷入困境。

正因如此，操作系统一定要向整个产业生态开放。整车企业可以根据自身的目标、重点和竞争战略，决定主攻操作系统的某一部分。例如，可以选择只做座舱操作系统；也可以组建3000人的软件开发团队，尝试做操作系统中的更多部分。但是无论企业的软件团队有多大、能力有多强，都仍然需要拥抱整个产业生态。如果只是把自己体系内的供应商拉进来一起做操作系统，而没有把操作系统推向更多的使用者和参与方，是很难构建起产业大生态的，未来也很难有持续生长和发展的空间。

第三点，手机开发者生态是草原式的，而汽车开发者生态是森林式的。汽车不同于手机，对于安全性的要求要高得多。即使能够向用户开放的应用，也要高度关注用户参与这部分开发所带来的潜在风险。有一些应用软件，整车企业与其向用户开放，远不如多投入一些，由自己或者优秀的供应商来负责。也就是说，对于用户可能想到的、期待的功能和服务，汽车企业或许应该把其中的99%都先预留并尽力做好；剩余且受控的部分，再交给用户去做选择或二次开发。即给用户的留白越少越好。

在这个过程中，车企要真正形成让汽车产品更理解人的能力，即只要用户有相关需求，车企就能够做到。当然具体要不要做，还需要根据安全风险和投入产出比进行衡量。而不是说由于车企没有能力为用户开发所需的功能，就干脆开放相应的端口，让用户自己来开发，这种开放逻辑是不正确的。更何况让用户广泛参与产品开发，将使后台系统加倍复杂，并带来潜在的功能安全隐患。

这实际上体现出两种不同的产品开发思路及方式。我们不妨做个比喻：一种是让消费者挑选菜品甚至自行做菜，以解决众口难调的问题；另一种则是把消费者可能点到的99%的菜品都预先备好，剩下的1%要么忽略，要么在质量受控的前提下少量留给个别消费者自己动手来做，以满足其个性化需求。

未来车企可以为发烧友留下定制开发的空间

赵福全：曹总，您判断汽车生态不是草原式的开放大生态，而是森林式的相对集中的生态。这样有实力的软件供应商将会拥有更多的商业机会，可以根据汽车产品的特点，把自己擅长的工作做足，从而让汽车变得更聪明、更能读懂用户和满足用户，而不是让用户自己动手来开发想要的功能。您认为这样才更符合汽车产业的特殊性。

就目前来说，情况可能确实如此。不过今后等到车企有了足够的能力和把握时，是不是应该向用户开放一部分接口呢？毕竟用户中还是有骨灰级车迷和发烧友存在的，比如现在就有不少改装车的发烧友。那么，您觉得未来汽车创新生态中，会不会有个人消费者参与产品开发的空间？

曹　斌：我想，所有具备情感属性的商品最终都会有一部分属于发烧友的空间，未来汽车企业也应该给发烧友们留下一定的定制开发空间。不过这部分消费需求一定是小众的、非主流的，而且明显不同于大众消费者。因此，车企可以为汽车发烧友们提供深度定制或二次开发的空间，甚至可以开放自动驾驶等道路测试，但需要对用户有明确的选择和限定。我认为，未来或许会诞生纯粹为发烧友而设立的汽车品牌和产品，这是完全有可能的。因为当汽车行业发展到一定阶段后，一定会有企业深耕不同的细分市场。而喜欢自行设计和定制开发汽车的发烧友群体，无疑是一个颇具潜力的细分市场。

赵福全：关于我与曹总交流的以上话题，相信大家都有自己的观点，各自的理解也有不同之处，这非常正常。不过曹总作为懂汽车的软件专家，基于多年来在汽车软件领域耕耘的经验，为我们分享的观点和见解，无疑会给大家带来很多思考和启发。这也正是我邀请曹总来参加本栏目的目的——我们就是要开诚布公、知无不言地深入探讨当前汽车软件创新发展中的一系列核心问题，从而为整个行业以及各类相关企业提供有益的参考和指引。当前汽车产业变革不断深化，恰是各类企业八仙过海、各显其能的关键时期。此时企业能否前瞻地制定正确的发展战略，要比以往任何时候都更关键。这无疑增加了我们今天这场对话的价值。

汽车软件分层：基础层、中间层和上层应用软件

赵福全：下面我们来讨论一些汽车软件的细节问题，您认为汽车软件到底应该分为几个层级？它们之间是什么关系？各层级的软件应该由哪类企业主导完成？对于整车企业而言，究竟应该着重抓住哪部分软件？

曹　斌：汽车软件的分层在最近一两年里已经越来越清晰了。那就是软件主要分为三个层级，即基础层部分、中间层即中间件部分和上层应用部分。其中，中间层包括实时系统和非实时系统。另外，从功能角度还可以有自动驾驶、信息娱乐等不同系统的划分。不同系统以及不同

车型之间有很大的区别，不过都可以分解为上述三个层级，这一点业内已经形成了共识。

总体而言，我们可以把软件比作一棵树苗，这棵树苗的成长需要三个必备因素：阳光、土壤和水。其中，阳光是促进软件成长的外在动力。软件的"阳光"就是其应用部分，应用越多越广，树苗就越健壮，生命力就越强。而土壤和水则关乎软件成长的内在动力。软件的"土壤和水"既包括企业的适宜组织与开发团队等，也包括企业掌握的相关技术诀窍（Know-how）。

具体来说，首先，基础层软件属于通用组件，主要就是底层操作系统。过去一些车企对此有过自行开发的想法，但是现在车企已经越来越清楚，这部分组件是通用化的，应该在很多车企的很多车型中被广泛应用才行，并且用得越广泛越好。

实际上，无论是底层操作系统还是中间件，都是为上层应用提供支持的，目的就是让上层应用软件的开发变得更加方便，为此要把底层软件之下的硬件设备、拓扑结构等充分打通。我认为，对于基础层软件和中间件来说，还是应该由一些独立的供应商来开发。这既是因为独立供应商的专业能力更强，也是因为独立供应商更容易与多家车企达成合作，从而扩大这部分软件应用的范围和场景。

其次，软件的逐步完善一定是需求导向、应用引领的。软件总会有这样或那样的一些缺陷和不足，需要在实际使用过程中不断迭代和优化。不少软件在发展过程中都经历过"填坑"的阶段，即不得不逐个填补原有的漏洞。也唯有如此，软件才能最终走向完善，并形成自身的先进性。从这个角度来看，软件接触的应用越多，其完善的速度就会越快。

此前有些企业的操作系统或中间件在市场上得到了认可，但也有不少企业所做的类似软件未能发展起来。我觉得，这主要不是企业之间人才或技术存在差距的问题。真正的原因在于，成功企业的软件接触到了很多应用，有机会将这些应用不断沉淀并有效组合起来，使自身的生命力越来越强，客户的信赖度越来越高；反过来，这又让其接触到更多的应用，从而得以持续优化，最终越做越好。所以我认为，软件是一个强者恒强的领域。

最后,对于汽车软件行业未来的发展,我有以下三点判断和建议:第一,基础层软件包括操作系统内核、硬件驱动软件以及特定硬件的专有软件等,要与下面的芯片等硬件连接和交互,这部分软件应由软件供应商来完成。第二,中间件会越来越成熟,最终形成一套被广泛应用的标准化软件,并与相应的管理工具和适配服务等组合在一起。第三,整车企业应着力打造上层应用。上层应用软件的类型众多,有些应用体量很大,如自动驾驶和智能驾驶舱系统;也有些应用是针对特定硬件或总成的,比如空调控制等。今后车企应选择关键的系统性应用和受众面广的"小"应用进行有针对性的开发。

在此我想再次强调,软件的发展是与组织紧密耦合的,因此必须高度重视团队的传承;同时,唯有在持续迭代和演进的过程中被不断打磨,软件才能越做越好、成长壮大。如果一家车企能够集中力量开发一组软件,然后在未来的几款甚至几十款产品中坚持应用,不断完善和优化,那这组软件的竞争力必将越来越强,其优势最终一定会显现出来。反之,如果车企在一代产品上着重开发这个功能,到下一代产品又去开发那个功能,总是"做一个、丢一个";又或者刚把一代产品开发好,下一代产品就换了另一个团队,毫无延续性和积累性,这种打法是不可能把软件真正做好的。

把硬件充分抽象化是有效实现"软硬平衡"的前提

赵福全:前面谈到,在"软件定义汽车"的时代,软件与硬件之间的关系将比过去复杂得多。对此,我几年前曾经特别提出过软硬关系的四段论:即未来在汽车产品的开发过程中,首先要"软硬分离",将软件和硬件基于各自的规律、按照不同的方式进行开发;继而要"软硬组合",确保软件和硬件在物理上可以无缝连接、灵活组合;进而要"软硬融合",使软件和硬件有效匹配、融为一体,在整体上呈现出最佳效果,这也是新汽车追求的最高境界;最后还要"软硬平衡",主要是衡量产品的性价比,以确定适宜的硬件预留策略。

"软硬融合"的前提是不变的硬件能够为变化的软件提供有效支撑，而任何产品都必须考虑成本，这就涉及当前业界普遍关注的又一个焦点问题——面对不断升级的软件，硬件究竟应该如何预留？如果硬件预留不足，后续将无法发挥应有的效能，难以支持软件的升级；反之，如果硬件预留过多，且不说未必能够做到，即使有性能足够前瞻的硬件，恐怕企业也承受不了其高昂的成本。更进一步说，当硬件不敷使用或趋于老化之际，软件还要不要升级？又该如何升级呢？曹总，您怎么看这个问题？

曹　斌：现在一些汽车企业已经基于软件实现OTA功能了。这意味着车企可以对已售出的产品随时进行软件升级，以提升车辆性能，这也是当前行业发展的一大趋势。不过在OTA升级方面，目前还有很多可以完善的空间以及很多尚待解决的难题。

实际上，OTA升级的原理并不复杂，但实际运营起来却非常困难。假设有一家车企在10年间销售了几十款产品，这样在市场上既有该企业10年前售出的车型，也有其刚刚发布的车型。这家车企要怎样以一套软件系统匹配全部这些车型呢？又应该以哪款车型为基准来实施软件系统的OTA升级呢？企业最新的软件系统是不是只能在部分车型上升级，而另一部分车型则无法升级呢？老实说，目前还没有哪家整车企业能够清晰解答这些问题，而这正是企业继续探索和实践的动力所在。

赵福全：这也是我们这个对话栏目的价值所在——我们提出关键问题，进行充分探讨，并在思想碰撞中尝试给出答案，供行业参考。回到刚才的问题，这确实也是我近期思考最多的问题之一。假设企业推出了一款车型，之后不断进行OTA升级，但是几年之后，由于硬件的落后和老化，软件系统将无法再升级。而此时用户还不想更换新车，企业就会陷入进退维谷的尴尬境地：如果不再对产品进行升级，就意味着这款车型在后续的生命周期内都无法实现所谓的"常用常新、越用越好"了，这将引发用户的不满；而如果要继续升级，车企又该如何处理不足以支持软件的硬件呢？

也许车企将不得不在老化的硬件上强制升级最新版本的软件系统，

但这样一来，车辆的功能和性能到底会变好还是变坏呢？又会不会产生安全风险？我感觉恐怕用车体验没有明显变化就是一个不错的结果了，很可能是体验反而下降，就像旧手机运行新系统时会变慢一样；而且新软件与老硬件的不匹配，还可能会导致行驶安全方面出现问题。说起来，能力强大的软件控制能力弱小的硬件时，究竟将是怎样一种情况呢？不知道曹总有何高见？

曹　斌：赵院长，这个问题我是这样看的。首先当前硬件的架构和标准化程度还不足以支撑软件的不断升级，无法做到始终都能保持强兼容性。例如很多车企今年发布的车型与去年发布的车型相比，在硬件架构上本身就是不同的，包括软件可以调用的硬件种类和数量是不一样的，芯片的计算能力和特性也是不一样的。在这种情况下，如果车企要对未来几十款车型同步进行升级，其难度将呈指数级上升。这相当于每开发一个新功能，都要逐一适配于几十款车型，每款车都必须重新匹配和验证一遍。

尽管如此，OTA升级却是今后车企必须具备的能力。为了降低OTA升级的复杂度，正如前面我们讲到的，企业必须努力实现硬件的标准化，包括域控制器内芯片特性的定义也要标准化；同时必须搭建面向未来、可延续的硬件架构平台，这样才能为软件的迭代升级提供基础保证。如果硬件这一层都没做好，那软件的升级只会越来越难，甚至刚过一两年就难以为继了。因为如果软件不断进步而硬件止步不前，企业就不得不迁就老硬件而维护过时的软件版本，这样不仅无法体现出新软件的先进性，还要付出高昂的成本代价。即使不考虑成本，当需要维护的软件版本过多时，车企在资源和精力上也无法应付，结果很可能是一款车只做了几轮OTA、修补了少量BUG（漏洞），之后就不再更新了。我认为这是未来车企必须面对的重要问题，其本质是在新汽车的换代升级过程中，如何有效平衡成本与收益。

通过"软件先行"扫清迭代升级的最大障碍

赵福全：曹总，对于这个问题，当前业界有没有比较可行的解决方案？毕竟企业今天的布局直接影响明天的结果。如果现在有整车企业的领导问您，当几年之后汽车硬件已经老化或者落后，无法支撑新的软件系统时，要如何才能使自己的产品"老树开新花"呢？对此，您会怎样回答？

曹　斌：这就是我们提出"软件先行"模式的根本原因。具体来说，首先要确定软件系统中后续需要不断优化的核心部分到底是什么。然后要将这个核心部分完全抽象出来，从中间件即 SOA 这一层开始，到基础层操作系统内核，再到硬件架构，逐层完成抽象化。最终的目标是，即使硬件在不同时期和不同车型中可能会有很大差异，但逐级上升到 SOA 服务层时，硬件架构的定义仍然是一致的，这样上层应用软件进行任何迭代更新都不会遇到障碍。也就是说，要迭代升级的这部分软件是基于软件中间层、基础层，直到硬件层的抽象概念来进行开发的，这样才能跨越十年时间以及几十款车型而不会出现问题。

对于整车企业来说，这是现在就需要深入思考的事情。而东软睿驰向车企提供 SOA 和中间件服务，就是为了解决这一问题。我们希望在必须先确定软件底层逻辑并开发标准软件这一点上，广大车企能够达成共识。也就是说，在产品开发之前就要先行开发相关软件，而且所开发的软件系统不仅要针对现有车型，还要考虑适配于未来车型。

过去我们总是说软件要适配硬件，今后更应强调硬件适配软件。未来在定义好的边界内，无论是底层硬件架构，还是具体的每个硬件，例如域控制器内来自不同厂商的芯片，其差异性都应该在软件各层中被彻底抽象化。尚未做到这种抽象化，是当前在整车架构层面上存在的最大问题，应该优先予以解决。如果整车企业现在就认识到这一点，开始系统谋划和前瞻布局，着手进行产品开发"软件先行"的组织搭建和模式建立，那么将来就有机会彻底扫清软件迭代更新的最大障碍，使自身产品拥有长久的活力和持续的竞争力。此外，基于这种理念，企业还可以进一步思考，软件的性能如果不够，应该如何解决？承载资源的空间如果不足，又该怎么办？

当然，这将是一个渐进的过程。事实上，如果非要让软件系统为 10

年前投产的车型进行 OTA 升级，这恐怕永远都是一个难题，即使在当前成熟的手机领域里也没有实现。未来汽车产品会有越来越高的算力需求，也会有越来越多的功能及算法，比如神经网络等各种 AI 算法，现有的硬件算力肯定不足以应对。当软件在某款车的硬件上"跑不动"的时候，用户就会意识到这款车已经无法进行升级了，这个型号的产品已经过时了。在此情况下，假如用户选择继续使用这款产品，可能也不太会抱怨车企不再提供升级服务了。

而整车企业则应在产品序列中提供一套相对固定的、便于消费者理解的表达方法，包括车辆型号及其对应的软件版本。例如，随着软件的进化，车企将不断发布新车型和新软件。此时，企业就可以通过产品型号和软件版本号向用户说明：五年之内某款车型的软件可以持续升级，五年之后主要软件就不能再升级了；或者五代以内的车型可以继续升级，五代以外的车型就不再支持升级了。如果能够提前告知，相信用户也是可以理解的。

软件能否升级不应影响硬件寿命及其正常使用

赵福全：一般来说，传统汽车所有零部件的设计寿命都是一致的。比如某款车型的设计寿命是 15 年，那么工程师会把发动机、变速器、车身、底盘等的设计寿命都定为 15 年。不过在"软件定义汽车"的时代，就像您刚才谈到的，未来软件迭代升级很可能做不到覆盖 5 年之前的车型。如此一来会不会出现这样的问题——本来设计寿命是 15 年的车型，但由于软件无法持续升级，导致车辆功能受限，甚至不能完成制动、转向等基本操作，从而使汽车的使用寿命远远短于预期呢？

例如一辆用了几年的汽车，其制动系统的硬件还是完好的，但制动控制软件却无法再升级了，甚至可能都无法正常启动和运行了，这样岂不是会造成安全隐患，最终使整车不得不被提前淘汰？即使车辆的基本使用没有问题，不过硬件在不断老化，又不能通过软件进行有针对性的调整，这样汽车的性能势必趋于衰退，又如何体现智能汽车"常用常新、越用越好"的优势呢？如果这台所谓"聪明"的汽车，用起来却是个

"短命鬼",或者用上一段时间之后就不再"聪明"了,那用户还会青睐和信任智能汽车吗?曹总,您认为这个问题应该怎样解决?

曹 斌:首先,涉及车辆基本功能的硬件,无论汽车如何智能化,都不能降低其可靠性和耐久性要求。比如底盘结构件、车身框架、动力系统,以及制动、转向机构等,也包括车门、车窗等功能硬件,其寿命至少要和传统汽车一样,甚至要做到更长。在这方面,我认为软件能否更新不应该影响硬件的寿命和正常使用。换句话说,即使软件不更新,也必须保证硬件能用、够用。

另一方面,车企也要努力延长软件升级所能覆盖的时间跨度,尽可能让新车型上推出的新特性,也能在老车型上通过软件 OTA 实现,从而为老用户提供同样的体验。在很大程度上,车企为老车型进行 OTA 升级的能力强弱,将直接决定用户的品牌忠诚度。因为用户在购车之后,通常不会很快换车;而在用车的全过程中,用户肯定希望能更多地享受到软件升级带来的新特性和新体验。如果车企能够做到这一点,那么不但有助于提升用户的美誉度和忠诚度,而且对于智能化品牌形象的建立,也会有极强的促进效果。

赵福全:对于传统汽车来说,用户换车的动力通常来自于配置和造形,因为新车型会有更好的硬件和更新的造形风格。而未来车企售出的新车型与老车型相比,很可能在硬件上并无太大差别,甚至完全一样,只需通过软件的不断升级就能让用户获得更好的体验。这就让汽车具有了"老树开新花"的能力,从而将会彻底改变汽车产业的商业逻辑。

曹 斌:是的,未来大部分汽车硬件都可以保持不变,没必要频繁更换。同时正如我们刚才谈到的,一些事关软件运行效果的关键硬件,如芯片等关键处理器件,今后将受到消费者越来越多的关注。例如中央计算单元、自动驾驶芯片以及智能驾舱芯片等的算力,对车辆性能的影响很大,所以消费者对这些芯片的关注度肯定会比以前高得多,甚至有些消费者可能会由于某款车型上搭载了先进的芯片而选择购买。显然,像这样的汽车硬件,是需要不断升级的。

事实上,这些事关车辆功能、性能的关键硬件,将成为未来汽车产品先进与否的关键评价指标之一。如果这些硬件难以满足用户需要，又不能单独进行更换，用户或许就会淘汰旧车而换购新车，这也是一种新的消费动力。总体而言，我认为未来汽车消费将越来越像当前的手机消费。我们知道，处理器的换代升级和内存的扩大增容，会让大家产生换手机的欲望；而今后汽车产品很可能也是如此。这也表明在消费不断升级的趋势下，未来汽车消费者会有越来越多非常精细的关注点。

可插拔硬件模式挑战巨大，需严格限定替换空间

赵福全：曹总，可插拔的硬件也是当前汽车行业交流较多的话题之一。在您看来，未来哪些汽车硬件可以设计成插拔式的？这些可插拔的硬件要如何支撑软件的持续升级呢？

我认为，硬件能够实现可插拔，对于软件供应商来说将是重大利好。试想如果汽车都是由不可插拔的硬件构成的，即使这些硬件的寿命很长，但由于后续软件无法持续升级，或者说，芯片等关键硬件的性能无法支撑算力需求更高的软件，结果必将导致失去了软件赋能的汽车产品逐渐落后，重新成为不智能的传统汽车，在使用效果上与现在的汽车并没有本质差别。反之，如果硬件可以灵活地插拔更换，就可以在更长的时间里支撑软件的升级，从而让企业在软件方面的投入产生更大的价值。与此同时，未来也许硬件的寿命也没必要设计得太长，这将有利于降低产品的成本。曹总，您怎么看这个问题？

曹　斌：对于未来汽车硬件是不是可插拔、可更换，应该说，目前业界正在讨论这样的可能性。我个人将其归入某种细分市场，例如某款车型的自动驾驶控制器、智能座舱控制器或者中央计算单元中的核心处理器和存储部件等，可以通过插拔进行更换，这无疑会给用户带来额外的吸引力。但是这样做也会带来很高的成本，而且实施起来或许要比在新车型上直接使用最新型号的芯片等硬件更加困难。

因为设计开发一款在未来很多年内能够不断更换关键硬件的车型，必须保证不会出现任何安全问题，不仅开发难度极大，而且开发成本和组件成本也不容忽视。我想，在一些细分市场上可能会有采用这类技术

的空间，例如在某些高端或者高使用寿命的车型上。

实际上，我觉得未来汽车产品将越来越带有快销品的属性。也就是说，汽车企业可以更期待用户由于芯片等硬件无法支持最新的软件系统，而选择淘汰旧车、购买新车。这在成熟的快销品市场是很常见的，就像现在的智能手机一样。由此，关键硬件的进步将成为汽车产品更新换代的重要动力之一，我认为这是未来汽车产业发展进程中一定会出现的情况。

至于选择继续使用旧车的用户，也不用担心硬件老化的问题，汽车的基本功能和性能还是有保障的。因为汽车企业一定会坚守产品的品质关，提供安全可靠的车辆一直是汽车行业的底线。

当然，车企也要努力让新软件能够在老车型上得到更多更久的应用，这会显著提升用户对该汽车品牌及产品的认可度和满意度。而企业实现这一目标的关键在于中间层的软件能力，具体来说，就是要构建可脱离特定车型的 SOA 架构，并形成可支撑软件长期迭代更新的核心团队。

赵福全：尽管目前业内对于可插拔硬件的讨论很多，不过曹总认为，这种模式实际上有很多困难。那么，能否请您具体分析一下，为什么说硬件可插拔的模式面临着巨大的挑战，甚至不亚于全新开发一款产品呢？

曹　斌：通常汽车产品的开发和测试都遵循"V字模型"，即从开始设计到最终定型要先经历从整车到系统、再到零部件的逐级指标分解，再经历从零部件到系统、再到整车的逐级测试验证。整个过程是一体化的，每个层级对匹配度和可靠性都有很高的要求。如果没有走完全部流程，就无法充分确保整车的安全性，或者说，车辆行为的确定性就会下降。

对于可插拔的硬件来说，在开发过程中也必须遵循"V字模型"，以充分验证替换硬件后的情况。理论上每个可插拔的硬件都需要完成完整的验证，再加上多个可插拔硬件之间存在不同的组合，必须评估可能出现的各种状况，其工作量之大、工作难度之高也就可想而知了。此外，还需要额外设置冗余，以防万一新旧硬件组合后出现兼容性问题。上述这些事情都要在产品开发之初，就全面系统地考虑进来。

更进一步来说，还有一个必须解决的难题：对于传统汽车产品，其软件只需基于现有硬件开发即可。而对于硬件可插拔替换的汽车产品，必须保证后续更换了新硬件之后，软件仍然能够可靠运行。但是新硬件或许现在都还没有面世，又如何基于新硬件开发软件呢？这其实才是最难的地方。也就是说，以前设计一款新车，只需要考虑当前使用了哪些硬件；而未来还需要考虑后续会替换成哪些硬件，而用于替换的新硬件究竟会是什么样子，根本无从知晓。

赵福全：我觉得这里面有两种情况：一种是功能性的硬件，比如制动片，使用一段时间后会逐渐老化，这时候就要换成新的。这种硬件的更换并不需要额外的验证，事实上现有汽车产品也存在这种替换。另一种情况是控制器等关键硬件的可插拔式替换，这才是我们今天要讨论的。这部分支撑智能化的硬件，在老化或者落后之后，如果不设法更换为新一代的硬件，汽车的智能化能力就无从保障。从这个意义上讲，即便面临再多的困难，恐怕车企也应该去尝试。

曹 斌：其实我们所说的是一样的，我们谈的可插拔硬件都不是指制动片这类传统硬件，而是指芯片这类事关智能化的硬件。传统硬件在老化后进行更换属于正常维护，换上来的新硬件与旧硬件完全一样，只不过是以旧换新而已。然而芯片等硬件并非如此，是要替换为性能不同的真正意义上的新硬件。

通常我们谈及芯片不会讲老化了，而是讲处理能力不足了，也就是不再能很好地支撑新软件运行了，所以才产生了更换新一代芯片的诉求。进行这种更换需要满足两个前提条件：一是诞生了性能更优越的新一代硬件，这一点不会有问题；二是可以把旧硬件拔下来，然后把新硬件或其模组方便、可靠地插入到整个硬件架构中，即实现所谓的"可插拔"。但是新一代硬件会是什么规格和性能，企业当前并不知道，因此想要提前进行合理的预留是非常困难的。

那么，企业究竟应该如何构建能支持可插拔硬件的整车架构呢？我想，只能基于对相关硬件，比如芯片未来发展的预测来进行策划和预留。老实说，要把芯片的发展进程，特别是各种具体细节都提前想清楚是很不容易的，更不用说还需要提前考虑各个层级的验证环节。这种模式的难度很可能超乎想象。

所以我认为，未来可插拔式的硬件升级必须是严格限定的，即提前明确几种可允许的替换方式。然后车企只针对这几种变化，进行逐级拆解，明确各项指标及其要求，同时确定如何进行验证。此外，还要充分评估允许这些变化所带来的成本增量。唯有如此，可插拔硬件才能有真正落地的可能性。

需要指出的是，在这个过程中，成本的增加是不可避免的。因为一旦将相关硬件设定为可插拔式，必然涉及周边很多与之适配的机械、电子部件以及软件系统。这些机械、电子部件和软件系统都必须基于可插拔硬件带来的潜在变化，更改设计指标，并进行相应的开发和验证，这势必增加产品的成本。

车企应建立跨时间、跨车型、独立的核心软件团队

赵福全：接下来，我们谈谈未来汽车产品的开发模式会有哪些变化。此前，汽车产品开发模式相对简单，就是搭积木式的集成模式，很多模块或系统都由供应商负责开发，之后整车企业再把这些模块或系统拿过来，集成到一起。而未来的产品开发恐怕要复杂得多，因为整车企业不仅要集成硬件，还要集成软件；同时和以往不同的是，车企还必须把架构规划和集成工作的重点转换到软件上。那么您认为，整车和供应商企业为了适应未来"软件定义汽车"的新局面，应该在汽车产品开发方面做哪些根本性的调整呢？

前面讲到，几十年来汽车行业一直采用的都是V字型的开发流程。而当前一些企业已经提出了软硬分离、敏捷开发等新的开发理念和方式；同时，由于软硬融合的复杂性，仅仅按照传统"1+1=2"式的简单集成逻辑，对物理接口进行设计及验证，已经远远不能满足需求了。显然，企业亟需在组织架构、开发流程及管理模式等方面，进行全方位的深度创新。

当前不少企业在这方面都有很多探索和实践，特别是车企也在尝试

借鉴 ICT 行业的产品开发经验。例如华为一直力推的所谓 IPD（集成式产品开发）模式，即企业自行定义、开发、集成并验证产品；又如软件行业应用较多的敏捷开发等。此外，在产业生态化的发展大势下，汽车生态的参与者越来越多，关系也越来越复杂。因此企业在创新产品开发模式时，不仅需要实施内部变革，还需要在外部建立分工明确、协作紧密的新型商业模式。曹总，在这些领域，您有什么心得可以和大家分享？

曹 斌： 过去整车企业开发新车，比较成熟的做法是选定供应商分头开发各个零部件，再由车企进行集成，最终打造出一款整车。所以，传统车企中的部门大都对应着不同的总成或部件，如底盘、车身、发动机、电子电气等部门。现在由于出现了自动驾驶方面的需求，有些车企又设立了自动驾驶以及自动泊车等部门。

在此我分享一个有趣的经历，东软睿驰在推广行泊一体的域控制器时曾经遇到过这样的问题：我们的行泊一体域控制器是将行车和泊车功能集成在一起的，由一套软件解决所有的问题，这也体现出更高的智能化程度。然而一些整车企业有行车和泊车两个部门，每个部门都只负责自己的那部分工作，结果我们都不知道应该和哪个部门对接才好了。可见，现在车企真的有必要进行组织机构调整，谋求建立分工更合理、灵活性更强的组织模式。

在我看来，为了开发智能汽车，整车企业首先需要建立独立的软件团队，这应该是面向企业整体需求的软件团队，而非以往面向部件的功能式部门。这个软件团队并不局限于产品开发的时间节点，也不只是针对某个具体车型的开发，而是负责开发企业当前以及未来多款车型的核心的整车平台化软件。所谓整车平台化软件，就是与部门无关，与功能解耦，而且也与时间解耦，与具体车型解耦，能够有效支撑不同时间点上市的不同车型的核心软件系统。这对于车企的软件驾驭能力以及整车架构的规划能力，都是非常大的考验。

在这方面，东软睿驰可以作为车企的伙伴和参谋，和车企一起研究未来软件的发力点，参与车型特别是软件架构的规划。而软件架构需要通过中间层软件来实现，包括 SOA 架构和中间件等。这些软件中既有通用化的，也有个性化的。今后整车企业在建立面向未来的软件架构、开发能力及核心组织时，肯定会依托中间层软件提出越来越多的要求，并且这些要求是有历史延续性的。所以，东软睿驰现在一方面为车企提供符合AUTOSAR（汽车开放系统架构）标准的基础软件，包括AP（自适应平台）和CP（经典平台）软件；另一方面，也在努力为企业的个性化需求和可持续发展提供支持。

我认为，车企与中间件的供应商或者说合作伙伴一起长时间合作才是最佳选择。至少不能开发完一款车型后，下一款车型就更换为另一家供应商，这样在开发前一款车型软件时所积累的经验就全都浪费了。也就是说，在软件方面车企必须改变每做一款新车型都重新确定供应商的做法。对于开发中间件的供应商来说，需要与整车企业的软件团队共同合作，持续开发可用于若干款车型的中间件；而对于整车企业来说，也需要选择具备优秀架构规划能力和软件开发能力的值得信赖的供应商，谋求建立长期合作伙伴关系。

而这正是东软睿驰追求的目标，我们一直希望能够与很多整车企业在这种层面上展开合作，帮助车企搭建核心软件团队，共同探讨长期发展方案，包括如何设计软件架构，如何确保软件架构的可延展性等；并与车企一起推动跨车型、跨部件的软硬件解耦，构建面向抽象化硬件的新型软件开发体系。所以我们才倡导"软件先行"的开发模式，建议整车企业在内部建立独立的软件开发团队。总之，东软睿驰致力于成为能够与车企携手前行、同步进化的战略合作伙伴。

在这个过程中，我们会为车企提供通用、可靠的基础组件，而随着更多车企与东软睿驰合作，这些车企就能获得被广泛应用的标准化的基础组件。同时我们也可以提供个性化组件，帮助相关车企基于自身的需要，精准打造产品的"灵魂"。所谓产品的"灵魂"，可能是某个功能级的组件，也可能是某个系统级或者整车级纵向整合的组件。无论是哪种情况，都需要在软件架构特别是中间层上预留出足够的空间，让整车企业能够在这个空间内进行持续的迭代优化与个性化创新。而东软睿驰就是要帮助车企把这些工作做好，也因此我们把自己扮演的角色定义为

"伴生式"伙伴。

目前，我们正在和很多车企开展深入合作，帮助车企开发中间件、搭建软件架构，以及构建软件开发环境、提供软件开发方法，支持车企完成跨时间、跨车型、跨控制域的软件接口定义，从而使整个软件系统可以持续迭代、不断优化。我认为，无论对于软件能力的形成，还是对于创新生态的搭建，上述这些基础工作都是必不可少的。

软件供应商要帮助车企在通用架构的基础上打造差异性

赵福全： 当前，整车企业原本基于硬件的或者说功能性的部门组织仍旧存在。而在"软件定义汽车"的时代，从软件打通硬件功能的目标出发，继续沿用之前的理念和组织就不合适了。因此，车企必须改变原来的离散化状态，先把自己的各个部门打通，否则就无法形成合力。

在车企打破原有组织、构建全新体系的过程中，东软睿驰这样的软件公司可以提供很大的助力。事实上，整车企业要打造面向未来的竞争优势和差异化的品牌特色，目前并没有标准范式可供参考，唯有一边摸索、一边前进。而在摸索前进的道路上，我认为，车企非常需要有意愿、也有能力共同实践的"伴生式"合作伙伴。

由此也衍生出最后一个问题，如果东软睿驰为很多整车企业做了同样的事情，那最后会不会导致这些企业的产品出现同质化呢？

曹　斌： 一方面，在汽车产品上有些部件和功能本来就应该通用，比如基础的通信组件，包括跨域或跨服务的定位、访问，以及信息安全服务等。对于绝大多数车型来说，这些基础部件并不需要差异化，反而必须通用化；同时还要求能够保持长时间的稳定性和可靠性，这样才能发挥其应有的作用。否则，车辆就会出现问题。

另一方面，所有车企都需要做出自身产品的差异性。不过这种差异性的实现并不需要改变共性的基础组件，而是需要企业在软件架构的预留空间中，基于事先定义好的接口和边界，来完成一系列独特的软件设计。这其中必然涉及个性化和通用化软件的交集，所以，车企需要与开发通用化软件的公司合作，以保证使自己开发的个性化软件可以顺利地与通用化软件组合起来。

当然,可能也会有车企为了实现更彻底的差异性,希望把底层通用化的基础组件也由自己来做。这也是一种选择,但是我个人认为没有必要。原因主要有两点:一是这种"通吃"策略的投入产出比太低了,这相当于为了实现产品的差异性,把大部分通用化软件又重新做了一遍。二是这种策略的难度太大了。以东软睿驰为例,我们的主要业务就是开发软件,之前已经与十几家车企、上百家供应商合作过,这些年一路走来,经历过很多"陷阱",也验证过很多复杂的场景,我们的经验肯定要比一家车企多得多。即便如此,我们现在仍然觉得开发汽车软件是一项挑战巨大的工作。相比之下,要让经验有限、主业也不在通用化软件上的整车企业,仅靠自己的力量来解决种种难题,输出效果优良、可靠性高的软件,其难度之大可想而知。

所以我认为,整车企业必须在通用架构的基础上打造产品的差异性;同时,应该与提供通用化软件的合作伙伴深度绑定,在这个伙伴的帮助下,打造差异性的软件。这两点都非常重要。当然,在差异性的具体选择上,各家车企在横向宽度和纵向深度上肯定会有所不同,因此并不存在同质化的风险。

东软睿驰在为车企提供通用化基础软件的同时,还可以输出架构师,而且是成建制的架构师团队,以帮助车企分析和确定架构设计方案、基础软件接口,以及预留开发空间等。在此基础上,我们还能以非常高效的方式,协助车企完成个性化软件与通用化软件的集成工作。

赵福全:也就是说,东软睿驰不仅具有开发共性软件的能力,还具有支持车企开发个性化软件的能力;既可以帮助车企在具体的关键点上实现突破,以解决眼前的产品竞争力问题,也可以输出架构师,协助车企搭建顶层架构,以解决长期的持久竞争力问题。这意味着当整车企业要借助合作伙伴的力量,弥补自身软件能力的欠缺时,像东软睿驰这样的公司应该是比较合适的选择。

时间过得很快,我们已经谈了三个多小时。今天围绕"软件定义汽车"的一系列关键问题,我和曹总进行了非常深入的交流,其中既涉及当前汽车产品开发中尚存争议的敏感话题,也涉及汽车产业未来发展的方向判断。下面我把主要观点简要梳理提炼一下。

第一,无论是"软件定义汽车",还是"数据定义汽车",又或者是"芯片定义汽车",并无本质区别。其实这些说法可以说都是正确的,只不过出发点有所不同罢了。

我们知道,最终购买产品的是消费者,而提供产品的是整车企业。因此车企需要基于自身的品牌定位,找到合适的消费群体并进行精准画像。同时,用户在使用汽车的过程中会产生数据,这些数据反馈到整车企业,会进一步提升车企精准定义消费群体和满足用户需求的能力。而数据的产生、传输、分析及应用,无不需要软件,尤其是软件算法对数据处理能力有很大的影响。此外,芯片算力与算法的结合将决定车企对数据的利用和挖潜能力,并在很大程度上决定着未来汽车产品的能力上限。所以,对于智能汽车产品来说,数据、软件以及芯片都是最大限度满足用户需求的关键要素。

第二,在"软件定义汽车"的大背景下,硬件依然重要,不过随着本轮产业重构的不断深化,硬件最终将会走向标准化、抽象化。而硬件的标准化和抽象化将为软件提供发挥作用的更大空间和更多可能性。也就是说,虽然未来软件将占据主导地位,但这并不意味着可以抛开硬件;同时,硬件必须进行相应的转变,以支持"软件定义汽车"的真正实现。

第三,从软件角度来看,汽车操作系统非常重要。对此企业必须明白,离开了生态系统的支撑,操作系统将成为无本之木。当然,面对产业生态化发展的大趋势,各类企业可以站在不同的角度来开发操作系统,并由此选择参与未来竞争的不同分工以及所需的关键能力。不过总体而言,对于共性、基础的通用化软件,整车企业不宜投入过多。毕竟汽车本来就是一个集大成的产业,而当"软件定义汽车"不断深入发展之际,车企不仅需要集成硬件,还需要集成软件,其资源和能力将面临比以往更大的挑战。所以,未来企业更要坚持"有所为,有所不为",以集中力量打造支撑品牌内涵和产品特色的核心竞争力。

第四,对于软件定义下的汽车产品开发,搭建好架构平台至关重要,因此架构师的作用日益凸显。正如曹总强调的，整车企业当前先要想清楚未来自己的核心竞争力究竟是什么？为此应该规划和建设怎样的架构平台？而不是直接深入到一些细节工作中。与此同时，对于整车企业来说，优秀的产品经理比以往任何时候都更加重要。因为今后产品经理需要基于对未来产业发展大势、市场需求、用户体验，以及产品开发模式创新等的深度理解，推动架构师等共同搭建适宜的整车架构平台。而在整车架构平台的建立过程中，产品经理还需要考虑一系列关键问题，例如车企应该选择哪些核心突破点？必须自行完成哪些工作？需要集成哪些外部资源？以及在芯片、各类软件和核心算法等方面，应该分别与哪些供应商展开合作？等等。

第五，展望未来，技术创新生态的搭建至关重要。不过，汽车开发者生态并不意味着要让所有消费者都直接参与汽车产品开发。事实上，虽然开放式创新能给企业带来前所未有的机遇，但这种模式也将带来前所未有的挑战，毕竟汽车产品有着严苛的功能安全要求。向个人消费者开放某种端口，让他们能够自行设计软件来参与汽车产品开发，无疑可以更好地满足用户需求、增强企业黏性，不过同时也将产生巨大的安全风险，而且车企在架构预留和验证批准方面也要付出不菲的代价。

而曹总又从另一个角度指出，智能汽车的"聪明"应该体现在能够更懂用户，从而更精准地识别和满足用户的需求，并让用户更方便地享受到更好的服务和体验。如果智能汽车必须"麻烦"用户去定制软件，才能满足其个性化需求，那这台车还谈不上"聪明"！当然，对于少量的汽车发烧友，为其开放定制汽车软件的空间是可能的，也是必要的，这会成为一个有潜力的细分市场。但是如果要把这种模式全面推开，曹总认为是弊大于利。同时，整车企业要努力集成更多的优质资源，进行尽可能多的预开发，以便让用户获得最大化的选择空间。

第六，汽车软件人才需求后续将发生变化。当前，行业亟需既懂车又懂软件的人才，这也是近期产业出现"人才荒"的主要原因之一。不过随着硬件走向标准化、抽象化，未来软件人才只需了解硬件的抽象接口定义即可，不再需要掌握汽车很多专业领域的原理和知识，因为届时标准化的硬件可以直接被软件灵活调用。当然，企业的领军人和架构师始终需要具备横跨软硬件两大领域的知识体系。此外，他们还需要了解市场需求的变化，理解产品进化的趋势。例如如何为未来软件的升级做好硬件预留，就非常考验领军人和架构师的战略眼光和前瞻判断力——如果硬件预留过多，将造成成本激增；而如果硬件预留过少，又会影响软件后续的迭代升级，两者都会损伤产品的核心竞争力。

最后我想强调的是，"软件定义汽车"的时代才刚刚开始，还有太多的话题需要探讨，也有太多的问题需要解决。这是企业的挑战所在，更是企业的机遇所在。

在此，感谢曹总和我们分享了这么多真知灼见。祝愿东软睿驰在曹总的带领下能够发展得更好。同时，也期待在更多"东软睿驰"们的帮助下，汽车产品能够早日成为更懂我们的贴心伙伴。谢谢曹总！

曹　斌：谢谢赵院长！谢谢各位网友！

第二部分 论道车界

一、汽车技术生态创新总论

01　社会和产业发展趋势

产业数字化的重要窗口期

当前,发展数字经济已经成为中国的国家战略,在国家"十四五规划和2035远景目标纲要"中就有明确的表述。过去,人们对数字经济存在误解,觉得数字经济是虚拟经济,其实并非如此。数字经济是利用数字化技术,基于数据实现资源快速优化配置、产业高质量发展的经济形态。因此,凡是经过数字化技术改造的产业,都属于数字经济的范畴。如今中国数字经济在GDP(国内生产总值)中的占比已经超过了30%,这在全世界都是比较高的比例。预测未来5~10年,中国数字经济在GDP中的占比将会进一步提升到70%~80%。

人类已经迈入了数字文明时代。一些人把数字化视为第四次工业革命,但数字化是一场独立的产业革命,并不是前三次工业革命的延展。正因如此,国家才把数字化定义为新的概念、新的形态,也才有了"数字文明"这个提法。并且在前三次工业革命中,中国都不是主导者,特别是前两次工业革命,我们完全没有赶上。而这次面对数字化革命,我们是有机会成为主导者的,所以一定要抓住这个宝贵的机遇。

数字化的最大价值应该是产业数字化。展望未来5~10年,很多人认为中国各个产业都将进入红海竞争的阶段,机会越来越少,毕竟中国的人口红利、流量红利以及市场红利都在逐渐削弱。不过这个观点并不正确,因为数字化将会带来新的广阔机遇。实际上,所有的传统产业都值得用数字化技术再做一遍,这才是数字化的真正价值。为此,国家提出了产业数字化的概念。未来5~10年将是产业数字化的重要窗口期,这个窗口期稍纵即逝,我们必须抓紧时间、加快行动。

预计10年以后可能就不会再有所谓传统企业或者数字化企业的区别了。企业要么数字化转型成功,已经成为数字化企业中的一员;要么转型失败,已经被淘汰了。也就是说,到那个时候,所有企业都将转型成为数字化企业;相应的,所有产业都将转型成为数字化产业;还有政府也将转型成为数字化政府。目前,各地政府关注的热点,如新旧动能转换、高质量发展、自主创新等,也包括正在推行的专精特新"小巨人"培育以及新基建等,这些工作背后的抓手都是数字化。可见,数字化,尤其是产业的数字化转型升级,正受到各级政府的高度重视。

数字化的特征和本质

数字化的特征可以用三句话来描述:

第一句话,"一切皆可编程"。未来不管对象是"傻大黑粗"的车床,还是大型的变电站,又或者是复杂的汽车产品,都可以实现数字化,成为一台可以进行编程并由代码来决定其功能的计算机。

第二句话,"万物均要互联"。未来几乎所有的人造物都将通过物联网连接在一起,进而变成智能化的设备。目前,很多人对发展5G有疑问,感觉在看视频时用5G或者4G网络并没有多大差别。实际上,5G本来就不是为了让用户看视频而准备的,5G是为物联网或者说工业互联网准备的,它能把众多的人造物快速、实时、稳定地连接起来。

第三句话,"大数据驱动业务"。过去企业为了业务积累以及提高某方面的业务效率会建立相应的数据库;而到了大数据的时代,我们可以利用大数据把物理世界变成可计算的虚拟世界,再利用计算结果驱动物理世界的改造,从而把业务效率全面提升到更高的水平。所以,大数据将成为未来很多业务的核心。例如,今后车联网服务、自动驾驶功能等的优化,都将是由车企获取并处理各种相关大数据来驱动的。反过来讲,大数据一旦出现问题，就会导致整个业务的停滞。

如果探究最本质的层面，数字化的本质是用软件重新定义世界的基础。未来对于整个世界的运转，上到国家、社会，下到企业、产品，特别是智能汽车（又称智能网联汽车）等各种智能产品的运行，发挥核心作用的都是软件。因为软件将重新定义我们这个世界的基础，这是数字化的本质所在。比如芯片内运行的是软件，网络连接是基于软件协议，大数据管理系统和人工智能算法也都是通过软件实现的。"软件定义世界"具有巨大的优势，因为软件的灵活性强。例如，无需更改硬件，只要改进智能汽车的某个软件，就可以让车辆呈现出更好的功能或性能，比如增强驾驶时的推背感等。也就是说，我们的世界将变成一个软件的世界。图1.1描述了数字化的特征，归纳了数字化的本质，并对数字化带来的机遇和挑战进行了对比分析。

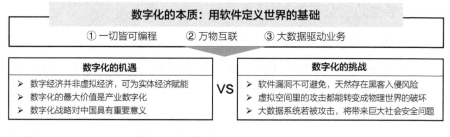

图1.1 数字化的本质、机遇与挑战

数字化的安全风险

我们在讨论数字化机遇的同时，必须关注数字化的挑战。尤其是数字化面临的安全风险是巨大的，主要有三点：

首先，软件上的漏洞不可避免，天然存在黑客入侵的风险。事实上，只要软件是由人编写的，就一定会存在漏洞，这也是软件最可怕的弱点。通常，平均每1000行代码就会有4~6个漏洞，而且这个现象与软件工程师的水平没有必然的关联，水平再高的程序员在编写代码时也会不自觉地出现漏洞。这些漏洞隐藏在软件里面，在99%的情况下，并不影响整个软件的正常运行。

可是这些漏洞一旦被别有用心的黑客利用，就有可能导致系统被入侵和控制。这并不是因为黑客本身的水平有多高，而是因为任何软件都存在漏洞。黑客之所以能像科幻电影里那样无所不能，甚至可以入侵五角大楼或者远程控制汽车，在本质上就是因为他们利用了软件里必然存在的漏洞。

就汽车产品而言，过去汽车上的软件数量很少，而且软件之间都是相互分离的。这相当于一辆汽车上有几十乃至几百个小型的黑盒子，这些黑盒子有的负责控制空调，有的负责控制座椅，各自的软件独立运行，软件的代码也比较少。这是因为过去的汽车主要是硬件属性的，软件的成分及影响很有限，就像早年有人形象地描述的那样，汽车就是四个轮子加上两个沙发。那么汽车在网联化、智能化之后，是不是就变成了四个轮子加上一个手机呢？这个说法并不准确，未来的汽车应该是四个轮子加上一个小型超算中心。

也就是说，智能汽车实际上是一台超级计算机，包括自动驾驶、智能座舱和车联网等功能，可能逐渐地都会由若干辆汽车，即若干台超级计算机在通用的操作系统（OS）下实现。这样一来，汽车产品上软件的数量以及关联性必将空前激增。保守估计将来汽车上至少会有几千万到上亿行的代码，可想而知这其中将隐藏多少漏洞！由于软件的漏洞不可避免，而有漏洞就一定有被利用和攻击的可能，所以我们必须充分考虑如何应对汽车数字化带来的安全隐患。

其次，虚拟空间里的攻击都能转变成物理世界的破坏。万物互联的时代将是一个"软件定义世界"的时代。对于汽车产业来说，工业互联网和车联网是万物互联下两个关系最密切的场景。未来，每家汽车企业都会成为工业互联网中的一部分，每辆汽车产品也都会成为车联网中的一部分，从而把虚拟空间和物理世界彻底打通，实现用软件来定义汽车。

然而最大的问题也恰恰来自于此：过去我们常说的计算机病毒、木马等，都只是在计算机的虚拟空间里破坏数据和软件，并不会对物理世界造成伤害。但是未来诸如汽车等各种实体都接入物联网之后，虚拟空间里的所有攻击都能转变成物理世界的实质性破坏。在车联网方面，网络安全公司做了大量的模拟攻防试验，结果表明：只要是智能网联的汽车，就都可以通过攻陷相关车企的云端服务器来达到远程操纵的目的。显然，由此造成的危害远比计算机病毒要大得多。

最后，大数据系统如果遭到攻击，还将带来巨大的社会安全问题。目前，这样的情况已经出现过很多次了，例如2021年5月，美国东海岸一家燃油输送公司的数据被黑客组织攻击，由于数据不能正常调用，无法给客户供油，结果导致美国东海岸16个州出现了供油困难，几乎进入紧急状态。

今天，汽车智能座舱的各种交互体验正在不断升级，同时大家也都期盼早日实现L4乃至L5级的真正无人驾驶。这些能力的实现有赖于人工智能技术，而人工智能的基础就是数据，这就是所谓"数据驱动汽车"。正因如此，未来每家车企都将成为大数据公司。尽管现在无论新老车企，包括一汽、东风、长安、上汽、北汽、广汽，以及蔚来、小鹏、理想等，其数据量还不如互联网巨头公司，但是未来它们拥有的数据量很可能会超过多数互联网公司，并且它们都会建立自己的大数据中心。要知道，大数据可不是简单、无用的数据，而是蕴含着重要的信息和规律，基于大数据的计算结果将直接决定汽车产品自动驾驶等功能的水平以及满足用户需求的能力。

如果这些大数据本身遭到攻击，后果将非常严重。例如，车企的大数据一旦遭到攻击，一方面可能会导致大量个人数据和车辆数据的丢失，从而给消费者带来各种潜在的风险；另一方面，还可能会出现某家企业旗下的几十甚至几百万辆智能网联汽车全面瘫痪的情况，又或者这些车辆被黑客操控，从而带来巨大的交通安全和社会安全风险。

汽车产业与IT产业的碰撞融合

当前大家对汽车产业的发展方向，包括所谓新四化、智能汽车、汽车新物种等的讨论如火如荼。汽车行业在过去很多年里一直处于相对稳定的状态。例如，发动机的电喷系统最早是由一家德国供应商发明的，从早期投产到今天的 50 多年里，技术基本上呈线性发展态势，没有根本性的革命，汽车企业则一直依靠这样的技术盈利。但是从 2017 年或者更早一点的时间开始，情况发生了变化，汽车产业与 IT 产业出现了技术融合的迹象，彼此之间的互动越来越多。

回想当时那个时间点，手机行业刚刚发生了深刻变化，由通信设备演变成为计算设备。在手机通信行业里，传统手机公司与 IT 公司的博弈，最终结果是 IT 公司获胜，谷歌等公司用 IT 技术把手机变成了计算设备。所以在 2017—2018 年间，汽车业内也产生了一种危机感：大家担心汽车行业是否也会像手机行业那样被 IT 行业颠覆？汽车原来是机械装置，未来是否会变成计算装置？应该说，之后的这些年里，汽车企业一直纠结于此，心态起伏不定，时而倍感焦虑，时而略感放心。

与此同时，IT 公司也认识到，要从头开始把车造出来是很困难的，毕竟造车需要机械、动力等方面的大量传统技术，而且制造难度非常大。同时，开发汽车软件的门槛也非常高，把软件装载到汽车上，远不像开发一款 APP 放到手机上运行那么容易。即使现在，纯粹的软件公司为汽车开发软件仍然是一件很不容易的事情。

也就是说，汽车行业有自身的特殊性，其复杂度之高、相关技术之多、涉及知识量之大，都不是手机等产品能够比拟的。然而 IT 行业也非常强大，同样积累了大量的专业知识和技术，并且这些知识和技术恰恰是未来汽车产品所需要的。这样的两个行业碰撞在一起，究竟会产生怎样的结果？这是一个全新的课题，没有历史经验可供参照。但有一点是确定的，本轮汽车产业变革一定是这两种庞大而不同的知识体系和商业形态相互碰撞与融合的过程。

至于这种融合的未来走向，在计算架构、控制体系、软件方式、生态系统等方面可能都还有很长的路要走。在这个过程中，将产生从未有过的一系列全新产品形态、商业模式、协作方式与生态关系。由此，现有的一切都将发生改变。

数字化对汽车产业的全方位影响

说起数字化,其实业界还有信息化等一系列相关概念,这些概念既多且杂,内涵又往往有重叠交织之处,有的时候难免让人困惑。实际上,信息化是战术,而数字化是战略。

过去,我们使用计算机和网络确实在一定程度上提高了工作效率,改善了工作流程,但是这些信息化的手段,并没有让工作本质发生变化,也没有使传统产业的业务流程和基本规律发生变化。而数字化意味着传统产业的全方位再造,数字化产业的业务流程和基本规律都将截然不同。

如图 1.2 所示,数字化将给汽车企业带来全方位、系统性的深刻影响,既涉及企业内部各部门、外部供应商之间的全面打通与资源重组,也涉及车企与用户、车辆之间的数据闭环循环与功能体验优化,这将彻底改变车企与用户的关系,以及研发、采购、运营和盈利模式,进而改变整个汽车产业的价值链、经营链和管理链。

具体来说,过去先是由整车企业造出汽车,然后交给 4S 店,4S 店再把车卖给用户。之后用户就只和 4S 店打交道了,比如去店里做车辆保养维修等,而车企与用户之间基本上没有任何联系。但是未来情况就完全不同了,智能汽车在卖给用户之后,仍然是和车企的云端服务器保持连接的。这样车辆和用户的相关数据会不断上传到车企,同时车企就可以基于这些数据,通过空中下载(OTA)来不断更新车辆。像特斯拉目前就是通过这种方式来为用户升级软件包或者开放自动驾驶功能等服务的,并且其中一些服务还是收费的。

这就改变了原来车企对经销商的 B2B 模式,形成了车企对经销商的 B2B 模式和车企直接对用户的 B2C 模式相互组合的新形态。这也改变了原来车企只靠一次性的车辆销售来获得收益的商业模式,形成了车企在汽车产品全生命周期内都可以通过提供服务持续获得收益的新型商业模式。也就是说,未来很可能会出现这样的情况:汽车产品按成本价甚至低于成本价销售,而企业在汽车使用过程中,通过不断地收取服务费来实现盈利。对于车企来说,这意味着盈利方式的重大转变,即由一次性的产品交易变为持续性的服务交易。

除了销售和服务体系之外,汽车企业的研发、采购和运营管理体系等也都将发生改变。过去,车企内部研发、采购、生产、销售及服务是相对独立的业务单元,同时整车企业与各级供应商之间只是简单的逐级供货关系。未来,按照工业互联网的图景,大型车企都会成为一个广阔的物联网平台,在内部将设计中心、生产中心、销售中心、用户服务中心连接在一起,在外部又和众多各类供应链企业连接在一起,从而构成一个庞大的生态系统。由此,汽车产业的价值链、经营链和管理链都会完全不同。

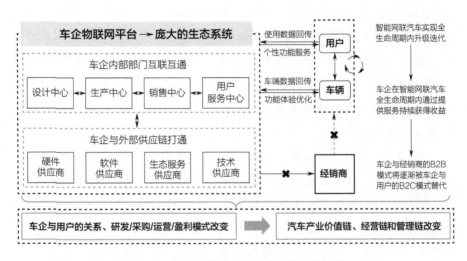

图1.2 数字化带给车企的深刻影响及变化

院长心声　　　　　　　　　　　　　　　　　　　　　　　　　VOICE

人类社会将走向全面数字化

当前,汽车产业正在发生前所未有的全面重构。虽然汽车自诞生以来的一百多年里,一直在发展和进步,比如在动力技术方面经历了多次重大变革。不过,此前的变革面向的主要是硬件,是渐进式的改良;而本轮汽车产业重构更多面向的是软件,是颠覆性的革命。我认为其根源在于,万物互联作为最根本的驱动力,正在引发人类社会及诸多产业的全面重构——即人类社会正在由人与人互联的"互联网"向物与物，以及人与物互联的"物联网"演进，并将由此带来社会资源的重新组合和优化利用。

具体来说，随着互联的升级，人类社会将全面数字化，数据将成为最重要的生产要素。实际上，无论是数字经济、数字化产业，还是数字化产品、数字化营销，在这些热门概念的背后，核心都是数据。在我看来，数字化社会的本质就是：基于万物互联，让海量多元的数据得以顺畅流通，并通过人工智能的赋能，使这些数据得到有效处理和充分利用，从而实现各种人造物的全面智能化，推动人类社会真正进入智能时代。

实际上，数字化代表着一种实实在在的新能力，能够为实体经济赋能，促使其发生根本性的质变。因此，数字经济不是简单的虚拟经济，而是传统经济模式的全面改造和新型经济模式的创新拓展，这将给国民经济以及各行各业带来实实在在的根本性改变。也就是说，发展数字经济是为了把已有的经济做得更好，用数字化为传统产业赋能，进而创造出更多更大的价值。

所以，我们不应该将数字经济和实体经济对立或者割裂开来。此前传统产业没有可供利用的互联环境和数字化技术，只能面向实实在在的产品本身，一点点地量变发展；而现在有了万物互联和数字化技术之后，就可以从中得到充分的赋能，全面改造自身打造产品的全过程，在原有的基础上实现质变升级。这意味着产业的数字化，首先可以提升现有业务的价值存量。同时在这个过程中，我们还会发现新的发展机会，从而可以获得新业务的价值增量。所以，产业数字化既包括了现有业务的优化，即改造旧世界的部分，也包括了新业务的诞生，即创造新世界的部分。

数字化转型通向数字文明新时代

记得在2021年10月的"汽车与环境论坛暨全球汽车产业峰会"上，我发表过一个演讲，题目就是《数字化转型：战略价值再认识，战术落地再思考》。当时我就说，数字化不仅将带来改造旧世界的机会，还将带来创造新世界的机会。从这个意义上讲，简单利用信息化手段提高效率与彻底实施数字化转型重构产业,两者之间的区别就如同刀枪与核武器一样。今后企业应该基于数字化手段,实现对数据的充分利用,以优化业务场景、提升产品能力、改善用户服务、转变盈利模式,最终实现全面智能化的运营,从而在一个更高的维度上参与未来竞争。

互联网与物联网是两个不同的发展阶段,前者实现了生活方式的数字化,而后者将实现产业的数字化,从而为传统企业带来宝贵的转型机遇。万物互联下的数字化实际上代表着一种新的社会文明。数字化不是简单的技术,也不是简单的软件或者硬件,而是国家层面的重大发展战略,会带来人类社会以及诸多产业的全面重构与再造。最终,人类将由此迈入数字文明的新时代。

在互联网的下半场,即万物互联的时代,产业数字化是最大的战略机遇所在,而今后5~10年将是实现产业数字化的历史窗口期。为此,国家、行业和企业都必须全力以赴、加紧行动,以抢占未来全球竞争的战略制高点,进而推动人类社会迈入数字文明的新时代。

数字安全决定了数字经济能否有效落地

在数字化时代,数据的安全决定了数字经济能否有效落地,能否真正造福人类。因为软件必然存在漏洞,所以黑客的入侵具有很强的隐蔽性和不确定性,甚至可以说防不胜防。而且在万物互联的时代,虚拟空间的攻击将给现实世界造成巨大的破坏,这种破坏甚至有可能对社会生活和经济发展造成摧毁性的打击。

然而发展数字经济意义深远、价值重大,而且产业数字化是中国把握本轮科技革命和产业重构战略机遇的核心抓手,我们绝不能因为数字化存在潜在的安全风险就止步不前。相反,我们必须努力解决数字化带来的安全问题,全力保障大数据的安全,让大家都能放心地拥抱数字化、应用大数据,最终实现数字化的最大效益和大数据的最大价值。

数字经济的发展必须依托于产业才能不断深化实践,最终形成新业态和新动能。产业数字化是万物互联下最大的价值所在。而汽车产业作为民用工业中的集大成者,是发展数字经济、实现数字化最重要的产业之一。正因如此，目前发展智能汽车已经明确上升为国家战略。

那么，汽车产业应如何看待和化解数字化带来的安全风险呢？今后智能汽车以及各家车企面临的不只是单纯的网络安全问题，而是范围更广、规模更大的数字安全问题。说起来，汽车产业对于安全问题一直是高度重视的，汽车人骨子里始终有一条"安全"底线。不过说到网络安全乃至数字安全，广大汽车人的认识可能还不够充分。今后我们必须在这方面提高重视程度，努力解决问题。

02 汽车技术生态创新的重要性

汽车技术生态创新的重大价值

新一轮科技革命正在驱动各个产业乃至整个社会发生翻天覆地的变化，未来几乎所有人造物都会连接起来，使大量数据得以顺畅流动和有效应用，进而实现全面的智能化。在此前景下，汽车技术生态化的发展趋势愈发明显：一方面，以前的技术主要是"偏硬"的，未来的技术则将包含越来越多"偏软"的内容，并且还需要实现软硬融合；另一方面，各种软硬技术分别掌握在不同的主体手中，任何一家企业都不可能独自掌握全部所需的技术。因此，未来汽车产品只有在多方参与、分工协作的技术生态中才能诞生和成长起来，这就使技术生态创新的重要性日益凸显。

如图 1.3 所示，对于汽车技术生态的价值，需要从不同的角度来认识，总体上可以归纳为三个层面：

一是能够为用户带来价值，使产品可以持续迭代进化。未来汽车产业会形成三种驱动力——除了数字化和智能化之外，还有一种驱动力就是年轻消费群体的需求变化。毕竟为汽车产品买单的是消费者，消费者喜爱并愿意购买和使用不同以往的新产品，这可能是产品和技术创新最重要的驱动力。因此在汽车生态的建设中,用户是一个必须考虑进来的关键因素,甚至可以说,生态建设的前提就是必须给用户带来价值。

今后用户在选择汽车时,需要的可能不仅是可以移动的机器,还是能够不断学习、成长并与自己互动的机器人,或者说,用户需要的是一个能够越来越懂自己的伙伴。如果在产业生态的支撑下,用户能够体会到汽车产品越用越贴心,就会逐步建立起情感上的连接,而不只是做功能上的比较。当然,用户价值还可以有更大的想象空间,以上谈及的只是基本的方向。

二是能够为企业带来价值,推动产业快速发展和开放融合。在生态中一定要有合理的分工,而不是一个或一类主体什么都自己做。有的企业习惯于"通吃"的做法,短期看这样效益确实有可能更高,但长期看并不利于企业自身以及产业的可持续发展。

三是能够为社会带来价值,产生汽车产业之外的影响和贡献。汽车虽然同样是大众消费品,但并不像手机那样具有高度私人化的属性。因为汽车必须行驶在交通环境中,要确保自身及外部的安全,要受各种交通法规的监管和节能环保法规的约束,还要为城市移动运载能力的提升做出贡献。未来生态化的新汽车将与外部环境结合得更加广泛、紧密,因此一定要把汽车生态建设放在城市中系统思考,努力为社会带来更大的价值,进而推动人类社会的发展进步。

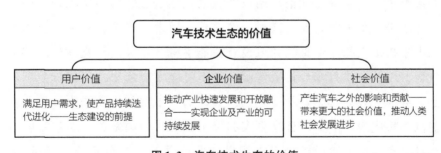

图1.3　汽车技术生态的价值

未来人类社会最大的母生态

新一轮科技革命既带来了汽车产业革命,又深受汽车产业革命的影响。因为汽车是改变世界的机器，自一百多年前诞生以来一直都是如此。当时根本没有现代公路和加油站，也没有汽车上众多零部件的供应商体系。但由于有了汽车，人类社会就出现了高速公路，出现了红绿灯交通管理系统，出现了分工空前复杂的汽车产业。在这个意义上，汽车可以说原本就是一个母生态，不仅自身不断成长起来，还拉动了机械、化工、电子、信息、交通、能源等诸多产业的发展。

当前不断进步的动力电池、信息通信等技术正在改变汽车，而当汽车被改变之后，它必将再次改变世界。未来的智能汽车将是一个比之前更大的母生态，不但搭载电池、芯片、传感器等新硬件，而且具有极强的软件能力，从而在自动驾驶和人机交互等方面不断前进，并推动其他众多相关产业的快速发展。例如人工智能技术，也一定会在汽车母生态上突飞猛进。

总的来说，作为曾经改变世界的机器，汽车正被彻底改变，并将由此再次改变世界。预计到2030年，智能汽车将会成为人类社会最大的母生态。

所谓母生态，首先是二十世纪八九十年代的PC（个人计算机），那时PC母生态催生了微软、英特尔、IBM等公司，今天它们仍然是世界级的巨无霸科技公司。之后是2000年以后的智能手机，其母生态影响了整个半导体和信息通信产业的发展进程，催生了高通、联发科、苹果、华为等企业，同时，像安卓应用生态也是在智能手机母生态上生长出来的。试想，如果没有智能手机，今天的社交软件、移动支付，以及在线打车、订餐等服务都不可能发展起来，所以母生态不是一般的生态，其影响是多元的、立体的、丰富的。而未来十年，智能汽车将成为新的、而且是更大的母生态。对中国来说，抓住智能汽车母生态将是下阶段拉动经济规模和质量再上一个台阶的关键所在。图1.4揭示了未来汽车将再次深刻改变世界的内在逻辑，并剖析了作为人类社会最大的母生态，智能汽车生态在组织形态和商业模式方面的特征与变化。

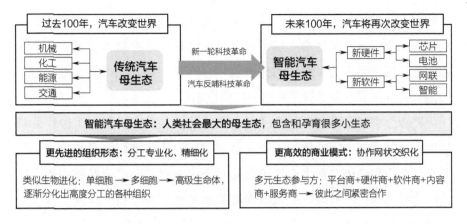

图1.4 智能汽车：未来人类社会最大的母生态

智能汽车生态的发展前景

我们可以把未来的汽车理解为"四个轮子＋一个超级计算机"。由此出发，参考 PC 生态和智能手机生态的情况，就能推演出智能汽车生态的发展前景。

从芯片的角度来看，在 PC 时代和智能手机时代，强大的芯片公司都是与当时最大的终端相伴相生的。试想如果没有 PC，怎么会有英特尔？如果没有智能手机，怎么会有高通、联发科、华为海思？因此，在智能汽车时代，一定会诞生这个时代新的英特尔，即规模巨大、实力强劲的汽车芯片公司。芯片是软件的载体，不仅搭载操作系统，还搭载很多应用软件。在这些应用软件的背后，一定会有一个或几个汽车应用平台公司，和这些应用软件提供者共同构成以汽车芯片为载体的应用服务生态。

当然除了芯片以外，智能汽车还会衍生出其他相关的硬件公司。比如在智能手机时代，出现了歌尔声学、瑞声科技、舜宇光学等专门提供手机传感器的公司，它们的股价涨势都非常好。也就是说，智能手机同时带来了新的软件生态和硬件生态。智能汽车也同样会带来新的软件生态和硬件生态。

这些软硬件生态向下延展，将进一步拉动众多相关领域的发展，如基础材料、基础工艺等，这些领域也将成为智能汽车技术生态的重要组成部分。实际上，科技产业逐步走向成熟的标志之一就是形成完整的生态，因为形成生态的发展方向代表着一种客观规律，即以更先进的组织形态和商业模式来促进科学技术的广泛应用。

产业生态一定是以更加专业化、精细化、网状交织的分工协作为特征的。这其实与生物进化的过程非常相像——从单细胞到多细胞、直至复杂的高级生命体。在生命以单细胞状态存在时，一个细胞就担负起生命的全部功能；之后组成生命的细胞数量越来越多，逐渐形成了高度专业化分工的各种组织，分别负责某方面的功能，比如有专门的视觉系统、听觉系统等。

汽车开发者生态的形态

现在大家也在探讨，汽车开发者生态会不会发展成像手机开发者生态那样？我们知道在手机生态中，有为数众多的与手机行业并无深度耦合关系的开发者，包括小公司甚至是个人，他们独立于手机厂商，自行开发软件，然后在多款手机上广泛应用。在汽车行业要出现这样的图景还非常遥远。至少在产业变革的初期或者说前半段，汽车开发者生态应该还是一个由企业构成的、相对有组织的生态。

我们可以做个比喻来说明手机与汽车生态的区别：手机开发者生态就像是草原，软件有大有小，参与者数量庞大。既有像腾讯微信这样的大应用，也有很小的工具软件或者游戏软件。一些小软件或许只是由两三个人开发出来的，也能非常流行。这就是草原上野蛮生长的生态模式，参与者各自努力，互不影响。出现也好，消失也罢，完全是随机的。

而汽车开发者生态更像是森林，至少目前是这样，今后相当长的一段时间内可能也还是这样。森林生态是一簇一簇的，每个参与者或小群体都有自己的组织，并且为了生存和发展彼此合作和博弈。因此，森林的竞争要比草原的竞争更激烈，同时也更容易形成某种秩序。众多参与者会在共同构建的组织中，通过共同认可的商业关系实现相互合作。相对而言，这更像是 PC 的生态，但会比 PC 生态更有秩序、也更丰富。

至于未来会不会出现个人开发者，现在还很难判断。毕竟汽车应用软件开发有很高的门槛：一方面，由于涉及个人以及车辆安全，因此对产品的可靠性要求非常高，要得到认证远不像手机那么容易；另一方面，其涉及的知识体系也非常复杂。比如在软件开发过程中，我们可以把数据抽象化，但仍然需要理解数据背后的逻辑，为此就必须掌握相关知识、接受专业训练。显然，这两个门槛对于个人以及小团队的开发者来说，是很难跨越的。

不过需要强调的是，这并不意味着个人不能参与汽车产品开发。未来汽车的定制化开发将使产品真正具备满足用户个性化需求的能力，即实现所谓"千车千面，千人千面"，这也是本轮汽车产业变革的必然结果。对企业来说，当然希望自己造出来的汽车产品能够与用户的喜好充分契合，而基于用户的需求来定义汽车产品的属性、场景与行为模式，无疑是最佳途径。为此，今后企业一定会通过大数据分析、人机交互等手段，让广大用户都参与到汽车产品开发的过程中来。

当然，获取并满足用户个性化需求的工作本身是非常专业的，且涉及不同层级的各种软硬件，还是应该交给专业化的公司来完成。目前有一些软件公司和车企合作构建相关的系统，让用户可以通过手机或车机系统，以人车交互的方式，对车辆功能及行为模式进行越来越多的定制；即便在车辆交付之后，用户还可以自主进行一些服务的组合，使车辆具备新的功能和特性。

汽车生态与手机生态的区别

前面谈到了汽车生态不同于手机生态。应该说，手机产业有自己的特点，比如现在人们日常生活中基本上已经离不开手机了，这是其构建生态的一大优势。手机生态中有很多方面值得汽车产业学习，不过简单地把手机生态照搬到汽车上来是行不通的。此前有段时间，不少企业都觉得手机生态已经比较成熟了，直接将其挪到汽车上使用就可以了，这实际上是一种"偷懒"的行为。按照这样的想法去实践，一定做不好汽车生态。

第一，手机生态的产业链要比汽车简单得多。汽车有上万个零部件，而手机只相当于汽车上的一个小总成，汽车硬件生态远比手机复杂。

第二，手机生态主要是应用生态，即基于APP应用商店的生态，这是一种很好的商业模式。汽车生态中也有应用生态，但应用生态并不是汽车生态的全部。就应用生态而言，在汽车生态的构建中，手机应用生态是可以有一定贡献的。不过，汽车除了应用生态和比手机复杂的硬件生态以外，还有开发生态、服务生态等，而且这些生态要很好地发挥作用，又涉及汽车操作系统的问题。

在这方面，汽车生态的建设不应该走手机生态的老路。当年在手机生态上，中国错过了培育出自己的手机操作系统的时间窗口。而对于汽车生态，我们应该有自信，中国有这么巨大的汽车市场，同时在智能汽车的很多方面，尤其是站在整个城市的层面系统思考和探索车路协同等，中国都走在全球前列，完全有机会成为引领者。在这种情况下，中国企业没有理由不发展自己的汽车操作系统。当然，自研操作系统并不意味着封闭，反而更要以开放的心态，认真向别人学习，最终才能打造出一套真正有竞争力的操作系统，进而建成一个符合中国汽车产业发展需求、体现中国人对未来智能汽车及相关领域构想、跨界融合的汽车大生态。

第三，打造汽车生态时还需要充分考虑其价值。如果生态不能创造价值，就只能停留在初级阶段，不可能真正商业化及持续成长，也不可能促进产业的繁荣发展。由于中国市场体量庞大，汽车生态的规模必然非常巨大，因此搭建生态的过程很可能会更长、更苦。不过只要我们把生态的价值想清楚，把关键的内容掌握住，前面过点苦日子也没关系，后面一定会越来越好。

见表1.1，在产业链、生态复杂度和开发者生态三个维度上，手机生态与汽车生态都存在明显的差别。

表1.1 手机生态与汽车生态的区别

	手机生态	汽车生态
产业链	只有几十个零部件，相当于汽车上的一个小总成，远比汽车生态简单	有上万个零部件，硬件生态远比手机复杂
生态复杂度	主要涉及应用生态（APP应用商店生态）	包含开发、硬件、应用和服务生态，还涉及操作系统
开发者生态	草原生态：参与者数量庞大，规模有大有小，甚至两三个人的软件开发团队；野蛮生长形态	森林生态：每个参与者或小群体都有自己的组织，并且为了生存和发展彼此合作和博弈；更容易形成秩序

汽车生态的发展路径预测

对于未来汽车创新生态的发展演进方向，一种可能的路径是，先经过各种开发者百花齐放的阶段，然后一些应用的开发者会成长为某个领域内的巨头，相应的，其他的小开发者会逐渐退出，最终形成普遍趋同的局面。而可能性更大的发展路径是，从一开始就由一些重量级的参与者，推出高复杂性、高可靠性和高质量的人机交互软件，并很快在各个主要领域占据主导地位。

如此判断主要有两点依据：一是汽车产品具有高价值属性，消费者购买汽车要比购买手机的花费高得多，这确保了各巨头企业参与汽车创新的积极性。二是汽车产品极度复杂，开发和使用周期长，安全性、可靠性和耐久性等要求高，小公司或个人恐怕没有足够的能力和资源开发好标准如此高的汽车软件。

当然，在汽车生态的发展过程中，也有可能会出现以上两条路径的中间状态。不过，预计其概率是很小的。而且即使出现这种情况，也是不稳定的，后续肯定会产生新的变化。所以目前来看，在汽车领域面向个人或小团队的开放式创新确实处于比较困难的状态。汽车生态是森林式生态，也是指这个生态的主要参与者是整车企业以及软硬件供应商，这些企业都是有一定规模的"树木"，而不是体量微小的"野草"。

如图1.5所示，汽车开发者生态可能存在不同的发展路径，不过最终将会趋同，并且更可能是由大企业占据主导地位，这是由汽车软件的高复杂性和高价值性所决定的。

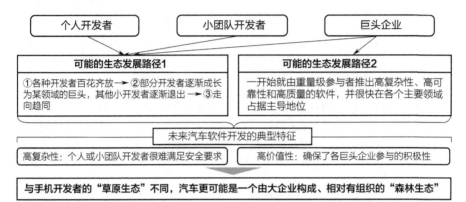

图1.5 汽车开发者生态的发展路径及典型特征

院长心声　　　　　　　　　　　　　　　　　　　　　　VOICE

汽车产业生态化发展的特征日益明显

在万物互联的背景下，诸多产业正在进入生态化发展的新阶段，而汽车产业将成为其中最大的母生态，承载远超传统汽车产业的更多资源和要素，包括不同层面、领域、环节的新技术。今后，在软件主导、数据驱动、跨界融合的新时期，汽车产业生态化发展的特征将更加明显、内涵将更加丰富。

所谓生态，就是由很多不同而又相互联系的参与者组成的整体，这些参与者彼此依存、缺一不可，各自从不同的角度和层面做出自己的贡献。其实，汽车原本就是参与者众多的大产业，此前整车企业就要从几百家供应商采购上万个零部件来生产汽车，此外还要有经销商来销售、服务商来保养修理汽车。所以，在我看来，汽车产业一直就是一个生态化的产业，只不过此前没有提出生态的概念罢了。

也就是说，汽车产业原本就是一个生态，即由整车企业、零部件供应商及汽车经销商组成的基于硬件的生态。只不过此前的生态只是简单的线型结构，即由上游供应商、下游经销商、中间整车企业构成的汽车产业链。而现在情况正在发生变化，由于硬件与软件都有各自的开发者，从相互协作的角度出发，这些开发者将与整车企业共同形成一个生态系统，也就是"技术创新生态"。今后汽车技术生态将会有更多的参与方和创新者加入，并且呈现出相互交织的网状结构，形成涉及多个产业、领域和层面的汽车生态系统。

未来汽车大生态将孕育众多小生态

事实上，汽车一直都很重要。过去汽车曾经是改变世界的机器，未来汽车还会是改变世界的机器。记得五六年前我就讲过：过去一百年，汽车改变了人类；而未来一百年，人类将改变汽车，让汽车更好地服务于人类，进而改变我们的生活。今天这样的前景正逐渐成为现实，新一轮科技革命让汽车如虎添翼，具备了前所未有的能力。同时，巨变中的汽车又反哺科技革命，为众多领域的新兴科技带来巨大的发展机会。在这样一个互动的过程中，将会诞生全新的智能汽车生态。实际上，社会本身也是一个生态的概念，而未来智能汽车生态将会孵化出诸多相关的子生态，进而推动智能社会生态的形成和不断完善。

这就是母生态的概念。在人与人连接的互联网时代，智能手机成为母生态，在这个母生态上承载了众多的子生态；而互联网的下半场是物联网，在物与物连接的物联网即万物互联的时代，智能汽车将成为一个比智能手机更大的全新母生态。汽车硬件必须与越来越多的不同软件相互组合，同时还产生了一系列发挥软件作用的新硬件，打造这些新旧软硬件所需的参与者远远多于从前，从而将会形成一个汽车产业大生态。

此外，因为汽车既有移动性，又有连接性，将成为未来重要的科技载体、移动终端、互联节点和数据枢纽。所谓车联网即V2X，其X的范围正在不断扩展，未来车辆可以与人、其他车辆、基础设施以及汽车行驶大环境中的各种人造物相互连接。几年前我们就在讨论基于汽车的4S概念，即智能汽车（SV）要和智能交通（ST）、智慧城市（SC）与智慧能源（SE）融合发展，以充分发挥汽车的载体性平台作用。

也就是说，未来汽车将成为一个大生态，可以称之为汽车生态或者出行生态，这个大生态将包含和孕育很多小生态，其中就有各种技术生态，例如芯片的生态。芯片并不是简单、封闭的业务，一定要形成一个完整的生态。

汽车生态建设的参与方非常多，而且彼此之间必须紧密合作。参考智能手机生态的状况可以更好地理解智能汽车生态的前景：智能手机生态表面上只是由几家手机公司主导的，但实际上背后有众多不同供应商的共同参与，包括硬件商、软件商、内容商、服务商等。消费者平时可能不大会关注到这些参与者，但恰恰是它们与手机公司一起，共同构建形成了一个强大的手机生态。近期很多业外巨头，特别是一些智能手机公司，纷纷进入造车行列，正是由于它们认识到了智能汽车母生态在物联网时代的广阔前景。

汽车生态构建的难度远高于手机

当软件在汽车上的作用越来越大，即到了所谓"软件定义汽车"的时候，硬件仍然重要，只不过软件的融入会让汽车产品发生根本性的改变，其价值更高，同时也更复杂了，将有更多的参与者加入进来，由此就产生了如何分工协作的问题，这是建设汽车生态的关键。例如用户层的软件设计有哪些工作？应该由谁负责？中间层需要协同的参与者有哪些？应该谁来主导、谁来辅助？底层基础软件又该如何打造？

我们都知道，与手机等其他生态不同，在汽车生态的构建过程中，安全是一个非常重要的指标。或者说，安全是汽车生态与手机生态的核心差异点。毕竟手机生态基本上只是应用服务生态，手机提供了各种APP的客户端，这些APP的开发和维护由生态的相关参与者自己负责，并由用户自行下载和使用，不涉及手机本身的使用安全问题。而汽车完全不同，这是一种高速移动并载人载物的产品，必须确保其绝对安全，为此整车企业就需要对第三方开发的软件进行安全验证和批准。

所以汽车生态远不是手机应用生态那么简单，其背后包含了大量复杂的工作，包括所有硬件和软件的开发，还包括软硬件之间的有效组合，最终要让软硬件在同一架构和平台上高效协同，为用户提供良好的服务和最佳的体验。

由此可知，产业生态不属于任何企业独有，或者说，没有任何一家或一类企业可以拥有全部生态。展望未来，企业要么选择自我封闭，最终走向衰亡；要么选择拥抱世界，与外部众多伙伴一起参与生态建设。在这个过程中，各方应共同打造分工协作的基础架构，而操作系统就是这个基础架构的核心部分。

总之，汽车产业必须像手机产业那样构建生态系统。不过由于汽车不只有硬件生态和应用生态，还有开发生态和服务生态等，并且需要在安全、成本和质量受控的前提下运行在复杂环境中，所以汽车的生态构建要比手机难得多。

03 汽车技术生态创新的机遇和挑战

汽车产业百年不遇的战略机遇

本轮科技革命带来的改变是汽车产业百年不遇的战略机遇，而把握这次机遇需要跨界融合。拥有一百多年历史的汽车产业，原本边界清晰、层级分明、壁垒森严，而当代汽车人却有着了不起的勇气与担当，为了实现变革，愿意主动开放，这就为"业外"进入汽车领域提供了很好的机会。当前，汽车产业在新四化、智能汽车以及新能源汽车等方向上的变革正在不断深化。尽管对于产业最终将会演变成什么状态，尚无明确的答案，但大家在深度思考和积极实践的过程中，已经形成了一个基本的共识，就是今后汽车产业一定要跨界融合发展。

具体来说，未来汽车产业最大的机会在于"软件定义汽车"。对此，不同的人可能有不同的理解。有人认为，软件会越来越重要，包括成本也将逐渐由软件决定，所以硬件就不再重要了；也有人认为，智能汽车只是与软件更相关了，或者说应用的软件更多了，汽车的基本功能还是要靠硬件来实现。实际上，硬件依然重要，甚至可能会更重要，但只有硬件已经不够了，唯有引入更多的软件并实现软硬融合，才能把未来的汽车打造好。由于汽车产业面临的问题日趋复杂，仅靠单一产业或领域的力量根本无法解决，所以跨界融合也就成了必然的选择。

此外，还可以从智能化和数字化的角度来认识和把握本轮汽车产业重构的机遇。人们对于智能产品的追求是无止境的，因此，智能化是产业发展的重要驱动力之一。另一方面，如果说未来的汽车是一种全新的汽车，那么这种新汽车肯定不能基于传统模式来打造，我们需要一种全新的模式。尽管这种新模式目前仍在探索之中，不过其基础一定是数字化。未来成功实施数字化转型升级的企业，可以将各行各业以及广大用户连接起来，从而以更多的资源更好地满足用户的需求，所以数字化也将成为产业发展的驱动力。

中国发展智能汽车的四大优势

智能汽车产业孕育着巨大的商业机会，而且中国很有可能成为这个领域的引领者。从以下四个方面可以得出这个结论：

第一，从制造能力看，智能汽车产业首先一定是先进的制造业。原来总听说特斯拉的工厂有多么先进，事实上，国内企业在制造能力上丝毫不比特斯拉逊色。国内车企的车间里也都是全自动的工业机器人，几乎看不到几个人。可以说，与国际巨头车企相比，现在国内车企在制造能力上的差距已经微乎其微了。

第二，从电动化方面看，过去中国汽车产业在发动机和自动变速器等核心技术上，与欧美日韩等是有差距的；而新能源汽车特别是纯电动汽车的动力总成要比发动机、变速器总成简单得多，并且中国在动力电池等方面有强大的供应链，出现了一些世界级的大供应商，甚至国外车企都要从这些中国供应商采购关键零部件。所以，汽车电动化趋势使我们不再受制于原来汽车动力系统的技术壁垒，反而形成了一定的相对优势。

第三，从智能化网联化方面看，智能汽车将带来空前的发展机遇，未来汽车产业将由此变成一个数字化的产业。事实上，很多传统汽车产品也有车载信息娱乐系统等功能，但都是辅助性的、嫁接式的，与未来汽车的全面数字化根本不在同一个层面上。说到数字化，中国的机会是很大的。因为中国的互联网公司已经打下了良好的数字化基础；相比之下，日韩等国的互联网行业没有发展起来，欧洲的互联网产业也比较弱，只有美国和中国一样具有这方面的优势。不过目前来看，美国互联网公司对汽车产业的关注程度似乎不及中国；中国很多有实力的互联网公司，也包括大数据、人工智能等领域的科技公司，都在以各种方式进入汽车产业。同时，中国软件工程师的绝对数量全球第一，在智力资源方面潜力巨大。所以，如果把汽车和互联网这两大行业的力量有效集聚起来，中国完全有可能成为全球智能汽车产业的引领者。

第四，从政府政策方面看，欧盟几年前通过的《通用数据保护条例》比较保守，是不利于数字化创新的。也许欧洲认为自己做不起来，所以才把法律制定得严苛些，以限制国外企业对欧洲数据资产的使用。相比之下，中国政府可能是世界上少有的积极推动产业数字化的政府。近几年国家相继出台了不少与数字化相关的法律法规，旨在规范这个新兴产业的健康发展。可以看到，中国产业政策的主基调是鼓励创新、扶持创新，并且有着"边发展、边规范"的包容态度。这对于汽车等诸多产业的转型升级和后来居上，都是非常重要的。

试想，假如还是原来的赛道、原来的游戏规则，那么面对欧美已经积累了一百多年的汽车核心技术，我们很可能永远也追赶不上，就更不必说超越了。但是在汽车电动化、智能化、网联化之后，特别是到了"软件定义汽车"或者说数字化汽车的时代，我们就有了后发赶超的机会。更进一步来看，未来汽车产业可以将先进制造、数字化升级和能源转型三大方向融为一体，这又与国家提出的建设制造强国，以及实现碳达峰、碳中和的目标完全匹配。

在这个过程中，中国汽车企业不仅会在国内十几亿人的庞大市场中占据优势，还将产生一批国际化的顶级车企，最终走向世界，成为全球智能汽车产业中的执牛耳者。

传统车企数字化的巨大机遇和挑战

数字化、大数据、数字经济等，并不是互联网公司的专属品，因此传统产业的企业家面对数字化无需自卑，相反一定要有信心。实际上，过去20年可以说是互联网的上半场。在这个阶段，互联网公司可谓"近水楼台先得月"，帮助中国老百姓实现了生活方式的数字化，现在无论衣食住行，还是吃喝玩乐，都已经全面数字化了，也催生出阿里、腾讯、字节跳动等巨头公司，它们掌握了大量的数据资源。

然而接下来的10年将是互联网的下半场，即物联网阶段，期间要实现的是产业的数字化，这是红海中的蓝海，就是要用数字化技术把所有的产业都进行重塑和再造。所以，传统企业不必羡慕互联网公司的大数据、云计算等能力，只要把握住物联网的机遇，就完全可以再造自己的业务流程和价值链，并实现与用户连接的数字化。这样传统企业就可以通过互联技术，把自己改造成为数字化的企业，同样掌握很大的数据量以及很强的计算能力，甚至可能会超过不少互联网公司，这是非常巨大的发展机遇。

其实无论互联网汽车，还是智能汽车，又或者是新汽车，这些概念的中心词仍然是汽车。汽车作为具有移动运载能力的大宗商品和交通工具，其本质并未改变。也就是说，汽车的基本属性和能力没有变化，而互联网、智能以及服务等新手段、新能力，都是为汽车赋能的部分，是为了让汽车变得更好。从这个角度看，数字化和智能化的机会本来就是属于汽车企业的。

但是，传统汽车企业当前最大的挑战是必须在内部进行重大变革。我们不妨参考一下手机产业的情况：十几年前诺基亚、摩托罗拉等厂商在功能手机的时代可谓如日中天；然而智能手机的出现彻底改变了这个产业的格局。对于汽车产业来说，将会出现比当年手机产业更大的革新，我们根本无法预料到十年之后的汽车究竟会是什么样子，即使现在最大胆的设想，可能也远不及未来汽车产品和产业的实际变化。在这种情况下，如果汽车企业还秉持"目前产品就不错""车卖得还好""已经基本满足用户需求了"等想法,那就和十几年前那些看似非常强大的功能手机厂商一样,大概率会被产业淘汰。

尽管现在我们还无法准确定义未来汽车,但可以肯定的是,十年之后的汽车必将是完全不同的新汽车。到底用什么方式才能打造出新汽车,这是车企需要认真思考的一个维度。另一个维度则是汽车产品开发的速度与周期。越是在产业变革期,速度就越是关键指标。例如,传统的汽车产品开发往往以24~36个月为周期,那么能不能让产品更快地投产上市,更快地迭代优化?这一点非常重要,是汽车企业提速快跑的主要方向之一。道理说起来很简单,不过在实践中,体量庞大的汽车企业如何才能提速快跑?又如何确保在快跑的过程中不跌倒、不混乱?这是非常困难的,必须做出很多根本性的改变。

院长心声　　VOICE

发展"新汽车"的机遇和挑战并存

万物互联是人类社会发展的必然趋势和全新阶段,也让汽车产业迎来了前所未有的有利天时。未来智能汽车作为可移动的互联节点,不仅会连接人,连接其他车辆,连接道路交通系统及相关基础设施,还会连接人类社会生活中的其他各种资源。从这个意义上讲,谁能抓住智能汽车,谁就能抓住万物互联时代最大的发展空间。

汽车产业的数字化和智能化,对IT或者说ICT产业来说,无疑意味着巨大的机会。那么对传统汽车产业而言,未来数字化和智能化将成为改变汽车产品和产业的基础,这对传统车企来说同样是重大机遇。当然,在新的产业环境和竞争格局下,传统车企要想生存下来并且做得更好,也面临着严峻挑战。

事实上,未来的汽车并不是在原有汽车的基础上切换动力系统、增加智能功能那么简单,而是要基于数据形成不断自我进化或者说不断自我成长的"生命力",这是一种脱胎换骨的变化。所以,未来的汽车将是一种全新的物种,我将其称为"新汽车"。新汽车不仅拥有全新的属性、能力和用途,还会形成全新的产业分工、出行生态和商业模式,由此,汽车产品的设计开发、生产制造和销售服务体系都将发生根本性的改变。相应的，汽车产品及企业的安全问题也将呈几何级数陡增，而且复杂程度很可能远超我们的想象。

汽车产业生态化将为新老参与者提供发展空间

不少车企的老总在和我交流时都曾表示，他们对于智能座舱、自动驾驶等都有一定的了解，但是并不清楚应该怎样建设技术生态系统。这恐怕并非少数人的困惑，整个行业对这个问题的理解也还比较模糊。

当前本轮汽车产业变革才刚刚开启，未来产业究竟会演变成什么状态，尚未可知，所有的企业也都在努力探索中。现在就预言十年后的产业生态还为时过早，很可能会做出误判。不过有一点可以肯定，未来生态化的汽车产业必将为更多的新老参与者提供发展的机会和空间。而各参与主体之间也需要一个不断磨合、彼此再认识的过程，才能逐渐形成合理的分工协作关系。

另一个毋庸置疑的事实是，在汽车智能化网联化的发展趋势下，未来决定数据处理能力的芯片和算法等一定会变得越来越重要，这部分"蛋糕"也一定会越来越大。而致力于开拓这些新业务的企业，除了必须坚持创新、不断进步之外，还必须有生态化发展的理念。就是说，不能寄希望于凭借某方面的独特技术就可以"独步天下"，而是要和生态中的相关伙伴紧密合作、协同发展，只有这样才能使自身的技术价值得以兑现，也才能让企业实现可持续的健康发展。

生态建设的本质是价值创造和分配问题

事实上，未来产业生态化是大势所趋，而汽车产业将成为包含诸多子生态的母生态。当然，汽车母生态的形成不可能一蹴而就，这其中既涉及技术和产品创新的问题，也涉及新型基础设施建设的问题，还涉及不同参与主体分工协作的问题。

也就是说，在数据驱动、软件主导、软硬融合的前景下，汽车生态的各类参与者都将迎来新的发展机遇。为此，所有相关企业都应在汽车电动化、智能化、网联化的新赛道上加大投入、加紧努力。同时，各类参与者必须明确自身的合理定位，打造不可替代的特色能力，并通过与生态中的其他伙伴合作来获得所需的其他能力，这是企业抓住汽车母生态战略机遇的关键所在。

生态建设说到底是一个价值创造及分配的问题，很多"业外"参与方之所以跨界进入汽车领域，就是希望能够参与汽车生态的价值创造并获得相应的回报。

当前传统车企的最大挑战在于必须自我革命，切不可只抱着硬件不放，那样最终肯定会被淘汰，而且还会迟滞汽车产业整体的发展。为此，传统车企应努力打破思想上的固有观念，充分认识到未来汽车需要获得外部赋能，一定要积极拥抱软件，最大化地发挥其作用，以形成汽车产品可持续进化的生命力。

同时我想强调，传统车企对软件不能采取简单的"拿来主义"，软件和硬件原本就是两个不同的产业，具有截然不同的产业规律和特点，企业必须综合考虑两者的差异，重新构建全新的产品开发以及企业经营体系。事实上，未来汽车产品在硬件能力的基础上寻求软件能力的加持，不只是ICT企业，同样也是汽车企业的最大机会。从这个意义上讲，汽车产业非常需要更多的ICT领域专家加入，由汽车和ICT等相关领域的专家们共同推动产业的融合创新。

未来汽车产业将呈现由区域化特性主导的全新局面

企业在技术路线选择上，应该考虑到能否快速准确地响应市场需求。特别是在技术水平接近的情况下，谁能更有针对性地精准把握客户的痛点，谁就能抢占市场先机。

大家知道，与国外市场相比，中国汽车市场上购置新车的消费群体要年轻得多。而在过去二三十年中，互联网的蓬勃发展使中国年轻一代消费者成为了首批互联网原住民，他们已经习惯了使用智能手机等终端的互联网生活，对智能汽车有着天然的亲近感和很高的接受度。可以说，中国消费者对智能汽车需求的强烈性、多样性和独特性居于世界前列，所以更贴近中国市场、更易于把握这种需求的本土企业，也就拥有了天然的优势。本土车企应该借助产业重构契机，重新定义用户需求和汽车产品。当然,并不是说某家企业是中国企业,就一定会赢得竞争。不过总体而言,中国市场无疑将引领新一轮汽车产业变革的方向和趋势,并由此给中国汽车及相关企业带来重大机遇。

之前我曾谈过一个重要观点:未来汽车产业的竞争将呈现出由区域化特性主导的全新局面,这意味着过去跨国车企在总部开发一款车型就可以行销全球的时代将一去不返。在万物互联的时代,汽车产品必须基于数据、依托场景和生态来打造差异化的核心竞争力,而数据、场景和生态都具有极强的区域化属性。

比如北京和上海两地的用户及车辆运行数据、车辆应用场景及交通环境、相关服务及背后的生态资源等都不相同,而智能汽车必须基于区域的数据和场景进行训练及优化,并充分借助区域的生态资源,才有可能为当地用户提供最佳的体验。

正因如此,未来所有车企都必须面向主要目标市场,有针对性地采集本地数据、分析重点场景、建设协作生态,以更好地满足区域性的不同用户需求。如果中国车企在这方面能够做得更快更好,就有机会实现后发赶超;反之,如果外资车企不能做到这一点,就会在新一轮产业竞争中丧失主动权。图1.6基于中国消费者和本土车企两方面的特点,做出了中国将成为智能汽车引领性创新策源地的战略判断,并提出了本土车企把握这一重大机遇的竞争策略。

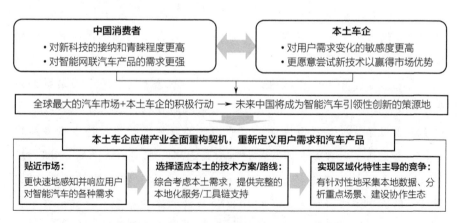

图1.6 中国本土企业引领智能汽车创新发展的机遇及其把握

04 定义未来汽车的核心要素

定义汽车核心要素的争议

数字化的核心在于数据,而数据的加工和利用离不开软件。当前在汽车界有一种说法叫作"软件定义汽车",以此表征数字化带给汽车产品的变化。

不过这种说法目前仍存在一些争议,比如有的人认为,软件只是产生、收集和处理数据的手段,因此在本质上应该是"数据定义汽车";也有的人认为,集聚算力、算法的芯片才是未来汽车产品的核心,因此应该是"芯片定义汽车";还有的人对以上说法都不赞同,他们认为一直都是"消费者定义汽车",只不过原来汽车主要基于硬件来满足消费者的需求,而现在消费者愈发重视体验和服务,只靠硬件不够了,需要软件和硬件一起来满足消费者的需求。

其实,无论是"软件定义汽车",还是"数据定义汽车",又或者是"芯片定义汽车",并无本质区别。其实这些说法可以说都是正确的,只不过出发点有所不同罢了。

我们知道,最终购买产品的是消费者,而提供产品的是整车企业。因此车企需要基于自身的品牌定位,找到合适的消费群体并进行精准画像。同时,用户在使用汽车的过程中会产生数据,这些数据反馈到整车企业,会进一步提升车企精准定义消费群体和满足用户需求的能力。而数据的产生、传输、分析及应用,无不需要软件,尤其是软件算法对数据处理能力有很大的影响。此外,芯片算力与算法的结合将决定车企对数据的利用和挖潜能力,并在很大程度上决定未来汽车产品的能力上限。所以,对于智能汽车产品来说,数据、软件以及芯片都是最大限度满足用户需求的关键要素。图1.7描述了数据以及软件、芯片之间相互交织、彼此影响的复杂关系，而最终在软件和芯片的支持下，数据才是满足用户快速变化的个性化需求的关键。

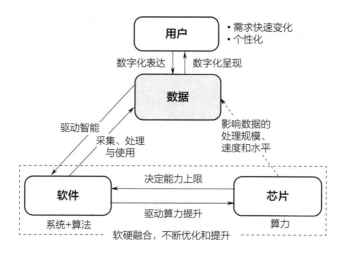

图1.7 软件定义汽车的关键要素及相互关系

"数据定义汽车"与"软件定义汽车"

软件在运行中会产生越来越多的数据。事实上，软件的主要作用就是采集、处理和使用各种数据。也就是说，软件系统会不断产生数据，而对这些数据的挖掘和利用又会使软件系统更加智能。说得更直白一些，软件是靠各种数据"喂养"的。如果没有数据，软件就不可能理解用户，并给用户带来更加贴合其需求的功能以及更加个性化的体验。

今后汽车企业要想做出个性化的产品，首先必须基于用户日常使用车辆的数据，精准描述用户偏好，充分挖掘用户需求。从这个意义上讲，数据驱动既是软件发展的根本动力，也是软件发展的必然结果。因此，"数据定义汽车"和"软件定义汽车"其实是一回事。

那么芯片能不能定义汽车呢？如前所述，芯片在未来汽车产品中是非常重要的组成部分，而且一定会不断进步。未来甚至可能会有消费者根据搭载的芯片来选购汽车，即由于这款车采用了某款先进的芯片，可以运行某些软件，消费者就相信这款车具备更高级的智能或者更卓越的体验。这就像今天消费者选购计算机时，也会关注其处理器芯片的性能一样。由此，芯片将为汽车产品提供附加的品牌价值。

在此前景下，今后汽车产业一定会有更加明确的分工，产生一系列巨头公司分别专注于汽车软件以及芯片等不同的关键领域。而芯片作为既有通用性，又有独特品牌特征的重要部件，将为消费者提供感知车辆能力升级、功能进步、体验优化的参考指标，也会让消费者由于芯片品牌而更加关注某个汽车品牌。不过，"芯片定义汽车"的提法与"软件定义汽车"略有不同，前者的内涵要小于后者。

软件在汽车产品中的作用

确有一些汽车人并不认同"软件定义汽车"，他们觉得汽车始终是一个硬件实体，以往都是发动机、底盘等硬件决定汽车功能和性能的，今后凭什么软件就能定义汽车了呢？不过如果从IT行业的角度来看，"软件定义汽车"即SDV这种说法，其实并不存在冒犯性。

说起来，IT领域最早出现"软件定义"这个概念是SDN，即软件定义网络。网络系统发展起来之后，变得越来越复杂。由于很多功能都是围绕硬件设计的，所以很难快速响应客户的需求。例如，此前网络系统的连接是通过硬件接口插线来实现的，这种方式显然不够便捷，也无法快速满足网络变化的需求。后来IT行业就逐渐把硬件都标准化了，这样各种接口可以由软件定义，然后通过软件操作即可实现网络的快速重构。事实上，智能化系统复杂到一定程度之后，必须通过软件重新构建某些功能，以快速满足客户的需求。由此可见，"软件定义"并不意味着软件对硬件本身的全面替代，只不过整个系统的功能实现将主要由软件来控制。

在汽车上也是如此，未来软件依然只是汽车这个大系统中的一部分，就和动力、底盘、车身等硬件一样。此前在某种程度上是硬件在定义汽车，像汽车的驾驶性主要取决于底盘系统。而今后所谓"软件定义汽车"，指的是决定汽车主要功能和性能的手段发生了变化，比如我们可以通过调整相关软件来改变汽车的驾驶性。从这个意义上讲，我们必须明确"软件定义汽车"的主语，这里的主语并不是软件，更不是软件公司，而始终是车企，即今后车企主要利用软件来定义汽车。这样讲可能就没有太多争议了。

未来汽车软件将处于不断成长的状态，软件赋予汽车产品"灵魂"。我们知道，硬件是固定不变的产品；而软件与其有着本质不同，软件是变化的系统，可以由小到大地不断成长，由好到更好地持续迭代。即软件可以加入新的功能，形成新的能力，而产品可以自我进化正是"软件定义汽车"的核心。因此，无论是整车企业，还是供应商，都可以通过软件使其产品具有"灵魂"，形成一定的品牌特征。

与此同时，软件在成长的过程中，将对支撑其运行的外部环境提出越来越高的要求。这个外部环境也包括相关的硬件，比如未来汽车软件对芯片的要求将不断提升，促使芯片一代一代加快升级。软件要实现的功能越多，芯片的算力就必须越强。同时，芯片的结构也要不断进化，以更好地匹配于不断成长的软件。也就是说，如同计算机芯片、手机芯片一样，汽车芯片也必须随着软件的日趋复杂而不断升级。这意味着软件和芯片存在着强耦合的关系：一方面，软件的成长是芯片算力提升的根本驱动力；另一方面，芯片的性能将促进或限制软件作用的发挥。

软硬融合、联合优化的新阶段

在软件定义汽车的前景下，对于硬件和软件之间的关系可以先做个类比。即使一个人有非常聪明、善于思考的大脑，但没有健康的身体，那大脑也很难有效工作，结果肯定会有很多事情都做不了。其实汽车软硬件之间的关系也是如此，两者都很重要，只是有不同的分工而已。

未来汽车的大脑即车载计算中心，包括核心芯片及其搭载的操作系统、基础软件，之所以至关重要，是因为汽车大脑负责分析、处理数据并做出决策。这是把汽车软硬件有效融合起来的关键，也是汽车与驾乘人员进行智能交互的前提，更是车辆获取各种指令的来源，因此汽车大脑处于"牵一发而动全身"的核心位置。

与此同时，在智能汽车的时代，汽车的身体即各种硬件依然重要，这是确保汽车大脑顺畅工作并有效执行其指令的基础，也是汽车实现各种功能和性能的保障。只不过随着软件作用的提升，汽车硬件的重要性相对有所下降。总之，今后汽车软件和硬件都很重要，产业必将进入到基于软硬融合、实施软硬联合优化的新阶段。

院长心声　　　　　　　　　　　　　　　　　　　　VOICE

汽车产业重构的机遇主要体现在软件上

面向汽车产业的未来发展，近年来大家越来越感受到，简单基于硬件的汽车产品正逐渐失去竞争力。虽然硬件作为汽车的基础仍然非常重要，但是只有硬件已经不够了。今后随着网联化技术、数字化技术与智能化技术的进步，汽车产业及产品将发生前所未有的全面升级，并带来前所未有的重大机遇。毫无疑问，这个机遇将在很大程度上体现在软件上。

汽车产业发展至今，已经在硬件方面积累了大量科学理论与基础技术。对造车企业而言，今后汽车制造、工艺等技术仍将是无可跨越的核心能力，并将为未来汽车产品向自动化、智能化发展提供重要支撑。不过车企要想依靠硬件做出差异化明显的产品及品牌变得越来越难；而且硬件主导的开发模式成本高、速度慢，难以实现产品的快速迭代更新，无法有效满足用户不断升级的个性化需求。

与此同时，新一轮科技革命，特别是数字化技术的快速发展，将使"软件定义汽车"变得水到渠成。因此，未来汽车产品还需要软件等方面的全新能力，涉及相关的大量科学理论与基础技术，这些同样是必不可少的核心能力。尽管现在汽车行业可能还有一些人不认可"软件定义汽车"这个提法，但就软件日益重要的趋势而言，业界已经达成了共识。

那么软件的作用为什么会越来越大？因为相比于硬件，软件恰恰能够解决上述问题。未来在各种硬件都逐渐标准化之后，我们可以通过软硬解耦来让软件调用不同的硬件，组合形成新的功能，从而让硬件的能力得到更充分的发挥，也让用户的需求得到更灵活、更快速的满足。同时，这种模式在成本上也更有优势。不但软件本身的成本远低于硬件，而且相同的硬件完全可以使用更长的时间，在此期间可以通过软件进行产品迭代更新，使汽车始终保持良好的功能与性能，甚至获得更好的功能与性能。

更进一步来说，软件还是优化用户体验的关键。现在体验可能是企业谈论最多的热词之一，而提升用户体验的根本就在于不断满足用户更多更高的需求。为此，我之前就曾提出，企业先要满足用户需求，继而要挖掘用户需求，最高境界是创造和引导用户需求，从而带给用户惊喜的体验。这就需要企业充分借助数字化、智能化等方面的能力，而这些能力无疑都要基于软件来实现。最终，随着软件的不断丰富、能力的快速提升，我们将告别硬件主导产品差异化的时代，进入到软件主导产品及品牌个性化体验的全新时代。

而软件技术团队进入汽车产业，就是要在硬件基础上为汽车企业赋能。当然，软件对硬件的这种赋能，并不意味着简单的软件编程就可以重新定义汽车了，就能让汽车发生本质性的改变。也不是只靠ICT公司就能构建出未来汽车的全新内涵。

不过有一点是明确的，今后汽车企业如果只依靠硬件来发展，前途将非常渺茫。唯有在优秀硬件的基础上，将新一轮科技革命的最新成果，特别是网联化、数字化和智能化技术充分应用起来，实现软件和硬件两种技术、两个体系以及两大产业的深度融合，才能打造出真正的新汽车。

硬件必须有效支持软件发挥作用

在"软件定义汽车"的大背景下，硬件依然重要，不过随着本轮产业重构的不断深化，硬件最终将会走向标准化、抽象化。而硬件的标准化和抽象化将为软件提供发挥作用的更大空间和更多可能性。也就是说，虽然未来软件将占据主导地位，但这并不意味着可以抛开硬件；同时，硬件必须进行相应的转变，以支持"软件定义汽车"的真正实现。

需要注意的是，必须有关键硬件的支撑，软件才能发挥最佳作用。当然也不能指责此前汽车产业不重视软件，因为彼时的汽车就是以机械为主的，是硬件主导的传统制造业；而未来汽车产业将成为软件主导的新兴战略产业，此时的汽车只有硬件作为躯体就不够了，还必须有软件作为灵魂。因为有了软件及其支撑的数据，才能打通离散化的各种硬件，让整个车辆系统性地发挥更大作用。但是切不可因此忽视硬件的重要性，陷入顾此失彼的误区。今后汽车产业将进入软硬联合优化的新阶段。

当然，本轮汽车产业变革对于传统车企而言，也并不意味着末日的到来。因为汽车硬件始终是基础，传统车企可以基于优势的硬件能力，去拓展新的发展空间。记得几年前我就曾经讲过，对于智能汽车来说，硬件是躯体、软件是灵魂，两者缺一不可，必须软硬融合。如果没有软件只有硬件，那汽车就是行尸走肉；而如果没有硬件只有软件，那汽车就是孤魂野鬼。未来只是把软件和硬件简单地组合起来，即延续从供应商买来零部件进行组装的理念，是无法把新汽车做到位的；只有真正做到软硬融合，让汽车的软硬件加在一起产生 $1+1>2$ 的最佳效果，才能打造出有竞争力的新汽车。

最终，未来汽车产业决胜的关键在于实现硬件与软件的有机融合，或者说，实现制造思维与数字化思维的有机融合，使汽车产品服务用户的能力真正获得本质性的改变和提升。

对汽车智能化可以有不同角度的理解

实际上，如果说软件可以定义汽车，那么数据也可以定义汽车，因为软件最终产生和使用的正是数据。数据是什么？我认为，数据就是用户、车辆以及环境等各种信息的数字化呈现，它反映了用户的需求和车辆的情况。未来，不能产生或利用数据的软件是没有生命力的，将在汽车智能化的大潮中逐渐失去作用和位置。

而数据要由软件在芯片上进行处理，软件算法和芯片算力将共同决定数据的处理规模、速度和水平。因此，芯片至关重要，其性能直接影响软件的能力即数据处理能力，进而影响汽车实现更多功能与性能的潜力。反过来讲，要想基于数据对车辆进行优化，就必须实现数据的采集和回流，并对数据进行深度加工，这就对芯片的能力提出了明确要求。从这个角度看，软件、数据、芯片在未来将是融为一体的。

总之，在数字化、智能化的时代，基于硬件将无法实现产品的快速迭代，难以满足用户的个性化需求。而基于不断成长的软件，利用算力强大的芯片，车企可以有效采集、处理和应用各种各样的数据，从而灵活调用相同的硬件，最大限度地满足用户需求。

如图1.8所示，我们对软件、数据、芯片和用户等关键要素定义汽车的不同概念进行了对比，逐一给出了解读和判断。

软件定义汽车	・软件成为决定汽车功能、性能、体验的手段 ・软件产生和应用数据：没有软件就不能产生和应用数据	⇒	从产品属性定义、迭代进化、数据应用的角度→"软件定义汽车"
数据定义汽车	・数据既是定义产品属性、分析用户需求、优化汽车功能性能体验的输入；也是控制汽车、人机交互的输出 ・数据的生成、采集、处理和利用都依靠软件	⇒	更准确的说法是"数据驱动汽车"，而"软件定义汽车"更强调中间过程
芯片定义汽车	・芯片算力直接决定了数据处理能力的上限→决定了汽车功能、性能设计的上限，也是满足用户需求能力的上限	⇒	"芯片定义汽车"内涵小于"软件定义汽车"，更合适的说法是"芯片设计汽车"
用户定义汽车	・传统汽车也需要满足用户需求 ・用户不了解"新汽车"潜力，未必知道自己的真实需求→企业不仅要满足需求，还要引导甚至创造需求	⇒	"用户定义汽车"并不能反映产业重构期的变化以及新汽车的本质和内涵

图1.8 定义汽车的核心要素辨析

可以看到，无论是"软件定义汽车"，还是"数据定义汽车"，又或者是"芯片定义汽车"，只是从不同的角度来关注和强调汽车智能化这个问题罢了。

如果从数据支撑产品迭代的角度看，没有数据就不能准确识别用户需求、不断优化产品表现，所以可以说是数据定义了汽车；如果从软件产生和应用数据的角度看，没有软件就不能产生和应用数据，所以也可以说是软件定义了汽车；如果从芯片支撑算法处理数据的角度看，芯片算力直接决定了数据处理能力的上限，从而决定了汽车功能、性能设计的上限，这也是满足用户需求能力的上限，所以还可以说是芯片定义了汽车。当然，我觉得对于芯片来说，更合适的说法应该是"芯片设计汽车"。

这里需要指出的是，即使有了性能优异的芯片，也不一定能把软件的作用发挥到极致，不一定能把汽车设计好。但是如果没有优秀的芯片，是一定设计不好汽车的,这是一个不争的事实。因此,芯片是设计未来汽车的必要条件,但不是充分条件。事实上,企业能否把芯片的算力用到极致,取决于软件,包括数据采集、处理和应用的算法,能否与芯片高度匹配。

至于是不是可以说"用户定义汽车",我是这样理解的:用户需求确实至关重要,企业的最终目标就是让用户愿意购买其产品。不过一方面,所有的产品都必须满足用户需求,这个说法并不能反映产业重构期的变化以及新汽车的特殊性;另一方面,实际上用户并不知道未来的汽车产品究竟有多大的潜力,也未必知道自己真正需要的是什么样的汽车,这恰恰需要企业基于对技术进步的预判以及自身品牌的定位予以引导。

因此,对于用户明确提出的需求,车企应全力以赴予以充分满足;而对于用户无法明确提出的需求,车企应深度分析和处理基于软件获得的数据,有效挖掘这类需求的实质和边界,尽可能满足用户的潜在需求;此外,未来随着大数据与人工智能技术的不断发展,车企还可以创造出用户没有想到的全新需求,从而带给用户惊喜,引领消费潮流。

这样的惊喜不可能由用户定义,只能由企业基于对用户的深刻理解来主动定义和有效引导。这就需要企业对用户、车辆及环境等大数据进行持续积累和分析,结合其日常用车场景、个人习惯与偏好甚至于个人价值观等,为用户提供一种超出其预期的满足感。显然,这就远不是"用户定义汽车"了。

05 技术生态中的供应链和整供关系

未来汽车产业的新型整供关系

当前整个产业分工正在全面重构,各类企业都在重新寻找自己的新定位并探索与合作伙伴的新关系。如果说过去汽车产业链是单一、线型、垂直的结构，Tier2（二级供应商）交付给 Tier1（一级供应商）、Tier1 交付给整车企业的模式已经非常成熟，那么未来汽车产业生态将逐渐成为多元、网状、交叉的结构，供应商与整车企业之间的关系将不再层级森严、泾渭分明。或者说，产业生态中的各方参与者会形成彼此依赖、交织互动的复杂关系。很可能有某个供应商只是 Tier2 甚至 Tier3（三级供应商），但是整车企业如果不与其直接沟通和协作，就不能保证整个产品开发的正常进行。

从这个意义上讲，在智能汽车时代，尽管在商务上还是要有一对一的线型交付关系，但在实质上整供之间更多的将是协同合作关系。事实上，面对不确定性日益增强的新世界，整车企业与各个"层级"的供应商紧密互动、分工协作，才是最佳的应对方法。未来整车企业将处于产业生态中的枢纽位置，而周围不同层级、不同类型的供应商都与之直接交流互动、分工协作。

汽车企业和互联网公司的协同关系

不少互联网公司以前都犯过一个错误，那就是以为自己具有了一些数字化方面的能力就无所不能了，总想要占领其他产业；并且不管进入哪个产业，都一味追求迅速扩大占有率，希望尽快形成主导甚至垄断地位。这种做法是不正确的，在很大程度上只是资本的无序扩张。

汽车与手机有很大不同。手机更接近于 IT 行业，而汽车并非如此。未来用户购买汽车并不会是为了购买车载计算机，还是为了购买汽车所具有的移动出行能力。换句话说，如果一款车本身做得不好，车载计算机做得再好也没有意义。同时，汽车产品既是集成化大工业的产物，又是非常个性化的商品。不同的车型面向的是截然不同的用户群体；即使是同一款车型，也有配置、内饰等的诸多差别，所以汽车企业很难像苹果公司那样，仅凭一两款智能手机产品，就占据全球很高的市场份额。

因此，互联网公司不太可能独自把车造好，或者至少可以说，造车对于互联网公司来说是非常困难的事情。互联网科技公司还是要心存敬畏，毕竟这是一个有着一百多年深厚积累的大产业，并不是说互联网公司凭借一些数字化技术就能冲进去，把这个产业彻底颠覆掉。

就汽车产业来说，尽管智能汽车和工业互联网给互联网科技公司带来了巨大机遇，但是在新形势下有能力组织好供应链并造出好车的应该还是车企，毕竟智能汽车仍然是汽车。而且大部分消费者在选车的时候还是先看尺寸、外观、内饰等，先询问车辆安全性、经济性、动力性等基本属性如何，然后才会关心自动驾驶、车载信息娱乐等功能。所以，不管未来汽车产品如何改变，造好车的能力都是至关重要且必不可少的，而在这方面富有经验的传统车企无疑更有优势。

不过在物联网、大数据、云计算、人工智能等方面，当前汽车企业普遍存在不足。而且车企缺的不仅仅是技术，更主要的是数字化的思维方式和企业基因。在这些方面，互联网科技公司正好可以给予支持，能与车企紧密合作，真正产生化学反应，从而让一家车企的产品形神兼备，既有健壮的身体，又有有趣的灵魂。这应该是比较好的一条路径。当然，也有其他的判断和选择。

说到底，任何行业都有自己的独到之处，所谓术业有专攻，并不是外界想要颠覆就能轻易颠覆的。所以，互联网公司一定要认清自己的长处和短处，在充分发挥自己优势的同时，不盲目涉足自己的劣势领域。

院长心声　　　　　　　　　　　　　　　　　　　　　　　VOICE

未来汽车供应链将被彻底重塑

我们都知道，传统汽车产业链包括上游的供应商、中间的整车制造商和下游的经销商，而供应商又分为Tier1、Tier2、Tier3，即一、二、三级供应商等不同的层级。以芯片为例，此前芯片公司基本上属于Tier2甚至Tier3，很少受到整车企业的特别关注，而此次"缺芯"危机让大家一下子意识到，原来芯片在汽车产品中已经如此重要了。显然，在产业变革的大势下，芯片公司在汽车供应商体系中的地位正在发生变化。

事实上，整供关系的变化是与汽车产品本身的改变相适应的。过去汽车产品上的硬件相对离散，或者说彼此之间只有简单的组合关系，比如几个零部件组装起来就形成了模块，几个模块组装起来就形成了系统，最后几个系统组装起来就形成了整车；但是未来汽车产品上的软硬件将结合得非常紧密，彼此之间需要充分互动才能实现理想的功能和性能。在此情况下，原来无需与整车企业联系的很多Tier2乃至Tier3，现在都要与整车企业以及其他相关供应商直接沟通、充分协作，这是未来产业发展的大势所趋。

协作将是未来汽车生态中的主基调

我想提醒大家：一方面，汽车业内人士不要总以为自己在这个行业深耕已久，对各种变化趋势都了如指掌，所以固步自封，对"狼来了"的警告不以为然。其实可能反倒是业外的洞察者，更容易感受到汽车产业正在发生的颠覆性重构。另一方面，汽车业外人士也不要以为产业重构了，自己就是天然的颠覆者，更不能轻视汽车产业的深厚积累。如果对汽车产业的复杂性和困难性认识不足，是要付出巨大代价的。双方都要明白，在汽车产业发生巨变之际，要把汽车产品打造好绝非易事。在未来的汽车产业中，互联网公司绝不是从属地位的配角，而是极其重要的赋能者，将和车企一起扮演不同的主角。

事实上，在未来汽车产业生态中，主次、上下分明的传统整供关系将不复存在，各方参与者并无绝对的主角、配角之分。尤其是整车企业和互联网科技公司将成为紧密合作的战略伙伴，能够产生1＋1＞2的协同效应。毕竟车企要自己完全掌握软件能力实在太难了，而且假如丰田、大众做了太多华为的业务，那就变成了华为，反而"荒废"了汽车主业；反过来说，ICT公司要完全掌握硬件能力也太难了，而且假如涉足过深，就变成制造企业了。

当前，线型的汽车产业链正向网状的汽车生态系统加快演进，受此影响，产业边界渐趋模糊，参与主体日益增多。在这个生态系统中，没有哪家或哪类企业能够独自拥有产业变革所需要的全部能力，因此几年前我就曾经提出：随着人类社会进入万物互联的生态文明时代，协作将成为未来商业模式的主基调，而如何实现"在协作中竞争，在分享中获利"将成为决定未来商业模式成败的关键。

二、汽车软件创新

01 "软件定义汽车"的底层逻辑

汽车创新的发展方向

软件是一套代码,芯片是运行代码的一个硬件,而数据是系统对外部环境的一种记忆,这种记忆决定了系统的能力。当然,过去受限于数据采集、处理和应用的手段不足,这种记忆并没有充分发挥作用,只停留在构建相对固化的功能上,还不能真正用于理解人。而现在随着神经网络等人工智能算法的不断发展,这种情况正逐渐得到改变。

事实上,汽车是高度复杂的产品,其复杂度远非手机可比。汽车有独立的空间,在这个空间里,既有座椅等与人直接发生物理接触的部件,还有诸如光线、气味、空气质量,以及氛围等与人间接发生物理接触或化学反应的功能。尤其是后者,未来可供创新之处是非常多的,关键在于企业如何准确把握用户的需求。

现在有一些公司把汽车称为可移动的机器人,这个说法很贴切,或者说讲出了问题的实质。汽车有很多与人交互的不同方式和渠道,所以未来汽车一定要像人一样理解用户,有效利用这些方式和渠道,为用户提供真正符合其需求的功能和服务。这才是汽车创新发展的终极方向。

当前汽车的功能越来越多,但真正使用起来却并不方便。举个简单的例子,汽车的空调系统不够人性化,甚至经常令驾驶人分心。比如当你开车时,不想让空调风直吹过来,只能手动调整风向。为什么风向不能自动调整呢?这样的功能本身非常简单,问题是系统并不理解你现在不需要空调风直吹过来,更不知道什么样的风向最适合你。

要解决这个问题就涉及软件、数据、芯片等一系列要素的进步，目标是让车辆更加了解人，理解人对于乘车出行的诉求，以及人对于车内空间的综合感受。也就是说，我们需要基于数据的回流和反馈，构建一个拥有越来越完备的记忆，从而越来越智能的机器人系统，即 Robot（机器人）系统或者说人工智能系统。而这样的系统对人的理解会越来越多、越来越好。

未来的汽车一定不需要用户去看手册、学习操作之后，才能使用各种功能。其功能应该是随想随到、随到随用的，当你需要的时候就正好出现在你的手边，或者自动启动起来。这才是汽车未来创新和发展的方向。

汽车产业发展的必然路径

对于软件的市场需求应该早就存在了，为什么近几年业界才提出"软件定义汽车"呢？这与整个互联网以及 IT 产业的进步有很大关系。同时，硬件为主的设计和制造体系在支撑汽车产品快速进化方面遇到的问题也越来越多。例如雨刷总成，整体上并不复杂。可就是这样一个小总成，如果想进行一定的修改，整个开发周期和费用都非常高。因为每一款车在开发流程中的既定节点上，都要对雨刷总成进行定义、标定和验证。后续如果要修改，就只能二次开发。为此，车企和供应商需要重新签合同，重新做各个层级的标定和验证。显然这样一种面向硬件的工程化体系和流程，在车辆越来越复杂的未来，无法支撑产品快速迭代进化。

怎样解决这个问题呢？方法就是把硬件标准化。例如，雨刷总成其实就是一个电机驱动的机械部件，而雨刷所需的传感器可以使用车辆上搭载的摄像头或者其他传感器，这样就能实现智能化控制。当前风窗玻璃在雨中透明度下降或者在雨后变脏时，车辆通过软件控制，让雨刷自动启动合适的工作模式，这就实现了软件定义雨刷功能的目的。

而当各种不同的总成、模块都标准化以后，就可以通过中央控制器里运行的软件来实现更高等级的智能，这类似于多个 APP 在手机上运行的效果。这样一方面可以大大缩短产品开发周期,另一方面广泛采用标准化的零部件,也有助于企业控制成本和质量。比如一家零部件企业开发和生产一款标准化的雨刷,然后卖给各家整车企业,其价格会非常便宜;同时,标准化硬件的标定和验证都可以适当简化,从而进一步节省开发时间和成本。

从这个角度来看,"软件定义汽车"其实是汽车产业发展到一定阶段、产品功能复杂到一定程度之后,不得不选择的一条路径。否则,要在原有模式的基础上,重新构建更加复杂、并拥有更高智慧和能力的全新汽车,其所需的成本与时间是汽车企业无法承受的,甚至是根本不可能的。而IT行业的成功实践恰好为汽车行业提供了可行的参考,只要有效借鉴类似的方式进行转型升级,汽车产业完全可以形成全新的模式,推出全新的产品。

"软件定义汽车"下车企应具备的新核心能力

当前行业正处于快速变革的特殊时期,虽然难以预测十年以后的状况,但是汽车行业未来有几个大方向是确定的。一是汽车硬件标准化。未来汽车产品一定是由一系列标准化的硬件组成的。二是汽车软件会出现分层与分工,形成专业化的软件平台公司、工具公司以及专注于不同领域的应用软件开发公司,比如自动驾驶系统、人机交互软件等。在这个过程中,会有一批独立的软件公司成长起来,并且形成一定的品牌效应。

到那个时候,车企最应该具备以下三方面的核心能力:

第一,优秀的架构能力。当汽车能够与消费者快速、紧密互动时,就会在很大程度上具备快消品的某些属性和特征,并由此引发消费趋势和竞争要素的显著变化。此时掌握架构定义能力的产品经理至关重要,其作用会变得比以往更大,因为产品经理是车企准确识别细分市场、精准定义产品能力的关键人物,他要把企业理念和品牌内涵通过产品有效地呈现出来,并且快速地交付市场。另一方面,成为优秀的产品经理要比以前更难,因为未来产品经理既要选择好硬件,也要选择好软件,还要把这些硬件和软件都集成好,以实现最快的产品更新、最大的商品价值以及最优的用户体验,同时还必须做好成本控制。

第二,强大的系统集成能力。软硬件从解耦到融合将倒逼整车企业形成更强的系统集成能力,这也是车企面临的最大考验。现在车企常常遇到这样的情况,在产品开发初期选择了一些零部件,可是到了后期整合集成时却发现难以进行,这主要是由于软件的不断发展导致整车层面的集成难度不断增大。所以,"软件定义汽车"将对车企的集成能力提出更高的要求。这其中既包括对于整体架构和各个系统的深度理解,也包括整合集成的过程管理与后期管理,如对软件的全生命周期管理、对开发流程与管控内容的创新等,还包括面向新型汽车产品开发模式而重新构建的组织与团队。总之,未来车企要想在有限的时间内,以合理的成本,快速推出具有竞争力的产品,强大的系统集成能力是必不可少的核心能力。

第三,实现产品差异化的能力。无论何时,各家车企的产品都应该有与众不同的部分,以体现企业理念与品牌内涵。当主流车企都拥有优秀的系统集成能力,可以利用全行业的资源来打造有竞争力的产品时,其差异化将取决于企业构建整车架构、软件架构时的格局,即预留的整合与创新空间到底有多大。在此基础上,有的车企将针对应用场景、出行模式或人车交互形态中的某一方面不断进行打磨,以形成越来越精细和强烈的产品特性;有的车企将聚焦于纵向整合,例如从应用软件到芯片、传感器等关键硬件,提供更优的集成效果来实现产品的差异性;还有的车企将侧重于横向延展,通过更大范围的专业化定制与服务来满足消费者的个性化需求。这些都可以给车企带来差异化的竞争优势。图 2.1 从技术能力的角度对新时期车企应具备的核心能力进行了解析,同时从流程体系、组织架构和团队支撑的角度,提出了支撑上述核心能力所需的关键要素。

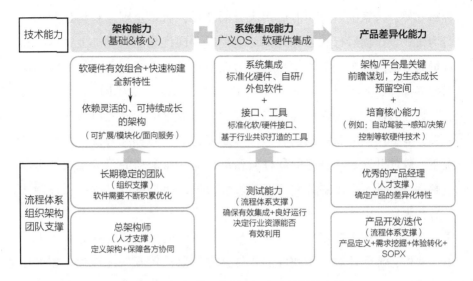

图 2.1 "软件定义汽车"下车企的新核心能力

打通软硬件的方式

毫无疑问,汽车的设计手段正在改变,同时汽车的通信能力和计算能力也在改变,由此软件在汽车上的作用方式也将发生改变。过去整车企业在开发一款车型时,是由供应商提供硬件总成,然后整车企业按照产品定义将这些总成组合起来并完成调试。在那个时代,整车企业是可以没有软件能力的。所有软件都由供应商提供,并且很多软件是掌握在 Tier2 的手上。也就是说,软件只是电子部件的一部分,以嵌入的方式集成在相应的硬件里。以雨刷为例,它的控制器里就有为实现既定机械功能而配置的软件,这些软件的逻辑代码分别对应着雨刷的不同动作,预先编写好,输入到控制器中,就可以让雨刷有效运行起来。所以,此前大多数控制软件都是由供应商在开发相关硬件时一并完成的。

而今后情况将大不一样,未来的软件一定是基于数据、面向场景、理解需求而开发的。由此将出现多个硬件的应用组合,比如打开车门的时候,车内灯光就自动亮起来,这就是一种组合;又如座椅姿态可以和车内温度、空调风向调节同步,这也是一种组合。未来会有很多实现这种跨部件、跨系统、跨功能应用组合的软件，而车企则需要构建起用户行为模式、车辆运行状态和外部环境情况共同优化的模型。上述这类软件最终只能由整车企业来主导，因为任何一家供应商都无法解决整车层面的多部件、多功能、多场景的协同问题。这是第一点不同。

另一方面，过去软件都是嵌入在硬件总成里的，有些由供应商自行开发，有些由供应商找到具有软件开发能力的公司一起开发。在这种情况下，软件开发是和特定的硬件紧密绑定的。而未来的趋势是硬件与软件解耦，软件不再需要针对特定的硬件开发，而是可以灵活调用标准化的各种硬件。由此，软件开发者与硬件开发者完全可以是分离的，而为了让软硬分离在汽车产品上真正实现，就需要彻底改变现有的整车电子电气架构，确保针对汽车硬件的软件开发可以比较容易地进行。如果还是沿用原来的电子电气架构，汽车的计算能力分散在多个不同的硬件总成中，软件嵌入在相互独立的各种控制器里，那么车辆迭代更新、不断优化的空间就会非常小。正因如此，目前才出现了域控制器的概念，并出现了向中央计算单元集中化的趋势。而电子电气架构的这种改变，势必引发汽车开发模式、供应链体系、整供关系等方面的深刻变革。

对于这场变革，普通消费者是感受不到的，但就汽车开发而言，却意味着一场颠覆性的革命。过去汽车上的很多功能是由不同部门分别开发的；而现在各种功能的控制和组合，只需要在相应的域控制器层面，由一个具有软件能力的设计团队负责开发即可。

展望未来，为了让汽车真正做到更理解人、具有更复杂的行为模式、提供更智能的服务和体验，汽车企业必须打造好若干个域控制器，甚至最终可能是唯一的中央控制单元，然后基于此开发出更丰富、更好用的各种应用软件。这种需求不仅将拉动电子电气架构的变化，还将促进相关软件的分层，从而构建出高度智能化的全新系统。这是第二点不同。

因此，"软件定义汽车"不仅会改变软件开发的对象、范围和模式，还会引发整车电子电气架构的重构，为整个行业的转型升级指明方向。至于谁负责提供域控制器等关键硬件，谁负责提供新架构下的开发平台，谁负责提供中间件软件，谁负责提供上层应用软件，则是由此引发的产业再分工问题。总体而言，整车企业将获得更大的发挥空间，可以从理解人的角度出发，重新定义汽车产品及其差异性。图2.2系统分析了"软件定义汽车"带来的产品开发理念与软硬件关系转变，以及在此影响下，车辆电子电气架构重构、车企内部变革以及产业分工改变的内涵和要点。

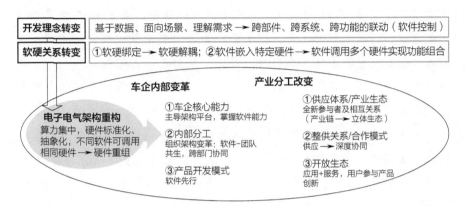

图2.2 "软件定义汽车"带来的整车架构、企业内部与产业分工改变

院长心声　　　　　　　　　　　　　　　　　　　　　　　　VOICE

"软件定义汽车"意味着全方位的革命性变革

当前软件开发的逻辑已经和以前完全不同了。过去汽车上也有软件，但只是基于某种硬件的软件，作用是使该硬件能够发挥作用，而不涉及其他硬件。比如发动机有自己的控制软件，变速器也有自己的控制软件，这些软件都是由供应商基于某个特定的硬件开发的，目的是让这个硬件的性能得到最大限度的发挥。事实上，目前很多企业在开发汽车软件时，依然基于这种传统思路，而这样根本无法实现真正意义上的"软件定义汽车"。

然而随着消费者需求的不断提高、增多和变化，未来我们需要把汽车上的各种功能组合起来，为用户提供个性化、智能化的服务。为此，一方面要把硬件标准化、解耦化，另一方面要解决软件联动的问题。实际上，不同的软件是很难打通的。而如果每个软件都像过去那样各自为战,就不可能形成有效的联动。所以,"软件定义汽车"意味着我们需要重新构建整车电子电气架构,以便把各种软件都有效打通,让同一个架构下的不同软件及其控制的不同硬件都能真正联动起来,从而发挥出更大的作用。显然,这种全新的电子电气架构将是汽车产业的一次飞跃。

由此,产业分工也将发生重大改变。原来是作为软件提供者的 Tier2 来支撑 Tier1,即 Tier1 把硬件卖给整车企业;当然,很多 Tier1 自己也做一部分软件。在这种情况下,整车企业是不需要懂软件的,比如购买制动器,里面就自带了嵌入式软件,可以实现对制动器的控制和优化。但是问题在于这样的软件只对制动器起作用,无法实现制动器和转向器等其他硬件之间的联动与优化,导致各种硬件都处于相对独立的孤岛状态。

而未来情况就完全不同了,不同的软件可以灵活调动和使用不同的硬件,实现硬件功能之间的有效联动,这样就能形成各种组合的新功能,提供全方位的新体验,并实现跨部件、跨系统的全局优化。到那个时候,很可能会出现这样的场景:当天是儿子的生日,一家人上车后,音响就自动播放《生日快乐歌》,灯光也随之呈现出庆祝孩子生日的氛围。而不再需要用户自己按好多次按钮,才能把几个功能逐一调出来,那样实现的体验效果将是生硬而缺乏"质感"的。显然,为了做到以上这些,汽车电子电气架构、计算平台、硬软件之间的关系,以及整车企业和供应商的分工等,都将发生革命性的改变。

未来整车企业需要更强的软件能力

在这一系列变化中有一点是明确的:整车企业为了确保汽车品牌内涵及产品体验的定义权,提升新时期的核心竞争力,必须形成更强的软件能力。而车企不可能拥有所有的软硬件能力,因此就需要软件供应商提供支持。不过前提是车企先要定义好整车架构,并为此做好相应的组织准备;同时,软件供应商必须基于新的电子电气架构平台来开发软件。唯有如此,整车企业才有可能获得更强的资源调配及组合能力。然而当前很多整车企业并没有为此做好准备。

未来消费者的需求将越来越多、变化将越来越快,相应的,汽车产品也将越来越复杂。但是整车架构以及企业组织的变革并不是要把简单问题复杂化，而是要把复杂问题简单化，即通过重新构建架构、定义分工并变革组织，形成一个让产业分工更加清晰、让整供合作更加有序的大环境。这是汽车企业必须为之努力的重要目标。

02 软件的分类分层及开发策略

汽车软件的分类及分工

从汽车产品开发的角度出发，现阶段汽车软件可以分为三大类。

第一类是与控制相关的软件。像对电池、电机、制动、转向、车门、车窗等进行控制的软件，都属于这一类。在这类软件上，传统零部件供应商有较大的优势。例如车身控制软件，可能有很多 Tier1 或者从事车辆设计的专业化公司，都有非常好的基础来开发这类软件。

第二类是信息娱乐软件。主要分布在驾驶舱和中控台，这类软件属于偏开放的体系。现在主流的选择是基于安卓系统开发，可以提供很好的互联网内容支持，诸如视频、音频等，此外还在接入越来越多的内容，包括与互联网、物联网上各种资源的连接。这类软件相对开放，其发展也相对成熟，不仅有很多可连接的外部资源，还有很多开发者资源：一是手机供应商，它们有大量基于安卓系统的开发人员；二是互联网公司，如腾讯、百度等，都已经深入到该领域了。

第三类是自动驾驶软件。这类软件是非常特殊的一个领域，由于专业化程度高，涉及专业的算法和很高的算力，自动驾驶软件的开发工作通常需要由专业团队来负责，以系统解决自动驾驶当前及未来的各种软件难题。

未来汽车产品的全新开发模式

在汽车产品开发过程中，基本上就是以上这几类软件，而车企对于各类软件有着不同的开发策略。目前很多车企在进入软件领域时,会首先从相对熟悉的控制软件入手,将车身控制等作为优先投入的对象,而基于车身控制,就可以实现诸如车门与灯光联动等功能。这种情况对原本为整车企业同时提供硬件与软件的 Tier1 提出了严峻挑战,因为未来车企只需要 Tier1 提供硬件即可,软件将由车企自行开发或由其他供应商提供。在此过程中,Tier1 供应商与车企之间的分工和边界将不断磨合并重新建立。有些供应商可能因此掉队,有些则可能找到新的机会,为车企提供符合新商业模式的产品和服务。

当前,自动驾驶软件已成为整车企业普遍高度关注的一个重点。不过由于自动驾驶特有的专业性,传统车企要想单独把自动驾驶开发好,必须跨越很大的技术障碍。相对而言,一些新造车企业从一开始就非常重视这个领域,聚集了很多人才攻关自动驾驶,有的车企已经组建了几百甚至上千人的自动驾驶开发团队。这也是部分车企明确选择的一种软件策略。图 2.3 针对车辆控制、信息娱乐和自动驾驶三类主要汽车软件,分析了车企当前采取的主流策略,并由此推导出供应商应采取的相应策略。

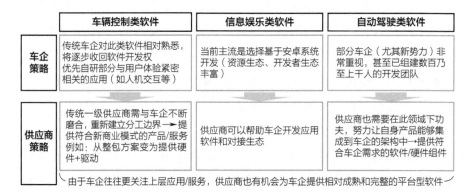

图 2.3　汽车软件的分类及分工协作趋势

展望未来,车企将与软件供应商、芯片供应商和其他一些供应商形成相互合作的全新商业模式,即与过去不同的多方参与、重新分工的新生态。在这个新生态中,有些软件是由供应商来开发的,再由整车企业负责软件和硬件的集成。同时有些软件，如 HMI 人机体验等部分应用，可能会由车企自行开发。不过，供应商可能也有机会为车企提供相对成熟和完整的平台型软件。例如由独立的供应商提供一套操作系统，作为各种软件运行的平台。这样的操作系统可以被很多车企广泛使用，甚至形成自身的品牌效应。

汽车软件开发所需的架构和组织

最近，有不少车企开始与专业的自动驾驶初创公司进行绑定式合作。应该说，车企确实应该参与软件开发，而且要在其中掌握一定的主导权、形成一定的独特性。所谓独特性，就是汽车里的一些核心软件是车企自己独有的，而不是由供应商提供的。因为供应商既可以给这家车企供货，也可以给那家车企供货，这样才能让自身的商业利益最大化。因此，依赖供应商进行软件开发，车企的产品是很难具有独特性的。车企一定要把一部分核心软件掌握在自己手里，这部分软件是产品的差异性所在，也是产品的"灵魂"所在。

那么，如何才能选准软件投入的方向，真正掌握产品的"灵魂"呢？很多车企的管理者面对如下提问：如果你有 500 名软件工程师，你准备把他们投入到哪个方向？他们所给出的答案各不相同，有的车企更关注整车控制，有的车企更关注动力优化，有的车企则希望优先解决自动驾驶或者人机交互问题，各种各样的方向都有。而如果继续问他们：你们有没有自己的软件架构？你的软件架构师在哪里？很多人就回答不出来了。

事实上，软件是非常独特的：一方面，与硬件不同，软件没有生产制造成本，而且可以复制，所以其成本极低。另一方面，软件又是一个高度复杂的系统，软件发展的核心诉求就是要战胜这种复杂性。比如说我们需要写 100 行软件代码，只要找一名受过训练的高中生就可以做到；但是如果我们需要在 100 万行软件代码里增加 100 行新代码，这个工作恐怕连很多博士毕业生也未必能胜任。因为只有非常熟悉这 100 万行软件代码的团队，经过反复研讨才能写出更好的 100 行代码。并不是说软件代码的行数越多，软件的价值就越大，不能在原有基础上优化的软件代码其实只是垃圾。

也就是说，软件与开发和维护软件的组织之间是一种共生的关系，我们不能把一个软件当作一个固化的单独部件来看待。因此，当企业在软件领域投入时，最重要的应该是搭建起可以支撑核心软件不断成长、持续进步的架构和组织，这是软件未来发展的生命力。只要这个架构明确了，团队有效构建并运行起来了，软件就自然可以不断沉淀、不断打磨、不断迭代，最终承载起产品的"灵魂"。这一点是整车企业进入软件领域时必须高度重视的。

总体而言，我们可以把软件比作一棵树苗，这棵树苗的成长需要三个必备因素：阳光、土壤和水。其中，阳光是促进软件成长的外在动力。软件的"阳光"就是其应用部分，应用越多越广，树苗就越健壮，生命力就越强。而土壤和水则关乎软件成长的内在动力。软件的"土壤和水"包括企业的适宜组织与开发团队等，也包括企业掌握的相关技术诀窍（Know-how）。

车企应具备的软件开发能力

在软件开发上，车企应该优先形成系统集成及测试的能力。以自动驾驶软件为例，现在一套自动驾驶系统软件的复杂度，绝对超过汽车上其他任何一个硬件总成。对于这样复杂的系统，车企要思考的是如何确保各种功能，如高速巡航、自动跟车和自动泊车等，都能很好地提供给用户使用。这对于车企来说是第一要务。

在这个过程中，车企可以得到很多供应商的支持，有做算法的，有做芯片的，还有做摄像头或者雷达的，等等。关键在于如何把供应商提供的这些硬件和软件，都在汽车产品上有效组合起来，实现所需的各种功能。这就要求整车企业必须具备两大能力：一是系统集成能力。对于自动驾驶来说，系统集成能力意味着车企必须有清晰的软件架构，否则来自不同供应商的各种软件组合在一起，是难以良好运行的。二是系统测试验证能力，包括数据的获取、标注、筛选和训练等环节都要有验证，而且需要从"后端开发"覆盖到"前端开发"，并由不同专业技能的专门团队分别负责。这是车企掌握软件能力必须解决的一个关键问题。图2.4面向未来汽车产品的改变，指出了车企必须具备的两大核心能力，并剖析了形成这两种能力的关键点与主要目标。

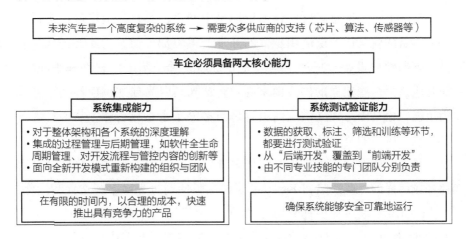

图2.4　软件开发要求车企具备的两大核心能力

车企在具备了上述能力之后，再考虑其他分工才有意义。像是否自己开发算法，是否自行设计新功能，是否做一些跨系统的深度融合，例如把激光雷达等的感知融合与电源系统的优化处理结合起来，所有这些都要在解决了架构和组织问题、具备了集成和测试能力之后，才能梳理清楚。所以，车企无论是优先构建自动驾驶系统，还是优先投入智能座舱或车身控制软件，都需要先建立起可持续成长的软件架构及团队组织，并形成系统集成能力和测试验证能力。

汽车软件的分层及分工方向

汽车软件的分层在最近一两年里已经越来越清晰了。那就是软件主要分为三个层级，即基础层部分、中间层即中间件部分和上层应用部分。其中，中间层包括实时系统和非实时系统。另外，从功能角度还可以有自动驾驶、信息娱乐等不同系统的划分。不同系统以及不同车型之间有很大的区别，不过都可以分解为上述三个层级，这一点业内已经形成了共识。具体来说，首先，基础层软件属于通用组件，主要就是底层操作系统。过去一些车企对此有过自行开发的想法，但是现在车企已经越来越清楚，这部分组件是通用化的，应该在很多车企的很多车型中广泛应用才行，并且用得越广泛越好。

实际上，无论是底层操作系统还是中间件，都是为上层应用提供支持的，目的就是让上层应用软件的开发变得更加方便，为此要把底层软件之下的硬件设备、拓扑结构等充分打通。对于基础层软件和中间件，还是应该由一些独立的供应商来开发。这既是因为独立供应商的专业能力更强，也是因为独立供应商更容易与多家车企达成合作，从而扩大这部分软件应用的范围和场景。

其次，软件的逐步完善一定是需求导向、应用引领的。软件总会有这样或那样的一些缺陷和不足，需要在实际使用过程中不断迭代和优化。不少软件在发展过程中都经历过"填坑"的阶段，即不得不逐个填补原有的漏洞。也唯有如此，软件才能最终走向完善，并形成自身的先进性。从这个角度来看，软件接触的应用越多，其完善的速度就会越快。

此前有些企业的操作系统或中间件在市场上得到了认可，但也有不少企业所做的类似软件未能发展起来。这主要不是企业之间人才或技术存在差距的问题。真正的原因在于，成功企业的软件接触到了很多应用，有机会将这些应用不断沉淀并有效组合起来，使自身的生命力越来越强，客户的信赖度越来越高；反过来，这又让其接触到更多的应用，从而得以持续优化，最终越做越好。所以，软件是一个强者恒强的领域。

最后，对于汽车软件行业未来的发展，第一，基础层软件包括操作系统内核、硬件驱动软件以及特定硬件的专有软件等，要与下面的芯片等硬件连接和交互，这部分软件应由软件供应商来完成。第二，中间件会越来越成熟，最终形成一套广泛应用的标准化软件，并与相应的管理工具和适配服务等组合在一起。第三，整车企业应着力打造上层应用。上层应用软件的类型众多，有些应用体量很大，如自动驾驶和智能驾舱系统；也有些应用是针对特定硬件或总成的，比如空调控制等。今后车企应选择关键的系统性应用和受众面广的"小"应用进行有针对性的开发。

院长心声　　　　　　　　　　　　　　　　　　　　VOICE

"软件定义汽车"难在建立和经营开放性平台

在"软件定义汽车"的趋势下,软件的数量会越来越多。现在一辆汽车上有上万个硬件,将来很可能也会有上万个甚至更多的软件。面对如此多的软件,整车企业不能完全不掌握,但也不可能全部都掌握。

就像自动驾驶,很多车企都认为,自动驾驶是未来汽车最重要的能力,整车企业绝不能不掌控车辆的驾驶情况,所以必须下决心自研。然而自动驾驶的技术难度很高,涉及感知、决策、执行,以及数据、算法、芯片等不同领域的众多核心技术。即使车企组建上千人的开发队伍,并且拥有专门的软件团队,也未必就能做好。

那么,"软件定义汽车"究竟如何落地?这是最近几年各家企业的CEO(首席执行官)、CTO(首席技术官)们最关注的问题之一。我本人在这方面也有不少思考,带领团队做了很多研究,为一些企业提出了解决方案。

未来汽车产品可能会有上万甚至十几万个软件,形成比手机更复杂的应用生态,甚至消费者都能直接参与部分汽车软件的开发。所谓SOA(面向服务的架构),其中很大一部分软件就是要为消费者提供服务的,如果消费者不能充分参与进来,就无法实现真正的SOA。或许没有建立起SOA架构,"软件定义汽车"就无法推进到下一步,不过这一点尚未形成行业共识。同时,企业究竟怎样才能把SOA搭建起来,也还需要摸索与实践。

在汽车硬件标准化之后,汽车产品需要满足消费者不同需求的更多软件,才能把个性化体验做到极致。然而,整车企业要把每个消费者的个性化需求都理解透彻并予以实现,是不现实的。即使车企真有能力做到这一点,也会由于"大而全"导致无法形成自身品牌的特色。因此,车企更应该建立和经营好开放性的平台,让每一个用户都有渠道来表达自己的需求,然后再由平台上的众多参与方共同满足这些用户需求。我认为,这是"软件定义汽车"最困难也最关键的问题,如果达不到这种程度,这场产业重构就不够彻底。

"软件定义汽车"的落地需遵循三个准则

首先,无论"软件定义汽车",还是"硬件定义汽车",整车企业都要有自己的核心能力,这是车企参与市场竞争的基本前提。只不过在"软件定义汽车"的时代,车企需要不同的、新的核心能力。这听起来好像只是大道理,实际上却是最重要的。所有企业都必须主动思考,当软件决定汽车产品竞争力、品牌内涵的时候,自己究竟需要什么样的核心能力?

其次,软件和硬件的组合难度不同。对于硬件来说,组合相对容易,比如把压缩机、冷凝器和控制器等组装起来,就构成了空调系统。而软件完全不是这样,不但不同的软件涉及不同的接口,而且软件组合往往非常复杂,如果只是把各种软件简单地放在一起,很容易导致系统崩盘。就是说,软件集成的复杂度是 $1+1>3$,集成后的效果却未必能达到 $1+1=2$,甚至可能是 $1+1<1$。

那么,怎样才能把各种软件有效集成起来从而发挥更大的作用呢?这必须依靠适宜的架构。正因如此,负责定义架构的总架构师就变得极为关键。在我看来,总架构师的作用就是让复杂的软件组合简单化,通过把架构定义清楚,让众多参与者都能清楚地找到自己的位置,准确地完成各自的任务,并保障和促进各参与方以及各软件之间的有效协同,从而使整个系统能够高效运转起来,进一步吸纳更多优秀的参与者及相关软件。

最后,软件和硬件的工作模式不同。对于硬件而言,整车企业今天可以采用这家供应商,明天可以更换成另一家供应商,只要供应商有能力满足车企的要求即可。然而对于软件来说,除了构建架构平台之外,车企还需要有一个长期稳定的团队,因为软件开发是需要不断积累的。在软件开发过程中,有很多细节是看不到的,隐藏在代码深处。不要说更换全新的团队,即使团队中的核心人员跳槽,都可能导致接手者无所适从。此外,即便人员比较稳定,但如果没有建立起长期积累、有效传承的团队意识和企业文化,软件开发还是会越做越难,最终不可能达到理想的预期结果。现在有一种说法：由于硬件越来越复杂，唯有导入软件才能满足消费者日益增长的需求。但是如果软件也越做越复杂，企业同样无法得到很好的效果，那可能还不如不导入软件了。

车企应建立全新的产品开发理念

我想在此提醒整车企业领军人的一点是：对于软件特别是自动驾驶系统的开发，首要的工作并不是自己钻研算法，而是应该先把整体架构搭建好。一定要想清楚自己的目标是让汽车产品达到怎样的能力？具有多大的潜力？为了达到这样的目标需要分几步走？需要汇集包括硬件和软件提供者等在内的多少参与方？即企业应确定适宜的整体架构，然后分解形成具体的落地方案，再根据自身长远战略与能力现状有序分步实施。

基于自己在整车企业打拼了近20年的体会，我完全能够感受到"软件定义汽车"带给深谙硬件开发之道的传统车企CTO们的思维冲击。事实上，开发硬件与软件本来就需要完全不同的能力，更需要完全不同的模式，这绝不是简单地更换几家供应商的差别，而是必须彻底转变既有的理念。比如说软件开发恐怕不能像硬件开发那样，总想着用成本较低的B点供应商替换开发能力较强的A点供应商，这样是很难保障软件的积累与延续的。

总之，车企领军人们都应该认识到，在"软件定义汽车"的时代，必须先从搭建整体架构开始建立全新的产品开发理念，形成与传统硬件开发完全不同的模式和流程。在此基础上，再思考和解决核心能力选择与分工的具体问题。诸如是否自己开发算法等，这些都是第二层面的。

搭建汽车操作系统和架构平台是关键

围绕"软件定义汽车"，大家面临一系列问题，既有当前汽车产品开发中尚存争议的敏感话题，也有汽车产业未来发展的方向判断。其中有两个关键问题：

第一，从软件角度来看，汽车操作系统非常重要。对此企业必须明白，离开了生态系统的支撑，操作系统将成为无本之木。当然，面对产业生态化发展的大趋势，各类企业可以站在不同的角度来开发操作系统，并由此选择参与未来竞争的不同分工以及所需的关键能力。不过总体而言，对于共性、基础的通用化软件，整车企业不宜投入过多。毕竟汽车本来就是一个集大成的产业，而当"软件定义汽车"不断深入发展之际，车企不仅需要集成硬件，还需要集成软件，其资源和能力将面临比以往更大的挑战。所以，未来企业更要坚持"有所为有所不为"，以集中力量打造支撑品牌内涵和产品特色的核心竞争力。

第二，对于软件定义下的汽车产品开发，搭建好架构平台至关重要，因此架构师的作用日益凸显。整车企业当前先要想清楚未来自己的核心竞争力究竟是什么？为此应该规划和建设怎样的架构平台？而不是直接深入到一些细节工作中。与此同时，对于整车企业来说，优秀的产品经理比以往任何时候都更加重要。因为今后产品经理需要基于对未来产业发展大势、市场需求、用户体验以及产品开发模式创新等的深度理解，推动架构师等共同搭建适宜的整车架构平台。而在整车架构平台的建立过程中，产品经理还需要考虑一系列关键问题，例如车企应该选择哪些核心突破点？必须自行完成哪些工作？需要集成哪些外部资源？以及在芯片、各类软件以及核心算法等方面，应该分别与哪些供应商展开合作？等等。

03 硬件的发展趋势

硬件标准化与软硬件解耦

当前正处在产业变革的探索期，有些车企在电机、动力电池等方面的控制器开发上做了不少投入。车企根据自己的判断决定把资源和精力投放到哪里，这本身并没有绝对的对错之分。不过展望未来，汽车硬件整体上一定会越来越趋于标准化，并且能够实现并行开发。

现在开发一款车通常需要 3 年左右，有些车企的开发周期相对较短，也需要大约 2 年的时间。在此期间，各种硬件一直在进步。这就造成一个问题：一款新车在开发之初就定义了硬件，但等到量产上市时，已经有了更好的硬件，却未能用到新车上。对于一些关键硬件来说，这个问题更为突出。例如芯片就是这种状态，一款车型启动开发时，即便选用了当时最好的芯片，但在这款新车面市之际，此前选择的芯片早就落后了。因为芯片行业正常的升级频度是一年一代，在整车 2~3 年的开发周期下，芯片至少已经更新两代了。要想让新车型用上最新的芯片，并使相关软件与之适配，这在传统汽车产品开发流程中是非常困难的一件事，甚至根本不可能做得到。

在传统开发流程中，基本上企业在定义新车型时就已经选好了硬件，并以此为基础开发软件。对于一些平台化开发的车型，确定硬件的时间点可能还会更早，比如有的企业在平台策划之初就选好了硬件，而该平台上部分车型的量产要在 5~7 年之后。试想 7 年前选择的硬件，怎么可能不落后呢？又怎么可能有效支撑现在的软件呢？这样的产品是很难在市场上获得成功的。之前大家对这种情况习以为常，但是到了新汽车的时代，就不能再这样下去了。所以，我们必须把软硬件解耦。

软硬件解耦的目的在于，让供应商的软硬件开发工作可以和车企的整车开发工作同步并行。这样当硬件迭代升级时，车企可以直接切换新硬件，甚至可以由另一家供应商来提供同一个硬件。例如，当汽车产品开发到一半时，有别的供应商发布了更先进的硬件，这时候车企完全可以直接切换使用这家供应商的新产品。当然，前提是车企必须具备软硬件解耦的能力，在硬件设计上实现了抽象化，只需基于硬件的标准接口来开发软件即可，这样软件才能很容易地适配以及调用硬件。

有鉴于此，一种新的汽车产品开发模式就是"软件先行"。即在整车架构平台上，先使用软件构建出一款车，这款车的各个总成及部件，如底盘、车身、动力系统、人车交互系统以及传感器、执行器等，都已经完全抽象化；接下来就可以基于这些抽象化的硬件系统形成车辆的基本框架，根据相应的硬件接口来开发控制车辆行为模式和关键功能的软件；

最后，再将这些软件与硬件进行并行的适配调试。此外，这种开发模式还可以针对不同的车型采用不同的适配策略和迭代周期。

对比来看，现在的车型开发都是一款一款逐一进行的，这也是当前大多数车企仍在使用的传统模式；而未来在"软件先行"的新模式下，各家车企都会有一套自己专属的软件系统。这套软件系统是跨车型的，代表着该企业汽车品牌的核心内涵与独有特色。而且这套软件系统将由专业团队打造，是不断迭代更新的，可以有效确保系统内的各种软件都能与不同的车型、不同的开发阶段以及不同的硬件系统，包括芯片、执行器、传感器等，进行有效的匹配和不同的组合，从而形成不同的产品功能和性能。

这种开发模式的前提是，硬件一定要标准化，被抽象成为可供软件调用的接口。也只有这样的硬件，未来才能进入到车企的架构平台中，与相关的软件达成适配。因此，硬件标准化是车型快速迭代更新引发的一个必然结果。

实现硬件标准化的路径

实际上，所有的产业发展到一定阶段后，当其产品变得高度复杂时，都势必走向更精细的产业分工。因为任何一家企业都不可能把所有部件做到最好，软件主导的行业就更是如此。除非企业在每个领域内都能召集到全世界最顶尖的人才，并形成与之相匹配的组织和文化，而这是根本不可能的。

对于单一企业来说，一定要在某些核心业务上形成较强的优势，同时在其他业务上要充分借助其他企业的优势力量。一方面，如果整车企业依然秉持传统的思维方式和开发模式，只靠供应商提供一些标准化的硬件是没有意义的；另一方面，单独一家整车企业也没有足够的力量驱动硬件全面标准化。因为标准化一定是相关各方互动、共享直至互认后的结果，否则也不可能成为行业广泛采用的基本模式。图 2.5 从软件 OTA、硬件支撑、供应安全和产品开发四个维度，分析了硬件标准化前后的重大差异；在此基础上，描述了实现硬件标准化的产业分工与实施路径。

硬件标准化前	硬件标准化后
软件OTA · 不同车型、硬件的OTA需要分别匹配验证	· 支持实现跨车型、跨硬件的同步OTA
硬件支撑 · 软件持续演进，而硬件逐渐过时甚至退化	· 支持硬件可插拔升级
供应安全 · 高度依赖Tier1提供软硬一体化产品，风险大	· 支持灵活更换供应商，提高供应链韧性
产品开发 · 新车型开发需从头开始适配软硬件，周期长	· 支持适当简化标定和验证流程 · 支持通过灵活组合标准化硬件实现架构拓展

分工与实施路径

产业层面形成共识	行业组织牵头制定标准	整供企业深度合作
单一车企没有足够的力量驱动全部供应链实现硬件标准化	中立的行业组织才能平衡各方利益，推动标准模式形成	车企提出合理需求，供应商乐于接受标准 → 并行协同开发

图 2.5 硬件标准化的重要作用及实施路径

建议行业内的各种组织应该在推动硬件标准化方面发挥更大的作用。在这个过程中，行业组织需要牵头定义框架、提炼共识，并使其逐渐成为业内的普遍共识与标准模式，进而推进产业分工；而产业分工一旦确立下来，各家企业就会去寻找适合自己的位置，从而进一步推动硬件标准化的进程。

可插拔硬件模式的挑战

对于未来汽车硬件是不是可插拔、可更换，目前业界正在讨论这样的可能性。这些硬件可能将归入某种细分市场，例如某款车型的自动驾驶控制器、智能座舱控制器或者中央计算单元中的核心处理器和存储部件等，可以通过插拔进行更换，这无疑会给用户带来额外的吸引力。但是这样做也会带来很高的成本，而且实施起来或许要比在新车型上直接使用最新型号的芯片等硬件更加困难。

因为设计开发一款在未来很多年内能够不断更换关键硬件的车型，必须保证不会出现任何安全问题，不仅开发难度极大，而且开发成本和组件成本也不容忽视。在一些细分市场上可能会有采用这类技术的空间，例如在某些高端或者高使用寿命的车型上。

实际上，未来汽车产品将越来越带有快销品的属性。也就是说，汽车企业可以更期待用户由于芯片等硬件无法支持最新的软件系统，而选择淘汰旧车、购买新车。这在成熟的快销品市场是很常见的，就像现在的智能手机一样。由此，关键硬件的进步将成为汽车产品更新换代的重要动力之一，这是未来汽车产业发展进程中一定会出现的情况。

至于选择继续使用旧车的用户，也不用担心硬件老化的问题，汽车的基本功能和性能还是有保障的。因为汽车企业一定会坚守产品的品质关，提供安全可靠的车辆一直是汽车行业的底线。

当然，车企也要努力让新软件能够在老车型上得到更多更久的应用，这会显著提升用户对该汽车品牌及产品的认可度和满意度。而企业实现这一目标的关键在于中间层的软件能力，具体来说，就是要构建可脱离特定车型的 SOA 架构，并形成可支撑软件长期迭代更新的核心团队。

通常，汽车产品的开发和测试都遵循"V 字模型"，即从开始设计到最终定型要先经历从整车到系统、再到零部件的逐级指标分解，再经历从零部件到系统、再到整车的逐级测试验证。整个过程是一体化的，每个层级对匹配度和可靠性都有很高的要求。如果没有走完全部流程，就无法充分确保整车的安全性，或者说，车辆行为的确定性就会下降。

对于可插拔的硬件来说，在开发过程中也必须遵循"V 字模型"，以充分验证替换硬件后的情况。理论上，每个可插拔的硬件都需要完成完整的验证，再加上多个可插拔硬件之间存在不同的组合，必须评估可能出现的各种状况，其工作量之大、工作难度之高也就可想而知了。此外，还需要额外设置冗余，以防万一新旧硬件组合后出现兼容性问题。上述这些事情都要在产品开发之初，就全面系统地考虑进来。

更进一步来说，还有一个必须解决的难题：对于传统汽车产品，其软件只需基于现有硬件开发即可。而对于硬件可插拔替换的汽车产品，必须保证后续更换了新硬件之后，软件仍然能够可靠运行。但是新硬件或许现在都还没有面世，又如何基于新硬件开发软件呢？这其实才是最难的地方。也就是说，以前设计一款新车，只需要考虑当前使用了哪些硬件；而未来还需要考虑后续会替换成哪些硬件，而用于替换的新硬件究竟会是什么样子，根本无从知晓。

未来可插拔硬件的发展空间

这里谈的可插拔硬件不是指制动片这类传统硬件,而是指芯片这类事关智能化的硬件。传统硬件在老化后进行更换属于正常维护,换上来的新硬件与旧硬件完全一样,只不过是以旧换新而已。然而芯片等硬件并非如此,是要替换为性能不同的真正意义上的新硬件。

通常谈及芯片不会讲老化了,而是讲处理能力不足了,也就是不再能很好地支撑新软件运行了,所以才产生了更换新一代芯片的诉求。进行这种更换需要满足两个前提条件:一是诞生了性能更优越的新一代硬件,这一点不会有问题;二是可以把旧硬件拔下来,然后把新硬件或其模组方便、可靠地插入到整个硬件架构中,即实现所谓的"可插拔"。但是新一代硬件会是什么规格和性能,企业当前并不知道,因此想要提前进行合理的预留是非常困难的。

那么,企业究竟应该如何构建能支持可插拔硬件的整车架构呢?只能基于对相关硬件,比如芯片未来发展的预测来进行策划和预留。老实说,要把芯片的发展进程,特别是各种具体细节都提前想清楚是很不容易的,更不用说还需要提前考虑各个层级的验证环节。这种模式的难度很可能超乎想象。

所以,未来可插拔式的硬件升级必须是严格限定的,即提前明确几种可允许的替换方式。然后车企只针对这几种变化,进行逐级拆解,明确各项指标及其要求,同时确定如何进行验证。此外,还要充分评估允许这些变化所带来的成本增量。唯有如此,可插拔硬件才能有真正落地的可能性。

需要指出的是,在这个过程中,成本的增加是不可避免的。因为一旦将相关硬件设定为可插拔式,必然涉及周边很多与之适配的机械、电子部件以及软件系统。这些机械、电子部件和软件系统都必须基于可插拔硬件带来的潜在变化,更改设计指标,并进行相应的开发和验证,这势必增加产品的成本。

院长心声 VOICE

硬件标准化是大势所趋

硬件标准化要成为行业共识,需要大家都能充分认识到这一方向的必然性和必要性。如果谁认识不清或者理解太慢,那可能就会被快速发展的时代所淘汰。反过来讲,如果整个行业不朝着这一方向共同努力,那行业发展的速度就会受到影响。换个角度来看,如果中国企业对硬件标准化都能形成更为透彻的理解,中国汽车产业能够更早形成相关的共识,那我们在未来全球汽车产业的竞争中就会占据优势。

在我看来,硬件标准化的内在逻辑非常清晰:未来高度智能化的汽车产品需要满足用户日益提升的个性化需求,为此首先必须通过硬件标准化来实现硬件与软件的全面解耦;在此基础上,整车企业就可以通过软件来定义数字化的汽车,或者说基于软件架构平台来虚拟搭建一款新车;然后在这个虚拟车型上不断积累、迭代和优化,让不同的软件与硬件充分适配、彼此融合;最终打造出能够满足用户动态需求、具有行业竞争力、体现企业品牌内涵的软硬融合的新汽车。这绝对是行业发展的大趋势,哪家企业能够走到前面,就有机会抢占战略先机。

不过硬件标准化不是一家或几家企业努力就能做到的。可能某家供应商尝试这样做,但整车企业并不一定接受;也可能某家整车企业提出了这种需求,但其供应商并不能适应。所以,除了行业组织的努力之外,我认为推动硬件标准化更需要相关整供企业达成新型的战略合作伙伴关系。即双方基于对行业趋势的一致判断,主动结盟、相互协作,朝着这个方向共同努力。同时,业内专家和媒体也要多做呼吁,让更多的同仁都能意识到硬件标准化是大势所趋。

其实不只是汽车产业,整个制造业发展到今天,都非常强调对专业化分工的再认识,都需要形成类似硬件标准化这样的行业新共识。当然,这需要一个过程。目前很多人的思想可能还停留在从前的理念上,诸如通过硬件的差异化来实现产品的差异化,基于"看得见的都不一样、看不见的都一样"的传统平台理念来开发产品。而未来产品的开发理念将完全不同,基于同样的硬件、采用不同的软件就可以实现产品的差异化。

到那个时候,各家企业的产品或许看得见的硬件都差不多,看不见的软件才是不一样的,因为软件才是实现差异化竞争的关键,也是各家企业的核心竞争力所在。

总之,未来硬件一定要标准化和抽象化,这样软件才能发挥更大的作用。要实现这一点,需要行业尽早达成广泛共识,同时也需要相关参与方积极进行探索和实践。哪怕先从几家整车和供应商企业构成一个小合作群开始,也应该努力朝着这一方向前进,因为这事关企业未来的核心竞争力。反之,如果行业不能达成共识,企业逡巡不前,那整个行业的进步都将因此受阻。

无论如何,有一点是确定的,那就是必须实现软硬件解耦才能让"软件定义汽车"的价值得到充分彰显。为此,一方面整个行业应当尽早达成共识;另一方面,所有的企业都应该有长远眼光,朝着软硬解耦的方向共同努力,致力于形成更加清晰、精细的产业分工,让专业的人做专业的事。这对于企业形成新时期所需的核心竞争力至关重要。

软件开发需要想清根本问题、确保有效传承

据我观察,现在不少车企还是太关注眼前的某款产品能否尽快推出,于是拉来各个领域的供应商,力图把新车型快速"攒"出来,美其名曰是高度集成化的产品。然而从长远来看,这并不是真正解决问题的方式。如果企业没有系统地思考问题,把整个架构如何搭建先想清楚,包括需要多少资源,目前自己掌握了多少,最终自己必须掌握多少,可以交给别人掌握多少,相关硬件的接口是怎样的,等等,那么企业的一切努力就都是盲目和短视的,后续的产品也无法得到有效积累、持续传承和不断优化。

正因如此,我们往往会看到这种情况:一些车企的某款产品比较成功,智能化效果很好,但是当下一代产品推出时却又变差了。在"软件定义汽车"的时代,随着数据的不断积累和软件的持续迭代,产品原本应该是一代更比一代强,但实际效果恰恰相反。其原因就在于,企业对一些根本性的问题,并没有想清楚、做明白。例如对软件有别于硬件的传承性不够重视,两代产品分别由不同的团队打造,而且集成的资源也不一样;同时更没有从整车架构的角度,尝试建立跨车型的软件系统。

结果是每款新车的开发都要从零开始，完全没有积累和提升。

开发可插拔硬件虽然困难但值得探索

可插拔的硬件也是当前汽车行业交流较多的话题之一。未来哪些汽车硬件可以设计成插拔式的？这些可插拔的硬件要如何支撑软件的持续升级呢？我认为，硬件能够实现可插拔，对于软件供应商来说将是重大利好。

试想如果汽车都是由不可插拔的硬件构成的，即使这些硬件的寿命很长，但由于后续软件无法持续升级，或者说，芯片等关键硬件的性能无法支撑算力需求更高的软件，结果必将导致失去了软件赋能的汽车产品逐渐落后，重新成为不智能的传统汽车，在使用效果上与现在的汽车并没有本质差别。反之，如果硬件可以灵活地插拔更换，就可以在更长的时间里支持软件的升级，从而让企业在软件方面的投入产生更大的价值。与此同时，未来也许硬件的寿命也没必要设计得太长，这将有利于降低产品的成本。

这里面有两种情况：一种是功能性的硬件，比如制动片，使用一段时间后会逐渐老化，这时候就要换成新的。这种硬件的更换并不需要额外的验证，事实上现有汽车产品也存在这种替换。另一种情况是控制器等关键硬件的可插拔式替换，这部分支撑智能化的硬件，在老化或者落后之后，如果不设法更换为新一代的硬件，汽车的智能化能力就无从保障。从这个意义上讲，即便面临再多的困难，恐怕车企也应该去尝试。

04 软硬平衡之路

实现"软硬平衡"的前提

更进一步说，当硬件不敷使用或趋于老化之际，软件还要不要升级？又该如何升级？现在一些汽车企业已经基于软件实现 OTA（空中下载）功能了。这意味着车企可以对已售出的产品随时进行软件升级，以提升车辆性能，这也是当前行业发展的一大趋势。不过在 OTA 升级方面，目前还有很多可以完善的空间以及很多尚待解决的难题。

实际上，OTA 升级的原理并不复杂，但实际运营起来却非常困难。假设有一家车企在 10 年间销售了几十款产品，这样在市场上既有该企业 10 年前售出的车型，也有其刚刚发布的车型。这家车企要怎样以一套软件系统匹配全部这些车型呢？又应该以哪款车型为基准来实施软件系统的 OTA 升级呢？企业最新的软件系统是不是只能在部分车型上升级，而另一部分车型则无法升级呢？目前还没有哪家整车企业能够清晰解答这些问题，而这正是企业继续探索和实践的动力所在。

试想能力强大的软件控制能力弱小的硬件时，究竟将是怎样一种情况？当前硬件的架构和标准化程度还不足以支撑软件的不断升级，无法做到始终保持强兼容性。例如很多车企今年发布的车型与去年发布的车型相比，在硬件架构上本身就是不同的，包括软件可以调用的硬件种类和数量是不一样的，芯片的计算能力和特性也是不一样的。在这种情况下，如果车企要对未来几十款车型同步进行升级，其难度将呈指数级上升。这相当于每开发一个新功能，都要逐一适配于几十款车型，每款车都必须重新匹配和验证一遍。

尽管如此，OTA 升级却是今后车企必须具备的能力。为了降低 OTA 升级的复杂度，企业必须努力实现硬件的标准化，包括域控制器内芯片特性的定义也要标准化；同时必须搭建面向未来、可延续的硬件架构平台，这样才能为软件的迭代升级提供基础保证。如果硬件这一层都没做好，那软件的升级只会越来越难，甚至刚过一两年就难以为继了。如果软件不断进步而硬件止步不前，企业就不得不迁就老硬件而维护过时的软件版本，这样不仅无法体现出新软件的先进性，还要付出高昂的成本代价。即使不考虑成本，当需要维护的软件版本过多时，车企在资源和精力上也无法应付，结果很可能是一款车只做了几轮 OTA、修补了少量 BUG（漏洞），之后就不再更新了。这是未来车企必须面对的重要问题，其本质是在新汽车的换代升级过程中，如何有效平衡成本与收益。所以，把硬件充分标准化、抽象化是有效实现"软硬平衡"的前提。

"软件先行"的汽车产品开发模式

企业今天的布局直接影响明天的结果。如果几年之后汽车硬件已经老化或者落后,无法支撑新的软件系统时,要如何才能使自家的产品"老树开新花"呢?

对此,可以尝试采用"软件先行"模式。具体来说,首先要确定软件系统中后续需要不断优化的核心部分到底是什么。然后要将这个核心部分完全抽象出来,从中间件即SOA这一层开始,到基础层操作系统内核,再到硬件架构,逐层完成抽象化。最终的目标是,即使硬件在不同时期和不同车型中可能会有很大差异,但逐级上升到SOA服务层时,硬件架构的定义仍然是一致的,这样上层应用软件进行任何迭代更新都不会遇到障碍。

也就是说,要迭代升级的这部分软件是基于软件中间层、基础层直到硬件层的抽象概念来进行开发的,这样才能跨越十年时间以及几十款车型而不会出现问题。对于整车企业来说,这是现在就需要深入思考的事情。在产品开发之前就要先行开发相关软件,而且所开发的软件系统不仅要针对现有车型,还要考虑适配于未来车型。图2.6系统分析了"软件先行"开发模式在汽车产品上应用的内在逻辑、核心要点与突出优势,进而提出了开发核心软件系统分步实施的具体策略。

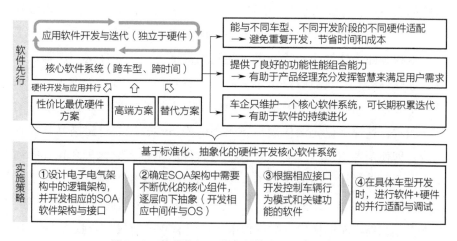

图2.6 "软件先行"的全新汽车产品开发模式

过去我们总是说软件要适配硬件，今后更应强调硬件适配软件。未来在定义好的边界内，无论是底层硬件架构，还是具体的每个硬件，例如域控制器内来自不同厂商的芯片，其差异性都应该在软件各层中被彻底抽象化。尚未做到这种抽象化，是当前在整车架构层面上存在的最大问题，应该优先予以解决。

如果整车企业现在就认识到这一点，开始系统谋划和前瞻布局，着手进行产品开发"软件先行"的组织搭建和模式建立，那么将来就有机会彻底扫清软件迭代更新的最大障碍，使自身产品拥有长久的活力和持续的竞争力。此外，基于这种理念，企业还可以进一步思考，软件的性能如果不够，应该如何解决？承载资源的空间如果不足，又该怎么办？

当然，这将是一个渐进的过程。事实上，如果非要让软件系统为10年前投产的车型进行 OTA 升级，这恐怕永远都是一个难题，即使在当前成熟的手机领域里也并没有实现。未来汽车产品会有越来越高的算力需求，也会有越来越多的功能及算法，比如神经网络等各种 AI 算法，现有的硬件算力肯定不足以应对。当软件在某款车的硬件上"跑不动"的时候，用户就会意识到这款车已经无法进行升级了，这个型号的产品已经过时了。在此情况下，假如用户选择继续使用这款产品，可能也不太会抱怨车企不再提供升级服务了。

而整车企业则应在产品序列中提供一套相对固定的、便于消费者理解的表达方法，包括车型型号及其对应的软件版本。例如，随着软件的进化，车企将不断发布新车型和新软件。此时，企业就可以通过产品型号和软件版本号向用户说明：五年之内某款车型的软件可以持续升级，五年之后主要软件就不能再升级了；或者五代以内的车型可以继续升级，五代以外的车型就不再支持升级了。如果能够提前告知，相信用户也是可以理解的。

软件升级与硬件寿命

对于软件升级，业内也有很多疑问。一般来说，传统汽车所有零部件的设计寿命都是一致的。比如某款车型的设计寿命是 15 年，那么工程师会把发动机、变速器、车身、底盘等的设计寿命都定为15年。不过在"软件定义汽车"的时代，未来软件迭代升级很可能做不到覆盖5年之前的车型。如此一来会不会出现这样的问题——本来设计寿命是15年的车型，由于软件无法持续升级，导致车辆功能受限，甚至不能完成制动、转向等基本操作，结果汽车的使用寿命远远短于预期呢？

例如一辆用了几年的汽车，其制动系统的硬件还是完好的，但制动控制软件却无法再升级了，甚至可能都无法正常启动和运行了，这样岂不是会造成安全隐患，最终使整车不得不被提前淘汰？即使车辆的基本使用没有问题，不过硬件在不断老化，又不能通过软件进行有针对性的调整，这样汽车的性能势必趋于衰退。如果这台所谓"聪明"的汽车，用起来却是个"短命鬼"，或者用上一段时间之后就不再"聪明"了，那用户还会青睐和信任智能汽车吗？

对于这些疑问，一方面车企必须明确，无论汽车如何智能化，凡涉及车辆基本功能的硬件，都不能降低其可靠性和耐久性要求。比如底盘结构件、车身框架、动力系统，以及制动、转向机构等，也包括车门、车窗等功能硬件，其寿命至少要和传统汽车一样，甚至要做到更长。在这方面，软件能否更新不应该影响硬件的寿命和正常使用。换句话说，即使软件不更新，也必须保证硬件能用、够用。

另一方面，车企也要努力延长软件升级所能覆盖的时间跨度，尽可能让新车型上推出的新特性，也能在老车型上通过软件OTA实现，从而为老用户提供同样的体验。在很大程度上，车企为老车型进行OTA升级的能力强弱，将直接决定用户的品牌忠诚度。因为用户在购车之后，通常不会很快换车；而在用车的全过程中，用户肯定希望能更多地享受到软件升级带来的新特性和新体验。如果车企能够做到这一点，那么不但有助于提升用户的美誉度和忠诚度，而且对于智能化品牌形象的建立，也会有极强的促进效果。也只有这样，车企才能充分发掘出硬件性能的潜力，实现"软硬平衡"的合理升级。图2.7展示了在智能汽车产品不断迭代升级以持续提升用户体验的过程中，软件和硬件的匹配策略：一方面，硬件要适当预留，以支撑软件能够进行足够多轮的OTA

升级；另一方面，从技术成本和不确定性的角度出发，硬件既不可能也不应该过分超前预留，后续产品要继续 OTA 升级，则应以更换新硬件来对应。

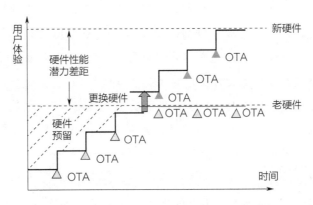

图 2.7　智能汽车产品"软硬平衡"的升级策略

未来汽车消费的新特点

未来大部分汽车硬件都可以保持不变，没必要频繁更换。同时正如前面提到的，一些事关软件运行效果的关键硬件，如芯片等关键处理器件，今后将受到消费者越来越多的关注。例如中央计算单元、自动驾驶芯片以及智能驾舱芯片等的算力，对车辆性能的影响很大，所以消费者对这些芯片的关注度肯定会比以前高得多，甚至有些消费者可能会由于某款车型上搭载了先进的芯片而选择购买。显然，像这样的汽车硬件，是需要不断升级的。

事实上，这些事关车辆功能、性能的关键硬件，将成为未来汽车产品先进与否的关键评价指标之一。如果这些硬件难以满足用户需要，又不能单独进行更换，用户或许就会淘汰旧车而换购新车，这也是一种新的消费动力。总体而言，未来汽车消费将越来越像当前的手机消费。我们知道，处理器的换代升级和内存的扩大增容，会让大家产生换手机的欲望；而今后汽车产品很可能也是如此。这也表明在消费不断升级的趋势下，未来汽车消费者会有越来越多非常精细的关注点。

院长心声　　　　　　　　　　　　　　　　　　　　VOICE

汽车软硬件的关系将变得更加复杂

在"软件定义汽车"的时代，软件与硬件之间的关系将比过去复杂得多。对此，我几年前曾经特别提出过软硬关系的四段论：即未来在汽车产品的开发过程中，首先要"软硬分离"，将软件和硬件基于各自的规律、按照不同的方式进行开发；继而要"软硬组合"，确保软件和硬件在物理上可以无缝连接、灵活组合；进而要"软硬融合"，使软件和硬件有效匹配、融为一体，在整体上呈现出最佳效果，这也是新汽车追求的最高境界；最后还要"软硬平衡"，主要是衡量产品的性价比，以确定适宜的硬件预留策略。

"软硬融合"的前提是不变的硬件能够为变化的软件提供有效支撑，而任何产品都必须考虑成本，这就涉及当前业界普遍关注的一个焦点问题——面对不断升级的软件，硬件究竟应该如何预留。如果硬件预留不足，后续将无法发挥应有的效能，难以支持软件的升级；反之，如果硬件预留过多，且不说未必能够做到，即使有性能足够前瞻的硬件，恐怕企业也承受不了其高昂的成本。

未来汽车产品开发模式将发生重大改变

未来汽车产品的开发模式将有巨大的变化。此前，汽车产品开发模式相对简单，就是搭积木式的集成模式，很多模块或系统都由供应商负责开发，之后整车企业再把这些模块或系统拿过来，集成到一起。而未来的产品开发恐怕要复杂得多，因为整车企业不仅要集成硬件，还要集成软件；同时和以往不同的是，车企还必须把架构规划和集成工作的重点转换到软件上。所以，整车和供应商企业为了适应未来"软件定义汽车"的新局面，应该在汽车产品开发方面做出根本性的调整。

众所周知，几十年来汽车行业一直采用的都是V字型的开发流程。而当前一些企业已经提出了软硬分离、敏捷开发等新的开发理念和方式；同时，由于软硬融合的复杂性，仅仅按照传统"1+1=2"式的简单集成逻辑，对物理接口进行设计及验证，已经远远不能满足需求了。显然，企业亟需在组织架构、开发流程及管理模式等方面，进行全方位的深度创新。

当前，不少企业在这方面都有很多探索和实践，特别是车企也在尝试借鉴 ICT 行业的产品开发经验。例如华为一直力推的所谓 IPD（集成式产品开发）模式，即企业自行定义、开发、集成并验证产品；又如软件行业应用较多的敏捷开发等。此外，在产业生态化的发展大势下，汽车生态的参与者越来越多，关系也越来越复杂。因此企业在创新产品开发模式时，不仅需要实施内部变革，还需要在外部建立分工明确、协作紧密的新型商业模式。

05 汽车定制化辨析

开放式创新的挑战

现在有的车企已经在尝试，把汽车上的某些部件或功能开放，让用户参与设计，自行选择配置，即所谓的 C2B 模式；还有的车企提出，可以让用户开发某些应用软件，然后上传给整车企业进行验证和批准，而一旦获得批准就可以将该功能向所有用户开放。这就不只是在产品开发阶段按照消费者的需求由企业进行定制化设计了，而是给用户留了一个开放的端口，让其直接参与汽车产品的开发过程，而且还可以在车企的背书下，向所有用户推广。这是一个很大的进步。不过从长远来看，这种模式似乎是不必要的。既然汽车的智能程度已经进化到用户提出任何需求都能予以快速判断和满足，哪里还需要再让用户参与软件开发呢？

当然，这些尝试本身无疑是有益的。总的来看，在汽车智能化升级的方向上主要有两种创新模式。一种是自主式创新，采用这种模式的企业通常实力很强或者正面临极其复杂的技术问题；另一种是开放式创新，即企业引入外部力量一起参与创新，以弥补自身创新能力的不足。

开放式创新一旦走通了，企业的创新能力就会变得非常强大。不过开放式创新是非常困难的，需要良好的土壤。一方面，在这种模式背后，企业需要有架构平台以及相关能力的有力支撑；另一方面，外部力量尤其是用户，要有深度参与创新的足够空间和积极性。

对于汽车产品而言，由于车辆的高安全与高可靠性属性，其实留给外部开发者的空间并不是很大，或者说是比较小的。在此情况下，如果开放式创新的规模和效果不足以显著提升车辆能力与用户体验，那么让用户参与创新就可能会变成一种鸡肋。因为车企为了向用户开放可以参与产品开发的接口，必须建立起能够提供相应支持的架构和平台。假如收益不足，后续再想改变这种架构和平台极其困难。所以，车企在初期一定要系统思考、慎重决策，以免由于方向和模式上的选择错误给企业未来发展带来严重制约。

汽车定制化的前提条件

在汽车领域有一个专业术语叫功能安全，即某个功能不允许造成伤害，或者说必须避免由于功能失效或不当使用，导致车内驾乘者或车外人员受到伤害。事实上，汽车上几乎所有能动的部件，像车窗、天窗、座椅等，都属于功能安全件。因为一旦出现故障、失效或者操作不当，都可能会造成严重后果。

对于满足用户需求，比如只要车内有人吸烟，天窗就自动打开；或者外面下雨了，天窗就自动关闭。这样的功能应该由车企提供，并不需要用户自行开发。而用户可以参与汽车产品开发的边界到底设置在哪里合适？这是一个非常有挑战性的话题。目前很多整车企业都在进行这方面的探索，并尝试构建相应的能力。

这种能力的基本逻辑是：通过硬件及其功能的标准化，让用户可以进行一定的定制化选择，并形成适宜的开发方法。在这个过程中，软件系统也需要进一步提升，一些车企希望构建这样的体系、方法和能力。比如呈现给用户一个非常易懂的图形化环境，有点像搭积木一样让用户进行功能选择和组合，在确保车辆安全的前提下，让用户在手机端或者车机端通过很简单的操作来获得想要的服务。同时，系统还会把用户在某种场景下启动了某个功能记录下来，作为后续的优先选项。这种交互环境在未来两三年内就能实现。

需要明确的是，用户选择的组合本身并不是一个应用。或者说，真正的应用组合和功能实现还需要后台系统的一系列支持。而且能够罗列出来，允许用户定义的场景、功能与服务组合，一定是确保没有安全风险的。

这可能会令大家略感失望：原来用户的定制化空间并不是随心所欲的。但这是造车必须遵守的基本原则，即汽车上所有新出现的组合，都必须是被验证过的，以免带来安全隐患。换言之，汽车的行为模式及其结果一定是可以预见的；如果不可预见，那就不该让用户进行选择。

汽车定制化的实现方式

汽车定制化将是一个渐进式的过程。等到个人用户都可以开发应用软件来控制汽车空调时，就意味着车辆的软件系统已经发展到了相当高的水平。而要达到这样的水平，还需要长时间的不断积累、迭代和优化。在此期间，可能会出现一批独立的汽车应用开发团队或组织。他们将提供一些标准化的工具，让普通消费者也能深度参与到汽车产品的应用开发中来，然后再把开发好的应用软件递交给车企，由车企确保软件的安全性、可靠性和质量。

对于这样一种模式，实际并不是保守。一方面，汽车上的大部分功能还是应该由车企负责实现；另一方面，能够交给用户选择的部分，当然要尽可能地开放，让用户进行选择。但是这种定制化应该以便捷的方式，通过人车交互来实现。这才是汽车以更高的智能来理解人的体现。因为一个高度智能化的系统，不应该要求用户自己懂编程，自己开发软件，甚至还要考虑软件在汽车上的验证，然后才能定制化，这样就太麻烦了，又何谈智能呢？

未来汽车的智能化，特别是所谓的理解人，一定是汽车产品高度复杂、功能极度丰富，使汽车企业能够最大限度地为用户提供其可能需要的服务，或者呈现出最贴近用户需求的属性；同时，汽车在使用过程中还能不断进化和发展出新的服务和属性。而在用户端，则应该是越简单、越方便越好。

最关键的是，未来汽车一定是可以进化的，其软件系统是可以不断更新的，这样汽车才能越来越理解人。为此，汽车企业一要充分利用更多的数据，以精准识别用户需求；二要在后台搭建一个具有极强协同开发能力的团队，这样在理解了用户需求之后，企业才能快速做出反应，让用户感受到汽车越来越智能。从这个意义上讲，基于软件系统的智能化升级是今后汽车产业发展的一条主线。

未来开放式创新空间的前景

汽车产业是否采用开放式创新，这与生态的发展阶段有很大关系。比如说现在我们有在手机上开发某种应用的需要和动力吗？恐怕绝大部分人都没有，因为手机生态已经非常丰富了，足以满足大家的需求。事实上，与几年前相比，当前大家手机上的应用已经发生了很大的变化。5年前很多人手机上的应用都不一样，各有各的选择和喜好；但是今天大家手机上的应用趋同性极强，像社交软件几乎全都是微信，还有短视频、娱乐及游戏平台等应用软件，也都是主流的那几款。

不难发现，这些被广泛应用的软件的提供者几乎都是大公司。相应的，小公司的生存空间已经变得很小了。也就是说，当手机系统变得更智能，可以提供更高级的功能和更卓越的体验时，个人消费者的参与度反而下降了，或者说开放式的创新空间被压缩了。我觉得，这是智能产品发展到一定阶段后必然会出现的结果。

需要注意的是，所有具备情感属性的商品最终都会有一部分属于发烧友的空间，未来汽车企业也应该给发烧友们留下一定的定制开发空间。不过这部分消费需求一定是小众的、非主流的，而且明显不同于大众消费者。因此，车企可以为汽车发烧友们提供深度定制或二次开发的空间，甚至可以开放自动驾驶等道路测试，但需要对用户有明确的选择和限定。

未来或许会诞生纯粹为发烧友而设立的汽车品牌和产品，这是完全有可能的。因为当汽车行业发展到一定阶段后，一定会有企业深耕不同的细分市场。而喜欢自行设计和定制开发汽车的发烧友群体,无疑是一个颇具潜力的细分市场。

如图 2.8 所示,从车企提供架构和能力支持的代价以及用户参与创新的空间和积极性两个维度分析,未来用户参与汽车产品的创新,更应以智能交互的方式来实现,而非让用户编程的高度定制。为此,车企应自行开发大部分用户期待的功能和服务,同时为用户提供功能组合选择的合理空间。

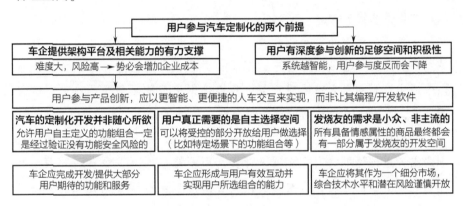

图 2.8 用户参与汽车定制化的前提及车企应对的策略

院长心声　　　　　　　　　　　　　　　　　　　　　　　　　VOICE

业内对汽车定制化存在认识误区

大多数人对于定制化的理解,就是要把这种开发能力向个人用户开放,因为用户的个性化需求是千差万别的,车企不可能在产品开发阶段就满足每一个用户的不同需求。用户需要的是能够自主选择的空间,而不是要自己去做软件开发。

这意味着车企需要基于对用户需求的理解,并充分考虑车辆功能安全来决定究竟为用户提供哪些可供定制的选项;同时,车企还要形成与用户有效互动以及实现用户所选组合的能力。如果做到了这一点,企业就可以帮助用户进行定制化开发,从而满足用户的个性化需求。至于相关应用软件是否交由用户个人来开发,其实无关紧要,更不应该成为企业是否具备定制化能力的衡量标准。我认为，这是汽车定制化的核心问题，也是很多人的认识误区所在。

企业必须保障汽车的功能安全，功能安全更多是从部件质量和可靠性的角度来思考的。而用户可以直接进行个性化定制的功能，肯定不应与功能安全冲突。比如我在车里吸烟的时候，天窗就自动打开，这不涉及安全问题。同时，用户需求又是多样化的，可能有的用户需要这个功能，有的用户却不需要，甚至喜欢相反的功能——当我在车里吸烟时，反而希望把天窗关闭。

说到底，保障功能安全是企业的责任。那么，企业为什么不能在产品可靠性开发和验证的过程中，把工作做得更好更充分，从而为用户提供个性化定制的更大空间呢？至少应该确保硬件的可靠性不会掣肘软件开发者，或者说不会影响"软件定义汽车"的可能性与自由度。

如果那些对用户体验有较大影响的功能件，都只能按照此前的传统方式或者通过简单的人机交互来开发，而不能让用户按照自己的偏好和体验进行个性化定制和二次开发，就会阻碍未来汽车自我进化能力的充分发挥，也背离了"汽车更理解人"的终极追求。

我倒觉得，汽车上最终肯定也会出现很多类似手机上的应用软件，可以把一些直接影响体验的功能组合起来。例如我自己最清楚空调怎样吹风才舒服，或者我想把空调吹风的方式与播放的音乐组合起来，这些都是用户在用车过程中的个性化需求，在汽车开发阶段是没办法预先设定的。而企业可以选择那些并不涉及汽车安全的功能向用户开放。反过来讲，如果这些功能都不向用户开放，或者说没有把相关的能力准备好，那未来的汽车产品也就和现在的汽车产品差不多了。

车企要形成"让产品更理解人"的能力

相对于手机，汽车对于安全性的要求要高得多。即使能够向用户开放的应用，也要高度关注用户参与这部分开发所带来的潜在风险。有一些应用软件，整车企业与其向用户开放，远不如多投入一些，由自己或者优秀的供应商来负责。也就是说，对于用户可能想到的、期待的功能和服务，汽车企业或许应该把其中的 99% 都先预留并尽力做好；剩余且受控的部分，再交给用户去做选择或二次开发，即给用户的留白越少越好。

在这个过程中，车企要真正形成让汽车产品更理解人的能力，即只要用户有相关需求，车企就能够做到。当然具体要不要做，还需要根据安全风险和投入产出比进行衡量。而不是说由于车企没有能力为用户开发所需的功能，就干脆开放相应的端口，让用户自己来开发，这种开放逻辑肯定是不正确的。更何况让用户广泛参与产品开发，将使后台系统加倍复杂，并带来潜在的功能安全隐患。

这实际上体现出两种不同的产品开发思路及方式。我们不妨做个比喻：一种是让消费者挑选菜品甚至自行做菜，以解决众口难调的问题；另一种则是把消费者可能点到的99%的菜品都预先备好，剩下的1%要么忽略，要么在质量受控的前提下少量留给个别消费者自己动手来做，以满足其个性化需求。

开放式创新生态对汽车产业至关重要

开放式的创新生态对于汽车产业来说到底有多大价值呢？一方面，当企业自身的创新能力强到足以满足消费者的绝大部分需求时，那么对于剩下的一小部分需求，即所谓的长尾部分，企业就无需在意了，很可能这些消费者也不属于企业的目标用户群体。如果为了争取这些消费者，不得不在产品上做很多预留，甚至影响到架构平台、开发接口以及配套能力等的布局，恐怕就不值得了。这样说起来，开放式创新生态的意义似乎并没有那么大。

不过另一方面，车企自身有足够的能力判断和满足所有消费者的各种不同需求，甚至有能力挖掘、创造出一些消费者没有提出或想到的需求，这也许将是永远无法达到的理想状态。而在汽车还没有智能到如此高的程度时，车企为什么不能通过开放式的创新生态，让用户都可以参与产品开发，从而帮助自身提升满足用户需求的创新能力呢？从这个意义上讲，开放式的创新生态不仅仅是必要的，而且是至关重要的。

实际上，这正是当前汽车企业的领军人们最为纠结的问题之一。手机虽然可以作为重要参照，但毕竟与汽车有着很大的不同。目前手机应用生态经过多年的发展已经相对成熟，有比较清晰的开发模式和生态格局。但是对于汽车企业来说，过分与手机比较或者模仿手机，参考手机生态的路径来发展汽车生态，可能并不是最佳的选择。我们常说，在战略上首先要明确"我是谁"。这个"我"一定是汽车，而不是手机。所以，汽车行业应该学习和借鉴手机行业的一些做法，但不能"忘我"地学习和借鉴，那样恐怕最终会迷失方向。

汽车开发者生态并非让消费者直接参与产品开发

展望未来，技术创新生态的搭建至关重要。不过，汽车开发者生态并不意味着要让所有消费者都直接参与汽车产品开发。事实上，虽然开放式创新能给企业带来前所未有的机遇，但这种模式也将带来前所未有的挑战，毕竟汽车产品有着严苛的功能安全要求。向个人消费者开放某种端口，让他们能够自行设计软件来参与汽车产品开发，无疑可以更好地满足用户需求、增强企业黏性，不过同时也将产生巨大的安全风险，而且车企在架构预留和验证批准方面也要付出不菲的代价。

从另一个角度看，智能汽车的"聪明"应该体现在能够更懂用户，从而更精准地识别和满足用户的需求，并让用户更方便地享受到更好的服务和体验。如果智能汽车必须"麻烦"用户去定制软件，才能满足其个性化需求，那这台车还谈不上"聪明"。当然，对于少量的汽车发烧友，为其开放定制汽车软件的空间是可能的，也是必要的，这会成为一个有潜力的细分市场。但是如果要把这种模式全面推开，弊大于利。与此同时，整车企业要努力集成更多的优质资源，进行尽可能多的预开发，以便让用户获得最大化的选择空间。

三、汽车操作系统创新

01 操作系统的作用与认知

汽车软件的层级与操作系统的作用

总体而言,汽车软件可以分为三层。最上层是直接面向用户的,企业必须考虑怎样给用户提供更好的服务。用户要的并不是 APP,而是良好的服务,特别是你懂得我需要什么样的服务。例如用户驾车时想去吃饭,汽车能够立即根据用户的喜好提供餐食推荐及饭店位置,也包括其他与车、与人相关的各项服务。在上层架构中,企业既要为用户提供方便、好用的软件,更要让用户享受到软件背后的服务资源。

中间层是各种软硬件服务的整合,不只限于汽车自身,未来也将包括与交通、能源和城市等相关的很多服务。对于中间层,可能整车企业更有话语权,毕竟是谁的产品,谁就得负责整合。当然,在整车企业的统筹下,很多具体工作还是要由供应链企业来完成。如果说此前车企的供应链管理主要针对硬件,那么今后车企对于供应链,既要管硬件,也要管软件,还要管软硬结合。

再往下一层即最底层,是基础软件层。随着人们对汽车智能化的要求越来越高,汽车的感知能力和计算能力也在不断增强,今后汽车将搭载越来越多的传感器和芯片。要想把新旧硬件和相关软件系统地管理起来,就有赖于基础软件发挥作用。图 3.1 从上层、中间层和基础层三个不同的层级,阐述了相关汽车软件的内涵、发展趋势和产业分工,并从操作系统的角度进行了重点分析。

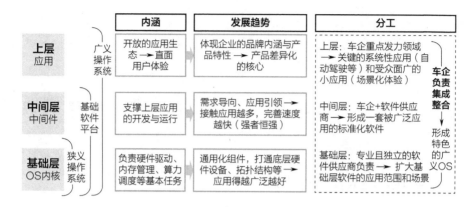

图 3.1　不同层级汽车软件的发展趋势与产业分工

以上三层软件结构只有有机地配合好，汽车生态才能构建起来，否则企业只能各自为战，或者垂直整合。而垂直整合并不具备平台化的复制能力，很难实现产业的开放融合与快速发展。同时，每一层软件都需要建立操作系统（OS）的理念。

所谓操作系统的理念，就是要考虑分工、追求协作。如果企业什么都自己做，采取垂直整合的做法，那就不需要这种理念。而如果企业要开放融合，导入更多的外部资源，就必须按照操作系统的理念来思考分工协作。比如三层软件各自应该由哪些企业来做？每一层以谁为主、以谁为辅？这是需要站在整个产业的高度系统思考的问题。上述三层软件的划分，只是为了便于理解而做的简化说明，实际情况更加复杂，不过在生态构建的基本范畴和内在逻辑上并没有本质的不同。

汽车产业已经发展了一百多年，可以说，汽车产业是非常特殊也非常有底蕴的大产业。例如，汽车产业的风险控制做得很好，整体效率也很高。又如，汽车作为高度复杂的产品，其规模化非常困难，而汽车产业做到了把产品的成本控制在消费者可以接受的范围内，同时又确保了产品质量可靠、安全过硬，从而最大限度地实现了规模化。

其实此前这个庞大的产业之所以如此成功，靠的就是产业内部的分工协作。而未来汽车除了硬件之外，还会融入很多软件，涉及软件的分工会更复杂，方式也不同于硬件，这就对汽车产业的分工协作提出了更高的要求，需要建设生态以容纳更多的参与者，并形成更加紧密高效的合作。

狭义和广义的操作系统

操作系统有狭义和广义之分。最狭义或者说最底层的操作系统是 Linux 等微内核操作系统，这些系统能够确保芯片等核心硬件都能正常运行起来，并完成包括内存管理、算力调度等最基本的工作。这也是我们通常所说的传统操作系统所起到的作用。

还有更广义或者说更高层面上的操作系统，这些操作系统集成了体现产品核心属性的一系列重要软件，能够让汽车产品本身有效运行起来。例如有些车企建立了几千人的独立软件公司，负责自己旗下所有车型的软件开发。这个软件公司提供的各种软件，既包括操作系统内核，也包括各种中间件甚至是应用软件，都体现着该企业的品牌内涵与产品特性。这些软件的集合就是该车企的操作系统。

也就是说，广义的操作系统是跨车型、分层级、高度复杂的集成软件包。而这样的操作系统未来要想适应不同供应商和不同硬件的切换，就必须能够通过标准化的软硬件接口，与全行业的资源互动。

广义操作系统与技术创新生态的关系

对于广义操作系统来说，涉及一个核心的问题——技术创新生态应该如何搭建。比如，车企可以定义一个摄像头的接口及数据格式。如果供应商只是针对这家车企的要求而研发了特定目的的专属摄像头，那么对该车企来说，是很难用其他摄像头予以替换的，因为其软件根本无法调用新的摄像头；同时，其他车企想选用这款摄像头也非常困难，因为其软件很难与之匹配。而汽车上还有很多硬件，远不只是摄像头，像雷达、雨刷、车灯等。为此，整车企业就不得不与涉及的每家供应商沟通，约定相关硬件的接口。在这种情况下，企业根本无法获得全行业生态资源的支持；反过来讲，汽车产业的生态系统也就无法形成。

要改变这种情况，企业必须考虑自己定义的硬件接口、组件形态和架构模式，能否成为行业的共同理解？所谓共同理解，就是很多家整车企业和供应商都认同的标准或规范，这样各家企业就可以应用各自的先进技术，分别开发各自的优秀产品，最后把这些产品组合起来就得到了一辆汽车。这种结果就是生态效应的体现，即每个参与者都在共同的标准下，有效分工、相互协作，专注于软硬解耦后各自负责的技术和产品，为最终的整车产品提供有效支持。

由此可见，未来汽车技术生态的形成有一个前提：那就是行业对于整车架构、软件分层和接口规范等形成基本统一的普遍共识。当然，这个共识并不是一成不变的。例如接口标准是基于当前的硬件情况定义的，而未来产品会有新要求、硬件会有新进步、整供关系也会有新变化，所以接口标准也需要与时俱进、不断完善。反过来讲，也只有随着生态的不断发展、企业的不断实践，业界对于分层级、分模块、分部件的产业分工和协作形态，才会有越来越清晰和一致的理解，而这正是汽车技术生态或者说开发者生态的构建过程。图3.2 按照广义操作系统支撑应用开发平台、进而支撑开发者生态的逻辑，对三者的实施策略和内在原因进行了精要阐释。

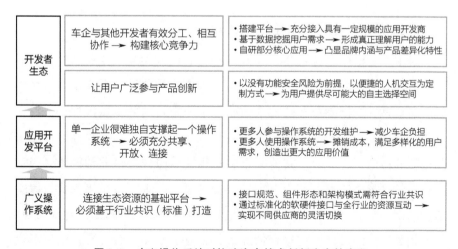

图3.2　广义操作系统对构建汽车技术创新生态的意义

汽车操作系统的打造方式

打造汽车操作系统，我们既要有远大的目标，更要脚踏实地地从眼前做起。尤其对于企业来说，始终要考虑盈利问题，最终还是应该回归商业的基本逻辑。所以，关键是解决问题的推演思路。实际上，由于不同企业的目标和能力各不相同，其所做的选择本来也会有所不同。不可能行业中所有企业都选择同一条路径，而且各条路径也都需要有企业去尝试。比如对于操作系统这个"地基"，有的企业选择打得深一些，有的企业选择打得浅一些，还有的企业选择暂时不做，这些情况都存在，也都有其合理性。

当前，汽车操作系统已经远远超出教科书上的传统概念，而且其内涵和外延还会不断扩大。为此，必须在变化中抓住不变的要素，为日后的持续拓展奠定基础。框架性思考的能力、连接的能力以及赋能的能力，是汽车操作系统永远不会改变的核心特质。

这其中，框架性思考的能力最为重要。什么是框架性思考？可以理解为分层解耦的思维方式，即操作系统或者说产品研发要实现逐层解耦，让更多的主体可以在不同的层面上参与标准化、模块化的工作。如果企业已经把这个框架的边界想清楚了，而自身当前还没有足够的能力或精力做到位，那就应当先利用别人的资源做起来。但不管有多难，这个"地基"都必须竭尽全力地建好。即操作系统中有些内容可以先借用外部资源做起来，但是其大框架一定要由自己定义好。而且这种框架性思考不是一成不变的，而是要根据产业的最新发展不断演进。

还有一点也非常重要，汽车操作系统其实与手机操作系统不同，是需要一代一代逐步优化完善才能做出来的。未来汽车操作系统一定是多核分布异构式的，其中有的核是实时的，有的核是非实时的，而且是端和云互动来处理问题的，所以操作系统不能只考虑端，要基于端云一体化来定义框架。同时，未来数据一定是闭环的，以此支撑产品的快速迭代和持续进化。这同样需要先把操作系统的框架搭建起来，让各种技术在上面运行，成熟一个就替换一个，逐渐完成演进。这种模式的好处在于，新技术及其新模式可以和现有技术及其成熟模式进行比赛。如果能够取胜，不仅意味着新技术本身过关了，也意味着新商业模式是可行的。

也就是说，打造汽车操作系统不能在温室中培养，也不能闭门造车，更不能自娱自乐，只有在产业实践中不断探索、逐步完善，才能最终演进出最佳的操作系统。在这个过程中，汽车及相关产业都需要加大各方面的投入，由不同的参与方完成相应的一部分工作，并且彼此磨合，以期后续能够协作完成更加复杂的工作。

确实，要想面向未来把汽车操作系统，包括车路协同系统、城市操作系统等，都一步到位地考虑清楚，短期内是很难做到的，而且这也不是某一家或几家企业的事情。但是不能因此就不去进行当前的产业实践，更不能因此就不去思考汽车操作系统的理想架构。实际上，通过框架性思考完成汽车操作系统的顶层设计之后，局部的内容可以由不同参与方来分别实现，并采用迭代优化的方式不断演进。按照这种方式，操作系统就能持续完善、不断进步，这是一个在商业实战中接受锤炼、越做越好的过程。图 3.3 对汽车操作系统的三项特质及其相互关系逐一进行了解读，进而提炼出了未来汽车操作系统的发展趋势。

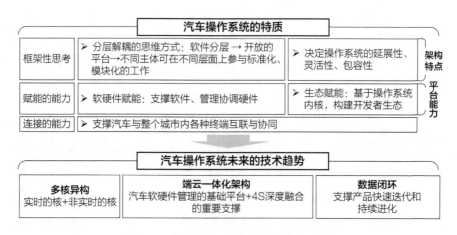

图 3.3　汽车操作系统的特质及技术趋势

院长心声　　　　　　　　　　　　　　　　　　　　VOICE

操作系统是新汽车名副其实的幕后英雄

操作系统与整车企业、软硬件供应商以及广大消费者都是息息相关的，只不过此前大家没有意识到而已。因为消费者的直接感受来自于应用层软件，整车企业也大多是围绕着支撑应用层软件来搭建电子电气架构及平台的，表面来看这些都与操作系统关系不大。其实情况并非如此，无论是应用层软件，还是电子电气架构，都需要操作系统的支持和打通。事实上，各种软硬件必须有效融合，才能形成充分满足用户个性化需求的新汽车产品。而操作系统支撑着汽车软硬件的有效融合，是名副其实的幕后英雄。

具体来说，首先软件最上层是应用软件，车企对于不同的应用软件，可以根据情况选择是否自己做。中间层与车辆的控制直接相关，车企必须牢牢抓住。比如，与推送加油站、充电站位置之类的应用软件不同，对车门、车窗、天窗等进行控制的相关软件，直接关乎车辆的功能、安全以及体验，这一定是车企的责任。最下层的基础软件则是起到支撑作用的底座部分，其中最主要的就是操作系统。

02　自研操作系统的重要性

中国自研汽车操作系统的必要性

第一，中国应该有自己的汽车操作系统。当前，我们正处在一个最好的时代，中国有全球最大的汽车市场，而智能汽车的较量才刚刚开始，这绝不是三五年就会结束，至少未来十年都是黄金发展期。既然中国有如此大的市场，如此好的机会，同时时间点上也很合适，现在开始做汽车操作系统一点都不晚，那我们为什么不自己做呢？中国没有必要通过借用来解决操作系统的问题。除非现在已经有了非常好的解决方案，那我们还可以再考虑考虑。而当前产业并没有一套现成的操作系统能够充分满足未来新汽车的各种需求。所以，中国应该自研汽车操作系统。

第二，自研操作系统不一定要从零开始。事实上，中国已经有了一定基础，而且我们并不封闭。目前大部分企业其实都是在现有系统的基础上，按照自己的需求进行集成创新，以充分利用别人的优势。例如在安卓系统上进行开发，以及基于现有芯片进行系统集成。这也是自研操作系统的一条合理路径。

第三，如果从更高更广的层面审视，自研操作系统还有一条重要路径值得认真考虑。试想，十年之后我们究竟需要打造出什么样的汽车生态呢？前面提到，汽车生态必须具备三个价值：一是对用户有价值、产品可进化，二是对企业有价值、产业可成长，三是对社会有价值、社会可进步。这样的生态系统一定是属于全社会的，需要诸多参与方共同打造，而不是掌握在一家或一类企业手里。相应的，未来的新汽车不但要具备单体智能，而且要基于万物互联得到群体智能的支持，从而充分实现车路协同，如鱼得水一样地运行在未来的智能交通和智慧城市系统中。事实上，当前不只是智能汽车在快速发展，像数字化城市、智慧城市也都在快速发展中，因此未来汽车操作系统不能只考虑汽车这一个端的问题。

今后，国家和产业应该都会系统思考汽车与交通、城市的协同发展。也就是说，我们打造汽车生态，一定要同时考虑车端的系统、道路端的系统和城市端的系统，底层逻辑应该是端云一体化的车路协同。只有这样，才能让新汽车真正给用户带来与此前完全不同的体验升级，并且为汽车及相关产业的改变、城市治理水平的提升以及人类出行方式的变革，做出应有的贡献。

目前一些企业把实现汽车智能化或者汽车智慧出行作为自身使命，这个方向是正确的，不过更多的还是企业层面的考量。而新汽车实际上代表着一种新的生活方式，我们更应该站在万物互联的高度去思考汽车产业的更大使命。在万物互联即物联网的格局下，新汽车将成为一个巨大的载体性平台，这个平台将对其他很多行业产生很强的推动作用。新汽车究竟能够给人类社会带来多大改变，恐怕是我们当前想象不到的。或许只能用手机作为参照：十年前人们根本想象不到今天手机的应用场景，移动互联网让小小的手机价值倍增，并且给各行各业都带来了巨大的变化；十年后的汽车也一定会给各行各业带来完全不同的前景，其影响很可能会超过手机，波及城市规划布局、交通系统升级、能源系统转型、社会综合治理以及我们每个人的生活。

中国建设汽车生态必须立足于能够惠及未来十年、三十年甚至一百年，虽然目前尚处于初级阶段，但我们此时就应该进行相关思考。汽车操作系统也应该从上述高度和广度出发来创新打造，这就是另一条路径。显然，这不是一两家企业根据自己的需求进行开发就能做好的，一定是多方参与、跨界协同才有可能做到位。因为我们不只需要考虑汽车，还需要把整个城市以及诸多相关行业和领域都系统地考虑在内，并且需要和相关政府部门共同探讨。这远远超出了汽车产业的范围，也彻底改变了操作系统的性质。

自研汽车操作系统的根本原因

汽车操作系统应该自研的具体原因其实有很多，可以从以下几个角度来看这个问题。

第一，技术受控是一个很好的出发点，但这不是最主要的原因。核心技术受制于人的风险当然要设法化解，不过仅仅实现国产操作系统的复制式替代是远远不够的，我们更需要操作系统的全面升级，即站在更高的维度上思考问题，通过重新自研操作系统来满足未来产业的发展需要。

第二，自研操作系统最重要的原因是解决演进的问题。试想，如果我们借用别人的操作系统，能够做到自我演进吗？答案是否定的。首先，别人不开放源代码，我们就不能实现演进。其次，即使能够拿到源代码，也只是了解了代码的作用，可以更好地使用而已，仍然不能在原有基础上演进。因为我们并不了解开发者的思想，知其然而不知其所以然。最后，对于一些开源平台，我们确实可以自由加入，但如果想根据自己的需要去修改源代码，平台所有者是不可能接受的。所以，基于别人的操作系统来开发汽车操作系统，很难真正实现自己的不同想法。实际上，当前这些问题已经在产业实践中显露出来了。

另外，中国自研操作系统不能脱离具体的时空场景。我们关于汽车操作系统的所有讨论有一个大前提，就是必须基于中国大市场，基于中国车路协同、车城协同、车云协同的思考与布局。事实上，车辆智能化的实现依靠的是数据这一核心驱动力，而数据一定是区域性的。例如，基于A地数据开发的产品，拿到B地就会不好用甚至不能用，并且在不同区域，数据的采集、流通和使用策略也不一样。而现有操作系统都不是基于中国场景开发的，又怎么可能是适合中国的最佳解决方案呢？反过来讲，将来我们基于中国场景开发出的操作系统，直接复制到其他国家也不可能成功，同样需要基于当地场景重新开发。图3.4分析了中国应当自行研制汽车操作系统的根本原因，并阐述了如何自研汽车操作系统的核心思路。

中国自研汽车操作系统的根本原因	➢ 掌控核心技术 • 基于他人操作系统开发，核心技术受制于人 → 不能掌握操作系统底层核心技术，无法满足未来产业发展需要
	➢ 形成演进能力 • 基于他人操作系统开发，难以真正实现自己的不同想法 → 无法灵活地自我演进，满足本土化需求
中国自研汽车操作系统的核心思路	➢ 不能简单嫁接现有操作系统 • 直接嫁接计算机/手机操作系统的局限性：汽车软硬件更复杂、应用更广泛、涉及领域更多 • 现有操作系统无法承载包容性和灵活性更大的汽车生态
	➢ 必须匹配中国场景 • 数据是区域性的，基于具体应用场景打造的操作系统才能实现最佳匹配 • 自研操作系统应基于中国车路协同、车城协同、车云协同的思考与布局

图3.4　中国自研汽车操作系统的根本原因及核心思路

正因如此，打造适合中国场景的汽车操作系统是本土企业的巨大机遇，我们先天就比外国企业更容易理解和把握中国场景的具体需求。在这个过程中，我们不但可以掌控自己的操作系统，支撑未来中国汽车生态的建设，而且可以形成基于特定场景开发操作系统的能力。这样一来，虽然中国的操作系统同样不能简单照搬到国外使用，但我们完全有能力结合当地情况进行海外的本土化开发，从而更好地参与全球竞争。

所以，自研汽车操作系统无疑是最优解，中国企业切勿辜负了大好时机。为此，前面的日子苦一点也是值得的，因为未来一定是美好的。

掌握汽车操作系统的重要性

当前中国有大市场的优势，同时各方面的政策也很好，特别是在汽车与城市协同方面，有很多领先的尝试，因此我们在构建汽车生态时，布局可以更系统，空间可以更大，这也得益于此前中国在移动互联网上的很多积累。

对于汽车生态而言，从表面上看，似乎每一种硬件或软件都可以找到现成的技术，可是能够真正满足未来需求的技术又不存在，只能去创新探索。以汽车操作系统为例，有安卓系统可以用，还有 QNX 系统也可以用，正如芯片一样其实有很多备选方案，直接拿过来使用似乎更容易。

在这种情况下，如果国内公司全新开发出一套操作系统，又有多少汽车企业会使用呢？很可能千辛万苦把新产品做出来之后，别人不愿意或者说不敢尝试使用。毕竟全产业的理念转变需要一个渐进的过程，在这之前就只能先过过苦日子。当然，一旦熬过了这段苦日子，可能情况就大不一样了。所以，我们不只要解决关键技术从无到有的问题，更主要的是把握未来产业的发展大势，形成具有自身特色的推进思路，并把核心要素真正掌握在自己手里的问题。

汽车操作系统开发的现状

现在越来越多的企业开始关注操作系统，甚至形成了一定的热潮，这本身肯定是一件好事。早在十年前，当时汽车业内普遍认为，用户关心的是产品体验，而操作系统能用即可。整个行业对操作系统都不太重视，更谈不上要自主开发了。而现在大家越来越重视操作系统了，这有利于本领域的发展。

具体来看，目前操作系统的开发者大致有三种情况：第一种是真心在做操作系统。这部分人应该受到尊重，因为做操作系统不可能短期见效，而且需要大量的投入，有人愿意踏踏实实去做是难能可贵的。这部分人往往有两个特质：一是团队有情怀，有情怀才能甘于过苦日子；二是秉持长期主义，在资金上舍得投入，在行动上有序推进。这样的一群人非常值得我们尊重。

第二种实际上是在做与操作系统相关的一些工作，尤其是基于不同商业诉求的系统集成工作。说起来操作系统这个词现在有点被泛化了，很多工作只是基于操作系统开展的，并不是在开发操作系统的基本架构及内容。当然，到底什么才算是做操作系统并不重要，能有更多的人在这个领域耕耘就是有益的。

而第三种情况是，有一部分人只是表面上号称在做操作系统，其实不过是追逐热点或炒作概念而已。他们对于汽车操作系统的发展是没什么帮助的。

总体来看，真心想做、在做操作系统的企业正越来越多。因此，对于开发汽车操作系统来说，现在真的是一个好时代。

院长心声　　　　　　　　　　　　　　　　　　VOICE

汽车操作系统是决定产业发展高度的地基

汽车产业究竟需要什么样的操作系统？为什么不能直接使用现有的操作系统，而一定要自行开发新的操作系统？我想这也是当前很多企业领军人都在思考的重要问题。自研操作系统的出发点，一是要把核心技术掌控在自己手中，二是要解决现有操作系统不能满足未来产业发展需求的问题。由此来看，现在很多企业、尤其是外资企业正基于现有的QNX或者Linux等系统，开发新的汽车操作系统。这是一种先继承、再发展的思路。

而另一种非常重要的新思路是，我们首先要明确，汽车操作系统的作用到底是什么？将操作系统视为汽车自身软硬件管理的基础平台，这是一种认识；而从智能汽车（SV）融入到智能社会中，即与智能交通（ST）、智慧城市（SC）以及智慧能源（SE）形成4S一体化的发展格局来思考，打造支撑4S统一管理、协同发展的操作系统平台，则是另外一种完全不同的认识。

我觉得，在这方面我们真的应该想得更远一些，本轮汽车产业重构一定会影响人类未来几十年甚至一百年的发展大计。实际上，汽车在诞生以来的一百多年里，一直在不断拥抱各种各样的新技术，使自身日趋完善起来。例如之前汽车排放是不被考虑的，后来通过三元催化剂等手段来净化尾气，汽车就变得越来越清洁了。当然，过去汽车主要还是渐进式的改变；而本轮科技革命将彻底重塑汽车产品及产业，使之发生颠覆式的改变。

未来的汽车将不再是简单的出行工具或机械产品，而是基于数据形成了自我进化能力的智能机器人。由于万物互联和数据流通，未来汽车将被赋予更多的能力，具有软硬件融合的统一架构和管理平台，以及数据采集、通信、处理与应用的强大能力，成为可移动的互联节点、数据载体、计算平台、智能终端和生活空间。此外，智能汽车与新能源汽车相结合，还将成为灵活的储能供能单元，即移动的充电宝。未来汽车无论开到哪里，都可以根据需要随时随地地储能或供能，这对于可再生能源的消纳和电力系统的平衡意义重大。在这样的前景下，我们再"就车论车"可能就太狭隘了，甚至会限制汽车产业潜在的发展空间。

因此我们必须思考，面向汽车产业边界不断扩展、能力持续增强的未来，什么样的汽车操作系统才能既支撑汽车本身的运行，更支撑汽车与整个城市内各种终端的互联与协同？要知道，汽车很可能是未来城市里唯一能够连接万物的移动节点。随着汽车把城市里包括道路、停车场，以及住宅、学校、商场、餐饮、娱乐等各种设施和场景全部打通，整个社会都将发生根本性的改变。如果说现在手机作为移动智能终端，其实是人带着机器人在移动；那么未来汽车作为移动智能终端，则将是机器人带着人在移动。相比于手机，汽车的能力会更强大，从而可以为人类提供一个可移动的高度智能的家。

我们现在就应该把未来十年、三十年甚至一百年后汽车的应用空间与范围尽可能想全想透，然后以此确定近期生态建设包括操作系统打造的目标，特别是需要打下多深多宽的"地基"。而这个"地基"建设得如何，将决定未来汽车生态这栋大楼能不能盖得足够高。

中国应该开发全新的汽车操作系统

对于中国是否应当自行开发全新汽车操作系统的重要问题，不能简单地从技术层面思考，而是必须基于对汽车产业发展前景的判断来进行选择。未来，智能汽车作为打通万物互联的各个主体的关键节点，将成为智能交通、智慧城市、智慧能源乃至整个智能社会的重要组成部分。也就是说，汽车产品涉及的硬件、软件将日益增多，并且与外部生态中的各种资源紧密相连。为此，我们应打造具有前瞻性和中国特色的全新汽车操作系统，确保其可拓展性与可迭代性，为支持更多生态资源的接入提供良好的基础，以适应产业变革的不断深化。相比之下，基于现有操作系统进行开发，很难摆脱固有的局限性，还有受制于人的风险，无法支撑汽车产业未来的跨越式发展。

不过我们要打造中国自己的汽车操作系统，并不意味着应该"家家点灯、户户冒烟"。一些企业在操作系统上进行了大量投入，各自开发自己的系统，这并不是最佳路径。实际上，汽车产业更需要广泛共用的操作系统。只有这样的系统才能汇聚更多的优势资源，并得到更广泛的市场验证，从而既能够解决眼前的痛点问题，又具有未来发展的巨大潜力。此前业界对操作系统认知有限、重视不足，现在大家都关注操作系统了，但是大家一窝蜂似的都来做操作系统，势必分散有限的行业资源，反而会迟滞汽车操作系统走向成熟。而对于那些盲目自信、过度投入的企业来说，更将因此蒙受惨重的损失。

说到底，汽车操作系统高度复杂，需要持续进行大量投入，并在使用中不断迭代完善，才有可能获得成功。而任何企业的资源和能力都是有限的，独自打造操作系统将非常困难。为此，全行业更应集中力量打造几套共用的操作系统，我认为这才是中国汽车产业拥抱万物互联的有力抓手。同时，我预测汽车全行业只通用一套操作系统的可能性不大。经过充分的探索和竞争，当前诸侯割据、各自为战的状态将逐渐改变，操作系统将日益集中，最终或许会有三四套操作系统为行业共用。

实现创新引领必须先做好过苦日子的准备

自研操作系统必然要过苦日子。实际上，苦日子可以分为两种：一种是把别人现成的技术直接拿过来使用，这样可以解决短痛，但又带来了长痛，因为核心技术掌握在别人手里，有受制于人的风险，而且现成的技术很可能无法满足未来产品颠覆性改变的需求。这等于是选择现在不过苦日子而将来要过苦日子。另一种则是下定决心从头开始，自己开发新技术，不再跟跑，而是努力并跑甚至领跑，只有这样才有可能抢占战略先机、实现创新引领。这等于是选择为了将来不过苦日子而现在过苦日子。

目前尚无成熟的汽车操作系统，如果基于计算机或者手机的操作系统来开发汽车操作系统，肯定会更容易，但这样的操作系统是否完全适合汽车？后续又有多大的发展空间呢？这是必须提前思考清楚的重要问题。如果我们要把握本轮汽车产业重构的历史机遇，谋划创新引领的百年大计，就应该从零做起，全力打造既适合汽车产品、更适合中国产业生态环境的全新操作系统。为此，现在就要过苦日子，投入大量资金，集中大量人才，坚持不懈地攻关，这样最终才能迎来美好的未来。

开发汽车操作系统应努力打好基础

说起来，那些掌握着现有操作系统的企业，恐怕很难下决心重新做起。而中国企业本来就没有自己的操作系统，现在既然有了这么好的机会和这么强的需求，为什么还要继续跟在别人后面呢？所以，中国企业应该努力抓住这次机遇，全力打造具有自身特色的全新汽车操作系统。前期可能会比较苦，但是一旦自研成功，未来的价值空间非常值得期待。最终我们不仅可以解决中国汽车操作系统从无到有的问题，更有望实现引领性创新和跨越式发展，从而在本轮科技革命中取得全球竞争优势。

谈到这里，我不禁想到了新能源汽车产业发展中的类似历程。前些年在电动汽车刚刚起步的时候，很多企业都选择了"油改电"，即在原来燃油汽车的架构上改换电驱动力系统。之所以选择这种"打补丁"的做法，是因为当时这些企业对于电动汽车的未来心存犹疑，舍不得投入开发新技术，总想着可以借用传统燃油汽车的基础，更容易地开发出电动汽车产品。实践证明,这种做法既限制了电动汽车的优势,又丧失了燃油汽车的优点,结果产品变成了鸡肋,无法赢得用户认可,同时企业也没有任何技术积累。目前市场上卖得好的电动汽车产品,无一不是基于全新电动汽车平台开发的。这种重新开始自研电动汽车平台的策略,初期当然投入更大且困难重重,却是企业提升核心竞争力的正确选择。

而操作系统选择自研也是同样的道理。更何况不同于"油改电",中国企业本来就没有自己的操作系统,连"改"的基础都不具备。所以,我们开发汽车操作系统应避免走"油改电"那样的弯路,争取一步到位地打好基础。在万物互联的时代,智能汽车的战略价值难以估量,我们必须下定决心、自主打造能够支撑未来汽车生态的操作系统。

在此过程中,尤其要注意两点:一是操作系统应尽可能地与中国场景相匹配;二是操作系统应尽可能地具备拓展性和灵活性,可以随着未来汽车生态的成长而不断演进完善、扩大适用范围。今天的我们确实很难把五十年后汽车产业的状态想清楚,但只要我们把面向未来的顶层设计思想融入进去,使操作系统的基本架构具有前瞻性,充分体现中国对于未来汽车产品、产业及社会的理解和认识,那么这样的操作系统就可以成为良好的基础,供之后的几代人在其上进行拓展和完善,支撑未来汽车像人一样不断进步、日益"聪明"。

此外,我认为有一些和之前完全不同的准则,必须体现在新的汽车操作系统中。比如,要从车路协同的角度设计汽车操作系统,而不是像计算机或手机那样只需支持联网即可。又如,此前汽车上的软件都是嵌入式的,而且基本上是一个软件管理一个硬件,各种软件之间互无关联;未来这种模式难以为继,必须通过软硬解耦,把硬件原子化,使不同的软件都可以调动各种硬件,而且软件之间要形成最优的组合。后续这方面的需求会不断增大,汽车操作系统必须能够有效支撑这样的前景。这些实际情况让我们更深刻地认识到,基于现有操作系统开发汽车操作系统,虽然短期内会容易些,但是长期看必将越来越举步维艰。

在现有系统上开发汽车操作系统难以承载汽车大生态

打造汽车操作系统既不能没有前瞻性,又不能过分前瞻以致于无法起步，更不能觉得不够前瞻就裹足不前。汽车操作系统肯定需要投入大量的人力、物力、财力，而且其最终形成商业上的广泛可行性恐怕尚待时日。但有一点是确定的，那就是无论大家有多少不同的想法，都需要在实践中通过产生商业价值来得到检验。也只有在持续的实践中，原本模糊的概念才能逐步澄清，原本欠缺的系统才能逐步完善。

说起来，企业不在现有系统上开发汽车操作系统，大家通常认为有两个原因：一是因为现有的操作系统无法支持未来十年汽车产业及产品创新的需要；二是出于对技术受制于人的担忧，毕竟现有的操作系统都不是中国的，我们没有控制权。而在这两个完全不同的出发点之外，我们还要拓宽思路。一定要充分认识到汽车操作系统的真正价值，不能简单地"就车论车"。

相比之下，计算机操作系统就是针对计算机的，手机操作系统就是针对手机的，但是汽车不一样。一方面，计算机也罢，手机也好，都只相当于汽车上的一个总成而已，汽车的复杂度远非计算机或手机可比。另一方面，更重要的是，未来汽车将不再是信息孤岛式的存在，而是连接万物的移动节点，形成所谓"车－路－云"协同一体化的新格局。事实上，数字化的"路"和"云"都将成为未来基础设施的一部分，当然不同于以前的硬件基础设施，这里所说的基础设施是指具备通信和计算能力的信息化基础设施。由此出发，现有操作系统真正的局限性在于，无法承载一个包容性和灵活性更大的汽车生态，这才是中国需要自行打造全新汽车操作系统的根本原因。

03 操作系统的发展路径

研发汽车操作系统的三步法

研发操作系统不可能一步到位，只能循序渐进、逐步完善，而企业是需要盈利的，持续投入而产出不足将面临很大的压力。那么汽车操作系统的理想状态是什么，要达到这样的理想状态，企业应该分几步走？目前恐怕也没有标准答案，都在持续摸索中。

研发操作系统只能分步实施，不能跳跃式发展。大体而言，至少要分三步走：

第一步，做好车联网。中国第一款互联网汽车已于2016年上世。这其实不是一般意义上的联网，而是实现了汽车的在线。目前数字化城市正在迅速发展中，一些车型实现了在线接入，已经让部分消费者享受到了数字化社会的便利，而且今后这种数字化带来的便利还会继续扩大，从而让消费者从中获得更好的体验。

实际上，备受关注的智能驾驶技术也和车联网一样，必然要经历一个从无到有、从少到多的过程。新车市场渗透率先要达到1%，继而才能达到10%，直至未来上升到80%甚至更高，不可能一夜之间汽车就全都变成智能驾驶了。同时，这也是一个消费者接受智能驾驶"教育"的过程。再加上目前还有这么高的汽车保有量，这些存量要完全被具有智能驾驶能力的新车替代，显然需要更长的时间。

说起来，智能驾驶也好，服务和体验也罢，都与车辆的网联化紧密相关。现在业内谈论更多的是智能驾驶，是服务和体验，是车机系统以及APP，其实这些都是表象，让汽车在线、让服务在线，从而使汽车及其服务与用户实时连接，这才是表象背后的本质。所以，第一步至关重要。

第二步，做好智能座舱。以前不少人觉得，智能座舱无非就是把屏幕做得更大，然后再把手机应用直接移植过来就行了。今天大家的认识已经完全不同了，尤其是将汽车作为一个空间来思考，这就不是手机所能类比的了。在座舱这个空间里，需要关注的不只是汽车本身，也包括驾驶员、乘客，以及各种服务及其体验，此外还有座舱与智能驾驶的跨域融合。就是说，要考虑人机共驾等情况，复杂度成倍提升。因此，今后智能座舱将不再是单核系统，很可能必须是异构多核的系统才能胜任，而且这其中有的核是实时的，有的核则是非实时的。这样的智能座舱将是智能汽车发展过程中的巨大进步。

第三步，做好整车系统。汽车软件大体上可以分为三层，当然如果细分起来会有更多的层级。操作系统需要统一管理不同层级的软件，以有效发挥其作用。因此，当前的第三代操作系统比以前更加复杂，开发难度也更高。而未来的第四代操作系统，可能就不再局限于汽车本身了，而是要把汽车置于整个城市中来管理，其底层逻辑是车与路、云乃至整个数字化城市协同一体化的系统思考。

汽车产业一直在不断发展、持续演进，相应的，几代操作系统也是一脉相承、逐步发展过来的，而不是彼此割裂的关系。在此过程中，用户的习惯得以延续，体验日益提升，操作系统也越来越趋于完善。例如，以前用户只能通过语音与汽车对话，之后交互的方式慢慢增多起来。又如，以前汽车大屏幕上显示的是地图，未来随着AR/VR（增强现实/虚拟现实）技术的应用、数字化城市的发展，显示的很可能将是整个城市的场景，而且或许不是在屏幕上，而是在汽车玻璃上让用户看到。这其中可供想象的空间非常大。

也就是说，我们应该基于对操作系统演进程度的认知，为每一代操作系统定义出清晰的目标，使各代操作系统都能解决各自的核心问题，同时确保代与代之间不出现割裂，能够一脉相承地发展完善。今后汽车产业需要解决的问题将越来越复杂，因此，我们开发操作系统所需的投入和知识也必然会越来越多。

开发操作系统的架构思维能力

操作系统的开发需要分步实施，同时各个步骤之间并不是孤立的，而是连贯的，因此在一开始就要有足够的前瞻性。这种前瞻性需要前期架构思维能力，而且开发操作系统最关键的就是架构思维。如果操作系统只适用于一个应用场景，肯定是有局限的。系统没有"留白"，即没有为后续的发展留出空间，就不会具备拓展性。因此汽车操作系统需要同时确定几个场景作为开发目标，进而会产生满足万物互联下各种应用场景的思想。

开发操作系统不同于开发一般软件。操作系统的基本要求是要有平台性，要面向未来留出拓展空间，甚至是跨界的空间；在此基础上，再考虑如何支撑别人，让别人做得更好，使系统承载的应用及其体验达到最佳状态。在搭建好操作系统框架后，生态中各参与主体在其中运行，共同在产业实践中打磨和演进。

企业开发操作系统需要三方面的能力支撑：第一要有长期专注于此的团队，一直在思考操作系统的问题，这样相比于其他团队，自然更容易做得好一些；第二要尽量提升自身的跨界能力，为此应引入一系列能把系统扩宽的力量；第三要不断迭代、持续改进，让一代一代的操作系统能够越做越好。

具体到汽车操作系统上，汽车产业具有特殊性，这个产业涉及的要素多、范围广、层面高。当我们从汽车出发，把视野扩宽之后，就会意识到开发汽车操作系统不能仅仅考虑车辆自身，还要将其放到城市中思考。

那么，如何把汽车放到城市中思考？又如何让汽车的智能化与城市的数字化有机结合起来呢？这是一个很大的课题，可能需要我们研发几代操作系统才能最终解决。而这种思考很有意义，相当于先把未来的愿景建立起来。愿景的作用是非常大的，可以帮助我们找到技术方向，也可以帮助我们把技术与商业结合得更好。正确的愿景会对技术产生方向性的引导和促进作用，反过来，技术进步又会拓展我们思考问题的边界，并提升实现愿景的可能性。事实上，操作系统的发展就是愿景与技术有效协同互动、不断迭代验证的过程。图3.5强调了开发汽车操作系统一方面从架构思维出发，确保拓展性和灵活性；另一方面要多方共同参与，在实践中不断优化。而为了实现这样的要点，企业必须具有三个方面的能力支撑。

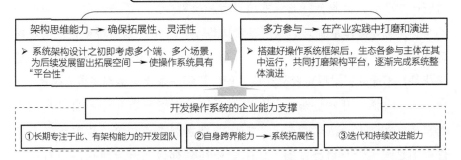

图3.5 企业开发汽车操作系统的关键要点与支撑能力

基础操作系统通用的重要性

当前行业里有很多企业都在讲操作系统,其中不少企业的认识和实践恐怕并不正确,大概率会走向失败。一些企业由于理解有误,可能真的以为自己是在做操作系统,并取得了不错的进展,但其实主要还是在做中间层或者应用层的软件而已,完全没有触及操作系统的核心。这个问题亟待澄清,否则等到企业几年后醒悟过来的时候,时机就错过了,同时整个行业也面临巨大的资源浪费。

我们不妨参考一下手机的例子,虽然汽车与手机不同,但有些道理还是相通的。当年不少手机企业的领导把赌注都压在安卓系统上,他们觉得安卓系统很好,未来肯定会占据手机操作系统的霸主地位,而且又是免费和开源的,可以直接在上面修改程序或深度定制,为什么不用安卓呢?这种想法当然有道理,但是如果后面情况变化了,该怎么办呢?一是安卓系统会演进,如果安卓修改了,那基于其开发的软件就都需要跟着修改;反过来讲,如果安卓不修改,有很多问题企业自己是解决不了的,所以基于安卓系统开发一两代产品没问题,但后续迭代升级会越来越难。二是安卓免费共享的政策如果改变了,企业也没有办法应对。初期几乎没有人相信会出问题。后来等到真的出现问题时,开发全新手机操作系统的时机已经错过了。希望汽车产业都能从中有所感悟,千万别让类似的情况又在汽车操作系统上发生。

值得庆幸的是，当前汽车产业有上述历史经验可以借鉴。而且汽车是重资产的产业，企业会更加慎重地思考和决策。从这个意义上讲，短期内不少企业都在操作系统方面做一些尝试也不是坏事。因为每家企业的想法各不相同，不妨对各种路线都实践一番，在这个过程中就会逐渐明白哪些路线是行不通的，最后更容易达成共识，找到一条能够实现多赢的路径。

另一方面，开发全新的汽车操作系统并不意味着车企要自己来做全部事情。实际上，汽车产业分工协作的理念原本就很强，毕竟很多零部件都不是整车企业自己做的。如果企业什么都自己开发，控制力肯定更强，短期内或许可以见效快、收益高，但是长期看效果一定不会好，至少效率不可能是最高的。而如果整车企业继续秉持分工协作的战略，那如何分工、与谁协同来打造操作系统就只是具体的战术问题罢了。反之，如果整车企业认为操作系统就要独自来做，这种思想根深蒂固，那别人再怎么讲也没有用，也就不可能形成分工协作的共赢局面。

尤其对于基础操作系统，这就像基础零部件一样，应该是越通用越好。如果有企业已经进行了大量的开发工作，就应该让其继续做下去，做得更加精细，然后各家整车企业拿过来一起使用。例如几家大型的整车企业可以共同投资来做基础操作系统以及基础软件，并努力使其成为行业标准；然后通过共同使用这个操作系统，助力其做得更好、更大、更强。同时基于这个基础操作系统，各家车企可以进一步进行各自的个性化开发，形成百花齐放的差异化产品。这种模式既有合理的分工协作，可以集中资源夯实基础，又不影响企业之间的市场竞争。由此，汽车操作系统就能健康地发展起来。

汽车操作系统的发展前景

随着汽车产业不断向前发展，最终汽车操作系统的格局是几套操作系统并存，还是一套操作系统一统天下？这个问题涉及技术、商业、社会和风险控制等很多层面。如果从操作系统本身的规律来看，成熟的操作系统不可能是最后一刻凭空出现的，一定是基于此前不断的尝试和积累而诞生的。也就是说，都可以追根溯源找到其最初开始演进的起点。

最后能够一路演进下来直至成熟的操作系统不会太多，可能有三四套；但也绝不会只有一套，汽车操作系统很难形成一家独大的局面。

还有一点，今天大家对汽车操作系统的定义并不统一，有很多不同的层面和内涵。业界能够从多个视角来看待操作系统，比如从用户的视角、从中间层的视角、从底层的视角等等，这本身也是好事。如此一来，短期内汽车操作系统可能会有很多种，因为整车企业都有各自的想法，都想打造具有自身特色的操作系统。事实上，整车企业也确实有很多理由需要这样做，为了提升用户体验，为了支撑产品迭代，为了更好地整合资源，以及为了实现硬件原子化重组并自主选择软硬件方案等，都会产生按照自己的想法开发操作系统的诉求。

然而做操作系统的难度非常大，需要长期持续的投入和积累，如果每家整车企业都各自为战，从技术能力的角度是不可能的，从投入产出比上来看也是不划算的。因此如果有供应商把操作系统的内核打造好，然后为其他企业赋能，即支持整车企业打造其所需的广义上的操作系统，这样会比较好。说到底，车企关注的是用户、数据以及资源的整合，这些要素也确实应该由其掌握，毕竟车企要对最终的产品负责。至于操作系统的内核，并不是车企必须掌控的。图3.6预测了汽车操作系统的发展前景，并基于此提出了车企与核心供应商的产业分工建议。

汽车操作系统的发展前景	
汽车OS开发不会"百家齐鸣"	**汽车OS不可能"一家独大"**
➤ 基础操作系统要保证一定通用性 + OS底层开发难度大，每家车企都自研的可能性小 → 不会出现大量操作系统	➤ OS发展有不同路径：①头部企业自研OS，形成独有的OS生态；②其他企业选择与核心软件供应商合作 → 最终可能形成三四套OS
产业分工	
车企不能唱独角戏	**车企应与核心软件供应商有合理分工**
➤ 车企有诉求打造自身特色OS • 以自主选择软硬件方案 → 提升用户体验 → 支撑产品迭代 ➤ 车企能力不足，自研OS难度大、性价比不高 • 开发OS需长期投入，从投入产出、技术能力与生态分工协作角度分析，投入产出比低	➤ 第三方专业软件企业开发OS内核 ➤ 尽可能让更多车企应用 → 基础OS越通用越好 → 更有利于OS发展和完善 ➤ 车企重点关注上层应用 • 对最终产品体验、服务负责 → 更应关注用户、数据以及资源的整合

图3.6 汽车操作系统的发展前景及产业分工

院长心声　　　　　　　　　　　　　　　　　　　VOICE

自研汽车操作系统不可能一蹴而就

操作系统非常重要，不过汽车业界对其的认识要有一个过程。初期多数企业都觉得，广大用户更多的是从应用层面来感受智能化产品的，至于用什么操作系统，往往并不重要。后来随着汽车产品的智能化程度越来越高，涉及的硬件和软件越来越多，企业逐渐意识到，如果没有合适的操作系统提供支撑，是无法把这些硬件与软件的各种组合有效运行起来的。于是一些企业开始尝试开发封闭式的汽车操作系统，主要是为了自己受控。之后由于需要融入的外部资源和用户日益增多，又有一些企业开始打造开放式的操作系统，以期有效承接更多的外部资源和用户。

当然，用户更关注应用层面而非操作系统层面的情况并没有改变，就像现在走进了千家万户的手机一样，用户关注的只是APP，而非手机操作系统。然而不同的操作系统对硬件和软件的协同管理能力截然不同，这会显著影响用户可用的服务以及相应的体验。这才是操作系统越来越受汽车企业重视的根本原因，也让操作系统迎来了关注热度空前的春天，这对行业而言无疑是有利的。

不过汽车操作系统不可能因此一蹴而就，我们需要客观看待其复杂性和渐进性。一部分企业真心想自研操作系统，那就必须持续投入大量的人财物，并要有先过苦日子的思想准备。另一部分企业自称在做操作系统，实际上只是基于现有操作系统做一些嫁接或集成的工作，这其实也是一种有益的尝试。还有一部分企业尚未充分认识到操作系统的重要性，还没有自己的开发计划，也没有找其他企业合作，这类企业在后续的发展中恐怕会遇到麻烦。

开发操作系统是一项系统工程

打造操作系统既要仰望星空，也要脚踏实地。就是说，既要有前瞻的战略判断，努力看得更远，也要充分考虑当前企业的认知水平和现实状况，基于企业能力，包括人力、物力、财力等的实际情况来实施。

同时，开发操作系统一定要"留白"，要有拓展性。要从未来万物互联时代的展望出发，把汽车这个可移动的互联终端，视为操作系统的一个重要端口，提前考虑将来汽车需要什么样的接口、如何实现数据传输、怎样进行硬软件管理等等。我认为，这是企业战略眼光的体现，也是操作系统的架构能够支持后续拓展和不断迭代的前提。

开发操作系统还是一项需要整体规划、分步实施的系统工程，必须不断优化，才能越做越好。而愿景为大家指明了前进的方向和最终的目标，让大家都清楚必须加倍努力、坚持去做，否则只能是在原地打转，直至错失良机。尤其是未来汽车产业将更趋复杂，因此汽车操作系统的规划就更需要尽可能想得远一些，基于未来汽车在未来城市中如何发挥作用的思考，来勾勒理想的图景。反之，只顾眼前、鼠目寸光的产业实践，一定会迷失方向，是无法满足万物互联时代的需要的。

汽车操作系统最终一定是共享的

当前大家对操作系统的范畴有各种不同理解，对此我想提醒企业，一定要避免把操作系统的概念泛化。同时，企业可以考虑自行开发操作系统，但必须清楚，如果自建的操作系统没有生态支撑，那将是毫无意义的。

我认为，操作系统最终一定是共享的，而非独有的。单一企业很难独自支撑操作系统，因为如果只是一家企业在用这个操作系统，那每个模块都必须与供应商逐一进行单独沟通，不仅任务繁杂、工作量巨大，而且代价高昂、难以持续。以这样的方式来做操作系统，即使一时效果不错，最后也会由于无法得到产业生态内各种资源的有效支撑而陷入困境。

正因如此，操作系统一定要向整个产业生态开放。整车企业可以根据自身的目标、重点和竞争战略，决定主攻操作系统的某一部分。例如，可以选择只做座舱操作系统；也可以组建3000人的软件开发团队，尝试做操作系统中的更多部分。但是无论企业的软件团队有多大、能力有多强，都仍然需要拥抱整个产业生态。如果只是把自己体系内的供应商拉进来一起做操作系统，而没有把操作系统推向更多的使用者和参与方，是很难构建起产业大生态的，未来也很难有持续生长和发展的空间。

经过几年的合作和摸索，当前业内基本形成了一个共识——汽车产业更需要很多车企共同使用的操作系统。所以，开发汽车操作系统的定位应该是为整个行业服务。与此同时，操作系统下层和上层的各种软件则应由整车企业自己或者与相关合作伙伴一起深度合作来打造，包括通信模块和计算平台软件，以及各种面向服务的应用层软件等。

未来是"软件定义汽车"的时代，我认为，这意味着操作系统必须有效对接未来的汽车大生态。汽车产业原本就是一个生态，不过主要是制造业的生态，由整车企业和零部件供应商组成；而未来汽车生态的参与方更多了，范围也更大了，特别是在硬件供应商之外，还有了大量软件供应商，并将由此衍生出软件开发者生态和应用服务生态等。正因如此，操作系统的共用性至关重要，因为如果没有诸多车企以及供应链企业的生态支撑，操作系统是无法真正发挥作用的。

车企涉足操作系统应避免自我误导

操作系统必须有足够超前的顶层设计，确保基本架构有充分的拓展性，并且在分步实施的过程中，每一步都不是孤立的，需要不断积累、逐步演进。而现在不少车企在做操作系统时，很少进行前瞻的战略思考，往往是眼前取得一些进展就觉得成功了，实际上并没有形成必要的积累，所做的系统也没有很强的拓展性，我觉得这样的企业是走不了太远的。

当然，现阶段企业对汽车操作系统有不同的理解和定义是很正常的，宣称自行打造操作系统以提升形象也无可厚非，只不过企业一定要避免其中可能存在的误区。例如，近期我经常听到一些企业老总讲，我们也有自己的操作系统。事实上，操作系统有很多层面，完整的操作系统能够把所有的硬件和软件都统一地管理起来，以高效地实现智能化，这样的操作系统非常庞大且复杂，远不是某家企业在短期内就能成功打造出来的。企业在做出了某个层面或某个部分的操作系统后，可以进行一定的宣传，但切不可引起用户的误解，更不可误以为自己真的就把操作系统做全了、做好了。

当前很多企业都宣称自己在做操作系统，不过这些所谓的操作系统也有层级之分、真假之别。这其中，既有真正在做操作系统核心的"李迹"，也有只是在做某些应用层软件或中间件开发的"李鬼"。我觉得企业对外宣传自研操作系统，可能对品牌形象的提升起到一定作用。不过企业内部对操作系统必须有正确的认识，清楚自己做的到底是不是操作系统，是操作系统的哪个部分，以及应该做哪个部分。

其实对于新鲜事物，出现误解或误读的可能性是很大的。像前段时间一些自动驾驶的车辆接连发生事故，就在一定程度上与部分企业的过度宣传不无关系。明明只具备L2级辅助驾驶的能力，却让用户以为已经达到了L4级自动驾驶的程度，结果就发生了严重的安全事故。

而对于操作系统来说，我认为企业更应该规避的是自我误导，这既涉及企业的高层，也涉及企业的中层和基层。有的时候可能是领导的宣传误导了员工，也有的时候可能是员工的描述让领导产生了误解。等到几年后企业醒悟过来的时候，恐怕就为时已晚、错失良机了。

未来整车企业应更加重视培育集成能力

事实上，一直以来汽车都是一个集大成的产业，整车企业不需要也不可能凡事都亲力亲为，而是应当集中精力做好集成工作。也就是说，车企必须"有所为，更有所不为"。在硬件主导汽车的时代，一辆车上大约有上万个零部件，其中70%以上都是整车企业采购得来的。由此可知，确保汽车产品的高品质有多么不容易。一方面，这上万个零部件的品质都必须做到位，否则就会出问题；另一方面，即使每一个零部件的品质都很好，可是将它们集成到一起，还是可能因为匹配不佳而出问题。所以，整车集成能力对于车企而言至关重要。

而进入"软件定义汽车"的时代，整车企业的集成能力将进一步扩展，同时也将更加重要。首先，硬件方面的集成要求没有丝毫降低。虽然新能源汽车上有动力系统的变化，主要是发动机换成了动力电池和电机，但车身、底盘，制动、转向等系统的硬件都没有减少；而智能汽车在没有改变基础硬件的同时，还增加了如芯片、传感器等新硬件。其次，软件方面的集成要求显著提升。因为未来汽车将加入越来越多的软件，包括操作系统和各种单一软件等。最后，这些硬件和软件的有效融合需要车企形成新的更强的集成能力。

正因如此，我认为未来整车企业必须比以往更加重视培育集成能力，同时相对于"有所为"，可能要有更高比例的"有所不为"才行。或者说，车企必须掌握对自己最重要的部分核心技术，同时全力做好软硬件的系统性集成；至于很多软硬件本身，大可以交给相关的专业公司来负责。

而汽车软硬件的有效集成、系统性管理及其性能的优化控制，需要能力超强的操作系统，这个操作系统的打造尤其需要分工协作。如果某家车企按照包揽一切的方式来开发操作系统，恐怕只会越做越难，结果很可能是投入了大量资源，却只得到一个鸡肋系统，根本无法满足未来的需要。这样既耽误企业的发展，又影响行业的进步。所以开发汽车操作系统不能由整车企业唱"独角戏"，而是需要整供相关企业有效分工、共同努力。

在此过程中，车企应当做好操作系统架构和平台的定义以及相应的集成工作，至于架构之上的各种组件可以让其他企业来填充，平台之下的基础支撑也没有必要自己做。事实上，基础操作系统由专业的第三方来做，并让尽可能多的车企去应用，更有利于操作系统的发展和完善，最终也会让车企自己受益。

04 操作系统的关键问题

操作系统企业与软硬件企业的深度合作

操作系统既要为软件提供运行环境，又要把各种硬件和软件都有效管理起来，因此操作系统与各种软硬件都密切相关。汽车操作系统所涉及的多方分工协作问题确实极为复杂，要从不同的角度来分析。

一方面，从存量即原有汽车企业的角度看，当前汽车行业正处于由传统汽车向新汽车迈进的变革期，整个汽车产业链条都在重构。整车企业将转型成为新汽车的制造商，相应的，一级供应商作为产业链上的重要角色，也要转型成为新汽车的供应商。而对于新的一级供应商，其角色和要求目前还没有明确的定义，谁更有机会成为以及怎样才能成为合格的新一级供应商也并不清楚。不过有一点是明确的，那就是现有企业非转型不可，否则就会被产业淘汰。事实上，也只有在产业演进和转型的实践过程中，新的一级供应商才能涌现出来。

另一方面，从增量即新进入汽车领域的"业外"企业的角度看，必须明确自己擅长和不擅长的方面，然后制定相应的协同策略。例如软件供应商并不擅长汽车硬件，但又不能脱离硬件来谈软件，所以就一定要与相关的硬件企业深度合作，并且这种合作不是像以前那样只限于一个接口或界面的浅层次合作，而是要进行更广泛、更系统的深层次合作。比如芯片和传感器是新汽车上非常重要的新硬件，只将其视为一个模块提供驱动支持，或提供一个简单的信息界面是远远不够的。为此，软件企业就要与芯片和传感器企业进行深度合作，以真正实现软硬件的最优匹配。

当前，各类企业其实都面临一个共同的重要课题，即新汽车到底"新"在哪里？因为产业发展的核心驱动力一定是创新，而新汽车的创新性是其定义的基础，也是今后企业为之努力的目标和方向。然而今天我们还无法清晰确定未来新汽车应该如何创新，这就要求一些企业，比如做整车产品、操作系统、芯片等的企业先行一步，探索可行的路径；而其他企业，也就是相对比较成熟的软硬件的供应商，在后面跟上就可以了。

在关键软硬件深度融合的过程中，例如通过操作系统与芯片的深度融合，共同推出"旗舰产品"并不断优化，汽车产业一定可以走出一条与此前完全不同的道路来，实现引领创新并树立新汽车的标杆，进而重塑未来整个汽车产业的生产关系。

操作系统在汽车安全方面的重要作用

汽车安全包括各种不同维度的安全，涉及的问题非常复杂。而操作系统对于汽车安全有着非常重要的作用，具体可以分两个部分来讨论。

一个部分是功能安全。目前相关企业在开发操作系统时都很关注车辆控制，就是为了满足功能安全的要求。就实时操作系统而言，我们可以将各种车辆法规及安全认证标准作为一个重要抓手。如果操作系统在实时状态下能够符合车辆安全法规、通过一系列安全认证，那相对来说就是比较安全的。汽车安全法规及标准是行业多年积累下来的，有着清晰而系统的规范，这样实时操作系统的开发就有章可循了。

另一个部分是其他各种安全，如数据安全、网络安全、信息安全等等。这些安全都涉及动态攻防的问题，最终必须通过体系化思考来寻求解决之道。所谓体系化思考，就是把汽车的智能化和网联化以及未来汽车与城市的互联互通综合起来，进行系统思考。从这个层面上审视，汽车安全就不限于单一车辆的范围了，而是扩大且复杂了很多倍。其中任何环节存在漏洞，网络黑客就会由此攻入。所以，我们在垂直方向上应把操作系统和芯片等放在一起来思考，在水平方向上应把车端和云端放在一起来思考。

也就是说，从操作系统出发构筑安全屏障，先要对各种汽车软硬件进行体系化思考，以确保车端的安全；然后要对车端和云端进行体系化思考，以确保整个汽车生态系统的安全。需要注意的是，上述过程不是一次性的，而是需要持续进行动态的攻防演练和较量，从而不断修补漏洞、增强安全保障能力。

院长心声　　　　　　　　　　　　　　　　　　　　VOICE

打造操作系统需要广泛协作、有效分工

未来操作系统企业的合作理念绝不是"我开发了操作系统，你拿去使用"，而是要和各种相关软件与硬件的供应商，即生态的各方参与者，进行产品的联合定义和开发，以确保相互匹配和支持，否则操作系统就是做出来了，其价值也很有限。也就是说，此前操作系统企业的出发点，是如何把系统本身做得更好；而现在更需要思考的，是如何让操作系统支持更多的软硬件，包括一些未来可能需要系统支持的潜在的软硬件，并以此为目标，积极开展协作和培育相关能力。

尤其是芯片，与操作系统的关系可谓唇齿相依。操作系统如果离开了芯片就无法运行，而芯片如果不能与操作系统良好匹配，也无法有效发挥作用。因为操作系统管理着各种硬件和软件，相当于为芯片提供了土壤，而芯片如果水土不服，又怎么可能茁壮成长呢？

展望未来，负责管理各种汽车软硬件并支持外部连接的操作系统，将成为新汽车这座大厦的坚实地基。为了打造好这个地基，操作系统公司不仅要与整车企业合作，还要与相关软件开发者以及硬件供应商合作，特别是与芯片、传感器等关键新硬件的供应商紧密合作，以确保操作系统能够充分支持最佳的软硬融合，让新汽车的能力得到最大限度的发挥。

操作系统对于确保汽车安全具有重要意义

目前，业界对汽车安全主要还是围绕车辆本身来思考的，不过今后必须把道路、云端，以及所有与汽车连接的要素都考虑进来。而这一系列连接均有赖于操作系统的支持，因此操作系统对于确保汽车安全具有重要的战略意义，所有相关企业都应该充分认识到这一点。今后汽车安全将不再只是汽车自身安全的概念，即防止车辆发生碰撞事故；未来诸如数据、软件和网络等很多其他因素，都可能会威胁到汽车安全。

一方面，汽车势必要联网、要开放，这样就存在被黑客入侵的风险。最简单的防御办法当然是将车辆与外界相通的"门"都堵起来，然而人是要与外部交互的，信息是要与外界互通的，否则汽车就无法为用户提供良好的体验。因此，今后汽车企业仅仅确保硬件安全已经不够了，还要确保软件安全以及网络安全，能够有效防御黑客的攻击。而操作系统实际上控制着车上所有硬件和软件的交互和协调，也控制着车端与外界的交互和协调。从这个意义上讲，操作系统对汽车安全至关重要。说起来，网络安全隐患其实离我们并不遥远，如果现在不加以重视，未来就会影响汽车产业的健康发展。

另一方面，用户并不关心汽车安全是依靠硬件，还是依靠操作系统以及各种软件实现的，他们关注的是车辆使用安全的主观体验，当然还会关注车辆的价格。既然是主观体验，就意味着对于同一辆汽车，不同的用户会有不同的感受和评价。不过主观体验背后也有客观规律可循，这需要企业基于大量数据来寻找用户偏好的"最大公约数"，以打造让大多数用户满意的体验。而这一系列工作的背后，又需要各种硬件、软件的高效交互和协同，以实现数据的顺畅流动和应用。

显然，在此过程中，操作系统将发挥极为重要的作用。实时操作系统很大程度上决定了实际的计算速度，这是车辆快速处理数据以及执行控制指令等的基础，从而确保了智能驾驶汽车的安全运行。

四、汽车芯片创新

01 芯片的重要价值

芯片在智能化产业链中的重要地位

在汽车科技大转型、大变革的时代，电动化和智能化是汽车产业的两大发展趋势。其中，电动化转型中，产业链上游最重要的是动力电池；而智能化转型中，产业链上游最重要的就是智能芯片。如果说动力电池是未来汽车的心脏，那么智能芯片就是未来汽车的大脑。智能芯片作为未来车载计算中心的核心，其作用相当于计算机的CPU（中央处理器）或者手机的智能芯片。

芯片是半导体元器件的统称，是一种内含集成电路的硅片。我们都知道硅谷，这是第二次世界大战后全球高科技的策源地，而硅谷之名就源于仙童半导体等公司在此诞生，包括后来的英特尔也出自硅谷。未来，数据是新的生产资料，而处理数据的硬件就是芯片。因此芯片企业可以说是代表新生产力的供应商，而芯片之上各种应用软件的有效集成则涉及新生产关系的重构。

芯片对数字科技的基础支撑作用

应该说，芯片是数字科技的底座。未来将是"软件定义汽车"的时代，而各种各样的软件都需要运行在某种特殊的"基础设施"之上，这个"基础设施"就是芯片。

在过去的半个多世纪里，芯片已经改变了世界。大家肯定都听说过摩尔定律。摩尔定律并不是一个科学定律，而是戈登·摩尔（英特尔的创始人之一）对芯片产业发展规律的经验总结。即每过 18 个月，芯片上晶体管的集成密度就会增加一倍，或者单位晶体管的集成成本就会降低一半。这意味着在同等价格下，每过 10 年，芯片的计算能力就会增加 100 倍。例如过去 30 年，同等价格芯片的计算能力已经提升了 100 万倍。这是非常惊人的发展速度。今天我们口袋中智能手机芯片的算力，比 30 年前装满整个房间的计算机的算力还要高。

芯片技术的飞速进步，形成了一种摧枯拉朽的技术力量，也催生了无穷无尽的应用可能。就像 20 年前人们在使用功能手机的时候，根本无法想象今天的智能手机能做如此多的事情。与此类似，未来智能汽车的能力也将远远超出我们今天的想象。

同时，芯片本身是非常先进的技术。比如现在企业开发的芯片，由几十亿到上百亿个晶体管集成，要比汽车上其他任何一个零部件都复杂得多。一方面，芯片的研发高度复杂、关联广泛，包括前端设计、后端设计、仿真、测试、验证及方案确定等一系列环节，还涉及系统软件、编译器、操作系统等多种要素，需要非常专业的人才，且开发周期很长。另一方面，芯片制造也非常复杂。最初国际上有很多芯片制造企业，基本上每家芯片设计企业都自己制造芯片。但后来芯片制造变得越来越复杂，制程工艺从 28 纳米到 14 纳米，再到 7 纳米、5 纳米、3 纳米，而制程每提升一代往往就需要投入数百亿美元。世界上很少有公司能够持续进行这样大的投入，所以芯片制造逐渐集中到台积电、三星等少数几家公司。相应的，很多老牌芯片企业都放弃了制造，专注于设计了。

其实芯片制造本身还不是最难的，在芯片制造的上游还涉及很多原材料和核心设备技术，垄断在少数几家企业手中。大家可能都听说过光刻机，目前高端光刻机基本上只有一家荷兰公司可以提供。而在光刻机里还有很多关键零部件，技术含量都非常高。

总之，芯片产业技术先进、工艺复杂，是典型的重资产行业，必须遵循长期主义来有序发展。过去几十年里，中国在很多领域都实现了质的突破，但芯片这件事情却还没有做好，就是因为芯片产业实在太复杂了。芯片或者说半导体产业是现代科技工业中的集大成者，是最复杂、最尖端、最精密的基础性技术之一，也是人才和资金要求最高的产业之一。

由此出发，评价一个国家的信息科技实力，不能只看其拥有多少家顶级的互联网公司，更要看其基础层面的核心能力，特别是数字经济的"基础设施"能力。如果地基不牢，上面盖的房子再光鲜亮丽也不稳固，一旦遇到暴风雨冲击，房子就会摇晃，甚至坍塌。而这个"基础设施"正是芯片。在智能汽车产业中，尤其要做好夯实基础的工作。而且要做好这件事情必须坚持长期主义，踏踏实实地持续努力。

如图4.1所示，芯片产业是现代科技工业中的集大成者，也是数字科技的"底座"、信息时代的"基础设施"，未来发展智能汽车必须做好汽车芯片。

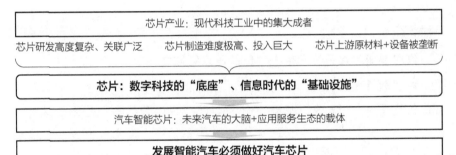

图4.1 芯片产业的战略价值以及发展汽车芯片的重要意义

芯片的产业链及其分工

芯片的产业链很长，包括原材料供应、生产制造、封装测试、软硬件集成以及设计工具、IP（知识产权）授权、生产设备等多个环节。

其中一类企业称为芯片设计公司，它们主要是设计芯片，而不会去制造芯片。打造芯片的过程有点像织毛衣，芯片设计企业负责设计芯片的内部架构，通常是立体的，后续晶体管就会按照这个架构串连起来。

然后把设计图纸交给台积电等芯片制造商,由它们按照设计方案进行生产,也就是把毛衣织出来。

在这个过程中,芯片设计企业既要与芯片制造商对接,也要与晶圆供应商沟通,以了解什么芯片设计方案是它们能够稳定生产出来的。因为汽车芯片对于合格率、缺陷率,以及安全性、可靠性都有很高的要求,所以芯片企业必须知道合作伙伴目前的生产能力是不是符合标准,这就需要双方紧密互动。如果芯片设计方案中有一些关键指标无法达到,那就要共同研究讨论,对方案进行修改。

当然,芯片设计企业只会了解芯片制造的相关知识,不会去涉足制造。这是产业分工的必然选择。参考手机公司,手机上的所有零部件包括芯片这样的关键件,几乎都是由外部供应商制造的,有着清晰的产业分工。但是手机公司同样要了解制造环节的关键技术,并且要与相关供应商共同解决一些关键问题。

院长心声　　　　　　　　　　　　　　　　　　VOICE

汽车智能芯片是技术生态创新的重点领域之一

在"软件定义汽车"的前景下,硬件依然重要。一方面,如果没有好的传统硬件,如车身、底盘,以及制动、转向系统等,是无法做好智能汽车的;另一方面,汽车硬件的范畴还在扩大,汽车的电动化、智能化还衍生出了动力电池、芯片等非常关键的新硬件,直接决定着未来汽车产品的核心竞争力。

当然,这些新硬件也会带有很强的软硬融合属性。比如电动化方面的动力电池、电机、电控,智能化方面的芯片等,都将成为未来汽车产品中不可或缺的关键技术。其中电控系统与软件密不可分,而芯片则需要通过处理数据来实现功能,因此也要与相关软件高度匹配。

总的来说,打造智能汽车必须软硬兼备、缺一不可,并且要实现充分的软硬融合。在此过程中,作为软件运行载体的芯片硬件,无疑具有极其重要的战略价值。从这个意义上讲,汽车智能芯片应该说是技术生态创新的重点领域之一。

如果说芯片供应商为车企提供了先进的生产力，那么谁能把这种生产力有效发挥出来，就要看谁的生产关系更合适了。生产关系必须适应生产力的发展需要。这里所说的生产关系，既包括车企内部各个部门的协同关系，比如研发、采购、销售及服务等部门如何应用芯片及其搭载的软件，又如何有效凝聚系统合力；也包括车企与生态中合作伙伴的协作关系，比如整车企业与芯片供应商、与应用软件开发者的关系等，都属于新生产关系的范畴。以芯片为例，究竟应该由谁来主导、谁来辅助，应该说目前还是一个仁者见仁智者见智的问题，尚无标准答案。

芯片是基础性、交叉型的复杂产业

芯片产业的特点决定了，企业想在这个产业赚一把就撤或者赚快钱，都是行不通的。

近几十年，信息通信技术的进步使人类社会发生了巨大变化。而信息通信技术的进步在很大程度上源自芯片技术的快速提升，智能手机就是这方面最典型的例子。可以说，芯片在现代社会的作用是不可替代的。

正因如此，芯片被视为整个信息社会的"基础设施"。虽然芯片的体积不大，成本也不算高，但其技术含量之高、制造过程之难、相关领域之多都是超乎想象的。事实上，芯片既涉及从设计、测试、验证、制造到销售的完整产业链，也涉及原材料、工艺、装备等一系列的高精尖技术，最终还要满足各行各业、千家万户在不同场景下的多元需求，比如消费电子芯片与车规级芯片的应用环境及标准就完全不同。显然，这样复杂的产业绝不是某家企业或者某个行业独自就能做好的。

所以，芯片是涉及产业众多、应用领域广泛、分工高度细化的基础性大产业，也是交叉科学的典型代表之一。芯片产业的上述特点是中国在该领域尚未取得重大突破的根本原因。芯片绝非企业今天招来500名博士，明天就能造出产品来。在芯片领域耕耘必须耐得住寂寞，因为没有持续不断的深耕和一点一滴的积累，是不可能造出好芯片来的。

02 芯片的设计目标

芯片优劣的评价标准

很多厂商在宣传芯片时都会讲算力如何高,仿佛这就是芯片唯一重要的指标。现在行业这种追求过高算力的倾向,其实是让客户购买自己用不上的算力。企业最基本的价值观应该是真材实料、物有所值,如果非要给用户提供1000TOPS(算力单位,指每秒1万亿次操作)的芯片,而用户使用其中的100TOPS就足够了,那是有违上述价值观的。

实际上,芯片本身只是手段而已,让芯片之上的软件运行得更快才是目的。因此,评价芯片优劣的关键在于,这款芯片上的软件到底运行得有多快。例如,甲芯片的算力数值是N,乙芯片的算力是2N,但是让同一个软件分别在两者上运行,结果却是在算力低的甲芯片上运行得更快,那我们就不能说乙芯片比甲芯片更好。之所以出现这种现象,是因为算力更高的乙芯片并没有被充分利用,其中的很多算力只是在空转而已。

衡量芯片优劣的标准如图4.2所示:评价芯片应该以终为始,软件在芯片上运行的效率才是评价芯片优劣的核心标准。如果只是就硬件说硬件,并没有触及事情的本质。从这个意义上讲,优秀的芯片公司绝不能只把算力作为设计目标,更不应一味炫耀算力。在打造芯片时追求的目标应该是,以有限的算力让软件最高效地运行。

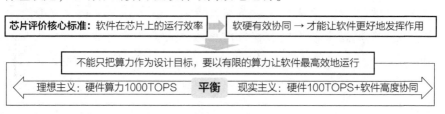

图 4.2　衡量芯片优劣的标准

例如，同样是处理器，为游戏设计的 GPU（图形处理器）和为通用计算设计的 CPU（中央处理器），表现可谓天差地别。深度神经网络运行在 GPU 上，要比运行在 CPU 上快 40 倍，而两者的算力远没有这么大的差别。也就是说，对于深度神经网络这一软件来说，GPU 是比 CPU 更好的解决方案。所以，并不是说芯片的算力强，运行某种软件就一定高效，软硬件之间的有效匹配至关重要。

事实上，软件与硬件从来没有真正分离过，二者一直都是相互融合发挥作用的。比如在 PC 时代为什么诞生了 WinTel 联盟？很大程度上就是为了使 Windows 操作系统与 Intel 芯片更好地耦合在一起。在 WinTel 架构下，Intel 芯片无需考虑支持其他多种操作系统，只为支持 Windows 操作系统设计即可；而 Windows 系统也无需考虑往下兼容多种不同的芯片架构，只要兼容 x86 即可。这样软件和硬件才能高度协同，才能更加高效，这是一个客观规律。

芯片设计的核心要点

在芯片的设计过程中，硬件和软件应该怎样平衡呢？还是要万宗归一，以终为始。即首先思考芯片最终的应用场景是怎样的，需要解决什么问题，使用什么软件算法，然后分析这些算法需要什么结构和算子，再倒推出最适合的芯片硬件架构，使之能够有效支持相应算法的高效运行，确保没有算力浪费。

一方面，算力更高的芯片带给客户的不只是价值，还有成本。一般来说，芯片的成本与其面积大致成正比，1000TOPS 芯片的成本就是 100TOPS 芯片的 10 倍。因此，芯片算力并不是越高越好，我们先要从性价比的角度判断客户究竟需要多大算力的芯片。另一方面，做企业必须有效平衡现实主义和理想主义，不能下意识地觉得这两件事一定是矛盾的。我们应该用极度现实主义的方法，去努力实现极度理想主义的结果。具体来说，芯片企业肯定会追求芯片算力的不断提升，但在量产产品上，应更注重凭借自身在算力与算法匹配方面的优势，为客户节省成本、创造价值。

尤其对于车规级芯片，必须拉长时间维度来看问题，不能期待着远大理想马上就能实现,并以此来规划产品,那肯定是行不通的。当前L5级无人驾驶汽车的量产还遥遥无期,L4级全自动驾驶汽车量产的时间点也还不能看清楚,如果现在就拿出未来才需要的芯片算力,且不说很难做到,就是能够做到,也是一种严重的浪费,反会因为成本过高而降低产品的竞争力。

院长心声　　　　　　　　　　　　　　　　　　　　　　VOICE

衡量芯片优劣的标准是能否让软件发挥最大作用

一款好芯片不应该简单用基本参数数据来衡量,而应该看芯片运行软件的最终结果。因为芯片只是各种应用的平台,让不同软件都能八仙过海、各显其能,这才是我们的目的。就像春晚舞台一样,真正关键的是让演员、灯光、音响等有效匹配,而不是舞台有多大面积那么简单。

芯片就是软件的舞台,舞台面积大小、灯光音响设备等都很重要,但只是必要条件,最终演员演出的效果才是充分条件。所以衡量芯片优劣的标准,要看芯片之上的软件能否最大化地发挥作用。两款相同算力的芯片比较,能让软件运行得更高效的芯片才是好芯片。当然,软件运行也必须要有芯片算力提供保障,因此并不是说算力不重要。只不过算力和软件之间有效匹配,让软件更好地发挥作用,这才是最重要的。

实际上,芯片设计的关键是为了实现算力与软件的有效匹配。作为芯片基本架构的设计者,不仅要懂得芯片制造的工艺,懂得算力提升的技术,还要懂得软件算法的原理。也就是说,只懂硬件或者只懂软件都不够,必须对这两方面都有很深层次的理解。所以,芯片产业需要的是"双料"人才——懂芯片的科学家与懂算法的数学家的集合体。当然,除了既懂硬件又懂软件之外,芯片企业的领军人还要有战略眼光,能够对产业发展的方向和节奏做出前瞻的判断。

充分利用算力是芯片企业核心的技术诀窍

对于现阶段的产业发展来说,提供算力达到1000TOPS的芯片固然重要,但是提供能够以100TOPS算力实现300TOPS算力效果的高性价比芯片可能更重要。企业切不可一味给客户画饼。芯片算力 1000TOPS 听起来很好，假如能用 100TOPS 算力芯片的价格买到 1000TOPS 算力的芯片，大家当然求之不得，但这是不现实的。实际上两者的价格要相差 10 倍。退一步说，即便价格相差没有这么多，芯片企业也有能力把算力做到这个程度，但如果客户不能充分利用这种高算力，仍然是一种浪费。

因此，对每一个 TOPS 都要精打细算地使用，这才是企业真正核心的技术诀窍。因为每个 TOPS 都是成本与能力的集合，所以一定要把能力用到极致，而尽可能不去增加成本。反之，如果能力始终是在七折使用，这本身就等于增加了不必要的成本。

03 汽车芯片的发展路径

开发车规级芯片的难点

车规级芯片应该是所有半导体产品中难度最大、复杂度最高的一种。消费电子芯片通常无关人身安全，但是汽车芯片与人的生命安全息息相关，所以车规级芯片的可靠性、安全性和产品一致性要求都非常高。

车规级芯片在设计和制造等各个环节的高要求，主要体现在安全性和可靠性指标上。例如工业界有一个重要指标叫产品缺陷率，一般以 PPM（百万分之一）作为衡量单位。通常消费电子类，如手机芯片的标准是 200 个 PPM，也就是 100 万个手机芯片里最多允许 200 个芯片出现缺陷；而车规级芯片的标准是 10 个 PPM 以下，有些与安全强相关的芯片，甚至追求 0 个 PPM 的目标。又如汽车芯片需要在各种电磁干扰的环境下保持平稳运行，因此必须留有足够的裕度，确保芯片性能上下波动时不超越许可的界限。显然，要达成这些指标是非常困难的。

同时，车规级芯片的导入周期很长，一款车的开发一般要 3 年时间，而汽车芯片从概念设计到第一次在汽车产品上量产，基本上至少需要 4 ~

5年的时间。相比之下，消费类芯片的导入周期通常只需2~3年。

总之，做芯片是很辛苦的事情，不但需要长期持续大量的投入，而且对人才的要求非常高，还需要很长时间才有可能盈利。最终只有经过充分的市场竞争，才能产生更优秀的芯片企业，并给产业和客户创造更大的价值。图4.3从安全要求、设计难度和导入周期三个维度分析了开发车规级芯片的难点。

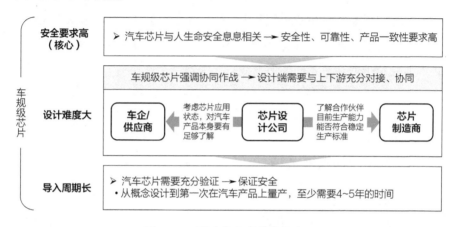

图4.3　开发车规级芯片的难点

"芯片+操作系统"的演进方向

芯片是一个笼统的称谓，尤其是未来汽车产品上将有种类繁多的芯片，例如有SOC，即系统级芯片，还有面向服务、计算、通信以及智能驾驶等不同用途的各种芯片。事实上，今后整车企业需要解决的诸多问题，往往都与相应的芯片有关。因为汽车产品高度复杂，包含多种功能，不可能用一块芯片就把车上所有的问题都解决掉，这一点完全不同于个人计算机和手机。因此，车企必须把不同种类的芯片组合到一起。

需要注意的是，整车企业可以选择使用某家供应商的某款芯片来实现某个功能，但是汽车用户并不关心是哪款芯片在实现这个功能，他们在乎的是高标准、高品质、高一致性的整体体验。而各家芯片企业只能尽力做好自己负责的功能，无法确保其他的功能，更无法确保各种功能集成后的整体效果。所以，今后对整车企业的集成能力将有更高的要求。

车企不仅要具备整车系统的集成能力，还要具备分层的集成能力。唯有如此，才能使大量不同的芯片有机地结合起来、高效地协同工作。这是非常大的挑战。

更进一步来说，假如未来由很多芯片整合形成了中央处理器，那么这个中央处理器应该如何驱动呢？今天每一家芯片企业都只能驱动自己的芯片，而不能驱动其他企业的芯片。显然未来我们必须打造一个操作系统，确保系统上的各种芯片都能驱动起来。这个系统向上要协同好应用层软件，以及数据业务、服务业务等，向下要控制好车辆的各种硬件，其重要性和关键性不言而喻。这就是操作系统公司应该做的事情。

而操作系统公司想做好这件事，可能就要和每一家芯片企业都进行深度合作，或者至少要把各家企业都连接起来。这本身是极其困难的。好在当前还处在行业发展初期，操作系统开发企业可以尽早与芯片企业合作，在芯片设计之初就参与产品定义，同时一起探讨怎样才能使芯片的性能在操作系统上发挥到极致。而不是由芯片企业自行定义产品后，再拿过来直接供操作系统使用。这种联合定义芯片的模式称为"芯片+操作系统"，是未来汽车芯片必然的演进方向。以此为基础，可以更好地支撑 AI（人工智能）能力的发挥，从而给汽车产业带来巨大的帮助。图 4.4 从芯

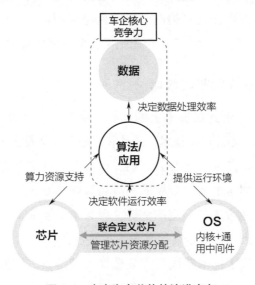

图 4.4　未来汽车芯片的演进方向

片、操作系统与算法/应用之间的相互关系和作用出发，阐述了三者有效融合对于数据处理效率的决定性影响，指明了汽车芯片未来的发展方向。

本土芯片企业与车企合作的格局

当前，中国芯片供应商的合作伙伴以本土车企为主，之所以会出现这种情况，主要原因在于中外车企的产品策略存在差异。事实上，不只是本土企业，包括Mobileye、英伟达、高通等公司最新的自动驾驶芯片，其首发量产也都是在中国本土车企的车型上。

这是因为相较于外资车企，目前中国本土车企更愿意在产品智能化网联化方面尝试创新，它们对市场变化的反应更快，对应用新技术的态度更开放。在产业全面重构之际，后发的中国本土车企希望以此为契机，重新定义用户需求和汽车产品。由于中国消费者对新科技的接纳和青睐程度更高，同时中国坐拥全球最大的汽车市场，加之中国本土车企的积极行动，未来中国市场将会成为汽车引领性创新的策源地。

从这个意义上讲，未来十年中国本土车企的产品是非常值得关注的。相比之下，合资和外资车企产品的创新速度可能会比较慢，因为这些企业在应用新技术方面往往更偏向于保守而稳妥的策略。所以，它们或许会成为国产芯片的第二批客户，但恐怕不会愿意冒风险做第一批尝试者。

中外汽车芯片企业的对比

中外汽车芯片企业在技术上的差异，会涉及很多细节。整体而言，英伟达、Mobileye等公司在技术、产品和市场等方面都已经做得相当不错了。不过智能汽车芯片市场是新兴的，即使是这些老牌芯片公司，也一样属于新玩家。而这个新兴市场的主战场恰好是在中国，这就给本土作战的中国芯片企业带来了一定的优势，因为本土企业离主战场更近，也就更能快速感知到用户对于智能汽车的各种需求。

由此也就带来了技术路线和方案选择上的差别。比如国产智能驾驶芯片是综合考虑自动驾驶、辅助驾驶和智能交互需求的，并且提供一整套的工具链支持，这源自本土企业对中国消费者需求的认知。而相对来说，外资企业更关注自动驾驶，对智能交互不太在意。这本身并无对错之分，是其基于国外市场需求得到的认知，然而这种认知与中国市场的需求是不匹配的。除此之外，外资企业的决策链更长，在中国的本地化服务也往往做得不够好。

说到底，服务客户的目的才是最重要的，而技术方案，包括算力指标、接口设计等都只是手段。从目的倒推手段，手段才能更精准、更高效。反之，如果目的不清晰，手段再先进也会大打折扣。所以，芯片企业一定要以终为始，努力打造自身的核心优势。

院长心声　　　　　　　　　　　　　　　　　　　　　VOICE

汽车芯片和消费电子芯片差别巨大

芯片千差万别，仅在汽车产业内就有很多类型的芯片。以消费电子芯片和车规级芯片为例，从芯片设计的角度看，车规级芯片的难度要大得多。实际上，在传统汽车零部件上我们也能发现类似的差别，例如同样是玻璃，用在建筑上是一回事，用在汽车上则是另一回事，后者必须进行更加严格的试验测试及验证，同时在制造上还必须保证更高的产品一致性。

汽车的硬件和软件都是人命关天的，试想如果芯片在汽车行驶过程中突然失效，丧失计算能力，就很可能会出大事故，因此对汽车芯片和手机芯片的要求有着巨大的差别。与此同时，汽车芯片的应用环境也更为复杂，涉及各种各样的工况，这进一步加大了车规级芯片达成安全标准的难度。

芯片公司和汽车企业需要合理分工

现在业内有一个热点话题，那就是芯片设计到底应该交给芯片公司来做，还是应该由车企自己来做？这个问题不能仅仅依据产业目前的状况来下结论。比如多数整车企业现在没有自行设计芯片，但这是因为它们做出了清晰判断，觉得车企不该涉足这个领域？还是因为它们还判断不清，无法下决心投入？又或者是因为它们目前尚无能力，不得不依赖芯片公司，但以后要逐步形成能力自行设计芯片？换句话说，看明白了不做和看不明白不做完全是两回事。

无论如何，产业发展有其内在规律，具体能否准确把握这个规律，就要看企业领军人自己的判断力了。对于究竟应该在芯片领域涉足多深，我想当前恐怕很多整车企业的老总们内心都很纠结。汽车产业正处于格局重构的关键期，不同整车企业的定位和能力不同，对芯片供应商的需求也有所不同。有的企业需要全栈式服务，而有的企业自己打造基本架构，同时由专业的芯片公司提供支撑。

从大方向上讲，"你中有我，我中有你"的生态一定是产业的发展方向，但这并不意味着生态中就不再有分工了。恰恰相反，生态中的各方参与者必须更专业地各司其职、更紧密地彼此协作。所以，每个参与者都要清晰定位什么是自己必须全力做好的主业，什么是自己需要有所了解的相关业务。

芯片设计公司必须与上下游伙伴有效协同

就汽车芯片的产业分工而言，大体上是车企提出需求、芯片设计公司进行设计、芯片制造商完成生产。为此，芯片设计公司必须与上下游企业紧密合作。

面向整车企业，芯片设计公司必须考虑汽车芯片的应用状态，为此要对汽车产品本身有足够的了解，当然无需达到整车企业的程度，但一定要形成与整车企业相关团队有效互动的能力。唯有如此，才能最终满足客户的需求。面向芯片原材料和制造企业，芯片设计公司必须考虑芯片材料以及制造技术的发展水平，确保自己的设计方案能够与之匹配，为此还要对芯片的材料和制造有足够的了解。此外，芯片设计公司还需要与计算平台和操作系统供应商深度合作。

也就是说，芯片是一个强调协同作战的产业，任何企业都不能孤立存在，而是需要其他相关企业的支持。最终，各类企业将共同构成一个汽车芯片产业生态。如果一家企业谋求自己掌握产业链上各个环节的能力，那结果一定是丧失自己的强项和特色。

如图4.5所示，芯片设计、计算平台与操作系统的提供者需要相互深度合作，进而共同有效集成于整车产品；在这个过程中，以芯片设计为中心的芯片产业链各环节也将由此与整车建立匹配关系。

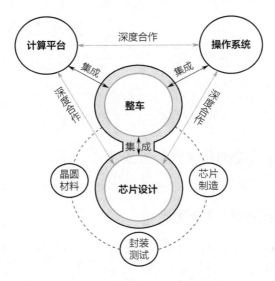

图4.5　汽车芯片产业生态地图

五、汽车数字安全创新

01 汽车数字安全的重要性与挑战性

不断升级的网络安全挑战

当前我们面临两个更高层面、更大范围的安全挑战,均与智能汽车的安全息息相关。

第一,黑客已经从"小毛贼"变成了国家级的对手。过去我们谈到网络安全和信息安全,也遇到过很多黑客,他们制造了大量的病毒和木马。不过此前的黑客大多各自为战,其实都是"小毛贼"。而且随着免费杀毒服务的不断升级,很多小病毒、小木马基本上已经销声匿迹了。但是近几年来,情况发生了变化,很多国家级的黑客组织已经入场了。因为现在很多国家都认识到,网络攻击是一种比传统的物理攻击性价比更高、也更有效的方式,所以纷纷组建了黑客"国家队"。对于政府和企业来说,这意味着保障网络安全的挑战之大前所未有。

事实上,当前网络安全的战场、对手,以及对手攻击的目标、手段和后果都在改变。比如今后黑客可能会攻击城市的新型基础设施,而车联网就是新型基础设施的一种,也将成为黑客攻击的对象。

第二,现在网络攻击的规模和范围与以前相比已经不在同一个数量级了。今后当我们面对大面积、高密度的网络攻击时,如果还是沿用过去的安全标准来应对,就显得太苍白了。此前一说到计算机安全,大家想到的就是下载杀毒软件；一说到网络安全，大家想到的就是打开防火墙。但是这些措施与我们正在面临的网络攻击，存在数量级上的巨大错位。

因此，面对数字化或者说数字文明的安全挑战，我们首先需要对安全问题进行准确的定义。如果问题的定义都不准确，是不可能拿出有效的解决方法的。现在已经不再只是"网络安全"了，我们应该重新定义一个新的概念，即"数字安全"。而网络安全仅是数字安全中的一部分，或者说，数字安全是比网络安全内涵更广的非传统安全。

如图 5.1 所示，网络攻击专业性、规模和范围的不断升级，使智能汽车产品面临更加严峻的安全挑战。

网络安全给汽车带来巨大挑战		
➤ 攻击方专业程度变化 • 黑客已经从"小毛贼"变成了国家级的对手	➤ 攻击规模和范围的变化 • 大面积、高密度的网络攻击	➤ 智能产品的天然弱点增加 • 汽车全新属性/能力/用途决定其安全问题呈几何级数陡增

图 5.1　网络攻击升级对汽车产品的影响

数字安全防护的底线思维

实际上，很多人对于数字安全防护都缺乏底线思维，有时候甚至可以说是"不撞南墙不回头"。数字安全必须防患于未然，这不是在渲染一种不存在的危险，更不是在危言耸听，而是希望大家都能高度重视网络防护和数据保护，不让潜在的风险变成现实。现在不少人都觉得和平年代、岁月静好，不相信存在网络战，其实各种各样的网络攻击就发生在我们身边。

可以举两个例子。第一个是网络勒索。现在国内很多公司、医院、学校等单位都遭受过勒索攻击。有数据显示，中国每年被网络攻击勒索的金额平均为 500 万 ~1000 万元人民币，而国外的数额为 500 万 ~1000 万美元。这两年全球网络勒索组织非常猖獗，甚至把这种勒索变成了一种商业模式。试想，将来如果有勒索组织把一家车企的数据破坏了，后果会是怎样？可能有的企业说，我们的数据都是加密的，黑客破坏不了，也不可能被偷走。但是勒索组织并不需要破解或者拿走这些数据，他们只要用勒索软件把数据再加密一遍即可，这样你就无法使用数据了，从而造成巨大的损失。这就像小偷溜进你的家里，并不打开你防护很好的保险柜，而是把你的保险柜放进他的保险柜中，钥匙或密码在他的手里，你要取出自己保险柜里的物品就必须向他交钱。

第二个例子是网络战。这里说的并不是平常的小规模"战斗"，而是大规模的"战役"。可以说，网络攻击无时不在发生。今后随着国际形势的日益复杂，不排除会有某些国家利用网络，对中国的重点工业和关键基础设施发起大规模攻击或者进行威慑。所以，防范数字安全风险已经越来越重要和紧迫了。

智能汽车数字安全的新视角

汽车行业发展了一百多年，最重视的就是安全，包括一些汽车品牌就是以安全著称的。汽车人发明了安全带，发明了安全气囊，不断开发更加安全的底盘以及能够吸收碰撞能量的车身。长期以来，汽车行业一直在做着这些看得见和看不见的工作，目的就是让汽车变得越来越安全。尽管大部分人可能一生都不会碰到安全气囊弹出的情况，却实实在在地受着安全气囊的保护。

而我们今天思考智能汽车数字安全的问题，必须跳出原来那种只把汽车视为计算机或者只把车联网视为单一网络的认识。要把整个车队以及车联网产业看成一个庞大的数字化场景，寻求为其提供全方位、系统性的安全分析及防护解决方案。因为以往那种针对传统的网络安全问题，采取打补丁或者外挂式的碎片化解决方案，已经完全不适用于今天的局面了。

比如现在汽车企业都在开发智能汽车，这涉及云端的计算能力；涉及管端的信息通信能力，包括车联网即物联网技术、通用的网络架构和通信装置等；还涉及车端的相关能力，包括自动驾驶汽车必须采用的人工智能技术、车上的各种先进传感器等；未来在车路协同的模式下，还会引入边缘计算技术,从而使智能汽车的整体布局由"云-管-端"变成"云-管-边-端"。所有这些将使智能汽车的安全问题变得空前复杂,仅靠某种杀毒软件或者单一网络的安全防护产品,根本不能解决问题。

而且未来汽车涉及的数字化场景是非常多的,车联网只不过是应用场景之一,此外还有工业互联网、智能交通以及智慧城市等。仅就汽车产业内部来看,作为一个集大成的产业,汽车供应链的规模极大、范围极广,确保其安全本身就是非常复杂的问题;而如果再考虑产业外部多个产业的相互交织、彼此交互,情况就更加复杂了。面对如此复杂的安全问题,我们必须首先确立一套新的理论体系,对其进行精准的描述。也就是说,今后要解决汽车产业的安全问题,必须用数字安全的理念来进行分析和处理。

智能汽车数字安全的五大挑战

总体而言,智能汽车主要面临五个方面的数字安全挑战:

第一个方面是车身网络安全。在传统汽车产品内有一个总线网络,分别连接着很多微处理器,各自实现一定的功能。实际上,这些微处理器并没有统一的网络接口,也没有统一的操作系统和软件平台,所以黑客要攻击这些分散的软件是比较困难的。但是现在情况不同了,很多汽车产品已经有了新的电子电气架构,由高速的以太网将若干个控制器,即车载计算机,连接起来。目前这些车载计算机上运行的操作系统基本上不是 Linux,就是安卓,相应的也形成了基于这两种开源系统的软件生态。

因此,汽车就变成了一台超级计算机,而且其上运行的软件代码非常多,甚至可能高达上亿行。在这种情况下,无论是自己编写的软件,还是基于开源软件修改而成的软件,里面都不可避免地会存在很多漏洞。所以,车身网络将来一定是黑客攻击的重点环节之一。可见,汽车现在很像是传统的计算机,我们也可以把车身网络安全称为终端安全,只不过汽车这个终端是一台更大的计算机。

第二个方面是车联网络的安全。近期工信部等相关部委相继印发了多个通知,要求智能汽车在收集数据时,必须符合国家关于数据管理的规范,避免侵犯用户隐私权。这是因为当前的汽车已经不只是单纯的交通工具了,它还安装了很多传感器,包括不同种类的雷达和摄像头等,所以汽车具备了采集人员和环境等数据的强大能力。同时,汽车又通过车联网络,以移动通信、蓝牙和 Wi-Fi 等方式,与外部世界充分连接。也就是说,汽车本身既是数据载体,又是互联节点,在其进行网络通信时,就会遇到车联网络的安全问题。

第三个方面是车云网络的安全。由于未来智能汽车需要随时与云端服务器进行交互,所以,车云之间的网络安全以及云端服务器的安全至关重要。

第四个方面是车企网络的安全。事实上到目前为止,智能汽车最容易受到攻击的环节并不是大家通常认为的车内网。因为目前汽车上的软件平台还没有统一,并不像攻击计算机那么简单。当前最容易受到攻击的是车企网络,因为车企都不是网络安全方面非常专业的公司,很容易被黑客入侵到办公网络中,或者经由车企网络的漏洞攻击甚至控制云端服务器。要知道,所有的智能汽车都会严格执行云端服务器即控制中心的指令,让它停就停,让它开就开。所以车企网络和车云网络一旦失守,智能汽车的运行安全就彻底失去了保障。

可能有人认为汽车企业都是大企业,它们的企业网一定足够专业,在安全防护上应该是没有问题的。但是企业规模再大、实力再强,也很难抵御国家级黑客组织的入侵。更何况中国还有不少车企在安全防护方面,原本做得就没么好。

既然如此,可能又有人觉得,那不如把车企网络封闭隔离起来,不与外网连接,这样黑客就接触不到了。然而在今天的环境下,完全封闭隔离车企网络已经很难做到了。如果说在过去,车企主要是和经销商互通信息,把车企网络隔离起来在理论上还有可能。但是到了今天,绝大部分车企都在努力直接连接用户和车辆,这意味着用户及其使用的车辆都需要接入车企网络;此外,面向工业互联网,车企还需要与各类供应链企业进行连接，这样又怎么可能把车企网络封闭起来呢？

由此又引出了一个新的问题，那就是即便车企做好了自身网络的安全防护，但车企网络接入的众多供应商却未必都能做好防护。这些供应商中有不少是中小型企业，其网络安全防护能力很有可能非常有限。于是攻击者就可以通过供应商网络的薄弱点，顺藤摸瓜地攻入整车企业的网络。

因此，车企网络是目前最大的一块短板。而且很多车企在这方面的重视程度依然不足，总觉得企业的网络受到攻击，无非就是影响办公效率而已。但是面向智能汽车产品和工业互联网体系，今天车企网络一旦受到黑客攻击，后果要比过去严重得多。举一个实例，国内有一家著名汽车企业，其动力电池车间就曾经遭到勒索攻击，为此被迫停工了两周，造成了很大的经济损失。

说起来对于中国制造业的实力，大家都很有信心。尤其很多中国车企的工厂，车间内到处都是工业机器人等先进的生产设备。不过有一点令人担心：过去这些设备都没有联网，也就不会受到黑客攻击；而现在这些设备都是智能设备，并且必须联网才能有效工作，这就产生了网络安全方面的潜在风险。一旦车企网络遭到攻击，不仅可能导致工厂停工停产，还可能直接影响产品品质和消费者利益。那样的话，我们的制造能力再强，恐怕也无从发挥了。

最后，第五个方面是车数网络的安全，主要是指大数据中心即数据库的安全问题。今天这个部分还没有完全成形，但是未来车数网络的安全保护将成为新的最大挑战所在。未来每家车企都将通过车辆终端的各种传感器采集到大量数据，这些数据不仅对于车企改进产品功能、提升用户体验大有裨益，还涉及整个交通体系的运行以及千千万万的个人用户。因此车数网络如果被黑客攻陷，其危害就远不限于汽车企业和产品本身了。

总结一下，今后智能汽车产业必须面对的安全挑战来自五个方面：即车内网络、车联网络、车云网络、车企网络和车数网络。这其中涉及终端安全、互联网安全、物联网安全、云端安全以及数据安全，挑战是非常巨大的。表5.1描述了上述五种不同类型的汽车数字安全挑战，分别给出了各自的定义，进行了风险评估和要点解析，并对解决相关问题的紧急程度进行了判断。

表5.1 智能汽车的数字安全挑战

安全挑战类型	定义	风险评估	要点解析	解决的紧急程度
车身网络安全	汽车产品终端安全	未来重点攻击环节将面临更大挑战	·现阶段分布式架构较难攻击 ·未来集中式架构将面临更大风险	重点防护：现在开始着手储备
车联网络安全	车联网安全	始终存在	·只要有互联和数据交换，就有被攻击的风险 ·联网能力越强，风险越大	最先解决：持续做好安全防护
车云网络安全	车云互联的网络及云端服务器安全		·智能汽车需要随时与云端服务器交互	
车企网络安全	车企内部网络+车企与外部供应商、用户、车辆互联的网络安全	当前最易受到攻击的最大短板	·车企服务器因口令弱、软件自身漏洞等原因，安全漏洞较多 ·车企网难以封闭→风险不仅来自车企，还来自用户、车辆、供应链企业	尽快解决：当前重点
车数网络安全	车企大数据中心（数据库）安全	未来新的最大挑战防护难度最大	·未来车企将通过车辆终端传感器采集大量数据→涉及不同产业、企业及用户，一旦出现问题，将给车辆、用户、国家带来重大风险	加强储备：面向未来做好应对准备

未来汽车安全的最大威胁

对于未来智能汽车安全的边界究竟应该怎样划分？我们在讨论安全责任之前，有一点先要清楚：未来有一个显著的趋势，就是数字化企业乃至产业的边界将逐渐消失，而汽车产业是这方面的一个典型案例。所以，安全责任的划分也不会是泾渭分明、非此即彼的。

尤其需要注意的是，原来网络安全主要存在于虚拟空间，而今后数字安全将会同时进入物理空间，转变为物理安全的问题。未来智能汽车的数字安全将和其物理安全同等重要。实际上，今后物理安全的问题应该会越来越少，即随着自动驾驶和车联网等技术的应用，未来的车祸事故数和人员伤亡数都会比现在少得多。因为自动驾驶的汽车肯定不会去违规开车，也不会去做一些危险的动作，这样至少人为违反交通法规造成的事故将会完全杜绝。

在这种情况下，未来汽车安全面临的最大威胁，反而是数字安全以及由此带来的物理安全问题。未来汽车安全事故可能是由黑客入侵引发的，而且黑客一旦操控了某家车企的很多车辆，带来的就远不是某一辆车的人车安全问题，而是产业安全、社会安全乃至国家安全的严重隐患。

所以，对于智能汽车的安全问题，汽车及相关企业必须从现在开始就下定决心、持续投入、全力解决。如果大家抱着一种过时的观念或者侥幸的心理，那么即便暂时还没有出现事故，将来也一定会出现事故，而且很可能会导致灾难性的后果。

保障汽车安全的系统思考

在万物互联和产业重构的前景下，如何全面保障汽车安全，可以从几个层面来思考：

第一，从汽车生态的层面看，生态不是属于某家或某类企业的，而是属于全体参与者的。特别是汽车生态将变得越来越大，原来的制造产业链只是未来汽车生态的一部分，像操作系统以及各种软件的开发者和服务商等，都将进入汽车生态中。也就是说，生态是所有参与者共同建设、共同拥有的，同时今后所有参与者的生存和发展都依赖于生态。因此，大家应当共同努力维护汽车生态的健康运行和不断成长，而确保汽车安全恰恰是产业生态运行和成长的基本保障。

第二，从安全类别的层面看，未来汽车安全将包含数据安全、网络安全和信息安全等新内涵，这些新内涵都将影响到汽车的功能安全。而必须确保功能安全万无一失，是汽车与手机最主要的区别之一。作为在道路上移动的大型交通工具，汽车的功能安全一直备受重视。开发实时操作系统非常困难，其实主要就是难在必须满足功能安全要求上，因为这种直接涉及车辆操控的实时性系统，如果不能确保汽车功能安全，是根本无法应用的。当前还处在汽车操作系统发展的初期，相关企业对此各有各的解决方案。有的企业尝试使用非实时的系统来开发车辆控制功能，有的企业基于QNX分布式实时操作系统来进行拓展，还有的企业正在开发能够满足汽车功能安全验证的全新实时操作系统。事实上，确保功能安全应被视为汽车操作系统开发中最为关键的内容之一，需要全力进行攻关。

第三，从责任主体的层面看，今后随着汽车安全涉及的内容越来越多，整车企业的责任将越来越重。因为车企要对汽车产品负总责，一旦车企没能把好关，汽车就会变得非常危险，相当于在用人的生命冒险。所以，未来车企的责任会比以前更大，同时也比以前更复杂。在这种情况下，整车企业一方面需要更多更专业的合作伙伴为其提供有力支撑，另一方面需要努力形成整车安全集成与分解的新能力。毕竟安全不是一个单点问题，必须进行体系化和专业化的思考和管控。

第四，从运行环境的层面看，汽车原来只是没有联网的信息孤岛，而今后将成为充分互联并实时在线的智能终端。当汽车变成联网的智能设备时，就必然面临网络攻击的风险。今天互联网汽车还没有形成规模，基于万物互联的产业生态也还没有成长起来，因此汽车数字安全问题尚未突显。但以发展的眼光看，十年后汽车数字安全也许将成为物联网世界中最重要的安全问题之一。就像今天的云计算一样，云端服务器总是不停地遭受攻击。也许有人觉得，把系统封闭起来就安全了。实际上，在万物互联的时代，系统无论怎么封闭也不会绝对安全，最后仍然可能被黑客攻陷。何况要把系统封闭起来非常困难，更无法获得接入生态后的各种赋能，这样的产品根本没有竞争力可言。

总之，汽车安全是一个非常复杂的大课题，没有一招制胜的独门绝技，只能一点一滴地持续提升。为此，我们需要结合产业发展的进程，对汽车安全问题进行动态、开放的系统思考，努力使汽车各个方面的安全性都不断增强。

院长心声　　　　　　　　　　　　　　　　　　VOICE

汽车数字安全的挑战之大超乎想象

万物互联将使连接主体空前激增、数据交换空前频繁,由此网络安全将升级为数字安全,后者包含网络安全、数据安全和信息安全等内涵,其重要性和复杂性都远超前者。同时,网络攻击也不再限于黑客的个人行为,更多的是有组织的攻击,甚至可能有国家力量参与其中。而今后数字空间的攻击都可能演变成物理世界的破坏,从而危及国家和社会的安全。为此,我们必须高度重视数字安全防护。国家层面应加紧出台并不断完善相关的法律法规和标准体系;企业层面应加大数字安全防护的投入,加强数字安全体系的建设,以保障数字安全底线,推动数字经济发展。

作为广泛互联的节点和多元数据的终端,未来汽车的数字安全至关重要。这直接关系到智能汽车的核心竞争力,是汽车企业不容有失的重要战场之一。由于智能汽车的特殊性,其数字安全还涉及个人、交通、城市、能源乃至国家安全,从这个意义上讲,未来汽车数字安全必须从行业层面上升到国家层面。因此,国家必须站在确保全社会安全和推动数字经济健康发展的战略高度,进行顶层设计,集中各方资源,建立起国家级的智能汽车安全综合体系,包括产品安全、网络安全、数据安全等等。毫无疑问,这将是一项牵涉广泛的系统工程,我们必须从大安全的概念去理解、谋划和推动。

当然,关于如何确保汽车数字安全的问题,这个答案只能在未来不断的探索和实践中才能最终找到。而这正是本轮汽车产业全面重构的魅力所在、机遇所在,关键就看哪个国家、哪家企业能够抓住这个机遇。

汽车安全的内涵和外延将发生巨大变化

在我看来,最终智能汽车要像亲密伙伴一样帮助人、解放人乃至理解人。但是如果没有安全作为保障,这一切都无从谈起。智能汽车的安全问题非常复杂。在本轮产业重构中,汽车安全的内涵和外延都发生了巨大的变化,其内容更多、范畴更广。其中既包括相对传统的零部件的安全、总成的安全和整车的安全,也包括信息系统的安全、数据的安全和网络的安全，还包括人的安全、环境的安全、交通体系的安全和国家的安全等等。

也就是说，新汽车的安全体系不只需要包含偏"硬"的相关内容，更需要包含偏"软"的相关内容，诸如各种数据、各种软件以及各种网络环境等。这会给汽车产业带来诸多严峻挑战，关键在于我们应该如何应对这些挑战。由于智能汽车是未来产业发展的大势所趋，因此无论其安全挑战有多么复杂和艰巨，我们都必须找到有效的解决方案。

需要注意的是，以敲诈勒索为目的的网络攻击，危害很大。但是纯粹以破坏为目的的有组织的网络战，危害更大。毕竟勒索攻击是为了钱，通常不会蓄意破坏数据和系统，而网络战就不是给钱就能解决问题的了。这一点确实值得汽车产业高度警惕。试想，在自动驾驶高度普及之后，假如突然有500辆自动驾驶的汽车被黑客控制，且不用说可以操纵这些车辆去攻击重要的目标，就是把主要的路口堵住，都会造成整个城市的交通系统瞬间陷入瘫痪。因此，未来汽车企业对于数字安全，无论怎样重视都不为过。

未来汽车产业的数据量会非常大。因为智能汽车的大数据将涉及多个不同的产业、成千上万家企业以及数以亿计的用户，来源广泛、种类众多、数量庞大。这其中既有造车端的数据，又有用车端的数据；既有车辆使用者的数据，又有车辆运行周边环境的数据。这些数据一旦出现安全问题，不仅会对车辆本身及其使用者造成严重威胁，还会给整个国家和社会带来重大风险。

到了万物互联的时代，汽车将是城市中唯一能够连接万物的可移动的智能网联载体。我们所熟知的智能手机也是一种可移动的智能网联载体，但智能手机是"人带着机器人移动"，而智能汽车将是"机器人带着人移动"。由于汽车可以和周边环境有更多的数据交互，可以实现更多的功能和服务。但相应的，其数字安全的风险性和复杂性也呈几何级数地增加。

对于汽车产业而言，原来提升汽车产品安全性的目标主要是减少碰撞事故的发生，以及在发生碰撞事故时减少人员的伤亡；现在随着车辆网联化、智能化程度的不断提升，工作重点越来越放在前者，最终将会追求"零碰撞"的理想境界；然而未来这样的安全目标显然已经不够了，由于黑客的存在，即便汽车本身已经设计得非常安全了，仍然有可能遭到恶意操控，从而构成严重的安全隐患。

汽车是数字安全最复杂也最难防护的产业之一

当前网络安全已经不只局限于虚拟空间，而是开始影响到物理世界了。未来随着数字化的不断推进，网络安全将升级为数字安全，并对物理世界产生更大的影响，甚至关系到人类社会和国民经济的安全。也就是说，数字安全是一个大概念，所有产业都将面临严峻的挑战，而汽车是数字安全最复杂也最难防护的产业之一。

这样说并不是因为我们身处汽车产业，而是因为事实如此。一方面，汽车产品有上万个零部件，涉及几百家供应商，今后都要互联起来，也就是工业互联网。这必然是一个高度复杂的网络。另一方面，汽车要与外部世界全面连接，包括车辆与人的连接、与其他车辆的连接、与道路的连接、与环境的连接等等，也就是车联网。这同样是物联网的重要组成部分之一，而且涉及的主体极多、范围极广。显然，要做好这两个网络的安全防控是极其困难的，但又是必须要解决的问题。

今后汽车企业和产品必将走向联网，利用数据实现更大更高的智能，这是产业发展的大势所趋。而由此引发的安全问题，我们必须予以高度重视。特别是我们必须清楚：尽管同为移动终端，但汽车和手机遭受网络攻击的危害是截然不同的。手机被"黑"了，可能只是影响一时的使用罢了；而汽车被"黑"了，就有车毁人亡的风险，比如高速公路上自动驾驶汽车突然被"黑"而失去控制，将会危及乘车者和车辆周边人员的生命安全。

如果是自动驾驶系统本身出现失控情况，这属于技术或质量问题，我们可以通过大量的测试验证去解决，是能够做到防患于未然的。但如果是黑客通过网络蓄意攻击自动驾驶系统，这恐怕就防不胜防了，而且造成的危害会更大。同时我感觉，在车企目前的产品开发过程中，针对这种风险的防控意识和措施都还不够充分。

汽车产业面临很多安全挑战，有产品的问题，有网联的问题，有云端的问题,还有数据的问题。事实上,不仅汽车产业要面对这些挑战。在万物互联的时代,不同产业、不同领域和不同要素将共同构成新的社会大生态。在这个大生态中,各种主体要向彼此开放接口、实现充分互联,这样必然随之带来类似于汽车产业的硬件安全、软件安全以及接口安全等问题。这些问题如果不能有效解决,将会带来巨大的风险。这也给我们提供了一个重要的启示:今后在物理上无论把产品打造得多么可靠,只要在数字安全上存在漏洞,产品就不够可靠。因为黑客可以从这些漏洞侵入并展开破坏,导致产品出现严重的安全事故。

原来汽车产品以硬件为主,在出现安全事故时是通过分析硬件情况来确定责任划分的。比如分析是哪个硬件引发的事故,是转向机构的问题,还是制动机构的问题?以此来确定责任。这本身就不是一件容易的事情,但总还算有据可依;然而如今在硬件的基础上又加入了软件,包括"云－管－边－端"等各个层级的各种软件,同时还涉及自动驾驶车辆的驾驶责任归属问题。

在这种情况下,汽车安全所涉及的要素正变得越来越多,而且越来越复杂。毕竟只靠车企自己是不可能把供应商、云端、数据以及基础设施等的安全问题都解决掉的;而且即使能保障硬件的安全,也未必能保障软件的安全,就更不必说保障硬件与软件融合后的安全了。

02 数字安全防护的发展方向

中国在数字安全方面的立法工作

在数字安全立法方面,这几年中国政府做了很多工作,比如继《网络安全法》之后,又发布了《数据安全法》,还有最近推出的《关键信息基础设施保护条例》,以及工信部相继发布的关于智能汽车安全的一系列文件。按照最新法规的精神,今后信息基础设施如果遭到网络攻击,就和能源、交通基础设施遭到攻击一样严重，而智能汽车就是一种关键的信息基础设施。这意味着对于汽车企业来说，能不能把数字安全防护做到位，已经不只是有无风险的问题，而是是否合规、合法的问题了。

总体来看，政府在数字安全立法方面已经打下了良好的基础。不过政府只能提出基本的要求和规范，最终要真正做好安全防护，还需要作为市场竞争主体的企业采取有力的行动。在这方面，国外企业的重视程度是很高的。很多公司会定期聘请网络安全公司和白帽子黑客，进行模拟攻击和测试，来帮助其发现自身系统的漏洞。相比之下，国内企业做得就不太充分了。为此，今后我们一方面应该着力打造众包众筹的白帽子黑客平台；另一方面，国内企业也应该积极邀请白帽子黑客来对自己企业和产品的系统进行各种测试，以及时发现和解决问题，特别是企业要舍得为此进入投入。

事实上，汽车行业在安全方面有不少理念和做法都很值得学习。例如汽车产品的安全碰撞试验就非常好，不仅可以帮助车企改进产品的安全性能，还可以用客观数据向广大消费者展示自身产品的安全等级，这远比企业自我宣传更有说服力。"数字安全碰撞试验"也在一定程度上借鉴了这种理念，即任何安全防护能力都应该从实战中得到检验。因此，建议今后每家车企都应该进行"数字安全碰撞试验"，让汽车产品的数字安全在出厂前经过多轮模拟攻击的考验和完善，以确保完全符合国家法规，并让消费者充分放心。

数字安全立法的平衡性要求

中国的《数据安全法》与欧盟的《通用数据保护条例》（GDPR）相比，总体上还是鼓励数据应用以及这方面的创新的。另外，从工信部对汽车产品的一些管理规定来看，也是支持车企采集相关数据的；只是对某些数据的使用提出了要求，比如企业在收集用户数据的过程中，必须把人脸信息模糊化，以防泄露用户隐私。

欧盟 GDPR 的规定就比较严格，不仅针对境外企业，也包括欧洲自己的企业，在数据采集和使用方面都有诸多限制，这对欧洲的数字化创新是非常不利的。

如果相关法律法规过于严苛，就很可能会扼杀企业的创新尝试。智能产品是基于数据来实现智能的，像智能汽车就必须采集和使用数据，才能改进自动驾驶功能和智能座舱体验。所以，数字安全的法律法规必须以让数据能被安全应用为根本出发点，切不可因噎废食，以安全为名过分限制数据的采集和使用。

反过来讲，我们也要充分理解数据监管和安全保护的必要性。如果没有法律法规的约束肯定是不行的，有法可依是必要的。毕竟今后数据是新的生产要素，也是国家重要的战略资产。如果数据被盗窃或者破坏，轻则侵犯个人隐私，重则危及国家安全。试想，如果国家完全不清楚企业都在收集什么数据，已经有了多少数据，数据都流动到了哪里、又储存在哪里，是不是足够安全以确保不会外泄或者被破坏，那又怎么可能放心地支持数字化创新呢？而且对于每个消费者来说，这种状况也有潜在的巨大风险。所以，企业的数据系统在开始运行之后，从数据的采集、清洗、流通，到存储、计算、使用的全过程，都应该对国家监管部门充分开放。

另一方面，企业领军人应该和国家一样高度关注数据问题。即使国家不监管，自己作为老板，对公司的数据也要做到心中有数。为此，对于数据要有"灵魂三问"：第一，公司的数据都是从哪里来的？第二，公司都有哪些数据、存储在哪里？第三，这些数据要流向哪里、供谁使用？事实上，企业搭建大数据管理平台，就是要回答这三个问题。今后会有越来越多的车企意识到，加强数字安全防护绝不是"白花钱"，而是为了保障企业能够更好地利用数据，最终使企业的核心竞争力得到持续提升。

从工信部、网信办等相关部门的很多领导来看，他们思考问题的第一出发点还是想支持数字化转型，并没有限制企业数字化创新的意图。正因如此，很多涉及隐私数据的人工智能技术也得到了推动。在这一点上，中国政府的政策是务实而灵活的。政策的决策者们非常清楚，没有发展只谈安全或者只求发展不计安全，都是不可行的。

总体而言，我们应该对中国智能汽车的发展充满信心。中国本身就是全球最大的汽车市场，加上国家政策的大力推动和各家车企的积极努力，我们在新技术应用推广方面速度很快。现在中国的新能源汽车销量已经是全球第一，而且其市场渗透率增长之快，远远超出了大家的预期；未来中国也将成为智能汽车发展最快、销量最大的国家。特别是中国政府在确保安全的前提下允许合理的数据采集，支持企业的数字化创新，由此将会支撑中国成为世界上自动驾驶相关数据积累数量最多的国家。事实上，自动驾驶的算法并没有多大差异，真正起决定性作用的是基于数据的训练。数据越多，训练效果就越好。如果欧洲、美国的自动驾驶汽车保有量少于中国，同时又有法规限制车企采集某些数据，而中国数量更多的自动驾驶汽车每时每刻都在采集数据，那么最终的结果一定是，中国的自动驾驶汽车将在全球范围内遥遥领先。

现阶段方向性引导政策的意义

汽车现有的安全标准就是合规要求而已，就是说，汽车产品要达到什么标准就符合了基本的安全规范。从实践来看，这些标准解决了汽车产品物理安全的底线问题和评价问题，是非常必要和有效的。但是今后仅仅符合这些标准的汽车产品并不是足够安全的，因为我们还必须考虑网络安全的问题。

网络安全是一个不确定性和实战对抗性都非常强的领域，对手根本不会根据相关标准来展开攻击，而是会无所不用其极。现在的情况是，在网络安全方面有很多企业进行了有益的创新实践，在实战中锤炼出了一些有效的方法和措施，而标准却跟不上企业实战的脚步。有鉴于此，国家应该多制定一些方向性的产业政策，而不要急于在技术上制定所谓的固化标准。

举个例子，如果硬性要求多少行代码中的漏洞数量必须低于多少个，恐怕是没有办法有效量化评估的。因为找出漏洞是一件很难预知的事情，比如查找软件漏洞，可能一个月就找出了10个，但也可能两个月都没找出1个，但这并不能说明后一种情况的安全性就一定更高。

为此，特向政府相关管理部门提出以下三点建议：

第一，国家应该要求车企必须在安全防护上进行足够的投入。目前企业在数字化方面是愿意投入的，例如建设超算中心、实现算力上云等等；但在网络安全防护上却往往不舍得投入，导致这两方面的投入差距极其悬殊。这就像舍得花 500 万元买房子，却不舍得花 5000 元买防盗门。国家政策应该在这方面加强引导，可以强制要求企业在进行数字化投入时，必须拿出一定比例的资金投入到安全防护上。

第二，国家应该引导和鼓励企业购买网络安全服务，这对于网络安全产业的发展会有很大帮助。当前企业在购买网络安全公司的服务时，往往要求必须以具体产品的形式体现。在网络安全业内称之为"软件硬件化、硬件盒子化、盒子柜子化"，就是说相较于软件，企业更愿意购买安全硬件；这个安全硬件最好是一个很大的盒子，且越重就越显得专业；这个盒子最好有很多的柜子，至少在理论上分别对应着各种安全功能。一些网络安全公司为了迎合买家的喜好，也开发了很多这样的产品。这其实是一种落伍且无效的做法。

第三，国家应该鼓励白帽子黑客通过众筹等市场化的模式，帮助企业查找网络漏洞，而企业应该为此向白帽子黑客提供相应的回报。

总之，在网络安全乃至数字安全方面，国家相关部门多做一些方向上的引导，一定会对产业健康发展有更大的推动作用。

汽车安全体系的协同防护模式

或许将来汽车产业在数字安全方面可以建立一种协同防护的模式。因为未来我们要面对一些有组织的甚至是有国家背景的黑客攻击，只靠一家企业单独应对，恐怕非常困难。即便是大型整车企业都有可能力有未逮，就更不用说那些中小型的供应商了。

所以，我们应该继承汽车产业协同各方力量共同确保产品安全的传统，集聚行业的力量来为各家企业提供数字安全保护。毕竟在万物互联的环境下，任何一家企业的系统一旦被攻破，都有危及其他企业安全的可能。

同时，也希望工信部等主管部委能够从推动智能汽车产业健康发展的角度出发，牵头组织，把汽车及相关领域的很多企业都团结起来，共同建设国家或行业级的数字安全态势感知中心、应急响应中心以及联合研究中心等。

对汽车数字安全的认识误区

汽车产业的数字安全问题高度复杂，绝不能"眉毛胡子一把抓"。建议优先解决其中最主要的三方面问题，即车内网络、车云网络和车数网络的安全保障。

众所周知，软件必然存在漏洞，有漏洞就必然存在被人利用的风险，所以幻想着黑客不攻击或者攻不进来是不现实的。问题的关键在于，我们怎样才能在黑客侵入网络的时候以最快的速度发现和应对。在这方面，一套行之有效的方法就是形成及时发现和应对网络攻击的强大能力。比如可以招募白帽子黑客进行模拟攻击或者对网络攻击进行分析。所谓白帽子黑客，通俗地讲就是好的黑客，也就是站在黑客的立场攻击系统、以排查安全漏洞的程序员。基于这样的实战演练，企业的安全防护能力就会越来越强。

为了确保汽车数字安全，建议汽车企业必须建立数字安全的底线思维，并且做好数字安全防护的顶层设计。当企业花费大量资金去建设自动化生产车间、搭建供应链生态系统或者打造智能汽车产品的时候，切不可对数字安全漠不关心或不以为然，而是必须同步开展数字安全防护的顶层设计，并切实做好相关工作。

之所以强调顶层设计，是因为大家对于数字安全的认知普遍存在一个误区：即大家都觉得，只要让安全服务公司提供一套足够强大的设备，就可以一劳永逸地拦截住各种攻击，彻底解决黑客攻击、勒索软件等所有威胁了。这个想法是美好的，但非常遗憾，世界上根本没有这样的安全防护设备。

又或者有人觉得只要像杀毒软件那样定期更新设备的版本就可以了。然而杀毒软件能查杀的都是已知的病毒程序，这样的病毒比较"傻"，很容易被找到和清除。而现在只靠杀毒软件就能维护网络安全的时代已经过去了，我们需要面对的是无孔不入、随时可能发起攻击的黑客，而不是相对固化的病毒。这是一群高智商的网络攻击者，而且很可能是有组织的，他们会随机而变，不断寻找新的漏洞。从这个意义上讲，数字安全的本质其实是人与人的对抗。这就远比使用安全气囊、安全带等硬件来实现物理安全防护要复杂得多。

企业数字安全防护的正确认知和顶层设计

在数字安全方面最重要的是，企业必须有全面的正确认知和系统的顶层设计。其核心在于，企业应该建立一系列数字安全防护的基础设施；同时在安全服务公司的支持下，建立和培养一支专业的数字安全防护团队。唯有如此，在遭遇网络攻击时，企业才能及时发现和有效封堵。

为此，建议车企邀请外部安全服务公司，对其汽车产品进行数字世界的攻防测试，即模拟实施各种网络攻击，以找出车内网络、车云网络等的弱点，让企业能够及时进行修补。不过只有这些举措还远远不够。车企更应该建立一种长期性的机制，让安全服务公司持续帮助企业查找和修补漏洞。虽然网络漏洞是无法穷尽的，但至少可以把我们目前能找到的漏洞都修补好，这样才能不断提升防护能力。

除了反复查找网络漏洞之外，还有一个重要方法，就是车企可以把各种数据都汇总起来，不只包括每辆汽车的运行数据，还包括办公计算机、加工机床等各种涉及网络安全的设备的运行数据，然后建立一个"数字安全大脑"的数据中心，用于安全地存放这些数据。这个数据中心具备对所有数据安全的动态感知能力，无论车内网络、车联网络，还是车云网络、车企网络、车数网络，一旦出现异常的数据变化，控制"数字安全大脑"的应急团队都能第一时间感知到，从而立即行动，及时阻止攻击。图5.2从国家层面阐述了应该如何建立智能网联汽车安全防护指导体系，同时针对整车企业、供应商和安全服务商等不同主体，提出了实现汽车数字安全的产业分工与实施要点，从而形成了一个完整的体系框架。

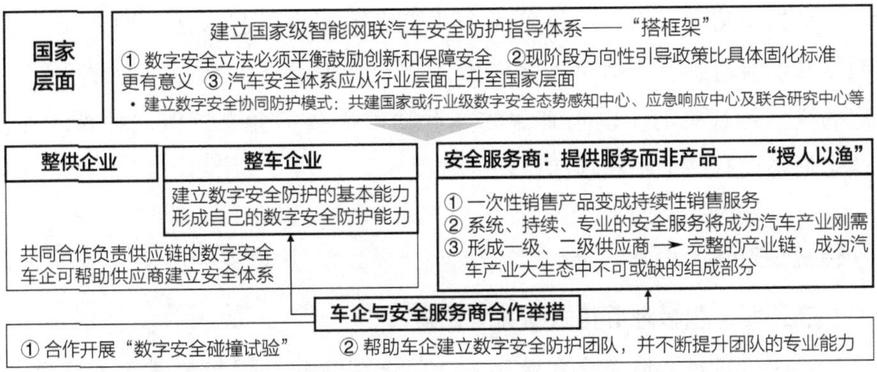

```
┌─────────┬──────────────────────────────────────────────────────────────────┐
│         │ 建立国家级智能网联汽车安全防护指导体系——"搭框架"                │
│ 国家    │ ① 数字安全立法必须平衡鼓励创新和保障安全  ② 现阶段方向性引导政策比具体固化标准 │
│ 层面    │   更有意义  ③ 汽车安全体系应从行业层面上升到国家层面             │
│         │ • 建立数字安全协同防护模式：共建国家或行业级数字安全态势感知中心、应急响应中心与联合研究中心等 │
└─────────┴──────────────────────────────────────────────────────────────────┘
```

┌──────────┬──────────────────┐ ┌───┐
│ 整供企业 │ 整车企业   │ │ 安全服务商：提供服务而非产品——"授人以渔" │
│   │ 建立数字安全防护的基本能力 │ │ ① 一次性销售产品变成持续性销售服务   │
│   │ 形成自己的数字安全防护能力 │ │ ② 系统、持续、专业的安全服务将成为汽车产业刚需 │
│ 共同合作负责供应链的数字安全车企可帮助供应商建立安全体系 │ │ ③ 形成一级、二级供应商 → 完整的产业链，成为汽车产业大生态中不可或缺的组成部分 │
└──────────┴──────────────────┘ └───┘

车企与安全服务商合作举措
① 合作开展"数字安全碰撞试验" ② 帮助车企建立数字安全防护团队，并不断提升团队的专业能力

图 5.2　实现汽车数字安全的体系框架、产业分工与实施要点

企业数字安全防护能力的评估

能否制定一套企业数字安全防护能力的评估标准？当然，要出台这样的标准难度非常大，但值得尝试。这样企业就可以根据评估结果了解自身防护能力的水平，并采取相应的措施，而不是只满足国家最低限度的基本标准和要求。

对于企业数字安全防护能力的评估，最可靠的方法还是通过模拟实战的攻防测试来进行。否则，评估标准很可能会变成安全防护产品纸面上的性能指标，只是一组数字而已，并不能反映实际情况。这就像评价汽车被动安全水平，要通过实车碰撞试验的表现来衡量，不能说这款车装了更多的安全气囊，所以就一定是更安全的。

另外，未来汽车供应链企业的数字安全防护是一大难题。因为整车企业通常规模大、资金足，有能力雇佣高水平的安全服务团队，不断提升自身的防护能力。如果黑客不容易找到整车企业网络的漏洞，很可能就会去攻击供应链企业的网络。相比之下，很多供应链企业规模较小，有些企业对数字安全不够重视，还有些企业虽然比较重视，却有心无力。毕竟它们先要解决生存的问题，而加大安全投入并不能带来直接的经济效益。正因如此，国家是不能强制所有企业都必须满足一个很高的数字安全标准的。

从这个角度来看，或许整车企业未来需要肩负起这样一种责任：即帮助其供应链企业把数字安全能力提升到至少及格的水平，为此投入一定的资金是必要的，也是有益的。不过车企会不会愿意做这种投入呢？这恐怕还要有一个不断加深认识的过程。

院长心声　　　　　　　　　　　　　　　　　　　　　VOICE
应正面、积极地看待数据监管法规

现在国家对网络安全和数字安全越来越重视，不断加强这方面的立法工作。对此也有人担心，国家出台越来越多且越来越严的法规，尤其是发布了《数据安全法》之后，会不会在一定程度上导致数据无法有效流通和应用，反而限制了企业的创新尝试呢？的确，国家制定法律法规时必须有效平衡好鼓励创新发展和保障产业安全。如果不能守住数据安全的底线，那么整个数字经济就是空中楼阁，甚至可能会给人们的生产和生活带来严重威胁；而如果对数据收集和使用的要求过于严苛，那么万物互联的价值就将大打折扣，人工智能也将失去数据支撑而无从发展。

对于数据监管法规的出台，大家应该正面、积极地看待。国家要求数据透明，并对部分数据的采集和使用进行一定的限制，这既是对大众个人隐私的一种必要保护，也是对国家数据资产的一种有效管理。事实上，数据不只是某家企业的重要资产，更是全社会的共同财富，因此国家加强监管是合理的、也是必要的。同时，即便国家没有提出相关要求，企业领军人也应该了解自己数字资产的"家底"，因为这是未来企业核心竞争力的基础所在。

对于数字安全标准，在汽车行业内也有不同的看法。有不少人希望，通过国家标准的制定和完善，我们可以把数字安全问题的危害降到最小。不过我觉得，所谓标准只能是最基本或者说最低的要求，如果确立一个很高的标准让所有企业都必须做到，恐怕是不现实的。换句话说，我们不能寄希望于数字安全标准能够彻底解决所有相关的安全问题。这就好比为了防备小偷，我们可以规定一些基本的安全措施，但如果来的是高智商、有组织的小偷，只靠这些基本措施是防不住的。

我们需要建立系统性的综合安全观

汽车数字安全是一项复杂的系统工程。只靠购买外部产品和服务是不够的，汽车企业需要建立自己的安全体系，组建自己的安全团队，培育自己的安全能力。当然，这并不是说什么事情都要自己来做，恰恰相反，企业必须有效借助外部资源，这其实也是一种必不可少的能力。说到底，数字安全防护能力只有在模拟攻防演练中才能不断提升，因为数字安全的本质就是破坏者与防护者，即人与人之间的角力。对于数字安全防护，企业应该尽可能未雨绸缪，而不是亡羊补牢，为此平时就要舍得在安全服务上进行必要的投入。

实际上，我们需要建立一种系统性的综合安全观，而这与汽车产业一直以来的安全理念是完全契合的。汽车产业重视安全的传统由来已久，并且始终强调打造安全体系、做好系统防护，而不是只靠单一的措施或单方面的能力去保障车辆的安全。过去，我们从各个零部件到总成、再到系统、直至整车，层层进行质量把关和安全校验，以确保每辆汽车作为一个整体都是安全可靠的。这可不是整车企业自己努力就够了，而是要把所有供应商，特别是重点安全件，例如安全气囊、制动器等的供应商，都充分协同起来。既要确保单个零部件的绝对可靠，又要确保零部件集成后的绝对可靠。举个例子，安全气囊本身的功能可能不存在任何问题，但只要早弹出或者晚弹出半秒，就不会起到保护作用，甚至反而可能给乘员造成严重的伤害。

今后，从综合安全的理念出发，汽车企业没有理由不把数字安全纳入到整个安全体系中来。由此，或许相关投入的问题也就迎刃而解了。

03 汽车企业数字安全的提升策略

车企在数字安全方面持续投入的必要性

今后汽车企业必须在保障汽车数字安全方面持续投入，这正是数字安全防护和物理安全防护不一样的地方。要做好数字安全防护,就必须像希腊神话中的西西弗斯那样,不断地把大石头从山脚推到山顶,然后大石头滚落下来,再重新把大石头推向山顶,就这样周而复始。

一款传统汽车只要设计没有改变,理论上只需要做一次物理安全碰撞试验就够了,因为再做多少次试验也不会改变结果。但是对于一款数字化的汽车,其操作系统和各种软件是会改变的,会不断地更新升级一些旧模块,或者加载一些新模块。所以,要确保数字化汽车产品的安全,就需要持续进行"数字安全碰撞试验",不断寻找系统漏洞并加以修复。只要车辆还在使用,这个工作就不能停止,可能每个月或者每次OTA升级之后都要进行一次模拟攻防才行。

其实计算机的Windows系统,也需要不停地打补丁,几乎每个月微软都会提供新的补丁。在过去也有不少人质疑,打补丁是不是说明系统质量有问题?而现在大家对此已经习以为常了,反而觉得能够随时发现系统里的漏洞并提供补丁,这本身恰恰是系统安全工作做得比较到位的体现。

今后,车企使用的数字化技术一定会越来越多,为此我们应该提前做好心理准备:要充分认识到数字安全必须常抓不懈,否则数字化带来的一切优势就都没有办法保证。企业需要增加数字安全防护方面的投入,并且要持续不断地投入。尽管这种成本可能确实不小,却是我们不得不支付的。

车企构建数字安全防护能力的策略

对于汽车企业来说,重要的并不是购买这样或那样的数字安全防护设备,而是要形成自己的数字安全防护能力。为此,有以下三点建议:

第一,车企应打造全方位的数据感知能力。建立大数据感知及分析平台,确保遭受攻击时,企业至少能够看得见。

第二,车企应积极开展"数字安全碰撞试验"。并且汽车"数字安全碰撞试验"不能仅靠内部团队来进行,而是应当邀请外部的网络安全公司和白帽子黑客与企业一起进行测试。这个过程一方面要确保是"真刀实枪"的测试,否则达不到效果;另一方面,企业也要制定相应的规范,并做好监控,避免被邀请来的黑客在进行模拟攻击时,又偷偷在系统中埋下新的"后门"。

第三,车企应建立数字安全响应中心及运营团队。未来车内网、车联网和车企网等各种网络都不可避免地会遭受攻击,企业要做的就是在受到攻击后,能够尽可能做出最快的响应和最有效的应对。为此,必须建立响应中心,并配备安全防护的基础设施,同时组建运营团队,并不断提升其专业能力。这相当于为自己建一个医院,同时配备专业的医护人员。唯有如此,才能有效应对各种突如其来的病症。

一些车企希望使用车载版数字安全防护产品,这恰恰说明他们对于智能汽车数字安全的认识还需要进一步提升,他们还没有充分认识到智能汽车的数字安全问题具有高度的复杂性、系统性和动态性,根本不是某一款安全防护产品就能彻底解决的。正因如此,车企才需要建立自己的安全防护团队,并对各种网络不断进行模拟实战的攻防演练,即所谓的"数字安全碰撞试验"。这样一旦发生网络攻击,企业就能有一支强大的防护团队进行有效应对。

当车企做好以上三点之后,自身就形成了一个闭环的安全防护环境,这个环境具备一定的自我成长和自我净化能力。再加上外部资源的支持,包括安全服务公司和白帽子黑客群体,企业就能具备持久的数字安全防护能力了。

应该说,智能化网联化是车企不容有失的发展机遇,为了抓住这个机遇,车企一定要成为互联网公司、大数据公司和人工智能公司。否则,是没有机会在智能汽车的时代取得胜利的。然而要成为这样的公司,车企就一定要组建自己的数字安全防护团队,建立完整的数字安全防护体系。否则,是没有办法主宰自己企业和产品的命运的。

过去,一些大型国企都建有自己的职工医院;未来,大型车企更需要建设自己的数字医院。而且这个医院要不停地对企业进行体检,以确保企业能够健康成长。从源头上讲,这不但需要车企领导者具有数字安全防护的正确认知,而且需要他们真正理解数字化的本质,形成数字化的思维方式，进而推动企业逐渐形成数字化的基因。

开展"数字安全碰撞试验"的方法

对于"数字安全碰撞试验"应该怎样做，汽车业界对此的认识还很模糊。传统的汽车安全碰撞试验，我们是能够掌控其边界条件的，比如几种测试车速、几种碰撞角度等等，都是标准化的。但是"数字安全碰撞试验"有很多未知的因素，软件漏洞无处不在，难以完全避免，而我们并不知道漏洞究竟在哪里，否则早就进行修补了。然而哪怕只有一个小漏洞被黑客抓住，后果都很可能是致命的。在这样的情况下，我们应该怎样设定数字安全碰撞的情景？或者说，我们能否找到一些相对极限的工况，能够尽可能覆盖潜在的安全风险，并基于此进行客观的安全评价呢？

实际上，模拟实战攻防肯定不会也不能采用穷尽的方法，所以我们一定要选择有代表性的场景。比如目前还不需要重点针对车内网络进行模拟攻击，虽然未来对车内网络的攻击肯定会越来越多，不过现在攻击车内网络的难度还比较高。因为不同车企的操作系统还没有趋同，不像计算机的Windows系统或手机的安卓系统那样容易被针对。

当前汽车行业的模拟攻防测试应该主要针对车企网络，开展"实网、实兵、实战"的网络模拟攻防演习。实网就是真实的网络，例如真实的工业互联网；实兵是真实的攻击队，不是安排自己的团队假扮黑客，而是从外部邀请白帽子黑客或者其他安全服务公司来展开攻击；实战就是模拟真实的高级网络攻击。通过这样的攻防演习来帮助企业发现网络安全隐患。

需要再次强调的是，数字安全防护永远没有止境，这就像矛和盾的关系。所谓"魔高一尺，道高一丈"。攻击者一定会不断寻找新的漏洞，持续提升自己的网络攻击能力；而防护者一定要不断发现和修补漏洞，持续提升自己的安全防护能力。所以，数字安全防护是必须常抓不懈的一项工作。

我们能做的是不断地提高自己的防护能力，让黑客越来越难以找到我们的漏洞，这样他们想要有效实施攻击就会越来越难。目前存在的问题是我们的防护能力还不够强，坦率地说，目前很多车企网络就像靶子似的摆在那里，办公网络、生产车间的网络基本上都没有安全防护，只是能正常进行基本的通信和办公而已。当然，现在这些网络与汽车产品还没有直接关联，包括今天的车联网也还没有成熟，所以危害还不那么明显。不过对于车企网络，当前常规的网络攻击手段都是奏效的，这是很大的隐患。因此"数字安全碰撞试验"除了测试汽车产品的车内网络之外，还需要测试车企网络，以提升车企的系统性防护能力。

现在汽车企业中普遍存在一个误区，那就是依然以为确保数字安全就是要购置防护设备。事实上，车企真正需要安全服务公司做的，一是帮助他们做好数字安全的顶层设计，进而明确现阶段要解决哪些重点问题；二是帮助他们培养一支有战斗力的安全防护团队。这些工作才是最重要的。可以做一个比喻：过去网络安全行业就像是在卖药，根据企业的病症对症下药即可；而未来数字安全行业必须帮助企业建立自己的医院，可以解决可能出现的各种病症。医院里当然也需要 B 超、X 光机等设备，但这些并不是最重要的，最重要的应该是由经验丰富的医生和护士组成的专业队伍。

不过经过几年的实践，越来越多的企业领导对数字安全防护开始有了新的认识。因为他们发现，曾经以为很安全的网络系统，原来很容易被攻进来；同时，购置的很多昂贵的安全设备，原来并没有那么有效。所以，近年来企业对数字安全的重视程度越来越高，对模拟攻防测试也越来越认可了。

有很多企业的数字安全团队都在模拟实战中得到了锻炼：过去他们往往自以为没有遭受过网络攻击；现在他们经过演练才发现，原来很多时候自己只是不知道网络已被侵入了而已。另一方面，过去由于没有进行过演练，他们在遇到网络攻击时常常手忙脚乱；而现在通过实网、实兵、实战的训练之后，他们面对各种攻击都非常淡定，能够快速做出最佳的应对。

数字安全防护服务的价值

应该说,汽车产业数字安全防护的商机实在是太大了。面对汽车数字安全如此规模庞大的需求,恐怕只靠一家安全服务企业是远远不够的。

此前,国内多座城市都建立起网络安全空间或者应急响应中心。现在几乎每座城市都有物理上的应急系统,例如哪里煤气爆炸了,哪里被水淹了,哪里断电了,城市应急系统都能做出相应的快速反应。而未来城市将是高度数字化的,因为城市经济将由数字经济主导,城市中的产业也都是数字化的,这样一来城市必然会成为网络战的焦点。这就需要在物理应急系统之外,建立起城市的数字应急系统。企业的情况非常相似,需要做好顶层设计,组建和训练防护团队,并开展实战化的模拟攻防演练。

如果说安全服务企业之前并不是把某种安全产品卖给城市,而是把知识库、数据库以及防护经验对城市开放,包括提供一些高水平的安全服务专家或白帽子黑客,以帮助城市快速建立起一套行之有效的数字安全防护机制,那么将来安全服务企业也应该把这套"授人以渔"的方式充分复制到汽车产业,而且不只限于自己的资源,还要把行业内其他安全服务公司以及个人都组织起来,为汽车企业提供其所需的数字安全防护支持。

当然,汽车行业要建立正确的数字安全观念还需要一个过程。一方面,车企对数字安全的重视程度普遍不足,不少企业虽然在口头上也表示非常重视,但并不愿意真正投入资金。另一方面,即使一些企业愿意投入资金,也没有花在建设团队和培育能力上,而只热衷于购买安全防护设备,总觉得唯有添置了固定资产,安装了防火墙,心里才踏实。可这些防火墙的实际使用效果非常令人怀疑,甚至有的企业在防火墙报警后也没有人来处理,更没有人来研究防火墙为什么报警,后续如何避免。这样一来,防火墙根本就是形同虚设。

好在现在除了购买安全硬件,企业逐渐开始接受购买安全软件了,这也是一种进步。但是未来对于数字安全来说,最重要也最有价值的不是硬件，也不是软件，而是服务，尤其是高水平、专业化的服务。为此，企业一定要建立正确的安全观，清楚最应该把钱花在哪里。

在这个过程中，又涉及如何合理评估安全服务价值的问题。硬件或软件都是实实在在的产品，而安全服务似乎看不见、摸不着，即使找到了一系列漏洞，又凭什么说有很大的价值呢？对此，也需要企业形成正确的认识。要反过来想，如果这些漏洞被黑客抓住，侵入了企业的系统，将会带来多么严重的后果？事实上，现在就有国际黑市在交易企业的各种漏洞信息，有的漏洞甚至能卖出几百万、几千万元的价格。现在的情况是，很多企业平时不愿意在安全服务上花钱；等到网络真的被攻击了，才连忙请人来排查和处理，这时候就是花再多的钱也不在乎了。由于企业缺乏未雨绸缪的意识，结果最终还是购买了安全服务，但花费的成本却往往更高，而且企业已经蒙受了损失。

当前我们未必就能找到应对汽车数字安全挑战的确定答案，不过这恰恰是这个行业的魅力所在——未来汽车产业的发展具有前所未有的不可预知性，这意味着巨大的潜力和空前的可能性，当然也会面对前所未有的挑战。

未来汽车行业的商业模式一定会发生重大改变，由一次性销售产品变成持续性销售服务。相应的，数字安全行业也应该随之改变，由一次性地销售安全防护产品，包括硬件和软件，转变为持续性地销售安全防护服务。另一方面，将来在汽车数字安全方面也会形成类似汽车产业那样的，由一级、二级供应商构成的完整产业链，并成为汽车产业大生态中不可或缺的组成部分。

院长心声　　　　　　　　　　　　　　　　　　　VOICE

汽车产业的数字安全防护是一项庞大的系统工程

未来随着人类进入万物互联的时代，所有产业都将进入生态化发展的新阶段。而汽车产业由于涉及面广、复杂度高、连接主体多、关联影响大，将成为最重要的生态系统之一。正因如此，汽车产业的数字安全防护将是一项庞大的系统工程，其中整车企业要做的工作必不可少，但肯定远远不够。事实上，即便把汽车行业的力量都整合起来，可能也不足以确保万全。毕竟未来汽车生态将和交通、能源、城市生态融合在一起，我们必须集聚多个产业的力量，才能确保汽车产业和产品的数字安全，确保交通、能源和城市系统的数字安全，进而确保生产活动的正常进行和社会生活的稳定有序。

举一个简单的例子，汽车在充电过程中发生着火事故，可能是产品设计或生产质量的问题，但也可能是黑客侵入系统后加大了充电电压造成的。后者更加危险，或将导致车辆爆炸，甚至引爆整个充电站。

从这个角度出发，我们应该建立新的汽车安全体系。过去，汽车安全体系主要是基于各种硬件以及硬件的集成；而未来我们必须把汽车硬件、软件以及软硬件的融合都考虑进来，此外还包括OTA升级、与车辆连接的外部环境、各类企业的各种网络等等，所有这些都要纳入到汽车安全体系中。换句话说，我们需要升级原有的综合安全观。

那么，应该如何建立新的汽车安全体系呢？总体来说，由于汽车产业的边界正在不断拓展且渐趋模糊，汽车安全体系也将不断扩大且日益重要。未来汽车安全体系不仅事关汽车产品、企业和产业的安全，还会影响国家信息安全、社会治理安全以及国防安全。所以，我们必须跳出汽车或者互联网的单一视角，站在国家和跨产业的战略高度，系统思考和布局未来汽车产业的数字安全体系。

安全始终是汽车品牌最重要的基础支撑

就企业而言，汽车产品的安全关乎生命安全，因此安全是汽车品牌最重要的基础支撑，没有一个汽车品牌能够脱离安全而在行业立足。正因如此，一直以来汽车企业对于安全都是非常重视的，甚至有不少汽车品牌就是以安全为基因的。到了万物互联的时代，车企只把传统的汽车安全做到位已经不够了，网络攻击将成为越来越现实的可怕威胁。在这种情况下，车企肯定会尽最大努力防御网络攻击，以确保产品安全。

我在很多场合都曾讲过，智能汽车必须以安全为第一要务。无论车的智能化程度有多高，如果不能确保安全，就称不上是真正的智能汽车。而产品是汽车品牌的载体和体现，如果产品出了安全问题，不管具体原因是什么，公众都会质疑车企的能力和态度，进而对这个汽车品牌产生不信任感。所以，车企必须全方位地确保自身产品的安全，包括数字安全。

就消费者而言，买汽车与买手机或计算机的心态也是不一样的。消费者不愿意花钱购买杀毒软件，他们往往认为计算机和手机的安全防护就应该是免费的，或者觉得即便真的被攻击了也没关系，最多重装一下系统就行了。但汽车不是这样，消费者很清楚如果汽车失控会带来什么后果，因此更容易认同汽车必须有更高的安全防护等级，会愿意支付合理的费用。同时，汽车产品的价格远高于手机和计算机，也就有了容纳安全防护成本的更大空间。假如今后汽车安全软件搭载在汽车产品上，确实能够为消费者保驾护航，我相信是可以收费的。

所以，我的判断是：既然车企有强烈的责任感去做这件事，而消费者也愿意为此买单，那么今后汽车企业对数字安全防护的投入一定会越来越高，相应的，汽车企业及产品的数字安全防护能力也一定会越来越强。

车企应着力构建数字安全防护体系

到了万物互联的时代，智能汽车的硬件和软件之间，汽车与人、与其他汽车、与环境之间，以及各种企业之间，各类连接近乎涉及无穷多种场景。而只要有相互连接和数据交换，就有被网络攻击的风险。也就是说，数字世界的安全威胁将永远存在，不可能被彻底根除，而且也难以预料具体会在什么时候、什么地方发生什么攻击。为此，车企必须建立并不断提升应对各种数字安全威胁的能力。具体来说，车企应重点关注以下三个方面：

第一，建立数字安全的正确认知。首先，企业领导者必须摒弃传统的安全认知，不能参照计算机安全来看待汽车安全，也不能一味地痴迷于购买安全防护设备。只关注购置安全防护设备的做法是错误的，因为无论这些设备，包括硬件和软件，有多么先进，都不足以从根本上解决数字安全问题。其次，在智能汽车大行其道之后，汽车产业的数字安全防护要比以前重要得多、也困难得多，因此我们必须予以高度重视。最后，这种重视不能简单地停留在口头上，更不能基于过去的固有"常识"来落实，而是要努力建立数字安全防护体系。

第二，建立数字安全的防护能力。包括建立数字安全防护的基础设施和基本能力，组建起一支自己的数字安全团队，持续提升其业务能力，并不断进行模拟攻防演练。这样在遭遇黑客攻击时，才能及时发现并做出有效应对。尤其需要关注"数字安全碰撞试验"，也就是在数字世界中进行各种硬件、软件及其接口的安全攻防试验，模拟各种各样的网络攻击，以验证相关的防护和应对措施是否有效。这和车企需要进行的实车碰撞试验可谓异曲同工，可以让广大汽车同仁很容易理解数字安全攻防演练的过程和意义。

第三，建立一个完备的数字安全体系，并充分利用内外部资源，确保这个体系能够持续、平稳地运行。其中，内部资源主要就是企业自己的数字安全团队，而外部资源则包括安全服务公司以及所谓的白帽子黑客等。也就是说，车企要从建立数字安全体系的角度出发，把相关外部资源纳入自己的供应链条或者说生态系统中。反过来讲，安全服务公司也要努力成为汽车企业招之即来、来之能战的重要供应商和合作伙伴。图5.3从正确认知、防护能力和完备体系三个不同维度，对车企构建数字安全防护体系的内涵和举措进行了系统阐述。

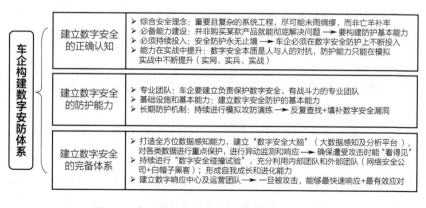

图5.3 车企构建数字安全防护体系的主要举措

未来系统性、持续性、专业化的数字安全服务很可能会逐渐成为汽车产业的一种刚需，因为汽车在运行过程中始终是以安全为基础和前提的，其他服务可以不买，但事关安全的服务是不能不买的。更何况随着汽车上软件的不断增多，漏洞数量也随之增加，加上车辆连接广泛、运行环境复杂，就使未来汽车产品的数字安全防护变得极其困难。另一方面，数字安全服务应该会比其他服务更容易收到回报，也正因为数字安全是汽车产业的刚性需求，给安全服务行业带来超乎想象的广阔商机。

六、技术生态创新方法

01 战略选择

搭建产业生态的目的

现在大家有所担忧：当产业生态发展起来之后，会不会出现某家企业由于占据了很多资源而一家独大的情况？会不会出现强者恒强，最终形成垄断的局面？这要看这家企业是怎样做到强者恒强的。如果企业借助自己某方面的垄断地位，不断向外扩展，像黑洞一样，要把上下游各个环节的资源都吸纳进来，成为自己的一部分，那无疑就是一种不公平的竞争。

事实上，采取这种策略的企业虽然可能一时会变得更强大，不过恐怕很难持久，因为它必将分散自己在主业上的投入，并且会走到其他众多企业的对立面上。而如果企业专注于自己的主业，不断踏实努力、越做越精，能够为合作伙伴提供有力的支持，那即使形成了垄断，又有什么不好呢？

例如英国的 ARM 公司，年收入大约几十亿美元，这样的规模在世界级科技企业中并不算大，但全球的芯片产业都离不开它，因为绝大部分低功耗 CPU 芯片都使用这家公司的 IP（知识产权）。ARM 的经营理念就是坚持有所为有所不为，它不制造芯片，更不制造 PC 和手机，只专注于芯片的设计，通过转让 IP 获利。同时，ARM 在使用其 IP 的每一块芯片上收取的费用很低，确保了芯片制造企业都愿意与之合作。ARM 体现了利他共赢的生态思维和有所取舍的战略定力。这类公司往往并不以做大为目标，而是聚焦于在某个细分领域里不断做强，虽然也可能会形成某种垄断，但这种垄断不会让其他企业感到是一种威胁，反而让人信服其技术实力，容易被大家接受。

所以，搭建生态是大家共同把蛋糕做大的游戏，而不是过去那种大家一起分蛋糕的游戏。后者肯定是我多拿一点，你就少拿一点。

产业转型期企业战略聚焦的重要性

当产业发生转型时，每个参与者都难免会有一种焦虑感，担心在某个新的关键领域没有及时投入而失去未来发展的机会。不过，企业始终要有所为有所不为，而不能什么都想抓住。未来的关键技术将会更多，企业如果要掌握所有的关键技术，在产品定位和规划时就会失去重点，导致在"九宫格"内分散人才、资金和管理等各种资源。结果肯定是每个细分领域的投入都不充分，难以达到预期目的；而最核心的关键技术反而无法集中力量有效掌握。毕竟任何企业的资源和精力都是有限的，即使是实力强大的巨无霸企业也不例外。这就像每个人的一天都是24小时，不可能由于某个人的能力强或者想做的事情多，就能变成25小时。

所以，越是在产业转型、技术增多的时候，企业就越需要充分聚焦，一定要有所为有所不为。在此情况下，企业领军人的决策能力将面临巨大考验——只有了解各个领域，才能判断哪个领域是自身最需要掌握的，进而做出合理的决策。

例如苹果公司无疑是当代最成功的企业之一，目前市值全球排名第一。不过从研发投入占销售收入的比例来看，苹果的数据并不是很高，甚至在很多同类企业中算是偏低的。但这并不意味着苹果的研发投入不足，而是因为苹果非常聚焦，在很多技术上都不谋求自行开发掌握，而是直接与该领域最优秀的供应商合作，再集成应用相关技术。

举个例子，当年乔布斯在开发音乐播放器 iPod 时，核心思想是"把一千首歌装在口袋里"，因此需要一个体积小、功耗低、存储量大的存储器。对此他不是组织研发,而是满世界寻找,最后发现松下电器有这种技术。而当时松下电器因为看不到这种存储器的应用场景,正考虑关闭该业务。乔布斯立刻飞到日本去洽谈,直接买断了松下这种存储器 5 年的产量。之后,苹果终于成功推出了 iPod。可见,苹果真正核心的能力在于面向用户的产品思维,而不是某些具体技术。这一点非常值得我们深思和借鉴。

未来整车企业的核心能力

对于整车企业来说,未来最核心的应该是面向用户的产品及品牌定义能力,这是战略层面的能力。相比之下,技术只是战术层面的能力。这就像武林高手所用的招式,到底应该是太极拳,还是螳螂拳,取决于对手是谁。

企业经营的目标是什么?归根结底是推出产品、塑造品牌,以满足用户需求,其他要素都是为这个核心目标服务的。如果从这个角度出发,一些技术是自研还是采购,企业也就不难做出判断了。在此有一点非常重要,那就是企业家必须保持对新技术的敏感度,随时思考能否以及如何应用到自己的产品上,能够为用户带来什么价值,这样才有可能做到集全世界最先进的技术为我所用。

其实,从来没有一家企业能够依靠某种新技术形成长期的竞争壁垒或者说护城河,因为有价值的新技术无论应用过程多么波折,最终总会实现产业化普及。而且某项技术的最佳应用者往往并不是其发明者,比如坦克是英国人发明的,但德国人却用得更好,成为了"闪电战"的核心。当然技术发明者具有先发优势,企业都希望能够凭借先发优势来抢占市场。不过这种先发优势能否得到发挥,还是要看企业的目的是否明确。事实上,企业如果把产品、品牌和用户三者的关系想明白了,不是技术的发明者也可以寻找技术资源来应用;而如果没有想明白,即使拥有技术先发优势也无法得到体现。图 6.1 从战略和战术两个层面,梳理并明确了新时期车企核心能力的定位、内涵与选择原则。

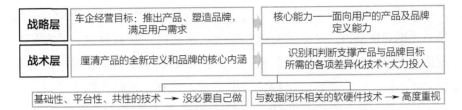

图 6.1　产业变革期车企打造核心能力的选择原则

对于整车企业来说，应该从用户思维出发，从产品和品牌的角度去确定需要自己掌握的重点技术。大家知道，很多基础技术的专业性非常强，需要长期不断的投入。因此，对于基础性、平台性、共性的技术，整车企业没必要自己做，最好的方案就是利用外部生态获取，以达到"四两拨千斤"的效果。

可以做个类比，今天智能手机销量排名靠前的厂商，包括 OPPO、vivo、小米等，它们在基础性的底层技术方面都是选择外购，例如从高通、联发科等供应商处获取芯片。像高通一年的研发费用就是 60 亿美元，试问有哪个手机厂商能够轻松拿出这么多资金用于芯片研发？这并不是说手机厂商盈利能力或者资金实力不足，否则小米也拿不出 1000 亿元人民币来造车，只不过手机厂商不可能把钱都投在芯片上。同时，手机行业的单机利润通常并不高，主要靠规模盈利。这其实和汽车产业是非常相似的。

再从企业的核心能力来看，OPPO、vivo、小米、华为等手机厂商的定位都是围绕用户需求来打造差异化。整车企业也应如此，一定要围绕自身的目标用户群和品牌定位，把资源投入到实现产品差异化的技术上。这应该是新时期整车企业决策技术拓展方向的根本战略。

互联网思维及规律对汽车产业的影响

对于汽车企业来说，不要以为产品需要增加什么新技术，自己买过来使用即可。一些整车企业总是认为：无论是芯片、操作系统，还是数字化技术，都可以让相关的供应商来提供，这样就能把新产品打造好。其实并非如此。

事实上很多汽车企业并不缺技术，也不缺人才，更不缺资金，缺的是新思维和新基因。未来的智能新能源汽车将是一个新物种，只靠传统制造业的思维方式和基因是打造不好的，只靠数字化的思维方式和基因也同样不行，一定要把这两种思维方式和基因有机地融合起来才行。这其中蕴含着前所未有的巨大商机，就看哪些企业能够率先抓住了。

为此，具有传统制造业思维和基因的汽车企业与具有数字化思维和基因的相关科技公司，需要相向而行、深度合作、彼此交融，努力产生一种链式的化学反应。这样才能把中国相对领先的数字化技术有效引入到汽车产业中，为汽车企业积累了多年的技术充分赋能，从而使中国在全球汽车产业重构的进程中占据先机。

下面分享几个互联网行业的规律，供汽车行业的同仁们参考。

一是摩尔定律。各种IT行业的元器件，每隔一定的时间，其成本会下降一半，性能会提升一倍，这种现象称为摩尔定律。将来汽车产品上会搭载很多芯片，芯片的原材料基本上等同于"沙子"，所以尽管现在价格不菲，但未来只要市场需求量足够大，芯片的价格一定会降到"白菜价"，进而带来整车成本的大幅下降。

二是边际成本近乎为零。对于互联网产业，总有人不明白，为什么很多软件收费这么低，甚至是免费的？这是因为软件开发的成本是固定的，并不像硬件那样需要在原材料和生产等方面持续投入。比如投资1亿元开发出一套操作系统，如果使用该操作系统的用户数量很少，那么人均分担的开发成本就很高；而如果有1亿人在使用，那么每个人分担的开放成本就只有1元了。也就是说，只要使用规模足够大，软件的边际成本就几乎为零。未来一款汽车肯定无法让1亿人使用，但一套汽车软件却是有可能的；退一步说，即使这套软件只有100万个用户，人均成本也可以降到百万分之一。这就决定了软件可以在极低的成本下不断迭代，从而使汽车产品的性能可以在较低的成本下持续提升。

三是网络效应。今天互联网的力量就在于集聚了众多的用户，网络越大，用户越多，这种力量就越大。如果你是第一个进入互联网的人，那个网络是没有价值的；而如果你是第100万个进入互联网的人，那就可以获得100万人创造的巨大价值，这就是所谓的网络效应。按照这个规律，如果有一天所有的汽车都实现了联网，相关的数据都实现了顺畅流动并汇总成为真正意义上的大数据，那这个网络也将拥有强大的网络效应。这意味着汽车网络汇聚起来的算力将非常强，处理和应用数据产生的效益将非常大。由此，自动驾驶等汽车智能化功能的成本就会急剧下降，产品体验也会快速提升。图6.2对互联网行业的三大规律进行了扼要解读，并重点分析了这些规律将给智能汽车产业带来的深刻影响。

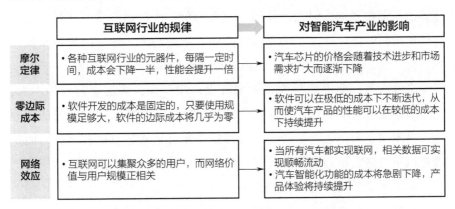

图6.2　互联网行业规律对智能汽车产业的影响

正是互联网的这三个规律让人对汽车产业充满信心，未来汽车产品完全能够以10万~20万元的入门级价格，实现接近于豪华车的智能化体验，并为广大用户提供更多种的个性化选择。当然，在汽车硬件方面的差异是无法缩小的，比如真皮座椅的物理成本就是比普通座椅更高，不可能所有价位的车型都配备。但是在各种智能化应用方面，无论什么价位的车型，都是可以做到基本相同的。这样一来，身处四五线城市以及农村的广大消费者，也可以基于入门级的汽车产品，享受到各种先进的智能化服务。

未来汽车产品的科技平权

新能源汽车和智能汽车的普及应用，将会掀起一场革命，使汽车真正成为数字化的产业。而数字化的产业更能体现"科技平权"，就像现在手机行业基本上没有奢侈品牌，价格相对低一些的手机也都具备比较不错的智能功能。将来汽车产业可能也会向这个方向发展。豪华车也许不会消失，因为还是会有一些人以此作为自己身份的象征，但是豪华车与普通车的差别可能不会那么大了。或者说，价位20万乃至10万元的普通车，与80万乃至100万元以上的豪华车在电动化、智能化、网联化的很多能力上可能都是接近的。

数字化产业在发展过程中，还会不断降低产品的价格。这些年来，很多产品都在涨价，但是计算机一直在降价，手机也一直在降价，而且在降价的同时，计算机和手机的性能还在不断提升。今后随着汽车成为数字化产业，汽车产品的性价比也会持续地大幅提升。

毕竟汽车行业不能只为企业家开发高端产品，那这个行业做不大，也无法让更多人享受到汽车出行的便利。反而是主推大众化产品的企业更容易发展壮大。也就是说，不是要把汽车打造成昂贵的奢侈品，而是要把汽车打造成年轻人都能买得起的产品，并且要让大家在这款产品上尽可能多地享受到最新的科技成果。

当然，汽车产品的"科技平权"肯定不是指硬件方面。比如汽车上安装一个电动按摩座椅，肯定要比一个没有这种功能的普通座椅贵得多。由于绝大部分硬件都不是芯片这样的IT硬件，其边际成本并不会随着规模的增大而趋近于零，也不会随着时间的推移而自然降价。相反，有时候受原材料供给的影响，可能还会涨价。所以，要把一款入门级的车型做成与豪华车一模一样，这是根本做不到的。

所谓"科技平权"，不是追求不同价位的产品完全一样，而是希望尽可能地缩小差距。数字化技术的加持能够给汽车产品带来这种机会，主要体现在以下几个方面：

第一，在驾驶感受方面。发动机排量的不同是传统燃油汽车产品划分级别的重要依据之一，因为这直接关系到用户的驾驶感受。如果发动机动力强劲，用户一脚"油门"踩下去，就会感觉到很明显的推背感。不过这样的车型大都价位较高，便宜的燃油汽车是难以体验到这种推背感的。而电动汽车的情况并非如此，其加速性能先天就比燃油汽车好得多，只要电机的输出特性调得合适，即使是 10 万~15 万元的车型，也可以做出与 50 万元级别的燃油汽车一样的推背感。至于动力电池的能量密度和价格，主要影响的是续驶里程，对驾驶感受并没有太大的影响。

第二，在空间方面。传统燃油汽车分级的标准就是轴距和车长，把车做大主要是为了给用户提供空间上的尊贵感。对于传统燃油汽车来说，由于发动机舱占据了很大的物理空间，这就使内部乘员的空间被大幅挤压。而电动汽车可以把动力电池布置在地板下面，这样就可以在同等的外形尺寸下，让用户享受到相对更大的乘坐空间。这一点对于外形尺寸有限的入门级车型来说尤为重要。

第三，在智能座舱方面。过去往往豪华车上才有的车载信息娱乐系统，今后在入门级的车型上也可以拥有。目前，汽车智能座舱的交互功能和应用软件基本上都是基于 Linux 或安卓系统开发的，这两个系统都是开源的，同时也都有很好的开发生态，因此未来应该很容易形成类似手机和计算机的情况。

先看手机，随着安卓系统和苹果 iOS 系统生态的发展，智能手机迅速变成了大众消费品。原来的一些豪华手机品牌已经消失了，现在一万元和一千元价位的手机在使用微信等应用时的体验其实差不多。再看计算机，现在价格几百元的安卓平板电脑、几千元的 iPad 以及几万元的苹果笔记本电脑，除了在运行一些超大程序时会感觉到速度上的差异，还有色彩、音效有所不同之外，用户在日常办公、看电影和玩一些网络游戏的时候，体验已无太大区别。

以此推想，未来在智能座舱上是可以实现"科技平权"的，即各种价位的车型都能实现诸如语音交互与控制、智能音效等功能。而且从手机和计算机的经验来看，智能座舱领域的主要硬件，无论是芯片，还是大显示屏，其成本都不是问题。事实上，像 GPU（图形处理器）等应用于汽车产品的芯片，其算力和性能正在不断提升，成本和功耗正在不断下降，完全符合摩尔定律。

第四，在安全方面。目前在物理安全方面，各种产品做得都不错，至少基本安全是有保障的，并不是说入门级车型就不装安全气囊和安全带了。而数字安全方面，入门级车型完全可以做到与豪华车一样安全。在这方面，肯定不是越贵的车就一定越安全，越便宜的车就一定越不安全。举个例子，如果一家网络安全公司为不同价位的汽车产品提供数字安全服务，他们一旦发现漏洞肯定会一并处理，没有理由故意把入门级产品的防护做得差一些。

第五，在自动驾驶方面。现在主要是因为激光雷达的成本居高不下，导致不同等级的自动驾驶系统价格差异较大。只要用户确有需求，激光雷达、毫米波雷达、摄像头以及相关芯片等关键硬件的成本，都将遵循摩尔定律，未来会随着市场规模的扩大而快速下降。在此前景下，当高等级自动驾驶技术足够成熟的时候，入门级的汽车产品也可以搭载这种能力，而且与豪华车的自动驾驶功能并无本质差别。

还有一个重要因素，自动驾驶的表现在很大程度上取决于数据量。如果我们通过车路协同，把单车成本降下来，就可以迅速获得更大的用户群体，获取更多的相关数据；同时，安装在路端的大量传感器同样具有数据采集的能力，会为大数据的积累提供更有力的支持。而这对于自动驾驶汽车的发展非常重要，将会促进这项复杂技术加快走向成熟。反之，如果单车的售价始终很高，比如要四五十万元才能实现高等级的自动驾驶，那用户群体就只能是小众化的、有限的，这样我们所能获得的数据量会非常有限，从而严重滞缓自动驾驶汽车的进化速度。

如图 6.3 所示，未来汽车"科技平权"将在自动驾驶、智能座舱和数字安全等方面迎来巨大的商机。

汽车科技平权机会	自动驾驶	➢ 最终能力趋同：以一套算法使不同车型具备相同的自动驾驶能力 • 摩尔定律降本效应 • 车路协同分担车端成本
	智能座舱	➢ 各价位车型都能实现智能座舱功能，如语音交互控制、智能音效等 • 软件：过去高端车才有的车载信息娱乐系统，今后入门级车型也可以有 • 硬件：芯片、大显示屏等硬件在不同车型上不存在明显的成本差异，且芯片发展符合摩尔定律，有较大的降价空间
	数字安全	➢ 数字安全是汽车产品的基本能力，入门级车型也应具备数字安全保障能力，且可以做到与高端车一致

图 6.3 汽车科技平权的方向与机会

新老车企的差异与相互借鉴

目前汽车企业中还有一支新力量,即新造车企业,而且其阵营还在不断扩大,包括一些互联网和手机巨头等都不断加入到造车行列中。传统车企和新造车企业确实有很多不同点。比如在管理模式上,传统车企更多的是以供应链管理为中心,强调流程管控;而新造车企业更多的是以用户为中心,强调品牌、体验及数据等方面的管理。在组织架构上,传统车企注重上下层级,强调高效执行;而新造车企业不太强调层级关系,往往尝试建立创新型的组织,如更扁平化的网状组织等。在信息化管理系统上,传统企业大多是基于PC时代的信息管理系统;而新造车企业大多是基于移动互联时代更灵活的智能管理系统。

不过把汽车企业分为传统车企和新造车企业,可能只在当前这个时间节点才有意义。随着本轮产业变革的不断深化,未来这两类企业的区别会越来越小,以至于逐渐不再有区分的必要了。因为这两类企业都需要也一定会彼此借鉴和学习,而最终取得成功的车企,其战略认知和战术要点应该是共性大于个性的。

目前头部新造车企业发展迅猛,但其一年的交付量也不过10万辆级,整体规模还比较小。等到这些企业的年销量规模也达到100万辆级的时候,它们也会更多地借鉴传统车企的一些管控模式,包括流程管控、供应链管理和质量控制等。另一方面,传统车企也应向新造车企业学习,如怎样以用户体验为中心,怎样打造新品牌,怎样吸引更多年轻人加入并发挥其创造性,以及怎样设计组织和流程以促进创新等。如果传统车企始终固守原有的管理模式和企业文化,恐怕对年轻一代人才的吸引力会不断下降,而且很难在新能源和智能网联等新业务领域里打造出新的能力。

总之,新车企要向老车企学习,老车企也要向新车企学习,最终能够生存下来的车企,一定都具备打造未来新型汽车产品的突出能力。从这个意义上讲,届时所有车企都可以被称为新造车企业了。图6.4从管理模式、组织架构和信息化系统等不同维度,对传统车企和新造车企业的差异进行了对比分析,进而指出双方应当彼此借鉴和学习。而最终成功车企的共性一定大于个性,将呈现殊途同归的发展前景。

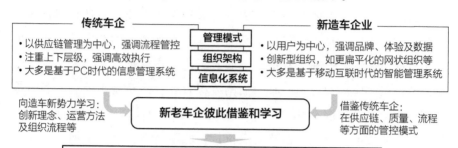

图 6.4 新老车企的差异及发展前景

院长心声　　　　　　　　　　　　　　　　　　　　　　　　VOICE

企业在产业变革期必须前瞻制定发展战略

当前汽车产业变革不断深化,恰是各类企业八仙过海、各显其能的关键时期。此时企业能否前瞻地制定正确的发展战略,要比以往任何时候都更为关键。我想强调的是,"软件定义汽车"的时代才刚刚开始,还有太多的话题需要探讨,也有太多的问题需要解决。这是企业的挑战所在,更是企业的机遇所在。

一件事情的成功需要天时地利人和。我认为万物互联的大趋势就是天时;而智能化网联化的汽车将成为下一个更大的母生态,这就是地利;最后还要看做事的企业和人能否找到正确的路径,分工协作,融合创新,向着同一个目标不断前进,这就是人和。唯有如此,才有可能把事情做成。正所谓"谋事在人,成事在天"。我们需要做的就是尽力把每一件事情都做到最好,这样在合适的天时和地利之下,成功也就是自然而然的了。

企业应建立共生共赢的生态思维

产业和技术的生态化,并不意味着最终会有某一家或几家企业垄断整个生态。因为生态是一个大系统，涉及众多不同的层面、领域和环节。企业要想成为生态中不可或缺的参与者，就一定要在某个层面、领域或环节做专做精，但是切不可追求把各个层面、领域和环节都做专做精，这是任何企业都不可能做得到的。

事实上，生态的出现就是由于不同层面、领域和环节各有不同的专业能力，远非一家或几家企业就能全部掌握的，所以才需要依托生态实现分工协作、有效融合。当然在生态中，大企业可以尝试成为平台的搭建者和运营者，而小企业必须专注于某方面的细节工作。而企业具体如何选择，既与自身的定位有关，也与自身的规模和资源有关。

也就是说，面向未来的产业和技术生态，所有参与者都有机会，前提是在某一方面做专做精。与此同时，每个参与者都必须在生态中生存和发展，谁都离不开生态。而生态本身一旦形成，就不会受制于单个参与者，缺少了谁都可以运作，因为很快就会有同类企业填补原来的空缺、承担相关的业务。这也是生态的一个重要特点。

说到底，追求全面垄断还是一种基于传统思维的分蛋糕理念，这在硬件主导的时期有一定的合理性。但在软件主导的物联网时代，更应建立共生共赢的生态思维，即共同做大蛋糕的新理念。在构建汽车生态的过程中，相关企业都应以此作为核心指导思想。

在战术方面，越是在这样的时候，企业越要专注于真正需要自行掌握的重点技术，同时通过与生态中的伙伴合作来获取其他所需的核心技术。企业应从自身主业和用户思维出发，来判断需要自行掌握的重点技术究竟是什么。具体来说，整车企业先要厘清自身产品的全新定义和品牌的核心内涵，再识别支撑这一目标所需的各项技术，然后在生态中寻找相关优质资源，最后完成好集大成的工作。

企业参与生态构建不能追求通吃

在战略上企业一定要有所为有所不为，即使在面对千载难逢的机遇时，也要保持足够的战略定力。努力把自己的主业做专、做精、做强，这才是企业正确的自我定位和发展策略。不能因为生态中处处有商机，就什么都想参与，甚至追求包打天下。要知道，每个领域或环节的参与都需要相应的能力，也都需要付出相应的代价。样样都参与的结果，往往是样样都做不好，将给企业带来灾难。

所以，企业在参与生态构建的过程中，通吃的打法是不可取的，在客观上也做不到。未来各类不同企业都将成为生态中不同的关键要素，只有彼此之间紧密合作、协同作战，才能让整个生态顺畅地运作起来，并在生态中实现各自的价值。企业在产业生态中一定要找准定位、聚焦主业，同时也一定要有利他的理念，通过与合作伙伴们一起努力，来实现共同的梦想。

另一方面，在产业全面重构的当下，企业要想走得更远，就必须及时了解并应对市场需求的变化。为此，也需要与客户伙伴积极互动、有效合作，通过彼此之间的相互挑战和群策群力，来积累经验、加快突破，以形成竞争优势。图6.5对比分析了分蛋糕和做大蛋糕的两种不同思维及其后果，在此基础上，重点强调了未来必须依赖多方分工协作、有效融合才能成功构建汽车产业生态。

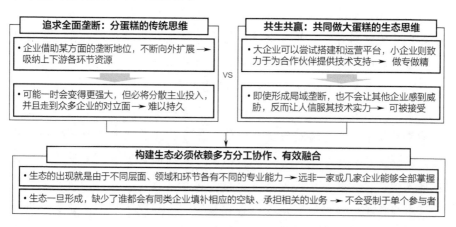

图6.5　企业参与生态构建的思维与策略

企业要在未来产业图景中找准自身定位

在产业全面变革的新时期，整供合作的原有模式已经不适用了，但是适宜的新模式又不明确，这就难免让大家感到困惑。

有一点是确定的，整供之间不再是简单的买卖关系，而是需要更加紧密的协作。对整车企业来说，面对核心技术日益增多的局面，只能比以往更加强化集成式创新。可是到底集成到什么程度合适呢？车企显然不能只掌握集成技术，而其他核心技术都不掌握。具体自己应该掌握多少？怎样划定边界？这件事说起来容易，但做起来涉及人、财、物的大量投入。而且企业如果做出了错误的选择，就很可能在投入之后也不会有理想的结果，毕竟汽车原有专业领域之外的很多核心技术，都并非车企所擅长的。

同时，任何企业的精力和资源都是有限的，车企如果投入得太过分散，甚至可能会导致"耕了别人的田，荒了自己的地"。说到底，车企的最终产品还是汽车，其根本目的是让用户获得最佳的用车体验，而不是尽可能多地掌握核心技术。当然，未来基于汽车的体验涉及越来越多的因素，远远超出了汽车产品本身，例如信息化的道路基础设施、智慧城市的架构等，这些因素将与车辆一起组成万物互联时代的汽车大生态。我想强调的是，生态由所有的参与者共同构成，未来每个参与者都将在生态中生存和发展，谁都离不开生态；而生态离开了谁都能运行，因为无论缺少了谁，很快就会有其他参与者顶替上来。这就像一片森林不会因为死了一只老虎而消亡。

在这种情况下，企业必须跳出惯性思维和固有理念，重新思考一系列本质问题，即我是谁？我在哪里？我要去哪里？这也是近期我和很多企业老总们探讨最多的问题之一。只有把这些问题都彻底想明白了，企业才能真正知道，我要有什么能力才能到达目的地。由此出发，企业不仅需要重新评估自身状况，还需要对产业前景做出预判。这样才能在未来的图景中找到自己的合理定位，并以此确定所需的能力，或者说，自己必须形成什么能力才能拥有未来。事实上，汽车产品和品牌的内涵已经改变了，车企必须以一种全新的视角去理解汽车产业及技术的未来，并制定相应的发展策略。

汽车产业实现科技平权有挑战也有机遇

"科技平权"可能是一个理想化的大概念。毕竟让一款10万元的车型与100万元的车型一模一样，这是不现实的，对购买者而言也不公平。

事实上，科技进步是需要投入的。而科技平权的本质就在于，通过扩大科技应用的规模来降低用户使用科技的门槛，这样又可以进一步扩大应用规模，从而形成一个正向循环，最终让越来越多的人能够以越来越低的成本享受到最新的科技成果。由此分析，互联网领域是最有可能实现"科技平权"的，一是因为其规模大，二是因为软件成本是固定的，并不随着规模扩大而增长。

而在汽车行业，问题就要复杂得多。一方面，无论未来产业如何变化，汽车硬件的物理成本是难以改变的。真皮座椅就是要比普通座椅贵，不可能支付普通座椅的价格就能享受到真皮座椅的感觉。另一方面，未来汽车又确实会全面互联，从而具有互联网产品的属性。汽车产业的科技平权指的正是这部分。图6.6系统阐释了汽车产业实现科技平权的机遇和空间，指出其关键在于：随着智能化能力的不断提升，越来越多的功能和服务将主要基于软件实现，而软件的成本却会显著下降。

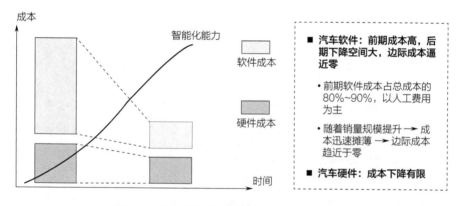

图6.6　汽车产业实现科技平权的机遇与空间

不过也有不少车企领导认为，智能汽车的软件投入也有较高的门槛，而且很难达到互联网软件的使用规模，所以想把这部分成本分摊至接近于零，挑战还是很大的。同时，汽车智能化不仅需要软件技术，也需要各种传感器、芯片等关键硬件技术。而这些硬件的采用会导致车辆价格的大幅提升。

而我认为，实现汽车的科技平权有一个非常重要的因素，就是车路协同的自动驾驶技术路线。如果按此前单车智能的技术路线发展，势必要在车端安装数量较多、价格不菲的各类传感器，同时对芯片的性能也有极高的要求，这将导致自动驾驶汽车的单车成本居高不下，很可能只有豪华车才能用得起。而如果按照车路协同的技术路线发展，很多共性的感知和计算设备都可以作为信息化基础设施安放在路端和云端，随时为车辆提供支撑。在这种情况下，自动驾驶汽车只需要具备可靠的数据交互能力和比较基础的运算能力即可，从而可以使单车成本大幅下降。这就是我经常讲的，要把支撑智能汽车的共性技术放在"路"上，个性技术放在车上。

尽管在路端建设基础设施的投入也很高，但是这部分成本可以在设施的整个使用周期内，由所有过往的车辆来分摊。试想，如果一条道路的智能基础设施可以使用 50 年，每天都有很多汽车驶过，那可供分摊成本的车辆基数是非常大的。显然，这种方式更有利于自动驾驶汽车的快速普及，而自动驾驶汽车的渗透率越高，整个交通系统的优化空间和效益就越大，这又会进一步分摊道路基础设施升级的成本。所以我认为，只有在车路协同的情况下，大众化汽车产品和豪华车产品得到的基于路端和云端的支持与服务才是一样的，才能拥有近似的包括自动驾驶功能在内的智能能力，从而真正有机会实现"科技平权"。

02 产品定位

未来构建汽车硬软件的演进方向

"软件定义汽车"其实代表着两个演变方向。一个方向是硬件，即硬件未来在汽车上要怎样发挥作用。此前汽车行业的整体格局相对稳定，主要由若干整车和供应商巨头公司主导。这些公司都是以机械硬件，如发动机、底盘等为竞争优势的，它们基于硬件技术的进步推出了一代又一代的新车型。但是现在整个汽车行业的情况完全不同了，特别是硬件供应商的作用和地位与过去相比发生了很大变化。此前，整车企业以及Tier1、Tier2等各级硬件供应商，各有各的看家本领，形成了一层层的坚固堡垒。而现在硬件的同质化程度越来越高，尤其是在电动汽车上，包括动力电池、电机等一系列关键部件，各家车企都可以通过类似的供应链体系获得。因此，车企越来越难以通过硬件来构建产品的差异性。

汽车硬件正越来越趋于同质化，今后车企必须采取新的策略，而不能继续凭借硬件来打造产品特色了。那么另一方向即软件，自然要发挥更大的作用。汽车硬件对应着配置、参数等基础的部分，今后在这些方面，各家车企的产品不会有太大的区别；而车辆的能力及表现，更多体现在人与车的交互、车与外部的交互以及车在各种场景下的行为模式等方面，这些都将通过软件来定义，并由软件驱动硬件来实现。未来汽车产品的属性至少有很大一部分将由软件决定，因此汽车产品经理必须高度关注软件层面的特性。

同时，在各种标准化硬件的组合和集成过程中，软件也将发挥与此前完全不同的重要作用。试想，如果每一个硬件系统中的软件都是定制化、嵌入式的，那么整车企业要想重新组合各种硬件、构建新的产品特性就会非常困难。或者说如果每一个硬件及其软件都由不同的供应商单独打造，那么当车辆更新进化时，这些供应商之间的配合和响应就会遇到很大问题，无法实现很高的敏捷度。而整车企业能否构建起全新特性的组合以及构建这种组合的速度，恰恰是今后汽车不断迭代升级、动态更新的基础，也是车企打造差异化产品的关键。

因此，车企需要供应商提供与软件解耦的标准化硬件，然后基于自身对汽车的理解，通过软件组合和调动不同的硬件来打造独特的产品。未来只有通过软件对标准化硬件的定义和调用，才能实现汽车产品之间的差异性。可能这一点目前在行业内还有一些争议，不过大家的认识正日渐趋同。越来越多的同仁都认为，未来软件在汽车上将发挥更加重要的作用，而硬件则将趋于标准化，最终车企将主要通过软件来构建差异化的产品。

实现汽车产品差异化的重点

未来汽车产品的差异化一定是体现在软件上，而且主要是靠近应用层的软件。仍以手机类比，现在几家主要手机厂商在竞争什么？其中之一就是拍照功能。但并不是简单比拼拍照功能的硬件，在硬件方面相似档次的手机产品其实都差不多；更重要的是比拼拍照功能的核心算法，看怎样让用户把照片拍得更漂亮。今后车企也要从用户的需求出发，努力寻找这种差异点。

概括来讲，汽车产品差异化的着力点无外乎两个方面：一个是智能驾驶，另一个是智能交互。在智能网联汽车发展初期，智能驾驶尚未成熟，还没有有效落地，此时领先的车企有机会在这方面做出差异。不过智能驾驶最终一定会标准化，成为智能汽车的必备能力，到那个时候可能就不再是汽车产品的差异点了。相比之下，智能交互恐怕始终无法形成标准化的统一状态，因为交互本身就包含着个性化的诉求，所谓千人千面、千车千面。毕竟人和人天然就是不同的：比如有的用户希望车里安静些，而有的用户喜欢大音量听音乐；有的用户希望车内光电氛围淡雅些，而有的用户喜欢车里装满大屏，随时都有各种信息闪现。所以，车企在智能交互方面大有可为，必须准确定位目标人群，然后认真思考提供怎样的服务。

也就是说，从汽车差异化的角度看，智能驾驶会逐渐标准化，之后车企将越来越难以做出不同；而智能交互是差异化的持久战场，始终都是车企的重要机会。

对于智能交互而言，整车企业的着力点应该放在软件，特别是算法上。当然一些相关硬件也很重要，比如传感器、显示设备和处理器等，这些硬件是支撑多种方式的用户输入采集与人工智能运算，以及复杂、实时、高分辨率的图形显示的关键。据说在尚未推出的苹果汽车上，每块玻璃都是一个显示器，都是一个AR（增强现实）设备，从而给智能交互提供更广阔的空间。需要强调的是，人车智能交互不只限于语音交互，还包括眼动追踪、手势识别等一系列不同方式，这些都是车企可以努力实现差异化的战场。图 6.7 从未来汽车产品更多体现在软件上的基本判断出发，分析了车企寻找产品差异点的两大重点领域——智能驾驶和智能交互，进而指出智能交互相比于智能驾驶，将是车企实现差异化的长期方向。

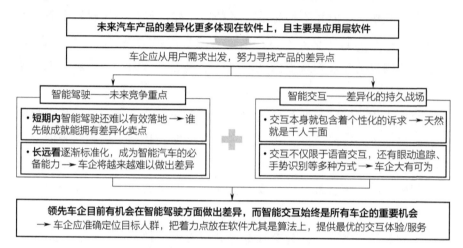

图 6.7　未来汽车产品差异化的重点方向

通用性与差异性组件的分工策略

事实上，整车企业要打造面向未来的竞争优势和差异化的品牌特色，目前并没有标准范式可供参考，唯有一边摸索、一边前进。而在摸索前进的道路上，车企需要有优秀的软件供应商作为共同实践、分工合作的"伴生式"伙伴。

一方面，在汽车产品上有些部件和功能本来就应该通用，比如基础的通信组件，包括跨域或跨服务的定位、访问，以及信息安全服务等。对于绝大多数车型来说，这些基础部件并不需要差异化，反而必须通用化；同时，还要求能够保持长时间的稳定性和可靠性，这样才能发挥其应有的作用。否则，车辆就会出现问题。

另一方面，所有车企都需要做出自身产品的差异性。不过这种差异性的实现并不需要改变共性的基础组件，而是需要相关企业在软件架构的预留空间中，基于事先定义好的接口和边界来完成一系列独特的软件设计。这其中必然涉及个性化和通用化软件的交集，所以，车企需要与开发通用化软件的公司合作，以保证使自己开发的个性化软件可以顺利地与通用化软件组合起来。

当然，可能也会有车企为了实现更彻底的差异性，希望把底层通用化的基础组件也由自己来做。这也是一种选择，但是没有必要。原因主要有两点：一是"通吃"策略的投入产出比太低，这相当于为了实现产品的差异性，把大部分通用化软件又重新做了一遍；二是这种策略的难度太大，例如软件供应商的主要业务就是开发软件，往往经历过很多"陷阱"，也验证过很多复杂的场景，经验肯定要比车企多得多。即便如此，开发汽车软件对于这些公司来说仍然是一项挑战巨大的工作。相比之下，要让经验有限、主业也不在通用化软件上的整车企业，仅靠自己的力量来解决种种难题，输出效果优良、可靠性高的软件，其难度之大可想而知。

所以，整车企业必须在通用架构的基础上打造产品的差异性；同时，应该与提供通用化软件的合作伙伴深度绑定，在这个伙伴的帮助下，打造差异性的软件。这两点都非常重要。当然，在差异性的具体选择上，各家车企在横向宽度和纵向深度上肯定会有所不同，因此并不存在同质化的风险。

此外，优秀的软件供应商在为车企提供通用化基础软件的同时，还可以输出架构师团队，以帮助车企分析和确定架构设计方案、基础软件接口以及预留开发空间等。在此基础上，还能协助车企完成个性化软件与通用化软件的集成工作。图 6.8 将汽车软件划分为通用组件和差异性组件两类，并分别进行了解析；基于此得出了车企与软件供应商应当长期深度合作的结论，进而指出了软件供应商可以为车企提供的具体支持。

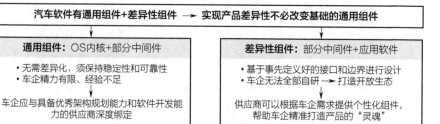

图 6.8　车企与软件供应商的"伴生式"伙伴关系

新汽车的新能力、新属性和新角色

预计十年之后，新汽车将被赋予新的能力，具有新的内涵，并由此产生新的产业分工，形成新的商业模式。可以从三个方面进行畅想：

第一，从用户的角度看，他们将感受到汽车有很大的变化。新汽车的诞生一定会拉动部分城市或区域的智能化发展，尽管十年时间可能尚不能普及到中国所有地区，不过用户已经能够享受到新汽车带来的巨大好处了。无论是出行体验，还是人车交互，都会有很多新鲜的感受。比如到那个时候，汽车出行体验会非常好，应该能够实现用户想开车时就自己驾驶，不想开车时就让系统代替自己驾驶，只有在系统不能应对的很少情况下才需要人来接管。同样，人机交互的体验也会变得非常好。

第二，从产品的角度看，未来汽车将不再是一个冰冷的机器，而是一个有温度的机器人。届时汽车会更懂用户，可以成为用户的好朋友。随着车辆的使用，人车之间将越来越默契。同时，汽车的空间属性将发挥得淋漓尽致。一方面，高速道路、封闭场景或者不复杂的路段都将由车自动驾驶，人在车上的大部分时间和精力都可以解放出来，从而可以在出行过程中做各种事情。另一方面，汽车还可以为用户及其家人提供很多出行之外的服务，由此汽车将不再只是出行工具，而是成为百变空间，比如可以成为商品出售空间、儿童活动空间、游戏娱乐空间以及电影播放空间等，甚至可能有很多电影就通过汽车来放映发行了。所以，未来汽车的空间将会被利用到极致。

第三，从生态的角度看，未来汽车一定会与城市紧密地连接起来。十年之后，汽车将不再是孤立的存在，而是与周边的环境融为一体。目前在一些智能汽车或者智慧城市示范运行走在前面的地方，汽车与城市已经开始连接了，并且初步体现出智能汽车对于改善城市综合治理能力的作用及价值。未来交通体系将实现精细化管理，不仅为单个车辆规划出合理的出行路径，还为整个城市或区域规划出总体最优的交通流，此外还会根据交通体系中每个参与者的不同表现来进行相应的优化和赋权。例如，当你的车辆在普通车道上遇到拥堵时，交通控制系统就会告知你：由于你的车辆平时行驶表现一直良好，特允许你进入旁边的公交专用道行驶。可见，当汽车、交通和城市充分融合起来的时候，真的可能会有超出想象的各种变化。届时包括用户的定义或许也会大不相同，不再只是指车主，而是指所有可能使用汽车的人，类似会员的概念。由此，未来汽车产业的商业模式将会发生根本性的改变。

院长心声　　　　　　　　　　　　　　　　　　　　　　VOICE

汽车作为第三空间的价值将真正彰显

未来汽车的伙伴式交互功能即情感属性将远远大于简单的代步工具属性。由此，汽车作为第三空间的价值将真正得以彰显。说起来，我们现在讲的第一、第二、第三空间，是按照其当前的使用强度和重要性来排序的，所以我们把家视为第一空间，办公室视为第二空间，汽车视为第三空间。然而未来汽车就不一定只是第三空间了，很可能是第二空间，甚至是第一空间。

从人进行选择的角度看，现在汽车作为第三空间主要源于被动选择，即人需要移动，所以就要进入并使用汽车。而未来汽车将成为人的生活中比以往更加重要的有机组成部分，从而让很多人主动选择享受汽车空间。现在人坐在汽车里的感受并不好。如何让用户在汽车里感觉到更方便、更愉悦、更贴心,这才是最重要的。很多人说未来汽车将是可移动的机器人,其含义就在于,汽车虽然仍是机器,但却是通人性、有生命力、能够自我进化、越来越懂用户的机器。

展望未来,数据作为一种载体,将以可量化的方式将用户需求信息快速传递给汽车;而汽车通过对数据的深度加工,充分理解用户的需求,并让其得到最极致的满足。这种满足是全方位的,既包括座椅等可以直接接触到的所谓"身"的感受,更包括很多间接接触到的所谓"心"的感受。例如空调自动调节,风向和风速始终令人愉悦;音响和灯光组合营造出满足不同用户喜好的不同氛围等。这些都可以基于硬件的基本功能,通过软件在芯片上处理数据来实现,其最终结果是使人和汽车这种机器之间形成情感上的连接,建立伙伴式的关系。

到那个时候,汽车就不再是硬邦邦的物件,而是有温度、有情感的最佳伴侣,既能载着用户进行所需的移动出行,更能在用户使用汽车的过程中,让其享受到便捷周到的各种功能、体贴入微的各种服务。正如我之前所说,未来汽车要从简单的帮助人,逐渐发展到解放人,而最终目标是理解人。也只有真正做到了理解人,汽车才能更好地帮助人和解放人。

新汽车可以通过软件实现更好的用户体验

未来新汽车将是一个"新物种",具有新的内涵和外延,同时也需要新的能力才能真正将其打造出来。在这个过程中,以各种不同的软件灵活调配使用硬件,来实现新汽车的各种功能,是打造新汽车所需的最核心的新能力之一。

对于传统汽车来说,用户换车的动力通常来自于配置和造型,因为新车型会有更好的硬件和更新的造型风格。而未来车企售出的新车型与老车型相比,很可能在硬件上并无太大差别,甚至完全一样,只需通过软件的不断升级就能让用户获得更好的体验。这就让汽车具有了"老树开新花"的能力,从而将会彻底改变汽车产业的商业逻辑。

事实上,未来汽车品牌和产品还是掌握在车企手中,由车企定义其内涵。在这个大前提下,今后汽车硬件能够满足用户需求的空间会越来越小，实现品牌差异化会越来越难。因为硬件的开发周期长，可变的自由度少，更主要的是面对用户不断产生的新需求，企业通过改变硬件来满足所需的成本投入太大，同时响应速度又太慢。而通过软件来满足用户需求，无疑要便宜、快捷得多。软件作为一种新工具和新手段，可以帮助车企重新构建汽车的功能及性能，以实现最优的用户体验。

车企需要重新思考产业分工与业务重点

未来产业分工将会更加清晰。一方面，硬件标准化有助于明确产业分工。未来标准化的硬件可以随时被软件调用，并确保质量和成本受控，这就需要硬件供应商把规模化生产做到极致。同时，其他相关企业也就可以集中更多的精力进行软件的开发。

另一方面，软件分层也有助于形成清晰的产业分工。软件分层本身就意味着整车企业明确了哪些工作是自己必须关注的，哪些工作可以交给别的企业完成。未来车企应该都想自己多做一些软件，但也不可能一包到底，毕竟没有哪家企业是全能的，即使能力再强也要有明确的定位。为此，先要选准核心业务的圆心，再根据自身实力确定可以覆盖的半径范围。半径有长有短，但不可能无限延长；而圆心一旦定错，企业的努力就全都失去意义了。

在此背景下，第一，整车企业仍然需要强调品牌的打造，而产品经理在这方面至关重要。因为未来车企可以直接与消费者沟通，随时理解、识别和定义用户需求，并且能够把这些需求快速转换成产品的功能和服务，让用户得到最佳的体验。而做好上述工作的关键是，企业必须拥有面向未来的优秀产品经理。

从工作内容上看，此前产品经理主要处理一些简单和直接的用户需求，未来产品经理则需要基于软件架构来定义产品，并以全新的软硬件集成思维来打造产品。事实上，我现在给学生讲课时也反复和他们强调系统性思维。而"软件定义汽车"下的系统性思维，要求领军人具有系统架构师的全局观念和思维方式，必须清楚地知道软件分为几层，企业应该抓住哪个层面的哪些重点。

从时间跨度上看，未来的产品经理将不再是简单的项目经理。我们知道，项目经理的工作是一次性的；未来汽车产品却需要不断地迭代更新，因此会有多次交付。这就是我之前提出的 SOPX（多次量产）概念，即今后汽车产品将通过 OTA 升级实现 X 次量产。而汽车全生命周期内的每一次交付，都是产品性能、功能和体验的一次升华，这就需要产品经理全程负责，始终与用户紧密连接，随时对新的用户需求做出响应。显然，届时产品经理的概念将和现在完全不同。

第二，面对产业重构、边界扩展的新格局，企业更需要"有所为有所不为"，这就涉及企业如何确定自身核心诉求的问题。对此，企业应该回到最初的原点，追问自己产品的最大差异点究竟在哪里？如果某个汽车品牌及产品什么都想做到，那一定会失去个性，无法与其他品牌和产品区分开来；而方方面面都只做到平均分的产品，也不可能真正打动消费者。

实际上，"软件定义汽车"涉及的范围很广，企业完全可以有不同的侧重点，比如优先智能座舱还是自动驾驶就有很大区别。即使同样更关注自动驾驶，不同的企业也可以有不一样的重点，例如有的企业更重视自动泊车场景，有的企业更重视道路行驶场景，二者的算法和数据基础都是不同的。当然，还有的企业想要全部做到，但那样就要比其他企业多投入 5 倍甚至 10 倍的力量才有可能，而企业的资源毕竟是有限的，更遑论不同的侧重点可能还涉及不同的企业文化基因。因此，未来企业必须坚持"有所为有所不为"。

具体来说，对于未来的重点领域——软件，也必须"有所为有所不为"。软件开发团队先要有足够的规模，绝不是有几个人专门负责编程就能把软件做好了，10 个人、100 个人、1000 个人的团队，效果肯定是不一样的。有了足够规模的团队之后，企业要选准重点领域，集中力量攻关。假设企业有 1000 名软件开发人员，如果都投入到 1 个重点领域，大概率会做得不错甚至能够做到引领；而如果分散到 10 个重点领域，那每个领域就只有区区 100 人，结果很可能是哪个领域都无法做好。

第三，对于整车企业来说，搭建好架构平台并培育相关的核心能力是实现差异化的关键。在架构平台上，车企应前瞻谋划，留出足够的

"空白"，为未来生态的成长预留空间。同时，软件架构等方面的核心能力，车企一定要自己掌控，而不能过多地依靠软件供应商。

高度重视与数据流闭环相关的软硬件技术

今后车企必须满足用户不同的个性化需求，为此首先要形成数据采集、传输和处理的能力。因为数据是未来最重要的生产要素，而加工和利用这种生产要素的技术则是未来最重要的生产力。正因如此，决定数据运算能力并与核心算法息息相关的芯片将变得日益重要，而定制芯片与核心算法的最佳匹配，或将成为"软件定义汽车"时代企业最核心的技术能力之一。

站在更高维度上审视，只有在万物互联的基础上，通过各种数据的采集、传输和利用，才能实现各种人造物的全面智能化，也才能使产业生态中的不同参与方都能在相同的平台上、按相同的标准分工协作。所以，整车企业必须高度重视与数据流闭环相关的软硬件技术，将其作为打造自身产品差异和品牌特色的核心能力来努力掌握。

03 管理和文化

企业最重要的核心竞争力

在不同发展阶段，企业所需的核心竞争力有所不同。任何企业在技术上的先发优势都是暂时的，假以时日，总会被对手追上。但是在技术量产过程中的诀窍，必须经过摸索乃至付出代价后才有可能被企业掌握。所谓"实践出真知"，说的就是这个道理。最终产品的优化和技术的迭代，绝不是在实验室里苦思冥想就能实现的。

此外，在新技术落地的过程中，企业与客户的关系非常重要。企业一定要全心全意地为客户解决问题，以此来帮助客户、成就客户，这样才能不断加深彼此的了解，直至形成某种共情，即能够设身处地地体会到对方的处境和困难。实际上，车企和供应商企业是同学关系，需要一起来学习"智能汽车"这门最难也最重要的大课，虽然也有班长、班委的分工，但大家的目标是一致的。

总体来看，企业之间的竞争是品牌、商业模式、组织流程、知识积累以及文化价值观等的综合较量。这里面看起来文化价值观似乎是最虚的，不过最后你会发现，站在五年、十年的长期视角来看，文化价值观才是最实的要素。

企业家信奉的是什么？领导层坚持的是什么？中层和基层员工做事的出发点又是什么？短期内企业也许可以自我欺骗，或者通过"包装"去忽悠客户。但时间一长，一定会被看穿，到头来受损的还是企业自己。总想着偷奸取巧、占别人便宜，这样的企业是无法长久的。所以，企业的文化价值观才是最重要的核心竞争力。图 6.9 从战略认知、人才团队、核心技术和客户关系等方面分析了企业在竞争中所需达到的状态，并藉此重点阐释了文化价值观在上述方面的重要作用。

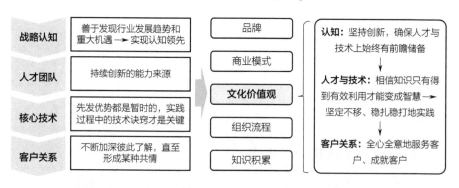

图 6.9　文化价值观对企业可持续发展的重要作用

打造与时代相符的企业文化

传统车企是从上一个时代走过来的，遇到软件与硬件即新旧事物之间的矛盾很正常。反过来讲，企业每一次面对这种问题，又何尝不是一次成长的契机呢？如果能够成功解决问题，企业就可以打造出自己新的核心竞争力，同时还会形成某种竞争壁垒，因为其他企业也必须解决类似的问题。

事实上，每个时代的企业都应打造与这个时代相符的企业文化。在产业全面重构的新时代，企业内部应该通过沟通交流达成共识，逐渐形成"软硬融合"的新企业文化。例如在芯片企业，芯片规划团队基于硬件思维、按照 4~5 年的周期来系统规划产品；而芯片应用的团队，基于软件思维，以几个月为周期来进行软件迭代。又如在产品开发中建立一套"异步管理模式"，有团队专门负责底层平台，有团队专门负责顶层应用，还有团队专门负责中间层，包括工具链、中间件、编译器等的开发。这些专业团队之间有彼此协同的上下序交付关系，但没有绑定得太死，而是针对各自负责业务的特点，采取了不同的管理模式。这些都是"软硬融合"的企业文化的具体体现。

院长心声 VOICE

企业价值观应追求"硬件+软件"整体最优

硬件有硬件的打法，软件有软件的打法，两者各自对应于不同的企业文化。如果一家企业要把硬件和软件融合起来，那就必须打造与之相匹配的融合型企业文化。这种文化既要软硬兼顾，又要有效平衡，最终应该在企业内部建立起一套核心价值观。这套价值观并不是要判断硬件和软件谁更重要，或者应该以谁为主，而是要追求把"硬件+软件"整体做到极致，并以此作为企业上下共同的行动准绳。

目前业界对软硬融合的问题仍有不少争论，有人觉得擅长硬件的企业很难打造出优秀的软件，反之，擅长软件的企业也很难打造出优秀的硬件。毕竟适合硬件和软件的开发理念、方式和流程各不相同，而如果简单地采用不同方法分别开发软硬件，然后再组合起来，是做不到软硬充分融合的。

不过我认为，这恰恰是新时期企业实现创新引领的重要突破口。最终，经过业界的反复摸索和积极实践，适合汽车产品软硬融合的开发方法一定会应运而生。事实上，目前一些企业已经做了很多尝试，比如把强调系统性、整体性的 IPD（集成式产品开发）和强调快速迭代的敏捷开发结合起来，以构建全新的汽车产品开发流程。在这个过程中，企业文化和价值观的新方向和新内涵也会逐步清晰起来。

企业需要打造软硬融合的组织和文化

当前，整车企业原本基于硬件的或者说功能性的部门组织仍旧存在。而在"软件定义汽车"的时代，从软件打通硬件功能的目标出发，继续沿用之前的理念和组织就不合适了。因此，车企必须改变原来的离散化状态，先把自己的各个部门打通，否则就无法形成合力。

同时，年轻一代越来越不愿意到传统车企工作，这种现象背后的原因值得深入探讨。我们知道，汽车硬件和软件技术的开发，对人才的需求完全不同。现在很多"90后"不愿意到传统车企工作，而相对更愿意到新造车企业工作，在一定程度上是因为前者更偏重硬件，后者更偏重软件的企业文化差异。

总体而言，打造硬件更强调精益求精的工匠精神，需要长期的经验积累和精细的过程管控；而打造软件更强调快速迭代的能力，通常并不追求一步到位，但一定要能持续优化。可见，汽车硬件与软件的创新理念以及所需的能力是完全不同的。这就给汽车企业尤其是传统车企提出了一个严峻的挑战：未来汽车企业必须左手抓硬件、右手抓软件，这需要企业必须打造与之相适应的组织、流程及文化。

在我看来，文化和价值观才是企业可持续发展的根本保障，也是企业长治久安、不断前进的关键支撑。

04 人才工程

未来汽车软件人才的需求变化

车企对软件人才的需求是一个不断演化的过程，可以看到，汽车企业对于软件人才的需求正在发生戏剧化的变化。此前由于软件都是嵌入在硬件里的，所以整个汽车行业对软件的关注度并不高。同时在软件开发方面，也形成了针对嵌入式软件的各种模型化开发方法和工具，汽车行业在这方面的应用也比较充分。

随着产业变革的不断深化，越来越多的车企开始谋求掌握一部分软件，首先就是各种控制软件。不过车企开发这部分软件仍然是基于模型化开发方法，例如采用 MATLAB 等工具，这就导致这方面的软件人才开始供不应求。现在也还是这种状况，汽车企业都在抢夺懂模型化开发的软件工程师。

但是发展到下一个阶段，情况恐怕又会不同了，只针对部件级控制和嵌入式软件的模型化开发将越来越不适用。因为未来汽车硬件将越来越抽象化，成为各种越来越清晰的接口。而软件将独立于硬件之外，同时又能够调用各种不同的硬件。由此，软件开发者必须了解车辆的各种功能是通过哪个硬件系统实现的，是需要控制底盘、车身，还是需要控制转向、制动，又或者需要控制动力电池、电机？而最终还要把这些硬件系统打通，实现各种组合。这样软件就会涉及众多不同领域的专业知识，这将是一个很高的门槛，远不是现有的熟悉模型化开发的软件工程师就能直接胜任的。

面对越来越多、越来越复杂、越来越重要的软件，汽车产业又应运而生了新的开发理念，即所谓的 SOA。SOA 要求在硬件抽象化的基础上，进一步实现各种应用服务或者说功能的拆分和解耦，从而形成可以支持这些应用服务被灵活调用的架构。同时，关于 SOA 下整车架构的演变，当前也有各种不同的观点。有的人认为最终要做统一的中央计算单元，有的人认为要分为三个域控制器，还有的人认为要细分为更多的区域控制器及控制单元。而不同的硬件组合各有不同的拓扑结构，其适宜的开发方法还需要继续探索。说到底，SOA 的目标就是将所有功能都变成应用服务，其中既有底层的服务，也有相对高级的服务；而开发者可以基于 SOA 架构自由调用这些服务。在此情况下，软件开发者对于汽车的了解程度就可以逐渐降低了。

今后很可能会出现这样的情况：软件工程师在一个完全虚拟化的环

境里开发各种车型的各种功能。他们甚至不需要知道所开发的软件将搭载于哪款车型，因为车辆的所有硬件，包括车窗、车门、车灯等，也包括动力、底盘系统等，其接口以及应用服务都是标准化的。换言之，未来我们或许可以开发出能够在任何一款车型上运行的上层软件。尽管距离这样的理想境界还有很长一段路要走，但产业前进的脚步正一步一步地加快。最终，这将彻底改变汽车软件工程师的能力需求与缺口方向。

最近几年，软件人才的稀缺与内卷程度非常严重，企业都在抱怨"人才荒"。这是因为当前产业对于软件人才的要求有比较高的门槛，他们必须熟悉汽车的很多控制功能是如何实现的，还不能做到开发通用化的软件即可。不过随着产业的进一步发展，新的开发理念与方法将得到越来越多的应用，这将逐步降低汽车产业对软件人才的要求。

如图 6.10 所示，随着软硬解耦程度的不断深化，汽车软件人才对于硬件知识的需求会大幅下降，而对于软件知识的需求则会稳步提升。由此在不同阶段，汽车软件人才的缺口也将呈现不同的情景，最终问题预计可以逐渐得到解决。

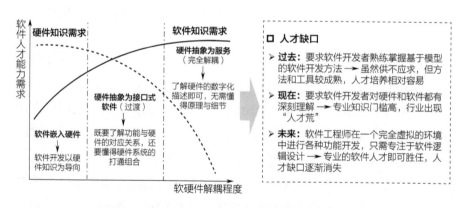

图 6.10　汽车产业软件人才需求变化的趋势预测

车企开发核心软件的目标与策略

过去整车企业开发新车，比较成熟的做法是选定供应商分头开发各个零部件，再由车企进行集成，最终打造出一款整车。所以，传统车企中的部门大都对应着不同的总成或部件，如底盘、车身、发动机、电子电气等部门。现在由于出现了自动驾驶方面的需求，有些车企又设立了自动驾驶以及自动泊车等部门。

这样就会遇到一些问题，例如软件供应商开发出了行泊一体域控制器，这是将行车和泊车功能集成在一起的，由一套软件解决所有的问题，体现出了更高的智能化程度。然而一些整车企业有行车和泊车两个部门，每个部门都只负责自己的那部分工作，结果供应商不知道应该和哪个部门对接才好。可见，现在车企真的有必要进行组织机构调整，谋求建立分工更合理、灵活性更强的组织模式。

因此，为了开发智能汽车，整车企业首先需要建立独立的软件团队，这应该是面向企业整体需求的软件团队，而非以往面向部件的功能式部门。这个软件团队并不局限于产品开发的时间节点，也不只是针对某个具体车型的开发，而是负责开发企业当前以及未来多款车型的核心的整车平台化软件。所谓整车平台化软件，就是与部门无关，与功能解耦，而且也与时间解耦，与具体车型解耦，能够有效支撑不同时间点上市的不同车型的核心软件系统。这对于车企的软件驾驭能力以及整车架构的规划能力，都是非常大的考验。

在这方面，软件供应商应和车企一起研究未来软件的发力点，参与车型特别是软件架构的规划。而软件架构需要通过中间层软件来实现，包括 SOA 架构和中间件等。这些软件中既有通用化的，也有个性化的。今后整车企业在建立面向未来的软件架构、开发能力及核心组织时，肯定会依托中间层软件提出越来越多的要求，并且这些要求是有历史延续性的。

由此可知，车企与中间件的供应商或者说合作伙伴一起长时间合作才是最佳选择。至少不能开发完一款车型后，下一款车型就更换为另一家供应商，这样在开发前一款车型软件时所积累的经验就全都浪费了。也就是说，在软件方面车企必须改变每做一款新车型都重新确定供应商的做法。对于开发中间件的供应商来说，需要与整车企业的软件团队共同合作，持续开发可用于若干款车型的中间件；而对于整车企业来说，也需要选择具备优秀架构规划能力和软件开发能力的值得信赖的供应商，谋求建立长期合作的伙伴关系。

在此需要强调的是，软件的发展是与企业的组织紧密耦合的，因此必须高度重视团队的传承；同时唯有在持续迭代和演进的过程中被不断打磨，软件才能越做越好、成长壮大。如果一家车企能够集中力量开发一组软件，然后在未来的几款甚至几十款产品中坚持应用，不断完善和优化，那这组软件的竞争力必将越来越强，其优势最终一定会显现出来。反之，如果车企在一代产品上着重开发这个功能，到下一代产品又去开发那个功能，总是"做一个、丢一个"；又或者刚把一代产品开发好，下一代产品却又换了另一个团队，毫无延续性和积累性，这种打法是不可能把软件真正做好的。图 6.11 从软件与其开发、维护团队之间的共生关系出发，分析了过去和未来开发汽车软件的不同内涵与需求，强调了车企必须努力在软件方面打造长期竞争力。

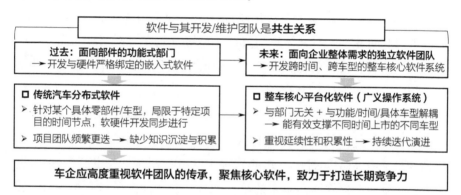

图 6.11　车企软件开发需求的变化与应对

院长心声　　　　　　　　　　　　　　　　　　　　　VOICE

汽车行业亟需软硬件跨界复合型人才

当前，行业亟需既懂车又懂软件的人才，这也是近期产业出现"人才荒"的主要原因之一。一个很现实的问题是，传统汽车工程师懂车但不懂软件，很难完成好软件开发；而跨界进入汽车领域的软件工程师懂软件但不懂车，很难通过软件有效控制及优化汽车产品。理想的情况当然是每家车企都有一些既懂车又懂软件的工程师,但这样的人才又不会凭空出现。

实际上,汽车企业追求的最高境界和终极目标应该是实现软硬件的完全解耦。随着硬件走向标准化、抽象化,届时软件工程师只需要了解硬件的基本功能和抽象接口定义,然后用数字化手段描述出来即可,标准化的硬件就可以直接被软件灵活调用。他们并不需要懂得硬件的原理与细节。不过在目前这个阶段,由于软硬件还没有解耦到这种程度,因此汽车企业就需要既懂硬件又懂软件的人才,这意味着软件工程师还要学习一些汽车知识,否则无法确保汽车软件开发能够取得应有的效果。当然,这只是一种不得已而为之的过渡状态。最终产业分工肯定会细化到软硬件充分解耦,但这可能需要经历一个相当漫长的过程。

而企业的领军人和架构师则始终需要具备横跨软硬件两大领域的知识体系。此外,他们还需要了解市场需求的变化,理解产品进化的趋势。例如如何为未来软件的升级做好硬件预留,就非常考验领军人和架构师的战略眼光和前瞻判断力——如果硬件预留过多,将造成成本激增;而如果硬件预留过少,又会影响软件后续的迭代升级,两者都会损伤产品的核心竞争力。

企业领军人的认知和价值观至关重要

企业领军人在骨子里真正相信的是什么,这非常重要。下面我想和企业领军人分享以下几个观点:

第一,之前大家常说要软硬结合,实际上,软硬融合才是最高境界,也是未来企业必不可少的核心竞争力之一。例如,芯片听起来是硬件,但如果缺乏对软件的深度理解,芯片硬件的作用是无法充分发挥的。

第二,实践是检验真理的唯一标准。书本或者图纸上的知识是"死"的,实践中提炼、完善及应用的知识才是"活"的。事实上,知识只有得到有效利用才能变成智慧,包括技术上的智慧,也包括商业上的智慧。我认为先发优势与创业时间的早晚并不完全成正比,而是与技术产业化应用的路径和模式更为相关。

第三,企业与客户之间的关系也是一种核心竞争力。企业应致力于与客户紧密互动，一起学习和成长，共同面对和克服困难。在这个过程中，企业可以与客户分摊"学费"，同时客户也会倒逼企业更快地成长。

第四，企业要想走得长远，最终必须依靠企业文化和价值观。对此，企业家一定得真相信，才会全力推动、认真践行。包括坚持创新，确保技术上始终有前瞻储备；包括坚持实践，在软硬融合方向上不断深入；也包括全心全意地服务客户、成就客户等。其实，成就客户，最终还是为了成就自己。如果客户伙伴和广大消费者不满意，企业是没有前途的。因此，企业必须脚踏实地、认认真真地去做好每一件事，我认为这是企业最重要的底层价值观。也只有真正建立起这样的价值观，企业才有可能实现可持续的健康发展。

第五，初创企业的成败往往是由创始人决定的。因为创始人的能力、认知和价值观，直接影响企业后续的发展。当然，仅仅创始人自己"能干"是不够的，还要把创始人的思想转化为企业的战略、体系和文化，以确保创始人的想法都能真正落地。最终要让企业不依赖于创始人，实现长期的可持续发展。

附录

嘉宾简介

一、主持嘉宾及本书作者

赵福全，博士，清华大学车辆与运载学院教授、博士生导师，汽车产业与技术战略研究院（TASRI）院长，世界汽车工程师学会联合会（FISITA）终身名誉主席。目前主要从事汽车产业发展、企业运营与管理、技术路线等领域的战略研究工作。

在美日欧汽车界学习、工作近二十年，曾任美国戴姆勒－克莱斯勒公司研究总监（Research Executive）。2004年回国，先后担任华晨与吉利两家车企的副总裁、华晨宝马公司董事、吉利汽车（香港）执行董事、澳大利亚DSI控股公司董事长以及英国锰铜公司董事等职。作为核心成员之一，领导参与了包括并购沃尔沃公司在内的多起国际并购案及后续的业务整合工作。

赵教授2013年5月加盟清华大学。现任世界汽车工程师学会联合会首届技术领导力会士，美国汽车工程师学会会士，中国汽车工程学会首届会士、理事长特别顾问、技术管理分会主任委员，英文学术期刊《汽车创新工程》（*Automotive Innovation*）创刊联合主编，中国汽车人才研究会副理事长，以及多个地方政府及多家企业的首席战略顾问。

赵教授作为特邀主持嘉宾在2014年创办了"赵福全研究院"高端对话栏目，迄今已经与行业领袖及知名企业家等重量级嘉宾开展了70场对话。赵教授主持开发过近20款整车及10余款动力总成产品，主导完成了各类重大战略及管理咨询项目150余项，拥有授权发明专利300余项，已出版中英文专著14部，其中一部英文专著已被译为中文，发表中英日文论文300余篇，在主流报刊等媒体上发表产业评论100余万字，在重大论坛上发表主题演讲200余场次，曾获《中国汽车报》行业年度人物、纪念改革开放30年及40年中国汽车工业杰出人物、《21世纪经济报道》年度自主创新人物、"中国经济网"汽车行业年度人物等各类重大奖项30余项。世界汽车工程师学会联合会为表彰赵教授的特殊贡献而授予他主席奖章，该奖章由北京汽车博物馆永久收藏。

刘宗巍，博士，清华大学车辆与运载学院副研究员、汽车产业与技术战略研究院（TASRI）院长助理，主要从事技术评价与决策、技术创新体系建设及汽车产业发展战略等研究工作。

吉林大学（原吉林工业大学）汽车工程学院车辆工程博士，麻省理工学院（MIT）斯隆汽车实验室访问学者。曾在吉利研发一线工作六年，历任吉利汽车研究院技术管理部副部长、项目管理部一级高级经理、产品战略及策划部部长、院长助理（副院级）等职，直接领导过企业产品战略、技术、项目、知识产权以及商务等五大业务板块的技术管理工作。

2014年入职清华大学至今。现任中国汽车工程学会理事会理事、技术管理分会秘书长、人才评价工作委员会首届委员，中国汽车人才研究会常务理事，英文学术期刊《汽车创新工程》（Automotive Innovation）副主编。

近年来承担及参与国家、行业及企业战略研究项目50余项。领导编撰企业、产品及技术战略等各类研究报告，合计近百万字。已发表论文60余篇，出版著作11部。经常受邀在行业重大论坛发表主题演讲或在行业主流媒体上分享观点。获中国汽车工业优秀青年科技人才奖（2017年），中国产学研合作促进奖（2018年）。作为项目主要完成人，获全国企业管理现代化创新成果一等奖（2012年），浙江省企业管理现代化创新成果一等奖（2012年），中国汽车工业科学技术一等奖（2021年）和二等奖（2016年、2018年），高等学校科学研究优秀成果奖（人文社会科学）二等奖（2020年）。所编著作入选机械工业出版社汽车分社"十三五"十佳汽车图书（2021年）和机械工业出版社建社70周年精品好书榜单（2022年）。

马青竹，现任凤凰网汽车事业部产经主编，从业超过十年的资深汽车产经编辑。中国人民大学法学学士，2015年加入凤凰网汽车事业部，主导了一系列汽车产经精品栏目，数次获得汽车业内媒体奖项。致力于为汽车行业提供来自媒体的客观观察与思考。自2018年以来，参与"赵福全研究院"近30期栏目的制作和系列丛书的后期编辑工作。

二、2021—2022年"赵福全研究院"嘉宾简介

01 余 凯

地平线创始人&CEO 余凯

余凯,现任地平线创始人&CEO,国际著名机器学习专家,深度学习技术在中国产业应用的主要推动者。1998年和2000年在南京大学分别获得学士和硕士学位,2004年在德国慕尼黑大学获得计算机科学博士学位。

2015年,余凯博士创立智能驾驶计算方案公司——地平线。在他的带领下,地平线通过软硬结合的前瞻性技术理念,率先实现智能驾驶计算方案在中国乘用车领域的商业化应用。从2019年开始,地平线陆续推出系列车载智能芯片征程2、征程3和征程5。2020年,地平线正式开启中国车载智能芯片的前装量产元年,实现从0到1的突破。至今,地平线征程芯片累计出货量已突破200万片,与超过20家车企签下了超过70款车型前装量产项目定点,携手合作伙伴实现从1到N的价值共探。

2012—2015年,余凯博士曾任百度研究院执行院长。在百度期间,

他相继创建并领导了百度深度学习研究院（IDL）、百度自动驾驶团队和百度深度学习平台 PaddlePaddle 等项目，并三次带领团队获得"百度最高奖"。2006—2012 年，余凯博士在 NEC 美国研究院（世界上最早从事卷积神经网络研发的实验室之一）担任媒体实验室主任。2011 年，余凯博士应邀在斯坦福大学计算机系讲授研究生课程"CS121: 人工智能绪论"。余凯博士曾在国际学术会议和期刊上发表论文 100 余篇，被同行引用超过 3 万次。

02 周鸿祎

360 集团创始人、董事长　周鸿祎

周鸿祎，现任 360 集团创始人、董事长，第十三届全国政协委员，九三学社中央委员，全国工商联执行委员、大数据运维（网络安全）委员会首届轮值主席，获得"全国劳动模范""国家百千万人才工程有突出贡献中青年专家"等称号。

2005 年，周鸿祎创立 360 公司，首创"免费安全"模式，提升了中国互联网安全的整体水平。2011 年 3 月，周鸿祎率领 360 公司在美国纽约交易所上市，跻身世界领先的互联网安全企业行列。2018 年，360 公司从美股私有化回归 A 股，成为纯内资网络安全企业，先后承担了全国两会、党的十九大、APEC、建国七十周年庆典等活动的重大安保工作，成为国家网络安全的核心力量。

近年来，为应对数字时代新型网络威胁，周鸿祎提出网络安全应升级为数字安全，破解"看不见"攻击的关键难题。他带领 360 公司全面转型为数字安全公司，构建了以"看见"为核心的全网数字安全大脑，帮助国家构建数字空间的"预警反导系统"，并帮助政企单位、中小微企业建设数字安全能力体系，为数字中国和数字文明保驾护航。

03 张春晖

阿里巴巴集团副总裁、斑马智行联席 CEO　张春晖

张春晖，现任阿里巴巴集团副总裁、斑马智行联席 CEO，科技部重大专项战略研究专家组专家，中国集成电路创新联盟副理事长。

张春晖博士于 2010 年加入阿里巴巴集团，历任 YunOS 事业部总经理、OS 事业群总裁、菜鸟网络 ET 实验室主任、斑马智行联席 CEO。曾作为第一/第二负责人牵头完成国家核高基重大专项－自主操作系统课题；主导国内首个自研移动操作系统 YunOS 从 0 到 1 的研发推广；主导菜鸟物流无人车、无人机、机器人等前沿技术与产品研发，探索物流场景的 L4 级无人驾驶，并逐步推进商业化应用。

2014 年，张春晖博士带领团队投入自主智能汽车操作系统 AliOS 的研发工作，2015 年组建斑马智行，于 2016 年主持发布了全球首个专为汽车打造的智能车载系统，并联合上汽集团发布国内第一款智能汽车荣威 RX5；七年时间，搭载 AliOS 的智能汽车已生产近 300 万辆，合作方包括上汽、一汽、大众等主流车企。当前，以"单车智能、网联赋能"为方向，张春晖博士带领斑马智行团队着力自动驾驶系统及车路云协同技术研发，并以生态方法发展 AliOS 系统生态，为"中国方案"贡献斑马力量，助力智能汽车产业升级与"双智城市"建设。

加入阿里巴巴集团之前，张春晖博士曾在微软亚洲研究院任主任研究员，领导和参与研发了 Mobile Surface、云计算交互引擎等多项极具创新意义的产品，获得 70 余项专利，其中 30 余项是国际专利。

04 曹 斌

东软睿驰汽车技术有限公司总经理 曹斌

曹斌，现任东软睿驰汽车技术有限公司总经理，清华大学毕业，拥有近30年汽车电子、基础软件、网络安全领域开发经验，荣获国家科技进步二等奖，并担任全国汽车标准化技术委员会委员、中国汽车基础软件生态委员会（AUTOSEMO）首届轮值主席、国家创新联盟电池系统分会理事长、中国电动汽车百人会理事等职。

自2015年东软睿驰成立以来，曹斌带领公司持续以软件技术为核心，构建软件开发团队，通过技术自主研发、软件赋能，推出了面向下一代智能网联汽车的基础软件平台NeuSAR。作为AUTOSEMO首届轮值主席，曹斌牵头与工信部、中国汽车工业协会共同策划建设具有自主知识产权的汽车基础软件生态体系，推进AUTOSEMO Service Framework（ASF）、车云一体等技术架构规范，积极参与构建共同定义、共同研发、共同生长的汽车产业发展新生态。

随着"软件定义汽车"发展进入新阶段，曹斌率先提出本土基础软件应发挥"承上启下，继往开来"的作用，带领东软睿驰践行"软件先行"的创新开发模式，聚焦汽车基础软件、自动驾驶、车云一体、大数据等关键领域，持续构建完整的SOA解决方案。